国際日本学とは何か？

What is International Japanese studies?

東アジアの日本観

文学・信仰・神話などの文化比較を中心に

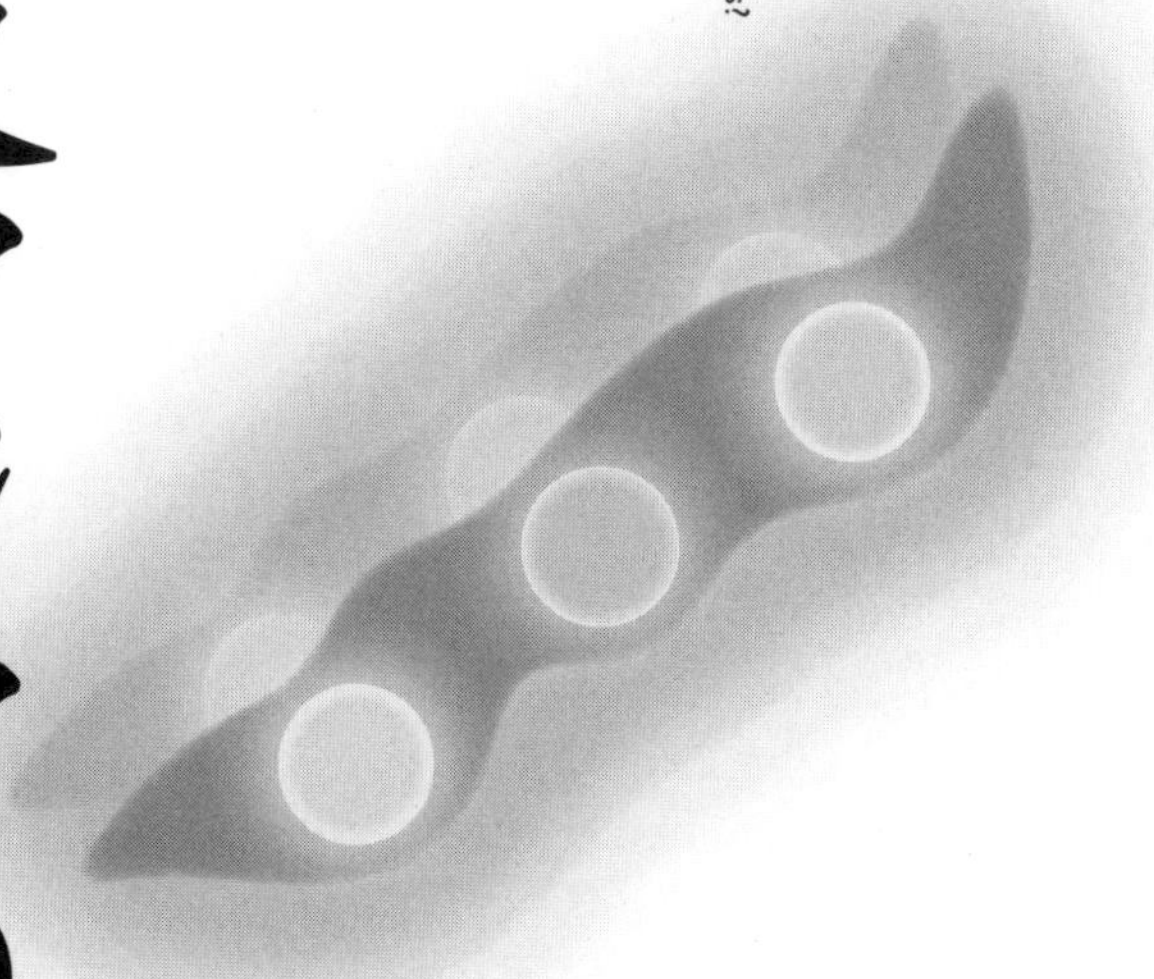

王　敏　編

三和書籍

目　次

Ⅲ　アジアの現代と日本の相関関係

国際日本学とは何か?

東アジアの日本観　誤植のお詫び

30頁5行目
『涅槃教』は、正しくは『涅槃経』
『維摩教』は、正しくは『維摩経』

45頁16行目
「衹園」は、正しくは「祇園」

となります。お詫びして訂正させていただきます。

序論（序文に代えて）

異文化としての日本
——内外の視点——

王　敏

1　「異文化としての日本」という問題意識

「異文化」としての日本を対象とする諸外国の日本研究には、外国人が主体として展開してきただけに比較文化の視点が必然的に含まれる。この比較文化の視点は、日本人研究者に対して「異文化」という視点から日本文化にアプローチすることを迫る。日本文化を、自明の分かりきったものとするのでもなければ、その特殊で独自な一端をとらえて内向きに絶対化するのでもなく、その素性と特性を広い視野からとらえ直して、アジアのなかに、そして世界のなかに改めて位置づけ直すことが必要となる。ある地域・集団の文化は、それだけで自足しているように見えながら、他の地域・集団から影響を受けている。シルクロードの東端に位置する島国日本の文化は、世界のさまざまな文化を受容・転移することによって形成されてきたといっても過言ではない。「鎖国」中に花開いた日本独特の文化とされる江戸文化でさえ、例外ではない。

東アジアにおける日本研究チームでは、さまざまな「異文化」の鏡に映った像を手がかりに、日本文化の混成的な素性と性格を、また、それがアジアや世界へと越境していくあり様を浮き彫りにしていくことを研究課題とした。かつて、ベネディクトが『菊と刀』において異様で矛盾したあり方を切り口に、そこから日本文化にアプローチしたように、まず外国の日本文化研究者から日本文化をめぐって、問いかけたい、解明したい、関心を持つ課題を提起してもらい、内外の研究者間で議論を深めて、相互学習の共同研究を通して、世界において、とりわけアジアにおける日本文化の地域性・独自性を究明していく。また、さらにそこを突き抜けて普遍につながるものへと突き止める点を特色としている。

2 「異文化としての日本」研究の基本コンセプトと目的

本研究の基本コンセプトにかかわるメイン研究目的は次の二つである。

一つは、外国の日本研究者(＝他者)の視点を取り入れて、日本研究を対象とする学問「ジャパン・テクノロジー(日本研究)」を新時代に見合うよう、再構築を試みるものである。内向きの閉鎖的な研究姿勢と希薄な方法論という、人文科学研究の旧弊を打破するには、内外の補完という不可欠の方法論によって、国際的・学際的な共同研究のあるべきモデルを提示する。

もう一つは、他者の視点による「異文化」という観点から日本文化を再発見・再発掘し、日本文化研究ないし、漢字文化圏における文化学の意味と可能性を再認識させ、文明の進展における新局面を切り拓くことにある。日本文化は、中国、朝鮮などの東アジア地域文化、近代以降は欧米を中心にした「異文化」の影響を直接・間接に受けながら形成された混成文化というところに特性があると思われる。一方、それを成す普遍性と地域性の有機構成は地球化の加速に一定の啓発を与えるものがあると考えられる。それを論理的に提示することによって、アジア諸国にとっても自己認識を促され、周辺国との文化関係を再考する視座を深め、内外のまなざしの複合照射のもとで精神文明の完成過程を加速させていくと考えられる。

3 研究計画概要

本研究では、これらの研究目的のもとにさらに「日本文化への問いかけとその解題」を初期研究の課題に絞って設定し、日中比較文化の手法により以下の研究計画を三年間にわたって実施してきた。

二〇〇七年度　日本文化への問いかけ及びその解題…1「外（東アジア）」の視点
二〇〇八年度　日本文化への問いかけ及びその解題…2「内（日本）」の視点
二〇〇九年度　日本文化への問いかけ及びその解題…3「東アジア文化研究会」関係者を中心とした視点

4 研究方法

❖——(1) 国際的日本文化研究の現状

日本学研究を国際的視野で俯瞰したとき、日本を対象にした外国人による研究は日本人における研究と相互補完的なものであろう。しかし、多文化競合のなかでは「国家（ネーション）」という枠組みが実在している。それを超越した

「越境」人流・物流が世界を変える勢いにあるにもかかわらず、ネーションの存在は頑強である。文化研究も往々にして国家を主体とする価値基準に影響されざるを得ない事情がある。ときには「国益論」と結びつく政治・経済によって、研究成果が見られがちである。安全保障を目的とする政治主導を主軸に研究を進化させてきた歴史が続いた。一つの分野の学問が完全に独立して成り立つほど難しいことはない。時代意識と関係を持たずに成立する学問はないかもしれない。人文科学における諸分野の研究は、必然的に時代と環境に向き合うことを求められていると考えなければならないのであろう。研究者に課せられた課題であると思われる。

❖――――（２）国際的日本文化研究の方法論

目下、国際的日本文化研究の方法論に関する理論の提示は極めて少ない。だが、研究方法論が確立されているわけではない。恐らく骨組みを共有できる理論及び方法論が普遍的に認められるようになるに至るまで相当時間がかかると推察している。しかし、待つわけにはいかない。方法論を具体的に試みる段階において、とりあえずそれにつながると考えられる日中比較文化研究を中心に方法論の模索をしてきた。

❖――――（３）相互理解に欠かせない日中比較文化研究

日本では比較文化研究を西洋的価値観による学問として取り入れたのは近代の西洋に遭遇のあと十九世紀末で、最初にフランスで成立した文学における比較法が日本に入ってきた。中国では一九四九年の国家再構築以来、社会主義的価値があらゆる分野における基準とされてきた。文化大革命の嵐が過ぎ去った一九八〇年代にはじめて相対論が許容され、中国で多元的価値観や理論の伝達が可能になってきた。日中間において比較文化研究の導入をめぐる時差にかなり開きがあるものの、今や比較教育学、比較言語学、比較宗教学、比較心理学、比較神話学、比較文法、比較文化などの領域を中国で拡大している。

ここで強調したいのは、日中間の研究を深めていくには比較文化の応用が望ましいということである。その理由は

1、日中両国とも異文化研究といえば西洋諸国の文化に焦点をあわせがちである。日本と中国は「同文同種」といわれるように、西洋文明との対比に影響されて、相違を意識するより共通性の認識を持ちがちなのが一般的である。

2、異文化の西洋によるアジアへの攻勢から生じた衝撃に対し日中は対処が分岐した。「脱亜入欧」のプロセスを通過した日本と違って、中国は固有秩序の文化圏の堅持をしようとした。しかし、日清戦争で日本に敗北して遅れの一面を思い知らされ、西洋主導の近代化の必要性に目覚めた。以後、おおむね日中戦争直前まで近代化実現のモデルとして日本に学ぶ姿勢をとり続けた。

3、戦後の東西冷戦に巻き込まれ、日中の敵対関係が継続した。一九七二年に国交正常化したとき、日本は敗戦の荒廃から目覚しい復興を遂げ、すでに先進国の仲間入りをしていた。中国は文化大革命の混乱期にあり、生産性の低い農業国から脱却できないでいた。属する体制の違いのうえに、経済発展期の日本と発展途上の中国の差が歴然であった。

4、差は政治・経済・社会でのことであって、お互いの文化についての相違をほとんど意識しないことは不幸な半世紀以上の交流の断絶の後も変わらなかった。有史以前から交流を積み重ねてきた日中間特有の「弊害」でもある。同文同種に収斂される日本人の中国観であり、中国人の日本観である。日本人は歴史的に中国から受け入れた漢字や儒教の教養から中国と中国人をよく分かっていると思い込み、中国人は発信した中国文明の影響下にある国と見て、日本と日本文化を中国文化の亜流とみなすのである。

5、従来からの中国観、日本観に加わった要素が、教条的な共産主義国家とみる中国観であり、侵略されて悲惨な記憶を重ねる帝国主義国家中心の日本観である。複雑な中国観、日本観の様相を形成している。

6、相互認識の「ずれ」は大きい。現代の日本人は、儒教中心の考え方が染み込んだ中国文化の核心と、中国人の思考回路を理解できないでいる。現代中国人は、西洋的教養体系に育成されている日本人でありながら、同時に侘び寂びの境地にたどりついた日本文化の独自性に気付いていない。互いに異文化と認め合う相互理解を進める基本が欠落しているところがあろうかと思われる。

7、相互認識の「ずれ」は、社会構造、文化基層、風俗習慣、思考回路、価値基準、行動様式などのさまざまな角度からみられている。往々にして「不可解」に映り、ねじれとして相互理解の障害になっている面もある。これを打開するには、比較文化という手法がもっと活用されるべきであろう。

比較文化によって、自画像と他者像の両方を浮き彫りにさせ、思考の奥行きと広がりをもたせる。比較を伴った文化の研究と交流が人を謙虚にさせ、相互学習を深化させていく。「国際日本学研究」の確立には相互理解としての日中比較文化研究にもっと関心をもつことが求められていると思われる。

❖――（4）現時点における比較文化研究活動の到達点・研究視点の確立

・時間的縦軸と空間的横軸を組み合わせる視点
・日中「異文化」という視点
・相互認識の「ずれ」を認め合う視点
・日中の文化力を再認識させる視点
・日中の文化関係を考える視点

5 研究成果

二〇〇七～二〇〇九年、三年間にわたる研究により、本チームの「異文化研究としての日本学」における最大の研究成果とは、「相互理解としての日中比較文化研究」についての考察を深め、さらに具体的な方法論の一部を構築したことである。成果を反映される以下の出版物および取り組みを報告しておく。

❖（１）法政大学の「国際日本学研究」として発行した刊行物

・【国際日本学研究叢書５】『相互理解としての日本研究――日中比較による新展開』（法政大学国際日本学研究所、二〇〇七年三月）
・『国際日本学』第４号（法政大学国際日本学研究所、二〇〇七年三月）
・『国際日本学』第５号（法政大学国際日本学研究所、二〇〇七年四月）
・『日本文化への問いかけ――事例調査及び調査集計結果』（未公開、二〇〇七年四月）
・『国際日本学』第６号（法政大学国際日本学研究所、二〇〇八年四月）
・【国際日本学研究叢書９】『中国人の日本研究――相互理解のための思索と実践――』（法政大学国際日本学研究所、二〇〇九年三月）
・『国際日本学』第７号（法政大学国際日本学研究所、二〇〇九年十月）
・【国際日本学研究叢書10】『翻訳の不可能性』（二〇一〇年四月）

❖――――（2）市販された刊行物（雑誌、新聞関係は省略）

日本語版

・『日中文化の交差点』（三和書籍、二〇〇八年四月）

・『中国人の日本観』（三和書籍、二〇〇九年八月）

・『東アジアの日本観――文学・信仰・神話などの文化比較を中心に』（三和書籍、二〇一〇年十月）

中国語版（成果を反映した出版物の一部分に限る）

・『日本文化論』（二〇〇八年六月、重慶出版社）

・『文化差異与衝突』（二〇〇九年一月、遼寧人民出版社）

・『生活中的日本――読解中日文化之差異』（二〇〇九年十月、中国・吉林大学出版社）

❖――――（3）研究ネットワークの拡充

・研究会・シンポジウム主催による日本研究、日中文化研究、東アジア文化研究のネットワークの拡充

国内外の気鋭の研究者を講師に招き、毎月ほぼ一回のペースで「東アジア文化研究会」や関連するシンポジウムを約四十回開催した。同研究会は二〇〇六年から継続的に実施しているが、二〇〇七年以降は報告者、出席者の質的・量的増加が顕著であり、研究のネットワークを拡充させる中心的役割を果たしている（二〇〇七～二〇〇九年の研究会・シンポジウム開催概要は別添の資料を参照されたい）。

・アジア及び中国における日本研究ネットワークの拡充

現在は、中国（台湾、香港）、ベトナム、ロシア、韓国ほかアジアにおける日本研究者とのネットワーク構築をはじめ、世界的な視野のもとに優れた日本研究を行っている研究機関との協力関係構築に努めている。その成果の一部が前述した刊行物に、またこの論文集に反映されている。

・多分野ネットワークの拡充から社会貢献活動へ

研究のネットワークの拡充は大学や研究機関のみならず、社会的な文化交流活動とも有機的な協力関係を構築し、独自の発展を始めている。例えば、二〇〇九年一月には東アジア出版人会議との共催により、「東アジア読書共同体の構築は可能か」と題したシンポジウムを開催した。二〇〇八年十月と二〇〇九年十月にはチーフリーダーの王敏ほかが、中国の重慶において開催された日本研究の国際会議に共催、出席した（主催側の四川外国語学院が国際交流基金による支援を受けている）。いずれも研究成果を社会に還元する一つの取り組みとして新たな協力関係を構築しながらネットワークの拡充に努めている。

❖――――（4）若手研究者育成

・大学院生レベル

「東アジア文化研究会」に継続的に参加している他大学のある日本人と外国人学生（大学院生）が、本研究への理解を深め、本研究の学術活動に参加したり、聴講生となったりするケースが継続され、定着している。本研究の活動に対し、学内外、国内外を問わず関心が集まることを歓迎したい。大学の枠を超えた視点で若手研究者を育成するなかで、本研究への認識をもつ若手研究者との新たなネットワークを構築することを期待したい。

・研究者レベル

二〇〇七年から同研究分野を中心に学ぶ中国政府派遣若手研究者計六名を受け入れている。内四名は日本政府ＯＤＡ支援金の利用者（中国社会科学院日本研究所と海南島大学、中国現代国際関係研究院、河南大学、四川外国語学院、国務院国家発展センター欧州アジア研究所から派遣）である。若手研究者らは、優れた研究成果を発表しただけでなく、研究所の日常的な研究活動にも大きく貢献した。

6　今後の展望

今後の課題として以下の二点への取り組みが考えられる。

（1）研究成果が国際におかれても広範な分野で応用されるためにも、学際的かつ産官学連携、発信システムの強化など、長期的な視点を以て推進する必要がある。

（2）中国語発信への取り込み

「法政大学国際日本学研究所」の活動について中国を代表する二つのコンテンツのデータを通して検証した。

・二〇一〇年一月七日現在、中国語版「Google」には「法政大学国際日本学研究所」の該当件数は一万七一〇〇件ある。中国国内で翻訳された研究成果の情報の上に当研究所と交流した中国国内の学術機関や研究者が独自に情報発信を行っているからである。

・ＣＮＫＩ（China National Knowledge Infrastructure: 中国学術情報データベース、国立情報学研究所論文情報ナビゲータ（CiNiiに相当）には、二〇〇八年に中国四川で開催された黄瀛シンポジウムの報告をはじめとする研究成果が登録されていることが分かる。

中国語による情報発信及び研究成果を反映される可能な研究拠点としての役割と意義が問われているといえよう。

7 終わりに

日中の日本文化研究を比較文化的に俯瞰すれば、中国側からは相互理解としての日本研究であり、日本側からは相互理解としての中国研究であることが分かるはずである。双方向の研究成果が重層的に展開されていく中で、真の意味での相互学習、相互進化の成果が得られることが実感できよう。日中文化の共通性を認識する一方で、相互の独自性を究明して地域性の視点を欠落させないことが重要だということを改めて強調しておきたい。

資料. 東アジア文化研究会開催一覧

日中相互学習を目指し、学術交流の進化が期待できる活動として、2006 年 7 月から日中文化研究会（2007 年 10 月から東アジア文化研究会に改名）を以下の通り開催した。

法政大学国際日本学研究所　2006 年度　研究会一覧

於:法政大学市谷キャンパス

回数	日時	報告者	肩書	テーマ
第 1 回	2006.7.3	李国棟	広島大学外国語教育研究センター教授	「対称性の創造――詩の世界から娑婆の浮世へ」
第 2 回	2006.7.22	三猪正道	麗澤大学教授	「典型事例から探る日中異文化コミュニケーション」
第 3 回	2006.8.23	西岡康宏	東京国立博物館副館長	「中国・日本美術の特質について」
第 4 回	2006.9.12	スティーヴン・G・ネルソン	法政大学文学部教授	「9 世紀の日本と中国――藤原貞敏の渡唐に関する記録から読み取れるもの――」
第 5 回	2006.10.11	崔世廣	中国社会科学院日本研究所日本社会文化研究室	「日本的社会構造の特徴を探る――中国的視点から見れば」
第 6 回	2006.11.1	高橋優子	文化学園専任講師	「日本人と中国人のコミュニケーション方略に関する一考察―― 謝罪という側面から」
第 7 回	2006.11.29	楊 暁文	滋賀大学国際センター助教授	「豊子愷と厨川白村――『苦悶の象徴』の受容をめぐって」
第 8 回	2006.12.20	谷中信一	日本女子大学文学部教授	「日本人の伝統倫理観と武士道」
第 9 回	2007. 1.24	玉腰辰己	早稲田大学大学院アジア太平洋研究科博士候補生	「日中映画交流史のなかの日本映画人―― 川喜多長政と徳間康快の対応――」
第 10 回	2007.3.24	植木雅俊	仏教研究家（東方学院所属）	「仏教受容の仕方についての日中の比較」

法政大学国際日本学研究所　2007年度　研究会一覧

於:法政大学市谷キャンパス
注:「日中」=日中文化交流会
2007年から東アジア文化研究会に改名、東ア=東アジア文化研究会

回数	日時	報告者	肩書	テーマ
第11回 日中	2007.4.25	曹大峰	北京日本学研究中心教授	「対訳コーパスと多文化比較研究——言語と翻訳の研究例」
第12回 日中	2007.6.20	李廷江	中央大学法学部教授	「中国における日中研究の展開——日中関係との関連で」
講演会	2007.7.9	加藤周一	評論家	「日本文化再訪 — 多文化主義について」
第13回 日中	2007.7.25	千石保	財団法人日本青少年研究所所長	「日中高校生の生活意識」
第14回 日中	2007.8.8	魏大海	中国社会科学院外国文学研究所教授	「芥川の『支那遊記』論——章炳麟とのギャップを中心に」
外国人客員研究員研究会	2007.9.7	楊偉	法政大学国際日本学研究所外国人客員研究員・四川外語学院日本学研究所教授	「中国における「惜別」の受容から中日文化を見る」
同上	同上	霍建崗	法政大学国際日本学研究所外国人客員研究員・中国現代国際研究院日本研究所助理研究員	「共同体の視点から日中の政治を見る」
第15回 日中	2007.9.19	光田明正	桜美林大学孔子学院院長	「漢文明と日本——日中の違い」
第1回 東ア	2007.10.26	田中優子	法政大学社会学部教授および国際日本学インスティテュート教授	「国際江戸学と江戸アジア学」
第2回 東ア	2007.11.14	曽士才	法政大学国際文化学部教授	「日本華僑社会における伝統文化の再構築と地元との関係」
第3回 東ア	2007.12.12	武井一	東京都立日比谷高等学校	「高校生が第2外国語を学ぶ意味(韓国語を中心として)——高校生の視野の拡大と文化理解」
第4回 東ア	2008.1.25	李文茹	台湾慈済大学	「台湾における日本文学の受容と研究の現状」

法政大学国際日本学研究所　2008 年度東アジア文化研究会、シンポジウム一覧

於:法政大学市谷キャンパス

回数	日時	報告者	肩書	テーマ
第 1 回	2008.4.28	伊藤亞人	琉球大学大学院人文社会科学研究科教授	「日本社会・日本文化の周縁性と特異性」
第 2 回	2008.5.14	赤坂憲雄	東北芸術工科大学・同大学東北文化研究センター所長	「青潮文化論は可能か」
第 3 回	2008.6.6	小倉紀蔵	京都大学大学院人間・環境学研究科准教授	「2・1・0 ── 東アジアの文化・文明論的構造」
第 4 回	2008.7.7	徐興慶	台湾大学文学院日本語文学系教授	「台湾における日本研究：日本文化史研究から考える」
第 5 回	2008.8.1	小針 進	静岡県立大学国際関係学部教授	「韓流をどう位置づけるか」
第 6 回	2008.9.18	劉　建輝	国際日本文化研究センター准教授	「支え合う近代 ── 日中二百年の再検証 ── 」
第 7 回	2008.10.10	辻本雅史	京都大学大学院教育学研究科教授	「思想史研究における『知の伝達』とメディア ── 江戸思想を素材として」
第 8 回	2008.11.11	西原春夫	アジア平和貢献センター、早稲田大学名誉教授・元総長	『近代日本のアジア侵略 ── その歴史背景を大きな近代史の流れの中でとらえなおす ── 」
第 9 回	2008.12.3	代田智明	東京大学大学院総合文化研究科教授	「社会主義という資本主義的社会と資本主義という社会主義的社会 ── 中国文化と日本文化 ── 」
第 10 回	2009.1.16	法政大学国際日本学研究所・東アジア出版人会議	基調講演、市村弘正・法政大学法学部教授 参加者は報告者を含めて 30 人余	「東アジア読書共同体の構築は可能か？」

注1:第10回のシンポジウムは、サブ･プロジェクトのみならず国際日本学研究所全体のシンポジウムとして、東アジア出版人会議と共催で開催された。

注2:大型国際シンポジウムには国際交流基金の助成を受けて四川外国語学院との共催で中国･重慶にある四川外国語学院で開催した。

開催時間:2008年10月25日―28日
テーマ　:「詩人黄瀛と多文化間アイデンティティー」国際シンポジウム
主催　　:四川外語学院東方語学院、四川外語学院日本学研究所
協力　　:法政大学国際日本学研究所、在重慶日本国総領事館

法政大学国際日本学研究所　2009年度東アジア文化研究会、シンポジウム一覧

於:法政大学市谷キャンパス

回数	日時	報告者	肩書	テーマ
第１回	2009.4.22	岡本真佐子	桐蔭横浜大学スポーツ健康政策学部教授	「国際文化交流の評価研究――異文化理解の手がかりとして――」
第２回	2009.5.19	佐藤保	お茶の水女子大学名誉教授・学校法人二松学舎顧問	「漢文力と日本の近代」
第３回	2009.6.12	藤井省三	東京大学文学部教授	「東アジアにおける「阿Q」像の系譜：夏目漱石、魯迅そして村上春樹」
第４回	2009.7.7	周　程	早稲田大学孔子学院副院長、留学センター客員准教授	「中国は日米を追い越すか？――科学技術力視点から見る中国発展の可能性」
第５回	2009.8.4	王秀文	大連民族学院学術委員会副委員長、国際言語文化研究センター長	「文化の特質と異文化コミュニケーションの必要性――共生・共存・共栄の国際社会」
第６回	2009.8.20	謝　宗睿	法政大学国際日本学研究外国人客員研究員、中国国務院発展研究センター、ヨーロッパ・アジア社会発展研究所助理研究員	「日中交流の新世代・「８０後」――『ほんとうは日本に憧れる中国人』の検証――」
第７回	2009.10.6	陶徳民	関西大学文化交渉学教育拠点リーダー、同文学部教授	「新しいペリー像・松陰像へのアプローチ――米国側の史料から見た下田密航の真相」
第８回	2009.11.24	海上雅臣	国際美術評論家、国際美術評論家連盟会員、株式会社ウナックトウキョウ主宰	「戦後日本史を美術で考える」
第９回	2009.12.8	ロジャー・パルバース	東京工業大学世界文明センター長作家、劇作家、演出家	「宮沢賢治は日本人として生まれて損をしたのか？」

注1:大型国際シンポジウムには国際交流基金の助成を受けて四川外語学院との共催で中国·重慶にある四川外国語学院で開催した。

開催時間:2009年10月18日―20日
テーマ　:「中国西南地域における日本語教育と日本学研究の可能性」国際シンポジウム
主催　　:四川外語学院東方語学院、四川外語学院日本学研究所
協力　　:法政大学国際日本学研究所、在重慶日本国総領事館

I

日中比較の視点による文化学の展開

仏教受容の仕方から見た日中〔印〕の比較文化

植木　雅俊

1　はじめに

私の学位論文のテーマは、仏教の女性観、ジェンダー平等といったことだった。それは、わが国で一九九〇年代になって出てきた「仏教は女性差別の宗教だ」という主張に対する反論である。その主張を概観して、「果たしてそうかなあ」という思いを抱いた。その人たちが資料にしていたのは、漢訳されたものと、日本語で書かれたものだった。果たして、インドではどうだったのか、歴史的人物としての釈尊はどうだったのか——ということから見直す必要性を痛感した。それで、私はインドのサンスクリット語（梵語）やパーリ語の原典から研究し直した。その結果、歴史上の人物としての釈尊は全く女性を差別していなかったし、釈尊在世のころの初期（原始）仏教の段階では女性出家者たちが男性と対等に溌剌とした姿で修行に励んでいたことが分かった。

インドの原典から読み直してみた結果、インド、中国、日本の間で、同じ仏教とはいえ、その受け容れ方に微妙に違いがあるという思いを抱いていた。

そこへ王敏《わんみん》先生から「仏教から見た日中文化の比較」の発表依頼を受けた。仏教はインドで生まれた。それが中国で漢訳され、そして日本に伝わった。同じ仏教が中国でどういうふうに漢訳され、中国と日本でそれがどのように受け容れられたのか——ということを比較すると、これは比較文化としては最も理想的な教材ではないかと考えた。そして、東京大学名誉教授の中村元《はじめ》先生から東方学院の講義でうかがった話がいろいろと思い出され、それがヒントとなって考えが広がっていった。

2 日本における文化的誤解

私が、サンスクリット語を勉強しなければならないと思ったのは、子どものころから抱いていた疑問に関係している。私は、子どものころから敢えて北枕《きたまくら》で寝ていた。北枕は「不吉な寝方だ」と叱られたが、納得いかなかった。

ところが、一八年ほど前にインドへ行った。インドの知識人や、学者の先生方の家を訪ねた時、寝室に通されるとみんな頭が北向きだった。インド人はみんな北枕で寝ていて、「これが、一番いい寝方なのだ」と言われた。インドでは北に理想の国が、南に死に関する国があると考えられていて、インド人にとって頭を北の方角に向けて寝るのは生活習慣だった。釈尊も日ごろから北枕で寝ておられたのだろう。

ところが、『涅槃経《ねはんぎょう》』の釈尊の入滅シーンで、「その時、仏陀は頭を北に向けて寝ておられた」という文章が出てくる。それを読んだ日本の仏教者が、頭を北に向けて寝るのは、人の死ぬ時の寝方だと勘違いして、「北枕」と呼んだ。

あるいは、日本で結婚式に蓮の花を持参したら、「縁起でもない」と怒られるだろう。でも、インドでは多くの人が蓮の花を持参する。最もめでたい花だからだ。

生活習慣ですら、このような誤解が生じている。ひょっとしたら、仏教思想の根幹部分にも誤解が生じているのではないか、というのが私の根強い疑問となった。それが、サンスクリット語を学んだ理由である。

3　本朝・震旦・天竺の三国

インド、中国、日本のことを昔は「三国」と表現した。「三国一の花嫁」は、世界一の花嫁という褒《ほ》め言葉である。三国とは本朝《ほんちょう》・震旦《しんたん》・天竺《てんじく》のことである。本朝は日本、震旦はサンスクリット語のチーナ・スターナ（cīna-sthāna）を漢字に戻したものである。「チーナ」は「支那」（英語の China）を音写したサンスクリット語である。スターナは「立つ」「位置する」といった意味の動詞√sthā に中性の名詞を作る接尾辞 -ana をつけたもので、「立つこと」「滞在」「地位」「領域」などの意味を持つ。それは、アフガニスタン（アフガン人の土地）のイスタン、カザフスタンのスタンと同じ語源である。だからチーナ・スターナは、「チーナという領域」という意味である。サンスクリット語やパーリ語は中央アジアを通ってくる時、ニッバーナ（nibbāna）がニッバーン（nibbān）となり涅槃《ねはん》と音写されたように、単語の最後の *a* の音が、しばしば脱落する。それで、チーンスターンになり、震旦と音写された。

次の天竺はインドのことである。インドでは、自分たちの国土をインドとは言わなかった。インドの国土を示す語に閻浮提《えんぶだい》があるが、それは、ジャンブー・ドヴィーパを音写したもので、「ジャンブーという植物が生い茂っている大陸（ドゥヴィーパ）」を意味する。そこには「国家の国土」という意識は見られない。インドという言い方をしたのはギリシア人だった。

アレキサンドロス大王は、遠征でインダス河の流域までやってきたが、そこから引き返した。インド亜大陸の内部までは来ていない。インダス河流域はシンドゥ（sindhu）と呼ばれていた。それをギリシア人がインド（Indos）と発音し、それが、河の向こうに広がるインド亜大陸を意味する言葉として用いられた。それを漢字で「印度」と書いた。あるいはシンドゥが「信度」「身毒」と書かれた。ヒンドゥ（hindhu）は現代のヒンドゥ語の言い方である。シンドゥは、ミャンマーなど東南アジアの発音でティンドゥ（tindhu）になり、「天竺」になった。「印度」と「天竺」では全く別のものに見えるが、ルーツは同じだった。

このように、かつてのわが国には本朝・震旦・天竺の「三国」という世界観があった。

それでは、中国の人たちはインドをどう呼んでいたのか——五世紀に法顕《ほっけん》という人がいた。この人は六十四歳の頃、中国を出発してインドへ行き、八十歳近くなって帰国した。その『法顕伝』という旅行記で、法顕はインドのことを「中国」と呼んでいる。これは、マディヤ・デーシャ（madhya-deśa）「真ん中にある国」の訳語で、これは中華思想である。中華思想は、インドにもあったのだ。その法顕は自国を「秦土辺地」と呼んだ。「秦」は、先ほどのチーナのことで、「辺地」というのは辺鄙な所という意味である。仏教の中心地インドに対して敬意を払って、自らの国をへりくだって呼んでいた。

それに対して、日本人は日本のことを「粟散辺土《ぞくさん》」と呼んでいた。粟をまき散らしたようなちっぽけな国という意味である。インドに対して憧れを持ってそう呼んだ。

4 インド仏教の特徴

最初に、インド仏教の特徴を紹介しておこう。それを知ると、日頃見聞する仏教と違うという印象を持たれると思う。

インドのカルカッタにラビンドラナート・タゴールという人がいた。一九一三年にアジアで初めてノーベル文学賞を受賞した人である。その人がカルカッタ郊外にタゴール大学を創った。そのタゴール大学の学長バッタチャリヤ博士が、東方学院に中村先生を訪ねてみえたことがあった。そして、タゴールの思想について話をうかがった。要約すると「アジアは、政治や武力によってではなく、文化によって一つでなければならない」「アジアは仏教によって文化的に一つであった時代がかつてあった」といった内容で、タゴールが仏教を非常に重視していたという話をされた。

ところが現在のインドは、仏教徒は限りなくゼロに近い。十三世紀初めにイスラム教徒の侵略で滅ぼされてしまった。仏教徒は、十億余の人口の一%にも満たない。それなのにタゴールは仏教を重視していたというのだ。私は、バッタチャリヤ博士に「タゴールは、仏教のどういうところに現代的な意義を見出していたのか」と質問した。

すると、博士は次の三つの特徴を挙げられた。

第一に、「仏教は徹底して平等を説いた」

第二に、「仏教は迷信やドグマや占いなどを徹底して排除した」

第三に、「仏教は西洋的な意味の倫理観を説かなかった」

博士は、時間がなくて、この三つの項目を挙げられただけだったが、私はその後、具体的にその内容を自分で調べてみて、なるほどと思った。

一番目の「仏教は徹底して平等を説いた」ということは、まずカースト制度を否定したということである。それと、これはお茶の水女子大学に提出した博士論文（岩波書店から『仏教のなかの男女観』として出版）にも書いたことだが、原始（初期）仏教や大乗仏教では大変に近代的な男女平等思想が説かれている。

二番目の「迷信やドグマや占いを排除した」を意外に思われる人が多いかもしれない。それほど日本仏教には迷信が多く見られる。歴史上の人物としての釈尊が説いたとされる仏典（原始仏典）を読むと、迷信を徹底して排除している。

占い、姓名判断、呪術的医療——そういうものに依存してはならないと批判している。例えば、ある若いカップルの結婚が決まり、アージーヴィカ教徒に相談した。「お前たちは、あの不吉な星のもとに生まれている。だからこの結婚はよくない」と言われた。二人は悩んだ。釈尊と出会い、そのことを相談すると、「何を言ってるんですか。あの星は、あそこできらきら輝いているだけです。何がめでたいと言って、あなたたちの結婚こそが一番めでたいことだ」と言って祝福した。そういう話が原始仏典に出てくる。

あるいは、ガンジス河で寒さに震えながら沐浴をしていた婆羅門《ばらもん》に、女性出家者が「沐浴によって、過去世の悪業《あくごう》を洗い流せるのなら、魚や亀や蛙のほうが、より解脱《げだつ》しているはずです」「水には何が善業《ぜんごう》で、何が悪業かを判断する能力もあるのですね」と矛盾を突く。その言葉によって目が覚めた婆羅門は仏教への改宗を願う。原始仏典にはこんな話が記されていて、迷信じみたことを徹底して批判していた。

三番目の「西洋的な意味の倫理観を説かなかった」というのは、少し説明がいる。西洋における倫理は、万物を創り出した絶対神が前提となっている。その絶対神に対する約束事、契約として倫理が成り立つ。ところが、仏教は万物を創り出した絶対神を立てない。仏教では「私は人から危害を加えられるのは嫌である。ほかの人も嫌であるだろう。だから他者に危害を加えないようにしよう」として倫理が説かれる。単純にそれだけである。

もしも、絶対神を介在させるならば、「神様のために人を殺す」ことは正義であると考える人が出てこないとも限らない。神が目的で、人間は手段となる。仏教では、神様なしに人間対人間という現実において倫理が説かれた。人間が手段化されることなく、人間が目的である。仏教では、そういった倫理が説かれた。

以上の三点を挙げて、バッタチャリヤ博士は、「仏教は二十一世紀に重要な思想になるでしょう」というタゴールの言葉で話を結ばれた。

私は、自分で以上のことを確認して、タゴールの言葉の重みが納得できた。しかも、これらの三点に加えて、第四に、「仏教は法（真理）と、真の自己に目覚めることを重視した」も挙げることができると思った。人は自覚なく生まれてきて、次第に物心《ものごころ》がついて、「私はいつの間にかここに生まれていた」という存在かもしれない。「真の自己」、すなわち「私」が「今」「ここ」にいることの意味を知ることが、一番の生き甲斐の根拠ではないかと思う。

釈尊のことを「仏陀」と言うが、これはサンスクリット語のブッダ（buddha）の音写である。それは、「目覚める」という意味の動詞ブッドゥ（√budh）の過去受動分詞で、「目覚めた（人）」を意味する。固有名詞ではない。原始仏典の中でも最古の経典とされる『スッタニパータ』では、ブッダという言葉は複数形で出てくる。真の自己に目覚めた人、あるいは法に目覚めた人は、ブッダだったのである。それが歴史的な人物としての釈尊が説こうとしたことの基本的な内容だった。それが、釈尊滅後に権威主義化し、さらに中国、日本へと伝わってくるにつれて変容していった。おおまかな流れとして、以上のことを押さえておいてもらいたい。

5 中国での漢訳と仏教受容

仏典の漢訳は二世紀の中頃、中国にやってきた安世高《あんせいこう》と支婁迦讖《しるかせん》の二人によって開始された。名前に「安」と「支」とあるのは、それぞれ西域の安息《あんそく》国（パルティア）と月支《げっし》（インド）から来たことを意味している。

仏典を漢訳する際、中国に存在しない言葉や、概念は、意味が分からないから音だけを写して当て字で書かれた。例えば、パンニャー・パーラミター（paññā-pāramitā）というパーリ語を「般若波羅蜜《はんにゃはらみつ》」と音だけ写した。漢字を見ると、何かおどろおどろしい感じがする。そういう呪術的な効果も狙っていたかもしれないが、意味はパンニャーが「智慧」で、パーラミターが「完成」――単純に「智慧の完成」という意味でしかなかった。同様にボーディ・サットヴァ（bodhi-sattva）が「菩提薩埵《ぼだいさった》」と音写され、略して「菩薩《ぼさつ》」となった。ボーディが「覚り」、サットヴァが「人」で、「覚りを求める人」という意味である。

また、漢訳段階で改竄《かいざん》して訳すこともあった。例えば、サンスクリット語のマーター・ピタラウ（mātā-pitarau）は、「母と父」という順番だが、漢訳では「父母」と入れ換えられた。中国は男尊女卑の儒教倫理の国だから、女性が先だなんてとんでもないことだったのだろう。

あるいは、パーリ語の仏典に夫の妻に対する在り方として「夫は妻に五つのことで奉仕しなければならない」とある。その「五つ」とは、「尊敬せよ」「女性の自立（主権）を認めよ」「宝飾品を買い与えよ」などである。ところが、漢訳では「妻は夫に五つのことで仕えなければならない」とされた。インドの『マヌ法典』には「三従」が説かれている。女性は、子どもの時は親に、結婚したら夫に、年老いたら息子に従わなければならないというものだ。儒教の中国だけではなく、バラモン教のインドでも全く同じことが説かれていた。それから比べると、この五つの奉仕の中に「女性の自立を認めよ」とあるのは、画期的な男女平等思想の表明である。インドで宝飾品は、装飾のためというよりも財産の意味が強い。という意味では、世界で初めて女性の自立と財産権を認めたのは、釈尊だった。私の博士論文ではそういうことも明らかにすることができた。

6　漢訳の独り歩き

中国で一旦、漢訳されると、サンスクリット語やパーリ語などの原本は顧みられず、漢訳の独り歩きが始まった。中村元博士は、シッダーンタ（siddhānta）の漢訳に注目されている。これはシッダ（siddha＝達成された）とアンタ（anta＝究極）の複合語である。「達成された究極」という意味で、転じて「確立された結論」「立証された真理」という意味になる。それが中国において、日本語の片仮名のような感覚で「悉檀《しつだん》」と音写された。「悉」も「檀」も〝発音記号〟である。ところが、後世になると「悉」と「檀」の漢字の持つ意味に戻って意味づけがなされた。漢字としての「悉」は「ことごとく」であり、「檀」はサンスクリット語のダーナ（dāna）の音写語として用いられていた。ダーナは、英語のドネーション（donation）、ドナー（donor）とルーツは同じで、「布施《ふせ》」と漢訳されたが、「檀那」と音写された。

発音記号にすぎなかった「悉」と「檀」が、それぞれ「悉く」と「布施」「施すこと」と解釈し直され、「確立された結論」から「あまねく衆生に施すこと」にすり替わった。これは、サンスクリット語の原本を顧みなかったことによって起こったことである。

このほかにも、「蓮華」の例がある。プンダリーカ（puṇḍarīka, 白蓮華《びゃくれんげ》）や、パドマ（padma, 紅蓮華《ぐれんげ》）などが「蓮華」と訳された。一旦、「蓮華」と漢訳されると、それを二つに分けて「蓮」は蓮の実、「華」は蓮の花のことだとされ、花が咲いてから実がなるので、「華」が「因」で、「蓮」が「果」とされた。それを、衆生から仏になるという関係に当てはめ、衆生が「因」で、仏が「結果」とされた。その上で、蓮華は、花と実が同時になるということに注目した。但し、生物学的に言えば、花が咲いた時に雌しべの中に子房《しぼう》ができているのだから、全ての植物は花と実が同時になる。でも、蓮の花は、漏斗《ろうと》状の円錐形の実（花托）が目立つので、花と実が同時になることが強調されたのであろう。それで、「華と実」「因と果」「衆生と仏」が同時・一体だとされた。衆生から仏になるのではなく、衆生の段階で仏の性質を既に持っているという意味が強調された。そこで主張されている内容は、大変に素晴らしいことである。けれども、その結論の導き方は、インド仏教にとっては思いもよらないもので、漢訳の独り歩きの結果だった。

インドでは、プンダリーカやパドマなどから「因果」の同時性が強調されたことはないようだ。インドで強調されたのは、「如蓮華在水《にょれんげざいすい》」「蓮華不染《れんげふぜん》」ということである。蓮華は、汚い泥から出てきて、汚泥に染まることなく清らかな花を咲かせる。あるいは、蓮の葉は撥水性があって水に染まることはない。そういう性質をインド人は愛でた。日本の『万葉集』にも蓮を詠った歌が四首あり、その一つに「蓮華不染」に相当する次の歌が見られる。

ひさかたの雨も降らぬか蓮葉《はちすば》に溜まれる水の玉に似たる見む

もう一つ例を挙げてみよう。西域出身で、『法華経《ほけきょう》』『涅槃教』『般若経』『維摩教《ゆいまきょう》』などの多数の経典を漢訳したクマーラジーヴァ（Kumārajīva）の名前である。この人の名前は「鳩摩羅什《くまらじゅう》」と音写された。すると、苗字と名前は真ん中で区切れると思ったのだろうか。「鳩摩」と「羅什」に区切られてしまった。本当はクマーラとジーヴァの複合語だから、あえて区切れば「鳩摩羅」と「什」になる。ところが真ん中で切って「羅什三蔵」と言われた。これも、漢訳後、サンスクリット語などの原本を顧みなかったことで、本来の意味が分からなくなった具体例である。

7　漢訳仏典を通しての日本の仏教受容

次に、漢訳仏典を通しての日本の仏教の受容の仕方を見ていきたい。

日本にもサンスクリット語の仏典はもたらされていた。中国と異なって、それは大事に保管されてはきたが、ほとんど研究されず、漢訳を通して仏教が受容された。そういう意味では中国の仏教の影響を多大に受けている。その漢訳を日本人は音読みで読んだ。漢文の素養があるのは一部の特権知識階級に限られるから、経典の内容は、ほとんどの日本人に理解されなかった。今日も、その状況はほとんど変わっていないと言える。

ところが、釈尊在世当時のインドの人たちは、釈尊の教えを伝え聞いてほとんどみんなが理解したと思う。釈尊は、弟子たちから「世尊の教えは、サンスクリット語に翻訳して伝えたほうがいいのではないでしょうか」と尋ねられたことがあった。サンスクリット語はバラモン階級、特権階級の言葉だった。釈尊は、「その必要はない。皆さんが住んでいる地域で語られている自分の言葉で語りなさい」と答えていた。だから、インドの庶民階級までみんな理解していたはずである。それが、中国で漢訳された。中国にも文字の読めない人はいたかもしれない。けれども、中国語だから、誰かに読んで聞かせてもらえば理解できたはずである。ところが、日本だけ事情が異なる。経典が音読みで読まれたので、聞いても意味が分からない。そんな状況が長年続いてきた。

二〇〇六年の七月、明治学院大学で、留学生のために仏教について一時間半レクチャーした。留学生を相手だから当然、英語であり、経典も英訳して読んで聞かせた。それは、『法華経』と『維摩経』の男女平等思想が表明されたところで、智慧第一とされた舎利弗《しゃりほつ》を女性が智慧によってやりこめるという痛快な場面だった。受講者の中には単位がもらえるというので、日本人も混じっていた。終了後、その日本人学生が駆け寄ってきて言った。「お経は葬式で聞くだけで、全く意味が分かりませんでしたが、実はドラマであって、面白いんですね」と。

このように、ほとんどの日本人は、経典に何が書かれているかを知らないままで、今日まで来たという不幸がある。その背景として、日本には「分からないこと」イコール「有り難いこと」という変な思想がある。宗教者たちにとって、それは都合のいいことだったかもしれない。「あなたたちには理解できない。私たちにしか分からないのだ」と、自分たちの権威づけに用いられた点も否定できない。分からないから呪術的に信仰する面もあった。

あるいは日本の際立った現象として、仏教用語が茶化《ちゃか》されたり、低俗化されたり、ふざけに使われたりすることが頻繁に起こった。最近でもそうだが、西洋で新しい哲学思想が流行すると日本ではすぐそれに飛びつき、何年か経つと、きれいさっぱりと忘れ去ってしまうという、着せ替え人形の着せ替えのような現象が顕著である。そういう安易さがある。茶化したものの代表をいくつか挙げてみよう。例えば「法師《ほっし》」という言葉がある。これは、仏教の思想を語って聞かせる人のことである。それが、「起き上がり小法師《こぼし》」という玩具の名前として使われた。これは、ふざけや、茶化しとは異なるが、本来の意味を見失わせるものであることには変わりない。「右繞三匝《うにょうさんそう》」は、人の周りを右回り（時計回り）に三べん回って合掌するというインド独特の挨拶の仕方である。これが日本では「三遍回ってワン」という人をからかう言葉に用いられている。

「法螺貝《ほらがい》」は『法華経』の中で「法の太鼓を打ち鳴らし……法の螺貝を吹き鳴らし」（植木訳『法華経』下巻、五六九頁）という一節に出てくる。螺貝は巻き貝の一種で、吹き口から息を吹くと音が増幅される。それと同様にブッダの教えを人の口を通して語ることで、何倍にも増幅され大きく響いて人々に届くということを例えた言葉である。ところが「法螺吹き」となると、日本では「嘘つき」という悪い言葉である。また「説教」は、釈尊の説いた真理の教えを説き示すことだが、日本では「小言を言う」「叱る」という意味にされた。

あるいは「真理／真の自己に目覚めた人」が「仏陀」であったが、日本では「仏」を「ほとけ」と読ませて、「死んだ人」のことにした。「仏の顔も三度」「知らぬが仏」という使い方もされる。あるいは「お釈迦さま」は、釈尊の愛称だが、「お釈迦になる」と言うと、「台無しになる」「使い物にならなくなる」を意味する。こんなことは、中国では考えられない。「孔子になる」「周恩来になる」で、台無しになるなどという用法はない。こんなことは、日本独自である。あるいは「法悦」という言葉は「真理を覚って感動に打ち震えている」ということだが、日本のポルノ小説では別の意味で用いられている。

このように、日本では仏教用語や哲学用語が、安易で変な方向に引きずられがちである。哲学的・思想的に真剣に対決しようという姿勢がほとんど感じられない。中村先生はいつも嘆いておられた。

8 漢文の意図的な読み替え

このほか、日本では漢文の意図的な読み替えも行われた。漢字は、同じ文字が名詞や、動詞や、形容詞であったりするという特徴がある。しかも多義的である。それを恣意的に読み替えたりすることもあるが、次の『法華経』方便品の一節は、恣意的ではなく勘違いである。それは「是法住法位。世間相常住」という一節である。日本ではこれを「法」と「住」の間を区切り、「是の法は、法位に住して世間の相、常住なり」と「住」を動詞にして読んできた。ところが、十九世紀にサンスクリット語の写本が発見され、日本人の手も加わって一九〇八（明治四十一）年に出版され、日本にも明治時代に入ってきた。それと読み比べると、「法住」は区切ってはいけないことが分かった。「法住」はダルマ・スティティム（dharma-sthitim）という複合語の訳だったのだ。ダルマが「法」で、スティティムは「継続性」を意味し、「住」と漢訳された。だから、「法住」は、「法の継続性」という意味だった。「住」は動詞でなく名詞だった。これまでの読み方は、漢文の読み方としては可能だが、原文からの訳としては間違っていた。

「説一切有部《せついっさいうぶ》」という部派がある。「一切は有である、存在している」と主張する学派だ。そのキャッチフレーズは「三世実有法体恒有《さんぜじつうほったいごうう》」だった。それは「三世に実有なる法体は恒に有なり」と読むべきである。ところが、これを「三世は実有にして法体は恒に有なり」と読み替えた人がいた。「三世は実有にして……」となると、全く意味が違ってくる。「過去・未来・現在において実際に存在し続けている法の体、ものごとが恒に存在している」というように「法の体」の修飾語だったのが、「過去・未来・現在は実有である――過去も、未来も、現在も存在しているのだ」と独立した文章にされた。その上で仏教の時間論を論じた人がいるが、これは甚だしい誤りである。

よくよく考えると、過去も未来も存在しない。過去はわれわれの現在の記憶としてあり、未来も現在における予測としてあるだけだ。あるのは、永遠の現在である。

また、漢訳仏典の恣意的な解釈もしばしば行われた。ストーリー全体から論ずるのではなく、一字一句のみを取り出した解釈である。その代表的なものが、道元の「有時《うじ》」の読み方である。「有」は、バヴァ（bhava）の訳として確かに「存在」という意味がある。ところがもともとの「有時」は「有る時」という意味である。道元は、「有時」の二文字だけ取り出して「有（存在）とは時なり」と読み、時間論を展開した。それは、ハイデッガーの『存在と時間』と比較されるように、面白い。けれども、もともとの仏典の「有時」から「有とは時なり」とすることは無理なことである。

このように、漢訳仏典の一部を取り出して、自分の主張したいことをそこに織り込んで展開することが、日本ではよくなされた。

同じく道元は、「悉有仏性《しつうぶっしょう》」も読み替えた。もともとは「（一切衆生に）悉く仏性が有る」という意味だが、道元は、「悉有は仏性なり」、すなわち「あらゆる存在は仏性である」と読んだ。主張の内容はいいことだが、何もこの言葉から論じなくてもいいのではないかという思いが残る。

あるいは、中村先生は「備施等衆生行也」という一節の親鸞の読み方について論じておられる。これは「施等の衆生行を備うるなり」と読む。ところが、親鸞は「備《つぶ》さに等しく衆生に行を施したまえるなり」と読み替えた。漢文の規則からは、この読み方はできない。漢字を適当に繋げて都合よく読み直したものである。

日蓮の場合も見てみよう。『法華経』寿量品に「自我偈《じがげ》」と呼ばれる五一〇文字からなる韻文（詩）がある。それは「自我得仏来《じがとくぶつらい》」に始まって、五〇〇文字を挟んで「速成就仏身《そくじょうじゅぶっしん》」で終わる。この「自我偈」の最初と最後の文字に日蓮は注目した。そして、「自とは始《はじめ》なり。速成就仏身の身は終りなり。始終自身なり」と論じた。自我偈は「自」で始まり、「身」で終わっている。だから、この自我偈は始終、自身のことが説かれていると結論づけた。「最初から最後まで一貫して、この寿量品の自我偈には自分自身のことが説かれています。ほかの誰かのことではありません。あなた自身のことであり、皆さんのことであり、私のことですよ」と展開した。

この自我偈には、確かに釈尊自身が、「私が仏になって以来、もう天文学的な時間が経っている。それ以来、私はいろんな仏土に出現して、かくかくしかじかのことをやってきた」という話が展開されている。それを日蓮は、「ここに説かれていることは、釈尊のことだけではなく、最初から最後まで、皆さんの自分自身のことですよ」と主張した。その主張は、大変に素晴らしい。よくここまで言葉の組み合わせをやったなあという感動すら覚える。でも、何もここから「始終自身なり」としなくてもいいのではないかという素朴な思いは残る。

漢文の規則からすれば、最初の「自」は自身のことではない。「自」は英語の from であり、「自我得仏来」は「我、仏を得て自《よ》り来《このかた》」と読む。英語で言えば、from my attaining Buddhahood である。「自」を自分自身のこととするのは、こじつけと言えばこじつけである。日蓮は、そんなことは分かっていて、あえて自分の主張したいことを論ずるために、こういう展開をしたのであろう。

この言葉を日蓮のものとすることを疑問視する人もあるようだが、日本の仏教の特質を論ずる上では問題外である。こういう展開が日本ではよく見られる。その点は、中国とも似ている。日本では、それがもっと顕著になった感がある。

9 国家に対する態度からの比較

次に、国家に対する態度からインドと中国と日本の比較を見てみよう。中村先生は常々、インド仏教では、国王を泥棒と同列に見ていたと話されていた。国王をあまり尊敬していない。泥棒は非合法的に、王様は合法的に人の物を持って行ってしまうからだ。税金という形で。仏教の考えは国家契約説である。人類が生まれて、人の集団ができ、次第に社会ができた。そこにおいて悪い人が出てくるから、治安を守るために誰かを選んで任せた。それが、たまたま王様である。そういう考えである。

釈尊の時代に、ヴァッジ族が共和制を敷いていた。釈尊はそのことを賛嘆していたようだ。阿闍世《あじゃせ》という王が、このヴァッジ族を攻撃したいと言った時、釈尊は「あの国では、会議を開きよく話し合ってものごとを決めているか?」と弟子に尋ねた。弟子が「その通りです」と答えた。このほか、「お年寄りを大切にして、彼らの意見に耳を傾けている」「女性を暴力によって連れてきて一緒に住むことをしない」——といった、共和制を執るヴァッジ族のいい点を一つひとつ挙げて、「それ故に、こういう国はなかなか滅ぼすことはできない」と言って、阿闍世王に侵略をやめさせた。こうした話が原始仏典にあって、釈尊が共和制を重視していたことがうかがえる。

アショーカ(阿育)という王が、釈尊滅後約百年の紀元前三世紀に登場した。この人は仏教に帰依し、「ダルマ(法)による政治」を行った。この人は、「国王といえども一切衆生の恩を受けている。政治はその報恩のために行われるべきである」と言っていた。アショーカ王の政治理念から見ても、決して仏教が国王に対してぺこぺこするようなことはなかった。二—三世紀の龍樹は、『宝行王正論』を著したが、その副題に「王への教訓」とあるように、仏教の慈悲を政治に反映し社会福祉、社会的弱者への減税、資産の平等などを実現するよう、国王に指導する立場を貫いている。

中国でもその姿勢は保たれたようだ。「沙門は王者を敬わず」という言葉が中国に残っている。出家者たちは王者を尊敬しない、逆だと。劉宋時代(四二〇—四七九年)になると、宗教が国家に従属させられるようになる。けれども決して仏教者たちは、国家に従属して、国家のために積極的に働くというようなことはなかったようだ。ところが日本に仏教が伝わると、最初から国家のためという鎮護国家の思想で始まった。ここが、インドや中国と、日本との違うところである。

10　仏教受容の仕方から見た日本人の国民性

次に仏教受容の仕方から日本人の国民性を見てみよう。

中村先生は、日本ではまず帰属する集団、所属する集団や組織が優先され、自己の自覚が乏しいということを以下の具体例を通して論じられた。本来の仏教の目指したことは、「真の自己」に目覚めることであったが、その点は最もほど遠かったのではないか。

多くの仏教用語は、「所属する集団や組織が優先」という枠組みの中で受容された。例えば「義理」は、サンスクリット語のアルタ（artha）の訳で、「ものごとの正しい筋道」「人の行うべき正しい道」「道理」という意味である。ところが、これは日本では「目上の人に対する義務」という意味で用いられる。

「人情」は、「人の心」という程度の意味だが、日本では「他人に対する情け」という意味に変わった。「諦める」は「真理を明らかに見る」という意味だが、「帰属する集団で自分の目上の人、あるいは自分より立場が上の人の意思に反する時、自分の目標を断念する」という意味に変わっている。

「原因・結果」を意味する「因果」は、明らかにされるものである。ところが「因果を含める」という言葉になって、「同期や目上の人の意向を伝えて、あの人がこう言っているからお前はこれは止めておいたほうがいいと説得する」という意味になる。本来、論理的な因果関係を示す語が、所属する集団における上下関係において意味づけられている。

そういう意味では、日本において個人は集団の中に埋没されやすい。だから人を評価する時は、個人の人格や、その人がどういう人かではなくて、どこに所属しているのか、どういう立場なのか、肩書は何なのかということが最優先になる。そういうところで、独創性はなかなか受け入れられない。

中村先生は、東方学院の講義で、「日本において独創的見解は、例えば江戸時代に限った場合、藩校からは生まれませんでした」とおっしゃって、公立や、官立の学校からは生まれなかったと強調されていた。その具体例として、大阪の町人であった富永仲基《なかもと》のことを話された。この人は、「大乗非仏説論」を十八世紀に唱えた。それまで日本の仏教者たちは、経典が「如是我聞《にょぜがもん》」(このように私は聞きました)で始まるので、釈尊が説かれたことを直接聞いて書き残されたという大前提のもとで読んできた。

そのような読み方は、中国で始まった。中国に仏教が伝来した当初は翻訳することで精一杯だったが、翻訳が一段落すると、今度は内容検討の時代に入った。各経典を読み比べてみると全く逆のことが言われていたりする。そこで、その矛盾を何とか解消しようとした。その時、これは全部、釈尊が説いたものだという大前提は崩さなかった。例えば天台大師の場合は、「釈尊が覚りを得た。その覚りを手加減しないでそのままストレートに説いた(華厳時《けごんじ》)。そうしたら、みんな消化不良を起こした。これではよくないと言うので、レベルをがくんと下げて、非常に日常的なことから話を説き起こして(阿含時《あごんじ》)、だんだんとレベルを上げて行って(方等時《ほうとうじ》、般若時《はんにゃじ》)、最後に最高の教えを説いた(法華《ほっけ》・涅槃《ねはん》時《じ》)」というようなストーリーをつけた。それによって相矛盾する内容を調整した。日本はそれをそのまま受け容れた。

富永仲基は、「懐徳堂」という学校で学んだ。これは大阪の町人がお金を出し合って、庶民教育のために創った学校である。だから権威とは無縁で、自分の問題意識のままに経典を読んだのであろう。経典相互の食い違いや、矛盾が生じた理由を自分なりに考えて、最初は素朴だったものが、後世に書き加えられ、増広されていったからだと推論した。当然、日本の仏教界からは総好かんをくらった。

ところが近年になって、インドのサンスクリット語や、セイロンのパーリ語の仏典が入ってきて、改めて読み直してみると、この人の言っていたことが正しかったことが明らかになってきた。私は、「日本人は独創性がない」とは思わないが、独創性を持った人がいても、それを寄ってたかって潰してしまう構造が日本にはあるのではないか。その独創性が認められるのは、何十年、何百年先というようなことを、この例は示していると思う。なぜそうなるかと言うと、「何を」書いたかを見ないで、「誰が」書いたかしか見ないからである。その「誰」というのも、その人の人格ではなくて、その人の立場や肩書、帰属する組織でしか見ないのだ。

私もそういう体験があった。ニューヨークの学術出版社から二〇〇一年に *Gender Equality in Buddhism*（Peter Lang Publ. Inc.）という本を出したことがあった。その少し前に、国文学者の大野晋先生と「言葉による意思疎通を可能にするものは何か？」というテーマで対談した。その速記録を読まれた方が、「これは出版したほうがいい」と言ってくださった。私がまだ博士号を取得していなかった頃で、大野先生をはじめ、多くの人が「これは大変な内容の対談だ」と評価してくださっていたけれども、私にさしたる肩書がないということで、途中で没になった。

それに対して、アメリカの出版社では、出版に値するかどうか原稿を審査する「リーダー」（Reader）という複数の専門家を抱えていて、有名、無名を問わず執筆者の肩書や名前を一切伏せて、審査される。私の原稿も、その審査を経て、「ストロングリー・リコメンド」（強力に推薦する）というコメントがついて出版社に送り返されてきたと聞いた。そのおかげで無事に出版された。その時、アメリカの出版社から来るメールには、「ドクター・ウエキ」とあったが、私はその時点では、まだドクターではなかった。けれども、アメリカでは原稿の内容のみが問われ、私の肩書は一切問われなかった。日本では、内容を読んで「面白い！」となったのに、肩書のないことを理由に没になった――ということが同時進行であって、まさに「肩書きや、帰属する組織でしか人を見ない」という日本社会の現実を目の当たりにした。

それに対してインドの国は、個人が非常に重視され、集団性があまりない。例えばインドでは、何々学派という表現はない。先ほど挙げた「説一切有部」は、中国人が付けた部派名である。サンスクリット語に戻ると、そんな意味ではない。サルヴァースティヴァーディン（sarvāstivādin ＝一切〔の事物〕は存在するという学説を信奉する人）の複数形サルヴァースティヴァーディナハ（sarvāstivādinaḥ）、すなわち「一切（の事物）が存在するという学説を信奉する人たち」――これが、この学派の名前である。「〜学派」ではなくて、「〜という学説を信奉する人たち（の集まり）」という意味なのだ。あくまでも個人があって、集団が成立しているという関係である。だから、中村先生は、「それぞれの学派にボスのような存在がいて、その学派に所属する人たちの面倒を見るとか、取り仕切るというようなことはインドにはございませんでした」と常々、話しておられた。

11　普遍的真理と特定の人格に対する態度の比較

次に、普遍的真理と特定の人格に対する態度の比較をしておきたい。インドでは、具体的な人格性としての「人《にん》」と普遍的真理としての「法」が対《つい》にして論じられた。釈尊自身、両者の関係を次のように語っていた。

ヴァッカリよ、実に法を見るものは私を見る。私を見るものは法を見る。ヴァッカリよ、実に法を見ながら私を見るのであって、私を見ながら法を見るのである。（『サンユッタ・ニカーヤ』）

ブッダ（仏陀）は「真理に目覚めた人」であり、「法」（真理）に目覚めればみんなブッダである。したがって「人」をブッダたらしめるのは「法」であり、「法」こそが根源である。それを大前提とした上で、「法」は人格に反映されて初めて意味があり、その人格も「法」に裏付けられて初めてその価値を生ずる――という意味で「人」と「法」の一体性が強調された。ただし、敢えてどちらか一つの選択を迫られる場面では、『涅槃経《ねはんきょう》』に「依法不依人《えほうふえにん》」（法に依って人に依らざれ）とあるように、インド仏教では「法」が重視された。

これが中国に来ると、「人」を重視する傾向が出てくる。けれどもそれは、あくまでも「法」を体現した「人」に対する尊敬であった。だから、中国では特定の人を法主《ほっす》として崇拝したり、個人を崇拝することはなかった。ところが日本に来ると、「法」よりも特定の「人」に重心が移る傾向が顕著になる。例えば「お大師《だいし》さん」と言えば弘法《こうぼう》大師のことで、弘法大師信仰が日本のあちこちにある。このように「法」よりも特定の宗祖としての「人」に重心が移る。ここにもインド、中国、日本の違いが認められる。

12 「草木成仏」についての比較

次に自然観とも関係するが、「草木成仏《そうもくじょうぶつ》」について三国を比較してみよう。

北本『涅槃経』に「一切衆生悉有仏性《いっさいしゅじょうしつうぶっしょう》」という言葉がある。チベット語訳にはこの語に相当する箇所がないので、中国で挿入されたのではないかと言われているが、類似した考えはインドにもあった。この語には草木や国土は入っていない。衆生という語が入っている。「衆」は複数を表わし、「生」は生き物のことである。だから、「あらゆる生き物には仏性があり、仏になる可能性を具《そな》えている」を意味する。「成仏」、すなわちブッダ（仏陀）になるということは、真理（法）に目覚めることである。その意味では極めて知性的なことであり、「明知」、すなわち「明らかなる知」によるものである。

インドでは、動物と人間は大して変わりないものと見られている。インドへ行った時、田舎で人間の子どもと猿が一緒に水遊びしているのを見たことがある。日本の銀座に当たる、ニューデリーの繁華街で、店の前に猿がチョコンと座っていた。私もそこにチョコンと座って、一緒に〝記念撮影〟をさせていただいたが、全く違和感がなかった。動物と人間は大して変わりないと思われている。だから、動物も解脱は可能だと考えられていた。

ところが中国では、「草木国土悉皆成仏《そうもくこくどしっかいじょうぶつ》」――草木や国土、山川草木までもが成仏できると言われた。インドではそこまでは言わなかった。ところが日本では、さらに徹底される。中国では「草木成仏」だったが、日本では「草木不成仏」と言われた。「え、成仏しないの?」と思われるかもしれないが、違うのだ。「草木はもともと成仏しているのだから改めて成仏する必要はない」という意味なのだ。これは、日本の自然が豊かであることから、人間と自然の一体性、自然の恵みと人間の繋がりの密接さから出てきた言葉であろうが、そこまで変容した。

13 「現象と実在」からの比較

次に「現象と実在」という哲学的な概念から三国を比較してみたいと思う。

『法華経』『般若経』によく出てくる言葉に、「諸法実相」がある。「諸法」は「あらゆるものごと」、「実相」は「真実のありのままの姿」で、実在という意味である。だから「諸法実相」は「あらゆるものごとの真実の姿」といった意味になる。「諸法実相」は、サンスクリット語のダルマター(dharmatā)を漢訳したものだが、ダルマ(dharma)が「ものごと」で、ター(tā)は女性の抽象名詞を作る接尾辞である。ダルマがダルマターになると、「ものごと」から「ものごとを、そうあらしめているもの」「ものごとの有りのままの真実の姿」という意味になる。

インドでは、現象としての「ものごと」よりも、「ものごとを、そうあらしめている」実在への関心が強い。そうしたインド人の国民性が、サンスクリット文法にも反映されている。それは、世界でも希に見るほど抽象名詞が多い言語だということだ。なぜ抽象名詞が多いかというと、形容詞であれ、副詞であれ、名詞であれ、何にでも接尾辞（tā や tva）さえ付ければ、抽象名詞になるからだ。ということは、インド人は「現象」を見ているのではなく、その背後にある「現象を現象たらしめているもの」を見ていると言ってもいいほどだ。われわれのものの見方とは全く異なる。

中村先生は、その具体例として「この紙は白い」という表現を通して語っておられた。英語では This paper is white. ほとんどの言語は「この紙は白である」という「S（主語）＋V（動詞）＋C（補語）」の構文で表現する。ところが、サンスクリット語では、「この紙は白性を持っている」という表現を好む。「この紙は白い」というのは、現象を見ている。「この紙は白性を持っている」というのは、「われわれは、現象として白と見ているけれども、それが白いのは、白を白たらしめている働きがあるからだ」というふうに見ているのだ。現象よりもその背後の実在を見ている。

こういう国民性からは、歴史のような現象的なことに対する関心は希薄なものになる。インド人は地理にも興味を持たなかった。釈尊のことも、歴史として記録されていなかったので、十九世紀末までヨーロッパ人たちは、架空の人物だと思っていた。一八九八年にピプラーワーで釈尊の骨壺が発掘されたことで歴史的人物だったことが、やっと確認された。

歴史が好きなのはギリシアと中国である。ギリシア人のメガステネースという人がシリアの大使として紀元前三世紀ごろ、インドのマガダ国に滞在し、その時の記録を残している。それと、先ほど触れた法顕という人が、五世紀にインドに行き、帰国後、その旅行記を事細かく記して残した。

中村元先生は、宇井伯寿博士が算出された釈尊の生存年代を、ギリシアの王の即位年代を手がかりとして、さらに改善して紀元前四六三―前三八三年だとされた。それは、中国やギリシアの記録がなければできなかった。現象よりも普遍性を重んじるインド人の思考方法からは、決して特定できないことだった。

中国人と、日本人は極めて現実に関心が強い。そういう中国でダルマターが「諸法実相」と漢訳された。それは「諸法の実相」という意味だった。それは、現象として「諸法」があって、その背後に普遍的な実在として「実相」があるという二重構造を内包した訳だった。ところが後に「諸法は実相」と一重構造で解釈された。これも漢訳の独り歩きである。そうなると「現象そのままが実相」という現実肯定になる。

14 現実肯定・煩悩肯定・修行否定

それが日本に来ると、さらに「現象即実在」が強調される。道元は「諸法は実相」に加えて、「実相は諸法」と言った。この二つの命題からは「諸法＝実相」という結論が導かれ、完全に「現実肯定論」になる。これが悪用されると、例えば、だらしない人がいて、だらしないという現象自体が既に「実相」だとされたりする。「煩悩肯定論」になりやすい。あくせく努力や修行をしなくても、それが実相だから、ありのままでいいとなって、「修行否定論」も出てくる。さらには戒律無視も出てくる。

しかも親鸞は、破戒者、すなわち戒律を破った者でも、阿弥陀仏の大慈悲で救われると言った。これは、人を助ける立場の人が言えばいいが、われわれがこれを使うと、「破戒者でも救われるのか、じゃあ、破戒してもいいんだ」となってしまいがちである。そんなことは、インド仏教や中国仏教で言われることはなかった。

『維摩経』にヴィマラキールティ（維摩詰《ゆいまきつ》）という人が登場する。この人は在家の菩薩だが、極めて智慧が優れていて、智慧第一の舎利弗《しゃりほつ》をはじめ出家の十大弟子たちをも黙り込ませてしまうほどの人だった。この人は、歓楽街をはじめ、いろいろな所に出没し、悪に染まることなく、そこにいる人たちに仏法を説き聞かせた。その人は「若《も》し菩薩にして非道《ひどう》を行ずれば仏道に通達すと為《な》す」と語っていた。「道に非《あら》ざることを行じて、それが仏道に精通していることになるのだ」と。これを文字通りに行うと大変なことになる。

この言葉には、中国の天台大師・智顗《ちぎ》が言った次のような背景があったと思う。

仏は、性悪《しょうあく》を断ぜずといえども、しかもよく悪に達す。悪に達するをもっての故に、悪において自在なり。故に悪の染する所とならず。修悪《しゅあく》起こるを得ず。故に仏永く復《ま》た悪無し。自在をもっての故に、広く諸悪の法門を用いて衆生を化度《けど》す。終日これを用いて、終日染まらず。（『観音玄義』）

簡単に説明すると、仏は性質、性分としての悪を断じていない。性質としての悪は持っていて、しかも悪の本質に通達し、悪の本質を見極めている。だから、悪に囚われることなく自由自在で、悪に染められることがない。だから、性質としての悪である「性悪」は持っていても、実際に行為として行う悪の「修悪」が起こることはない。だから、仏には永く悪の行為はない。悪において自在であることによって、広く諸の悪についての法門を説いて衆生を教化し救うことができるのだ——ということである。そのような背景を無視して、「非道を行ずれば仏道に通達す」を文字通りにとらえ、自分の非道を正当化し、戒律を無視する人も出てくるであろう。

戒律無視の正当化の例を見てみよう。京都に祇園《ぎおん》という町がある。祇園は「祇園精舎《しょうじゃ》」の略で、「祇園精舎」は「祇《ぎ》陀園林精舎《だおんりんしょうじゃ》」の略である。サンスクリット語ではジェータ・ヴァナ・ヴィハーラ（Jeta-vana-vihāra）と言い、「ジェータ太子の持っていた園林に建てられた精舎」を意味する。釈尊はいろんな所に説法に出かけられたが、ここに滞在された期間が一番長かった。林があって緑豊かで、非常に美しい所だった。ところが、京都のある一画を非常に美しい所だと思われた人たちがいらっしゃったようで、そこを祇園と名付けた。当然、サンスクリット語を知る人たちである。彼らは、その祇園に行って帰る時に花代を払う。その花代の花も、元を糺せばサンスクリット語だった。サンスクリット語でパナ（pana）はお金のことである。平安時代には「はな」と書いて「パナ」と発音した。現在は「はな」と書くと「ハナ」としか発音しない。それで「はな」を「花」と当て字で書いた。それに代金の代を付けて「花代」と言った。当然、「パナ」というサンスクリット語を知っていたのは誰かとなる。「お金」という言葉を口にすると、何か罪悪感が感じられる。「パナ」と言うと罪悪感から免れられる。しかも、「今夜、祇園に行ってくる」と言うと、何か釈尊が長期間滞在されたところに行くような錯覚を催す――というようなことが行われてきたのも、戒律無視の具体例として見ていいのではないだろうか。

その延長なのか、出家者の飲酒や妻帯が日本では暗黙の了解になっている。酒を飲む言い訳まで考えられている。酒のことを日本の僧侶たちは隠語で般若湯《はんにゃとう》と言った。般若はパーリ語のパンニャー（paññā）を音写したもので、「智慧」のことだった。だから「薬として少しぐらい飲むのならいいだろう」という口実で、「酒としてではなく、智慧を呼び起こす湯薬《とうやく》」という意味にして、「般若湯」と言った。ところが、『大智度論』には、「酒は知覚を奪い去り、健康を害する。心は乱れ智慧は劣るのだ」とある。「智慧を呼び起こす湯薬」とは全く逆で、「物の識別を鈍らせる」ので、「酒は止めなさい」とある。東南アジアのタイやミャンマーの僧侶たちは、独身を貫き、酒を一切飲まない。日本の僧侶が結婚していることを「彼らは出家者じゃない」と非難する。ところが、タバコはすぱすぱ吸っている。「戒律のどこにもタバコを吸うなとは書いてない」と言うのだ。それはそうだ。釈尊の時代にタバコなんてなかったのだから。どっちも、どっちで、五十歩百歩である。

15 日本で見られる仏教の権威主義化

次に、日本では、仏教の権威主義化が随所に見られる。例えば「錦の袈裟《けさ》」という言葉がある。これは、形容矛盾である。「袈裟」は、サンスクリット語のカシャーヤ（kaṣāya）を音写したもので、「薄汚れた色」を意味する。なぜ薄汚れているかというと、林の中に放置された死体をくるんでいた布だからである。その死体をライオンやトラや蛇が来て、食いちぎる。その布は、死体の血や膿で汚れる。それで、薄汚い色になっている。当初の出家者たちは、それを拾ってきて洗って縫い合わせて着ていた。それが、出家者のカシャーヤ（袈裟）だった。もともとインドでは、アウト・カーストと言われ、カースト制度の最下層に位置づけられるチャンダーラ（caṇḍāla, 旃陀羅《せんだら》）と言われる人たちが身にまとっていた。出家とは、権威や名声を一切かなぐり棄ててチャンダーラと呼ばれる人たちと同じ立場に立つことを意味していた。日蓮が自らのことを「施陀羅が子なり」と言っていたのは、この理にかなっていたわけだ。ところが、日本では「錦の袈裟」が作られ、袈裟が権威の象徴になってしまった。

あるいは、出家者が手に持つ払子《ほっす》も同じだ。これは、インドでは、虫を殺さないように虫をそっと払うための、柔らかい毛でできた刷毛《はけ》のような道具だった。ところが、この払子を持つことが、一つの権威を象徴するものになった。この点も日本の仏教の特徴だ。

16　諸法実相と日本文化

これまで、悪い話が多かったかもしれない。比較する時には極端な話が都合がいいものだから、極端すぎる具体例を使ったところもある。だから、「日本の仏教って、そんなにひどいのか」と思われるところがあったかもしれない。このままでは申し訳ないので、少しはいい話もしておきたい。

既に触れた「諸法実相」という考えは、日本の文学論や芸術論に相当に影響を与えたようだ。これは評価すべきことである。中村先生は、「日本は、世界に対して思想的にはほとんど貢献していないけれども、芸術面では多大なる貢献をしていると思う」という話をよくされていた。例えば、日本の文芸の中で重要な位置を占めている短歌に対しても「諸法実相」という考えが相当に影響を与えている。例えば、藤原俊成《しゅんぜい》（一一一四―一二〇四）という人が『古来風躰抄《こらいふうていしょう》』という和歌論を書いた。その中で天台大師の『摩訶止観《まかしかん》』に言及し、「空仮中《くうけちゅう》の三諦《さんたい》」という言葉を用いて和歌論を次のように展開している。

歌のふかきみちを申すも、空仮中の三諦に似たるによりて、かよはしてしるし申すなり。

「空仮中の三諦」は空諦《くうたい》、仮諦《けたい》、中諦《ちゅうたい》のことで、天台大師が言い出した仏教の認識論／存在論である。「空諦」は、あらゆるものごとには不変の実体がなく空《くう》（śūnya, śūnyatā）であるという真理（諦）、「諸法実相」で言えば「実相」のほうに重心がある。「仮諦」は、あらゆるものごとは空であるけれども因縁《いんねん》によって仮に存在しているという真理である。例えば机は、もとを糺せば板きれである。板をこのように組み立てたから机と呼ばれている。分解すれば、もはや机ではない。燃やせば灰となる。机という実体はない。われわれも、いつまでも若さを保っているわけではなくて、いつかは年をとって消えてなくなる。あらゆるものは現在、現象として仮に存在している。そういう側面を見ると「諸法」ということになる。

われわれのものの見方は、そのどちらか一方に偏りやすい。現実ばかり見ていると、現実はコロコロ変わるから、空転して落ち込んだりする。普遍性ばかり見ていると、抽象論になったり観念論になったりしてしまう。現実が伴わなければいけないというので空諦から仮諦へ、いややっぱり普遍性が大事だというので仮諦から空諦へ――と、どちらか一方に偏ってしまいがちである。中諦というのはその両方を合わせ持ち、いずれにも偏しないという見方である。あらゆるものは実体がなく、仮りのものでいつまでも存続するものではないと見るとともに、現実も見据えていく。この両面を捉えなければいけないという見方である。

という意味では、これは「諸法」と「実相」のいずれかに偏るのではなく、諸法に即して実相を見、その実相を諸法を通して表現するというように、両者が相依ってあるべきだと言っている。先ほどの藤原俊成の言葉は、それを和歌論として展開したものである。桜を愛《め》で、月を眺め、風を感じ、現象・事物としての花鳥風月を歌に詠み込む。その現象としてのものごと自体に意味があるのではなくて、現象としてのものごとに即して、その背後にある実在（実相）というものを見て言葉で表現することが歌の本来の道であるということが、展開されていた。

また、室町時代後期の連歌師・宗祇《そうぎ》は、次のように言った。

なほなほ歌の道は只《ただ》慈悲を心にかけて、紅栄黄落《こうえいこうらく》を見ても生死《しょうじ》の理《り》を観ずれば、心中の鬼神《きじん》もやはらぎ、本《ほん》覚真如《がくしんにょ》の理に帰《き》す可《べ》く候《そうろう》。

「歌の道は只慈悲を心にかけて」ということ自体、仏教の影響が読み取れる。植物の葉が紅くなったり、黄色くなったりして落葉する自然現象を見て、あらゆるものが生死を繰り返しているという道理を達観することによって、心を悩ませる「心中の鬼神」も穏やかに静まり、あらゆるものが本来的に覚っているという理を覚知し、そこに回帰することになると言っている。このように、歌を通して「生死の理」を観じていくことを論じた。

俳人・松尾芭蕉《ばしょう》も、やはり「諸法実相」を重視し、門人たちと『法華経』について論じていたようである。「古池や蛙《かわず》飛びこむ水の音」という句がある。俳句に関してはど素人《しろうと》の私だが、自分なりに解釈すると、ここには「古池」「蛙」「水の音」という〝現象〟が羅列されている。「私」がここにいて、「古池」が向こうにあって、「蛙」がいる。その「蛙」

がポチャンと「水の音」を立てて池に飛び込んだ。そして、水面に波紋が生じて同心円を描いて広がる。また、その音が向こうからこちらへ伝わってきて、「私」を通りすぎて宇宙大に広がっていく――というイメージを私は抱く。単に「古池」と「蛙」と「水の音」を羅列したことによって、「私」が宇宙の中に存在しているという宇宙の広がりを感じさせる。これは「諸法」を通して「実相」というものを表現しようとした結果ではないかと私には思える。

例えば小林一茶《いっさ》に「痩《や》せ蛙負けるな一茶これにあり」「我と来て遊べや親のない雀」といった句があるが、ここには動物に対する優しさは表現されているが、宇宙の広がりを感じさせる句ではない。松尾芭蕉の句は仏教の影響を受けて、相当に「諸法実相」的な世界を表現しようとしていたように思える。門人に森川許六《きょりく》という人がいたが、彼らと『法華経』について随分語り合っていたようだ。許六は「蕉門十哲」の一人だが、彼らの作品の中にも『法華経』を踏まえた句が随分出てくる。あるいは各務支考《かがみしこう》は、「法華経を要《かなめ》として」芭蕉の俳諧論を『俳諧十論』としてまとめた。また『虚実論』を著し、フィクションとノンフィクションを踏まえて俳句の造り方を論じた。この場合の「虚」と「実」、すなわちフィクションとノンフィクション、これを「諸法」と「実相」に当てはめるとまさに「諸法実相」論である。

近松門左衛門は「虚実皮膜論」という文学論を書いた。ここにも「虚」と「実」という文字が出てくる。両者の違いは、薄い皮膜で隔てたぐらいでしかない。事実を事実のまま記録したってそれは面白くもなんともない。けれども、そこに事実プラス・アルファとして、「虚」を折り込むことによって真実が、よりクローズアップされる。これも「諸法実相論」の応用である。この「虚実皮膜論」は、ゲーテの言う「事実と真実」に匹敵する言葉である。この「虚実皮膜論」という文字を見ると、日蓮が『観心本尊抄《かんじんのほんぞんしょう》』という著作の中で用いている「竹膜を隔つ」という言葉を思わせる。近松門左衛門自身が日蓮の信奉者だったから、おそらく、これも読んでいたのだろう。

17 ザイン（存在）とゾルレン（当為）

このように「諸法実相」という思想は日本の文学論、自然観、芸術論に対して、相当に影響を与えた。そういう点は非常に評価できる。ただ惜しむらくは、日本の仏教は、人の「振る舞い」「行い」という面が弱かったのではないか。本来、仏教はザイン（存在）とゾルレン（当為）で言えば、ゾルレンのほうに重心があった。人として何をするかという「行い」が重視されていたが、日本では、葬式仏教という指摘はさておいて、仏教の思想は自然観とか芸術論とか文学論のほうに応用されることが多く、人の「行い」の面は弱かったのではないか。ただ、日蓮や宮沢賢治などは例外と言える。日蓮は人の振る舞いということを重視していた。日蓮の言葉に「不軽《ふきょう》菩薩の人を敬いしは、いかなる事ぞ教主釈尊の出世の本懐は人の振舞にて候けるぞ」とある。『法華経』に登場する常不軽《じょうふきょう》菩薩はその名の通り、出家であれ在家であれ、男性であれ女性であれ、誰に対しても礼拝しながら「私はあなたを軽んじません。なぜかと言えばあなたも菩薩道を行ずることによって必ず如来になることができるからです」と言い続けた。ところが、そんなことを言われた人たちは、「お前なんかに言われる筋合いはない」と、石をぶつけたり、ぶん殴ったり、迫害を加える。すると、菩薩は逃げ去って、遠くから「それでもあなたは仏になりまーす」と言い続け、決して憎悪を抱くことはなかった。その菩薩の振る舞いを通して、日蓮は「教主釈尊の出世の本懐は人の振舞にて候けるぞ」と言った。

宮沢賢治の代表作で「雨ニモマケズ」という詩がある。これは、王敏先生の専門だが、そこには人のために何かをするという思想が全面的に出ている。不軽菩薩を意識して書かれたと言われているが、きっとその一面もあるだろう。

18　死刑廃止と怨親平等

このほか、仏教の影響のいい面を紹介すると、日本で死刑廃止が約四百年間続いた時代があった。それは保元の乱の一一五六年まで続いた。それは生命を大切にする仏教思想の影響であろうと言われている。もう一つは「怨親《おんしん》平等」という言葉である。これは最近、朝日新書として出版された王敏先生の『日中2000年の不理解――異なる文化「基層」を探る』という本の中にも触れられているが、わが国では戦争の後に敵と味方を分け隔てなく平等に弔う追善供養が行われていた。例えば蒙古襲来で元軍と日本が戦った後、法要が営まれて日本と元の人たちの両方の遺体が葬られた。あるいは私の故郷は島原だが、島原の乱で半島南部の農民たちはほとんど全滅した。その数は三万人前後と言われている。薩摩の島津義久は、約千人の僧侶を集めて、盛大な法要を催し、敵味方の区別なくキリシタンと幕府軍の両方の戦没者を弔った。ただ、明治政府がつくった招魂社が例外かと思う。官軍の死体はすべて収容されて招魂社に祀られたが、明治政府に敵対し賊軍と呼ばれた人たちの死体は、上野公園に野ざらしにされたままだった。

駆け足でいろんなことを盛り込んで見てきたが、普遍性重視のインドから、現実性重視の中国・日本へ仏教が伝来し、漢字文化圏独自の展開を見て、さらには国民性や自然環境の違いによる仏教受容の仕方の違いがそれぞれにあったことなど、おおまかな比較を概観していただけたのではないかと思う。

参考文献

・中村元『インド人の思惟方法』中村元選集決定版、第一巻、春秋社、東京、一九八八年。

・―――『シナ人の思惟方法』中村元選集決定版、第二巻、春秋社、東京、一九八八年。
・―――『日本人の思惟方法』中村元選集決定版、第三巻、春秋社、東京、一九八九年。
・植木雅俊『仏教のなかの男女観』岩波書店、二〇〇四年。お茶の水女子大学提出の博士論文。
・―――訳『梵漢和対照・現代語訳　法華経』上・下、岩波書店、二〇〇八年。毎日出版文化賞受賞。

「五・四運動」勃発原因と日本

王　虹

1　はじめに

一九一九年五月四日、北洋軍事政府のパリ講和会議での外交失敗に抗議するため、学生たちは北京で「外争国権、内懲国賊」、「廃除二十一カ条」、「拒絶在和約上簽字」などのスローガンを掲げ、デモ行進をした。それにより、授業のボイコット、ストライキなどの事件が連鎖的に起こり、ついに中国全社会の変動と思想界の革命に発展した。この二十世紀中国で行われた大きな歴史事件は「五・四運動」と称され、その中で提唱された「民主」と「科学」の主張は当時の社会や知識人たちに極めて深い影響を与えた。「五・四運動」の歴史上の位置づけとそれが与えた影響について、毛沢東は、「五・四運動」を境に、それ以前は旧民主主義革命時代、それ以降は新民主主義の革命時代であると分類した[1]。しかし、現在の中国では一般的に「五・四運動」を単に一九一九年五月四日に行われた運動としてだけではなく、中国が西洋文化に接触したことによって新たな文化を誕生させていった歴史的過程と指摘されており、マクロな角度から「五・四運動」を研究するべきだと主張されている。

「五・四運動」が勃発した原因は非常に複雑であり、近年来、これについての研究も多岐多様である。一般論としては、根本的な原因は帝国主義と北洋軍事政権の支配による日増しに深刻になってきた民族危機であり、同時に民族資本主義の発展に伴い、ロシア十月革命の影響を受けた中国国内のプロレタリア陣営の増大や文化運動の興起などに起因していると言われるが、その歴史成因と思想背景を究明するためには、依然として深く研究分析する必要がある。

2 「五・四運動」勃発の具体的原因

「五・四運動」の勃発について、総合的に分析してみると、主に次のような要因が挙げられる。

❖——（1）当時の中国の経済状況

第一次世界大戦中、帝国主義下の日本が中国に対して経済的な侵略を始め、日中両国民の関係を複雑なものとした。それと同時に北洋軍事政権もまた経済的な搾取を加え、中国国内の社会的矛盾を激化した。その一方で、近代的な西洋文化と接触する前の中国経済の本質は自給自足の農業経済であり、工業がまだ発達していなかったため、資本主義経済の発展までには至らなかった。こうした経済状況の下では、大部分の財産が地主や商人たちに所有され、この経済様式は国内市場の拡大と大規模な工業の発展の障害となった。その上、清朝政府の鎖国でさらに立ち遅れるようになり、列強から残虐な扱いを受けるまでになっていた。しかし、十九世紀中期からイギリスをはじめとした西洋の列強により中国の大門が強制的に開かれて以降、その自給自足の農業経済制度に変化が生じてきた。資本主義の商品ダンピングなどの圧力に迫られて、中国の民族資本主義が台頭し、初めての発展を遂げることとなった。第一次世界大戦の直後、西洋列強が戦争にとらわれ、中国の状況に気を配れずにいたため、中国の民族資本主義は発展の好機に見舞われた。そのおかげで一九一四年から一九二〇年にかけて、織物と小麦粉の加工業など軽工業はすさまじい発展を迎えた[2]。この期間の経済発展は中国の工業史上の繁栄期と称されている。そうした発展に伴い、中国の伝統的な自給自足の農業経済の崩壊がさらに加速され、同時に民族のブルジョアジーとプロレタリア陣営が拡大し、とくにブルジョアジーの中で帝国主義と封建勢力の圧迫と束縛を振り捨てる要望が強まってきた。こういう意味で考えれば、中国の民族資本主義経済の発展は「五・四運動」勃発につながり、そして経済的・組織的な基盤を築き上げるのに役立ったと言えよう。

❖――――（2）パリ講和会議問題

パリ講和会議の山東半島問題に対する処理は「五・四運動」の勃発した直接的な原因と導火線である。一九一八年十一月十一日に第一次世界大戦が終結した。当時の中国では人々が終戦と平和の喜びにひたっていた。政府当局から三日間連休を発布され、人々は、敗戦方のドイツが一八九八年以来占領していた中国の領土を奪還し、また日本の脅威の下で結ばれた一連の不平等条約も、近く開会されるパリ講和会議で解決、廃棄されるであろうと期待を募らせていた。しかし、一九一九年一月十八日開会後、西洋列強は日本と密約し、ドイツの占領したすべての領土と特権を日本に譲渡するという条約を交わした。四月末ころ、北洋軍事政権がパリ講和会議で外交交渉に失敗したという情報は中国国内にも伝わり、愛国心の強い知識人と学生たちは列強の愚弄と政府の売国的な行為に激怒した。袁世凱政権が日本政府の「対華二十一カ条」を受け入れて以来わだかまっていた怒りと屈辱感がいっせいに噴出し、主観的な期待と客観的な事実の大きなギャップおよび抑えられない憎しみが国家の民族権利を求める行動に発展した[3]。だからこそ、「五・四運動」という大規模な全国的大衆運動が起きるまでになったのである。

❖――――（３）朝鮮半島の三・一運動

一九一九年三月一日に、朝鮮半島で反日独立運動（三・一運動）が勃発した。その運動は中国の「五・四運動」より二カ月ほど早く、その正義的闘争が中国の人々、とくに知識人たちの間で大きな反響を呼んでいた。これは、中国の反帝・反封建主義の意識を呼び起こしたと同時に、大衆運動という反抗方式を中国の人々に啓発した。たとえば、ソウルの学生の授業ボイコット、デモ行進を期限とし、その後全国に広がった朝鮮半島の三・一運動と同様に、「五・四運動」でも学生が先頭を切り、いさましく工商各界のストライキを引き起こし、全国の大規模な民衆連合運動へ発展させた。朝鮮半島の三・一運動は中国の「五・四運動」に対して誘導的・模範的な役割[4]を果たしたとも言えよう。

また、上記の原因以外に、中国の不平等条約に反対する闘争の影響が「五・四運動」を引き起こした要因の一つでもあると主張する学者もおり、彼らは、「五・四運動」の勃発は中国国民が一連の不平等条約に強く反対した結果である[5]と指摘し、それらの闘争の中で、対華二十一カ条に対する反対闘争は「五・四運動」の先発、一九一八年の「日華軍事防敵協定」反対闘争はその試演だと見ている。

3　「五・四運動」の勃発にかかわった日本

日本は「五・四運動」の勃発に直接関係している。それについて、本節では当時の在日中国人留学生が「五・四運動」で果たした役割、日本の潜在的な要因と影響を分析してみたい。

日本が「五・四運動」に与えた影響は、利害両方であると言えよう。清朝末期の日清戦争から北洋政権が日本と締結した「対華二十一カ条」、またパリ講和会議で列強と連携した日本がドイツの中国における諸特権を取得したことなどは「五・四運動」勃発の諸要素となり、このことをアメリカの学者・周策縦氏の言葉を借りて言うと、中国国内の愛国知識人の屈辱感を深める[6]ことにつながったのである。「五・四運動」に参与した在日中国人留学生たちが大きな役割を果たしたということも見逃してはならない。彼らは日本で西洋の思想と先進的な科学技術を学び、またそれらを中国へ伝え、中国の人々を啓蒙し、「五・四運動」の勃発に重要な思想的基礎を定めることに貢献したのである。

当時日本に留学していた中国人留学生（在日または帰国した留学生も含め）は「五・四運動」勃発に関し、無視することのできない存在である。ここで、「五・四運動」前後の日本と中国で、これらの学生が関与、参加またはリードした反帝・反封建主義の運動、さらに「五・四運動」と日本の関連を側面から考察してみよう。

日清戦争から一九四五年日本敗戦までの五〇年間は、日中関係の最悪時代であった。当時の状況を日本人学者・実藤慧秀が次のように語っている。

在这阴森可怖的黑暗时代当中、出现了一线光辉——这虽然只是漫漫长夜中一二颗星星闪烁的光辉。我所指的光辉就是中国人留学日本这件事（この黒闇の時代の中に、漫然たる夜中一つまた二つぐらいの閃いている星のような光が現れてきた。その光は中国人日本留学ということだ。拙訳）[7]。

日本に数多くの中国人留学生を派遣した張之洞が『勧学篇』の中で日本留学を推奨する理由を次のように挙げている。第一は彼の言葉で言うと「路近、費省、可以多遣」[8]。「路近」とは、距離が近いため、旅費が節約できるということから数多くの人員を派遣でき大変便利であり、派遣された学生たちも日本の文明的で新鮮な空気を多く取り入れ、祖国改革の道を求めることができ、急に何かあった場合でもすぐに帰国することができるというよさがあるということである。これはその後の「五・四運動」で裏付けられたように、当時中国の革命活動に在日中国人留学生が参加しなかったとという例はまず見られない。たとえば、一九一一年に起きた黄花岡蜂起での死亡者に在日中国人留学生が八人いた。また、同年十月三十日に起きた雲南蜂起をリードした四〇人の幹部には、日本留学経験者が三十一人余りいたと言われる。ここで「五・四運動」前に日本留学経験者たちが帰国参加した主な事件をまとめてみよう。

1．一九〇五年、日本の文部省が発布した「清韓国留学生取締規則」に抗議するため、在日中国人留学生が授業のボイコットを実施し、留学生同盟会の重要メンバーである陳天華が海への飛び込み自殺で自身の抗議の意を示した。

2．一九一一年、多数の在日中国人留学生が辛亥革命に参加するため、帰国した。

3．一九一五年、「対華二十一カ条」を受け、四千人余りの在日中国人留学生が一斉帰国し、彼らの強い抗議の意を示した。

4．一九一八年の春、当時の段祺瑞内閣が日本の寺内正毅内閣と結んだ「日華軍事防敵協定」に反対するため、当時、在日中国人留学生総会長を務めていた阮湘、王洪賓らの呼びかけに応じ、在日中国人留学生たちが多数帰国し、上海で学生愛国総会を作り、その他の大都会にも分会が設立された。総会は即日、反日と日本商品の不買運動など様々な愛国活動を行った[9]。同年五月二十二日に中国教育省から、条約は軍事にかかわることであるため公表できず、救国を考えるなら学業を放棄することなく、早期修了のために継続するべきだ[10]という声明を発表し、留学生を強制的に日本へ戻す措置を取った。それにもかかわらず、留学生たちは引き続き上海で救国活動をし、そして一部分の留学生は『救国日報』などの刊行物を作り彼らの主張を宣伝した。

これらの在日中国人留学生の帰国事件は直接または間接的にその後の「五・四運動」の勃発に影響を与えた。一九〇五年の事件を例に挙げると、当時帰国した留学生は一千人余り、憤慨のもとに上海で「中国公学」という組織を作った。その中で胡適、朱経農、任鴻雋らがその後の「五・四運動」および新文化運動の中心的な人物となった。この「中国公学」以外にも、一九〇六年、日本留学経験者が上海に在学している学生たちと提携し、「各省旅滬学生総会（在上海各省学生総会）」という組織を作った。総会は各学生団体との連合、国会作りの準備を目指していた。これはあくまで理想的な意味を持っていたようなことだが、当時の愛国学生の国家に対する抱負が反映されていることには違いない。また、学生連合という点で考えれば、これらは近代の中国学生連合の始まりであり、彼らが夢見た全国連合の実現を目指す試みでもあり、学生が中国の社会、文化、政治問題に関心を持ち始めた象徴でもあった。これらが、一九一九年「五・四運動」ないしその後に展開された学生団体活動の幕を切り開いたという意味を持っているのであろう。一九一五年の在日中国人留学生の帰国事件を振り返ってみると、それは一九〇五年の対日政策に反対する運動の繰り返しに過ぎないが、今回の事件は政治的・外交的な要素が前者より多く感じられる。さらに一九一八年五月十二日の帰国事件を見れば、この事件は、九日後に北京で起きた学生デモ行進と請願運動に大きな影響を与えた。それを受けて、一九一八年六月三十日に知識人や在日中国人留学生が北京で少年中国学会を作り、これが同時に政治団体と政党の結団結党を助ける役割を果たした。その意味を含め全体的に言えば、在日中国人留学生は中国国内の反北洋軍事政権と反日本侵略の活動で指導的役割を果たし、彼らの帰国活動は「五・四運動」の展開にも組織的な条件を整える役割を担ったと言えよう。周策縱氏は、その一連の学生デモ行進や請願運動の持っている意味は政府への直接的な影響でなく、主として中国の新しい知識人たちがその他の社会勢力と大規模に連合するという始動を表明したことにあり、まさにそれは「五・四運動」の試演だ[11]と指摘している。

留学生の帰国事件と「五・四運動」への影響について、上記のように分析してきたが、彼らの活動は中国国内だけには収まらず、日本でも同様の抗議活動などが行われてきた。当時の東京とパリは「五・四運動」の海外主戦場と言っても過言ではない。「五・四運動」が始まった直後に、日本を「敵国」と見なした中国人留学生たちは、東京で集会を開き、在日中国人留学生総会名義で北京政府の徐世昌総統宛に「曹汝霖、張宗祥、陸宗輿賣國、同胞恨極、請處死刑、以謝同胞（曹汝霖、張宗祥、陸宗輿が売国した。同胞は極めて憤慨す。死刑を下して同胞に謝罪するよう請願する）」という内容の電文を送った。これは、偶然にも同日北京で起きた「五・四運動」で掲げられた「内除国賊（内の国賊を除け）」というスローガンの意味に酷似していた。五月六日、日本で北京の「五・四運動」が報道された後、在日中国人留学生は授業を欠席し、集会を開いた。中でも神田区の中国青年会は全留学生大会という大規模な集会を開いた。中国人留学生への監督役をしていた在日中国公使館の江庸は、大使館前の留学生集会を阻止することは不可能だと判断し、それを理由に北京政府に辞表電報を打った。五月九日午後一時ころ、中国人留学生たちは虎ノ門公園で集合し、在日本中国公使館や各国大使公使館へ向かって請願のため行進した[12]。この大規模な抗議請願活動中に、七人の中国人留学生が逮捕収監されたという報道があったが、その活動によってもたらされた効果は大変大きかったように見える。一つ目の効果は国内の学生と連合し計画して大規模な愛国運動を行い、中国国民の愛国情熱を起こし、反日感情の煽動と日本商品のボイコットという当時唯一の闘争手段を見つけることに成功したこと。もう一つは「五・四運動」を推し進める側面的な役割を果たすことができたということである。

こうした一連の活動の中で特に注目されたのは、留学期間中に日本軍国主義の刺激を受け民族主義の意識に富む留学経験者たちである。彼らは「五・四運動」に参加し、十分に自分の能力を発揮することができた。周知のとおり、「五・四運動」の主役は、幾度も日本に留学しかつ新文化運動を起こした陳独秀らと、早稲田大学に留学し、学生運動をリードした中国共産党創立者の一人でもある李大釗、天津で学生運動を指導した周恩来などのかつての中国人留学生たちであった。また「五・四運動」参加者である早期に日本に留学し帰国した邵飄萍もいたが、曹、章、陸の売国行為を摘発したため、邵はやむを得ず日本へ亡命した。

最初から最後まで「五・四運動」に身を投じた当時の中国人留学生の中でも、在日中国人留学生は、愛国の情熱も人数も欧米やその他の諸国から参加した学生を上回った。その理由を分析してみると、以下のとおりである。第一に、彼らは反帝と愛国の思想を長年にわたって受け継いできたからである。「五・四運動」までには、日本留学経験者の参与した愛国運動が数多く存在し、後の留学生たちに大きな影響を与えることとなった。李達、彭湃、周恩来、王若飛、黄日葵など、彼らの多くは救国を留学の目的とし、「五・四運動」への参加をその実践の一部としていた。そして、在日中国人留学生の中国政治と祖国の未来への関心は大きな特徴[13]となっている。これは彼らが「五・四運動」に参加した要因の一つではないかと考えられる。第二に、在日中国人留学生たちは、いわゆる「敵国」に滞在しており、日本帝国主義に侮辱されたり侵略されたりした過去に不満を持っていたことが要因の一つでもある。一九一八年、彭湃は「生做中国人的唯一責任是救国、当頭的急務是排日（中国人としての唯一の責任は救国だ。当面の急務は排日なのだ）」[14]と語った。「対華二十一カ条」が出た直後に反対の意を示したのは在日中国人留学生たちであった。彼らは日本で生活をしながら世界情勢を観察し、当時の中国に対し野心を持っていた「先進諸国」の中で一番の脅威が日本であると実感しており、早々に日本に対する敵対心を持っていたため、反日愛国運動の提唱に積極的であった。第三に、日本で受けた教育が彼らに民族・民主意識と反抗精神を持たせたことである。明治維新後、西洋ブルジョアジーの民主的政治思想は日本の重要な教育内容となった。これは、自然と在日中国人留学生の思想意識の形成にも影響を与えた。しかし、日本はブルジョアジー改革の不徹底な国であり、国家の政治、経済および思想文化などの方面においてはまだ封建的な意識や形態などが残留しており、これは軍国主義の道へ拍車をかける要因となっていた。その露呈した西洋ブルジョアジーの民主思想と日本の軍事封建主義との矛盾は「読的是西洋書、受的是東洋気（西洋の民主主義思想の元で学びながら、軍国主義の迫害を受けている）」[15]と感じた在日中国人留学生たちに大きな反日思想をもたらした。このような環境で教育を受けた在日中国人留学生たちの抱いた民族意識と民族圧迫への反抗精神は、欧米諸国にいた中国人留学生たちより強く、そのため反日感情も高かった。これらの要因が彼らの「五・四運動」に対する熱心さをさらに増強させていった。第四に、在日中国人留学生の「五・四運動」への参加は当時中国で最大の政党であった国民党の支持と促進に密接な関係があったからである。革命勢力として国民党に重視されていた彼らは、政治、思想、組織上国民党と緊密な関係を持っていた。国民党機関紙『民国日報』は、一九一八年五月から続けて在日中国人留学生の動向を報道し、彼らの運動参加のための帰国を積極的に支持し、事実上彼らの愛国運動の世論媒介者となった。パリ講和会議開会後、『民国日報』が先に「対華二十一カ条」廃止を要求する在日中国人留学生たちの電報を掲載発表したのであった。この状況から見れば、国民党の支持は在日中国人留学生の「五・四運動」参加を促進した要素であり、そして彼らの反帝愛国の気運を高めたと考えることが自然であろう。要するに、上記の諸要素があってこそ、在日中国人留学生の反帝愛国精神を育み、「五・四運動」への投身を進め、彼らが「五・四運動」を起こしまた推し進めていく主動力となったのだと言えよう。

しかし、在日中国人留学生の中国革命に対する支援の中で重要だったのは、彼らの持ち帰った日本の思想と学問であり、それが中国人の心につけた革命的炎のようなものではあった[16]。その学問と思想は西洋から日本に伝わり、それを在日中国人留学生たちが学び、中国の現状に合わせて改造を加え、祖国に持ち帰り広めたものである。このような意味で言えば、当時の日本は中国知識人が西洋の人文や科学技術を学ぶための経由地となったと考えられる。

そして中国が日本に留学生を派遣した最も重要な目的は、日本を通じて西洋の近代文化を導入することであった。中国人留学生は、日本で生活し日本と西洋の影響を直接または間接に受けた結果、中国ではそれほど感じたことがなかった愛国心と民族意識を感受し、強力な中国を築き上げようとする原動力となったのであろう。

実際、一九〇三年から「五・四運動」をはじめとした時期まで、日本へ留学した学生数は多かった。その大半は「五・四運動」のリーダーとなり、その中に急進派や新文学派などの人物も含まれていた。

中国共産党の創立者であり『新青年』の創立者でもある「五・四運動」をリードした陳独秀は、その一人である。彼は、一九〇一年十一月に早稲田大学の前身である東京専門学校に入り、日本語を勉強した。その後、留学生最初の団体「励志社」に入り、社誌『訳書彙編』を読んだ。それには欧米諸国の政治や法律などの名作が載せてあり、中には『民約論』、『法意』、『自由原理』、『代議政体』も含まれていた。これらは封建独裁制度を覆した西洋ブルジョアジーの民主制度樹立の理論であり、彼はこれらにより大いに見聞を広げた。一九〇二年の春、彼は故郷安慶に戻り、新思想を伝えるため演説会を開いたりしたため、清の地方当局に嫌われ指名手配犯にされてしまう。そのため、やむを得ず一九〇二年九月に再度日本へ赴いた。革命を決心した彼は、秦毓鎏、張継らの留学生革命団体「青年会」に入り、「以民族主義為宗旨、以破壊主義為目的（民族主義を主旨とし、破壊主義を目的とす）」という主張に賛成を表明し、そこから革命の道を歩み始めた。帰国後、彼はロシア抵抗運動に参加し、『安徽俗話報』を創刊、安徽地域最初の革命団体「岳王会」を作り、二十世紀初期安徽地域で主要な革命指導者となった。一九〇六年と一九〇七年に二度も日本を往復した彼は、「要救国、只有維新、要維新、只有学外国（救国するなら維新するほか道はない。維新するためには外国に学ばなくてはならない）」ということを学んだ。そして日本のように実業の新興および先進的な生産技術と科学技術を導入し、それをもって自国の品質と水準を向上させ、舶来品輸入に抵抗するなど一連の措置[17]を作り出した。

在日中国人留学生がもたらした影響として、次の三点が挙げられる。

一つ目は、思想と理論、すなわち社会主義の思潮であった。一九一九年に、その思潮は中国の青年の間で大いに流行した。最も早く中国に入った書籍の中に一九〇三年趙必振の翻訳した日本人・福井準造著の『近世社会主義』があった。一九〇六年、同盟会の朱執信は当会の機関紙『民報』で初めて「共産主義宣言」一〇項目提言の訳文を発表した。一九〇六年二月に結党した日本社会党は在日中国人留学生にも大きな影響を与えた。

最初に中国でマルクス主義思想を宣伝した李大釗は、日本で新聞や雑誌に関心を寄せ、それらを創作時の教科書、文献とし、それをもとに独自の思想を形成した。彼にとって日本の新聞と雑誌は何よりの重要な情報源であった。日本人評論家の言論は彼の主張を支持するものであったからである。たとえば、『大戦中の民族主義（民主）』と『政治の遠心力と向心力』の中で日本の新聞と雑誌に載せてあった論説は民主主義の思潮を信じる彼を支えた。彼は民主主義潮流に対する革新的な論拠が見つからなかった時あるいは自分の主張に自信を持っていなかった時などには、日本の新聞や雑誌の中でそれらを捜すのだった。この点から言えば、日本の評論家の言論は彼にとって大きな影響力を持っているものだった[18]と考えられる。しかし、それは李がその時自分の思考と判断力を失ってしまったという意味ととらえることは間違いである。彼は、単純に日本の新聞や雑誌の論説を翻訳し、またはそれらの情報を盲目的に利用したのではなく、自分の思考力と洞察力を生かして創作を続けてきたのだ。彼は日本の民主派評論家と同じように民主主義の思潮を求めていたが、ドイツの食糧暴動をきっかけにして、日本評論家と一線を画し、平和的社会進化という彼が以前に持っていた理想論に戻り、平和の早期到来を期待した。さらに、彼は、社会党の平和運動に注目しはじめ、次第に社会党の考え方を受け入れることができるようになり、その上、先進的な思想を絶えず取り入れ、概念更新を続け、ついに中国に最初にマルクス主義を紹介宣伝する先駆者となったのである。

二つ目は文化であった。彼らが日本で学んだ西洋の文化は中国の近代化を促進させた。それは法律、経済、教育、文学、科学技術などに及び、範囲がとても広かった。その中でも、新文化運動が日本留学生に非常に密接していた。魯迅、周作人兄弟の『域外小説集』は日本で編集かつ出版された。

在日中国人留学生は数多くの日本作品を翻訳し、中国の人々に先進的な知識と科学技術を紹介した。一九〇〇年、彼らの作った訳書団体「訳書彙編社」が誕生した。それについて、一九〇一年、梁啓超は『清議報第百冊祝辞並論報館之責任及本館之経歴』[19]の中で次のように述べている。

> 客冬今春以來、日本留學生有《譯書彙編》、《國民報》、《開智錄》等之作。《譯書彙編》至今尚存、能輸入文明思想、為吾國放一大光明、良好珍誦。

冬から春までの間に、在日中国人留学生は『訳書彙編』、『国民報』、『開智録』などの作を作っており、『訳書彙編』は今なお保存され、文明思想を輸入することができて、わが国に大きな光明を放ち、よく大事に読む（拙訳）。

彼らは日本の作品だけでなく、西洋の書物の日本語訳作品も中国語に訳した。それらは国内の新文化運動と「五・四運動」に新鮮な空気を吹き込んだ。中国の人々はその頃から西洋と日本の文学、社会科学、自然科学などの書物に接触していて、見聞を広げ、それにより思想解放が促された。その中国人留学生の翻訳活動は中国の新文化運動と啓蒙運動の一部分となり、また「五・四運動」思想の基礎の構築に役立ったのである。

三つ目は当時の中国出版界への貢献であった。彼らは日本留学中、翻訳をするとともに、出版や著作の活動もしていた。翻訳は中国の人々に先進的な技術と思想を紹介するだけのことだと言うならば、出版と著作は彼らがそれらの知識を消化した後の伝承過程だと言えよう。こうして消化吸収した思想と主張は言うまでもなく中国の国情に合い、さらに中国の一般庶民が受け入れ理解しやすいものであった。その意味で言えば、留学生の出版と著作の活動は二十世紀初期の中国人、特に国内の大学生に非常に重要な思想啓蒙的な意味を持っていることと考えられる。

周知のとおり、『新青年』は当時中国で新思想と新文化を伝える最も重要な雑誌であり、新文化運動の重要な論争武器でもあり、さらに「五・四運動」の最重要な宣伝と応援の刊行物であった。その中堅編集者の中に創立者である陳独秀、主将役の魯迅、李大釗、周作人、銭玄同ら日本留学経験者が含まれていた。この新文化運動の提唱者は日本留学期間中に西洋の先進的な科学技術と理念に接触し、のちに早期中国人の思想を啓蒙した先駆者となった人たちであった。五・四時期に中国の読者が読んだ新しい作品は、そのほとんどが日本語から訳したものであった。その意味で、五・四時期における中国新文学の創作は当時帰国した日本留学生の努力のたまものであり、彼らの作風に直接影響を与えたのは日本そのものであった。

4 おわりに

確かにパリ講和会議後、中国の知識人は列強に強い不満と恨みを持っていた。しかし、当時の中国人の憤慨は国際強権政治に向けたものであり、一般の外国人に向けたものではなかった。「五・四運動」は強烈な民族主義の色彩を帯びていたが、大多数の新知識人リーダーの中で偏狭的な民族主義思想を持っていた人物は少なく、そしてその当時多くの優れた外国人学者の来訪講演などの事実もあったことから考えれば、実質上は排外的な運動ではなかった。当時の知識人リーダーたちにとって、「五・四」期間中の反日運動の矛先は、日本人あるいは一般の日本思想に向けたものではなく、野心満々の軍国主義に向けたものであった。その反対に、当時一般の知識人は日本の優れたところを学ぼうとしていたのである。

また、「五・四運動」が勃発した当初は、日本民族主義の気運が高まっていた時期であった。その時期に日中両国の間で文化思想の相互交流、民主的・進歩的勢力の相互応援が依然として続いていた。

李大釗、陳独秀らが創刊した『毎週評論』は「五・四運動」期間中の影響力のある進歩団体の刊行物であった。その同時期、黎明会という進歩団体が日本にあった。それは大正民族運動の理論的指導者、民族主義思想家・吉野作造を中心として作られた団体であった。両方とも一九一八年十二月に設立され、相互交流と応援で綴られている記録が伺える。「五・四運動」の情報が日本に伝わってから、吉野作造は北京大学の人に応援の意を表する手紙を出したことがあり、その宛先人はおそらく李大釗だったであろう。手紙の中で彼は次のように書いている。

我知貴國雖盛倡排日、所排之日、必為野心的、侵略的。軍國主義的日本、而非親善的、和平的、平民主義的日本（中略）。

侵略主義的日本不獨為貴國青年所排斥、抑亦我所反對也。侵略的日本、行將瓦解、未來和平人道之日本、必可與貴國青年提攜（後略）。

貴国で反日運動が盛んに行われていることは存じている。排斥を受けているのは野心的で侵略的な日本であろう。軍国主義の日本は友好的、平和主義、民主主義の国にあらず（中略）。侵略主義の日本は貴国の青年のみならず私でも賛同できるものではない。侵略的な日本はまもなく崩壊するであろう。そして未来の平和的・人道的な日本は必ず貴国の青年と提携していくであろう（後略）（拙訳）[20]。

この手紙は『全国学生聯合会致日本黎明会書』に引用され、「博士此語、我國人士實不勝其感佩之情。該此皆我國人士心坎中所慾發者（博士の言葉に対してわが国の人々は感謝に堪えない。それはすべて我等が心から言いたいことだ）」と評価した。

「五・四運動」の期間中、吉野作造は『中央公論』、『新人』、『解放』、『東方時論』などで政論を発表し、「五・四運動」に対する彼の熱意と支援の気持ちおよび見解を表した。また李大釗とともに、北京大学と東京大学を中心とした教員・学生の相互訪問の活動を行った。

以上のように、分析してみると、中国「五・四運動」の勃発と日本との関係は非常に密接であるということがわかる。その中では、プラスとマイナスの両面があるが、マクロな視点で全面的に分析し、理性的に「五・四運動」を研究しなければならないと考える。

注

[1] 毛沢東『毛沢東選集』第二巻、人民出版社、一九九一年、六四三―六四四頁。
[2] 周策縦（米）『五四運動史』岳麓書社、一九九九年、九頁。
[3] 盧丁「近年来五四運動爆発原因研究」『歴史教学』第五期、一九九七年、五五頁。
[4] 呉玉才「五四運動爆発原因補遺」『党史研究と教学』第二期、一九九八年、五四頁。
[5] 徐文生、呉正俊「五四運動爆発的原因新探」『江海学刊』第三期、一九九九年、一四六頁。
[6] 周策縦（米）『五四運動史』岳麓書社、一九九九年、二三頁。
[7] 実藤恵秀（日）『中国人日本留学史』《中国人留学日本史》、生活・読書・新知三聯書店出版社、一九八三年。
[8] 張之洞『勧学篇・勧学篇書後』湖北人民出版社、二〇〇二年、八頁。
[9]「記五四運動前後留日学生的愛国運動」『五四運動回憶録』中国社会科学出版社、一九七九年、四五八頁。
[10] 周策縦（米）『五四運動史』岳麓書社、一九九九年、一〇九頁。
[11] 同右、一一一頁。
[12]「記五四運動前後留日学生的愛国運動」『五四運動回憶録』中国社会科学出版社、一九七九年、四五八頁。
[13] 張海鵬「中国留日学生與祖国的歴史運命」『中国社会科学』第六期、一九九六年。
[14] 李春濤「海豊農民運動及其倡導者彭湃」『彭湃研究資料』広東人民出版社、一九八一年。
[15] 黄侯興『郭沫若』人民出版社、一九八六年、二二頁。
[16] 実藤恵秀（日）『中国人日本留学史』《中国人留学日本史》、生活・読書・新知三聯書店出版社、一九八三年、三四五頁。
[17] 徐光寿「陳独秀対日本的認識及其変化」『党史総覧』二〇〇六年第五期、三七頁。
[18] 欧陽哲生、郝斌『五四運動與二十一世紀的中国』（下）、社会科学文献出版社、二〇〇一年、一六四二頁。
[19] 梁啓超『飲氷室合集』第一冊（文集之六）、中華書局、一九八九年。
[20] 中国社会科学院近代史研究所近代資料編集組編「全国学生連合会致日本黎明会書」『五四愛国運動』（上）、中国社会科学出版社、一九七九年、四一一頁。

＊原文は中国語。

参考文献

・『毛沢東選集』人民出版社、一九九一年。
・梁啓超『飲氷室合集』中華書局、一九八九年。
・中国社会科学院近代史研究所編『五四愛国運動档案資料』中国第二歴史档案館史料編集部、中国社会科学出版社、一九八〇年。
・張同楽『彷徨与頓悟―一九一九年実録』河北大学出版社、一九九九年。
・中国社会科学院近代史研究所近代史資料編集組編『五四愛国運動』中国社会科学出版社、一九七九年。
・実藤恵秀（日）『中国人留学日本史』生活・読書・新知三聯書店出版社、一九八三年。
・中国社会科学院近代史研究室編『「五四運動」回憶録続』中国社会科学院出版社、一九七九年。
・周策縦（米）『「五四運動」史』岳麓書社、一九九九年。
・彭明『「五四運動」史』人民出版社、一九八四年。
・陳平原『触摸歴史与進入五四』北京大学出版社、二〇〇五年。
・常丕軍『「五四運動」史話』社会科学文献出版社、二〇〇〇年。
・中国社会科学院科研局『中国社会科学』雑誌社編『「五四運動」与中国文化建設』社会科学文献出版社、一九八九年。
・中国社会科学院近代史研究所編『「五四運動」選』三聯書店、一九五九年。
・香港大学中文学会『「五四運動」六十周年記念論文集』一九七九年。
・欧陽哲生、郝斌編『「五四運動」与二十世紀的中国』社会科学文献出版社、二〇〇一年。

注：実藤恵秀の日本語版と吉野作造の日本語原文は中国で見つからず、両方とも筆者の拙訳。

学問体系における「脱亜論」
――福沢諭吉の儒学批判の論理――

周　程

1　序論

幕末に人となり、純然たる日本伝統の文明を深く学んだ福沢諭吉（一八三五―一九〇一）は、欧米渡航の体験や洋書の研究などを通じて、「国中の人民に独立の気力なきときは一国独立の権義を伸ること能はず」[1]というように、早くから民衆の卑屈・無気力の気分に着目し、人々の「一身独立」の達成を新生日本の核心的課題としていた。福沢は、民衆の「奴隷根性」の改造は、従来のままの知識人に託した国民の教育ではなく、むしろ儒学[2]を始めとする旧来の学問の問題、ひいては、そのような学問を担う知識人の問題に対する厳しい追究から出発するものでなければならないと考えていた。したがって、明治初期において、彼は厳しい目で儒学を中核とする旧来の学問の構造および儒学を自分の学問の基底としているそれまでの学者のあり方を批判的に検討すると同時に、科学を基底とする西洋の「文明の実学」[3]をもって日本と中国の古来の学問を取り換えなければならないと主張し続けたのであった。このような、「学問体系における「脱亜入欧」」[4]を唱えた福沢の姿勢は当時の知識人の中で特異であったと言わなければならない。

福沢の儒学批判に関する先行研究は数多く見られる[5]。その中で、代表的な研究成果は、丸山眞男の「福沢諭吉の儒教批判」と安川寿之輔の『日本近代教育の思想構造』後編第四章「徳育・宗教論」であろう。丸山は、戦前に書いた「福沢諭吉の儒教批判」の中で、「幕末から明治初期にかけての最大の啓蒙思想家、福沢諭吉がその〈洋学〉をもって一方新日本建設の素材となるべき欧州市民文化の移入普及と、他方国民に深く根を下した封建意識の打破とに、渾身の力を注いだとき、そうした彼の意図の前に最も強靭な障壁として立ちはだかったのは、実に儒教思想であった」[6]。「こうして〈独立自尊〉の市民的精神のための諭吉の闘争は必然に儒教乃至儒教的思惟に対する闘争と相表裏することとなった。〔中略〕反儒教主義は殆ど諭吉の一生を通じての課題をなしたのである」[7]ととらえて、福沢の生涯をとおして儒学を批判し続けた姿勢を高く評価した。ところが、安川寿之輔は、福沢が生きていた時代が、「かれにそのような一貫した儒教批判の姿勢を許すほど、矛盾のすくない時代ではなかった」[8]と認め、いくつかの事例を取り上げて生涯にわたる儒教主義否定者としての丸山眞男の福沢像を「とてもかれの真の実像をとらえたものではない」[9]と反論した。以下、このような福沢の儒学批判についての両極的な評価を念頭に置きながら、福沢自身の儒学に関する論述に基づいて、彼の儒学を始めとする旧来の学問に対する止揚がいかになされたかという問題を検討しようと試みる。

福沢の四〇年に及ぶ著述活動の中で、儒学に関して発言した時期は、おもに三度ほどあったものと考えられる。第一の時期は、『学問のすゝめ』、『文明論之概略』に代表される明治初期の積極的な啓蒙期である。第二の時期は、一八八〇年代前半の儒学教育の復活に反対の意向を表明した時期、とくに明治十五年から十七年までの三年間である。第三の時期は、明治三十年以降の最晩年の時期である。多くの学者に指摘されたように、第三の時期において福沢が展開した儒学批判は、事実上第二の時期の批判の延長線に立つものである。それゆえ、小論では、第一の時期と第二の時期に焦点を絞って、それぞれの時期における儒学批判の主な内容とその論理を考察することにする。

2　明治初期の儒学批判

明治初期に、福沢は「一身独立して一国独立する」という近代化路線によって、国民の一身独立を阻害するあらゆる封建的残渣を除去するため、儒学に妥協せずに批判を展開した。彼の明治十五年に書いた「掃除破壊と建置経営」によると[10]、日本人が歴史的に形成されてきた精神構造の中核体としての「儒魂」を取り除かなければ、国民の「卑屈」、「無気力」という病気を癒すことはできない。そのため、彼はこの時期において後進国日本の社会の広汎な領域（政治・教育・経済・文化・社会・宗教等）に浸潤して社会的病理現象にまでなっている儒学思想と儒学的思惟に対して厳しく攻撃をしかけたのであった。

❖――（1）儒学は身分道徳の思想的根源である

倫理道徳の問題は、どの時代のどの思想家でも避けて通れない問題である。封建社会から近代社会に移行する明治初期に、伝統的倫理観を省みて、新しい近代的道徳体系を打ち立てることは、啓蒙思想家が抱えた重要な課題の一つであった。明治初期、福沢は彼の多くの著述の中で、儒学の三綱説、すなわち君臣、父子、夫婦のそれぞれの間柄の秩序を説くことを中核とする儒学の倫理観の偽善性を暴露して糾弾し、新しい時代に適合した資本主義的道徳原則、すなわち自由、平等、独立を提起し、民衆の覚醒を促した。

儒教の君臣関係について、彼は『文明論之概略』の中で次のように自らの認識を示している。

支那日本等に於ては君臣の倫を以て人の天性と称し、人に君臣の倫あるは猶夫婦親子の倫あるが如く、君臣の分は人の生前に先づ定たるもの、やうに見込み、孔子の如きも此惑溺を脱すること能はず、生涯の心事は周の天子を助けて政を行ふ歟、又は窮迫の余りには諸侯にても地方官にても己を用ひんとする者あれば之に仕へ、兎にも角にも土地人民を支配する君主に依頼して事を成さんとするより外に策略あることなし。〔中略〕元と君臣は人の生れて後に出来たるものなれば、之を人の性と云ふ可らず。人の性のまゝに備はるものは本なり、生れて後に出来たるものは末なり。事物の末に就て議論の純精たるものあればとて、之に由て其本を動かす可らず[11]。

この引用文の中で、福沢は、君臣の倫理が生得なものであり、後天的なものではないというような長い間根強く支配してきた儒学の考え方を激しく論破している。君臣の倫理は親子、長幼などの倫理と異なり、人が生まれた後に人為的に作られたものである以上、君臣という上下関係を死守する必要はなくなるわけである。それで、「封建世禄の臣は、国君一身のみに忠を尽すを知て、報国の意薄し」[12]が愚忠の行為にほかならないと考え、忠臣義士の討死・切腹という日本古来の封建的武士道精神を非難する決意を固めたのであった。

儒学の夫婦関係については、福沢は次のように論難している。世に生まれた者の中で、男も人であり女も人である。「此世に欠く可らざる用を為す所を以て云へば、天下一日も男なかる可らず、又女なかる可らず。其功能如何にも同様」[13]である。だから、男女の間に軽重の別はないはずである。ところが、「古今支那日本の風俗を見るに、一男子にて数多の婦人を妻妾にし、婦人を取扱ふこと下婢の如く又罪人の如くして、嘗てこれを恥る色なし。〔中略〕男子に二女を娶るの権あらば、婦人にも二夫を私するの理なかるべからず。試に問ふ、天下の男子、其妻君が別に一夫を愛し、一婦二夫、家に居ることあらば、主人よくこれを甘んじて其婦人に事る乎」[14]。「父を共にし母を共にする者を兄弟と名づけ、父母兄弟共に住居する処を家と名づく。然るに今、兄弟、父を共にして母を異にし、一父独立して衆母は群を成せり。これを人類の家と云ふ可きか。〔中略〕余が眼を以て見れば、人の家に非ず。畜類の小屋と云はざるを得ず」[15]。つまり、福沢の目において、男と女は異なる役割を果たしているが、権利の次元で双方は平等なのである。

このような男女同権論に基づいて、福沢は『学問のすゝめ』第八編において日本と中国の封建時代に女性が厳守することを要求した「三従之道〔女性が父・夫・子に服従しなければならないとする説〕」や、「七出之条〔妻に対して一方的に離別を要求しうるとされた七つのケース〕」などの旧習にも激しく攻撃をした。

儒学の父子関係については、福沢は、明治三年に執筆した『中津留別の書』の中で次のように論じている。「人の父母たる者、其子に対して我生たる子と唱へ、手もて造り金もて買ひし道具などの如く思ふは、大なる心得違なり。天より人に授かりたる賜なれば、これを大切に思はざる可らず。子生れば父母力を合せてこれを教育し、年齢十歳余までは親の手許に置き、両親の威光と慈愛とにてよき方に導き。〔中略〕子の年齢二十一、二歳にも及ぶときは、これを成人の齢と名づけ、各一人の了管出来るものなれば、父母はこれを棄て丶顧みず、独立の活計を営ましめ、其好む所に行き、其欲する事を為さしめて可なり。〔中略〕前に云へる棄て丶顧みずとは、父子の間柄にても其独立自由を防げざるの趣旨のみ」[16]。すなわち、福沢は、子供は親の私有物ではなく、親は、子供が成人したら、自分の考え方で子供の行動を制限して彼らの一身独立を妨ぐべきではないと考えているのである。のちに『学問のすゝめ』の第十一編の中で、彼は再び父子関係問題を取り上げ、「親子の交際は、唯智力の熟したる実の父母と十歳計りの実の子供との間に行はる可きのみ、他人の子供に対しては固より叶ひ難し。仮令ひ実の子供にても、最早二十歳以上に至れば、次第に其趣を改めざるを得ず」[17]という父子平等論、ないし長幼平等論を主張している。

福沢から見れば、儒教の倫理観が日本社会で機能した結果、人と人の関係はすべて貴賤尊卑の秩序に固定化され、社会の活力がしだいに失われてしまっていた。この点について、彼は『学問のすゝめ』の中で次のように例を挙げて、おもしろく論じている。「仮に其一例を挙て云はん。禁裏様は公方様よりも貴きものなるゆへ、禁裏様の心を以て公方様の身を勝手次第に動かし、行かんとすれば止れと云ひ、止まらんとすれば行けと云ひ、寝るも起るも飲むも喰うも、我思ひのまゝに行はるゝことなからん。公方様は又手下の大名を制し、自分の心を以て大名の身を自由自在に取扱はん。大名は又自分の心を以て家老の身を制し、家老は自分の心を以て用人の身を制し、用人は徒士を制し、徒士は足軽を制し、足軽は百姓を制するならん。〔中略〕斯の如きは則ち日本国中の人民、自躬から其身を制する権義なくして、却て他人を制するの権あり。人の身と心とは全く其居所を別にして、其身は恰も他人の魂を止る旅宿の如し」[18]。福沢によれば、このような人間関係は天理人情に適わない。また、文明とも言えない。不思議なことに、子供さえもその理が分かるが、数千百年の古より和漢の学者先生がそれを見れども見えず、上下貴賤の名分を唱え続けている。結局、今日、その弊は漸く顕れ、大は小を制し強は弱を圧するのは社会の風俗となった。

儒学の倫理観が民衆の「卑屈」、「無気力」を招き、封建的門閥制度をもたらす思想的根源となった以上、真っ先に文明開化というスローガンを提示した福沢は、少しも容赦せず、攻撃の鉾先をそれに向けたわけである。

❖―――――(2) 儒学には確実性と実用性が欠如している

福沢の唱える一身独立は、精神的独立だけではなく、経済的独立をも含むものである。彼にとって、人の精神的独立の観点からは、もちろん「古来の学問」を改造しなければならず、また、人の経済独立の観点から言えば、同様に「古来の学問」の悪影響をも徹底的に追及しなければならない。というのは、「古来の学問」が「実に遠くして、日用の間に合はぬ」[19]からである。福沢がここで言う「古来の学問」とは、それまで日本と中国で通用していた儒学を中核とする伝統的な学問を指している。

福沢によれば、学問をするに、「一科一学も実事を押へ、其事に就き其物に従ひ、近く物事の道理を求て、今日の用を達すべきなり」[20]。言い換えれば、学問の要は、自然、あるいは人事に即してそれに内在する確実な理を発見し、その理を現実生活に活用することにある。のちに彼はそれを繰り返し力説した。「学理の思想なければ、其平生の智能如何に拘はらず、百事転機に鈍くして物の用を為さず」[21]。「文明の実学、誠に実なりと云ふも、唯事物の真理原則を明にして其応用の法を説くのみ」[22]。「学問上の真理原則を弁へて然るに非ず、唯偶然の僥倖に得たる所を其ままに利用」するのみであれば、「真実の改良進歩は望む可らざる」[23]。彼は現実の実用なき学問と学問を敬遠する実業家との並存、または学問と生活との乖離という現象に、「学問の真理原則」、すなわち、「学理」の欠乏という問題を見いだし、学問の有用性と確実性との関連を深く認識していたのである。

福沢が「通俗医術論」で大槻玄沢の医論を説明するにあたり、次の一例を挙げた。今世間の人に、海路によって、東京から大阪に至る場合、日本型の帆船と西洋型の汽船との、いずれを選ぶかを問うならば、誰もが帆船が危険で、汽船が安全であることを考えて、後者を選ぶであろう。その理由として福沢は以下のように論じている。「日本の帆船は之を作ること学問上に拠らず、航海の術も亦無学なる船頭輩の熟練に依頼するものなれば、仮令ひ無難に海上を渡るも、其無難なるや偶中にて、毎に恃みにす可らず、之に反して西洋作の汽船は、其造船航海共に一切学問より起り、天然の真理原則を本として毛髪程の事をも等閑にすることなく、其本正しくして実に恃み可き所あるを知るが故」[24]。日本の帆船は造船においても、航海術においても学問によらず、一方、西洋の汽船は造船・航海ともに学問的根拠があるゆえに信頼できると言うのである。一般に、福沢には、技術上の成果をそのまま学理の成果と見なす性向があった。また、学問の有用性と確実性は密接に関係しており、ともに新しい学問の特質の徴表になるべきであるという彼の考えはかなり鮮明である。このような学問観をもっていたがゆえに、彼は、西洋の「文明の実学」と東洋の「古来の学問」との本質的な区別が、確実な「学理」があるか否か、日常の生活に役立つかどうかということにあり、西洋の「文明の実学」をもって中国の「虚文空論」を必ず撲滅しなければならないと主張し続けたのであった。

福沢にとって、文明の実学と比べ、儒学、あるいは漢学の最大の問題点は、実用性と確実性に欠けているということにあった。文久二年、ヨーロッパ歴訪中の福沢は中津藩藩士である島津祐太郎に宛てた書簡の中で、「当今の急務は富国強兵に御座候。富国強兵の本は人物を養育すること専務に存候。此まで御屋敷にて人物を引立には漢籍を読むを先務と致来候得共、漢籍も読様にて実地に施し用をなし不申。〔中略〕富国強兵の本、人物を養育するは、必ず漢籍を読にも在らざること丶被存候」[25]と書き、儒学を始めとする漢学が富国強兵、人材育成にあまり役に立たないという考えを明確に示していた。これは、おそらく福沢の儒学、ないし漢学に対する最初の批判であろう。

福沢から見れば、儒教は個人の行為を調整する道徳原理としてはともかく、国家を治める政治理論としては無用の長物にほかならない。彼は『文明論之概略』において次のように論じている。「元来、孔孟の本説は修心倫常の道なり。畢竟、無形の仁義道徳を論ずるものにて、之を心の学と云ふも可なり。〔中略〕然るに今、内に存する無形のものを以て、外に顕はる丶有形の政に施し、古の道を以て今世の人事を処し、情実を以て下民を御せんとするは、惑溺の甚しきものと云ふ可し。〔中略〕周の時代は孔孟に適する時代に非ず。孔孟は此時代に在て現に事を為す可き人物に非ず。其道も後世に於ては政治に施す可き道に非ず。理論家の説（ヒロソヒイ）と政治家の事（ポリチカルマタル）とは大に区別あるものなり。後の学者、孔孟の道に由て政治の法を求る勿れ」[26]。すなわち、儒教はあくまで個人の行動様式だけに限定された道徳的教訓に過ぎず、それが政治理論として広く現代社会に応用されると、無益であるばかりでなく、有害であると言うのである。

儒教は政治理論としては価値をもたないとしても、道徳的教訓としてはどうだろうか。福沢の考えによれば、それには肯定すべき個所が少なくないが、問題点も多い。というのは、儒教の教え、とくに三綱五倫の説には学理と事実に合わない内容が多く存在しているからである。儒教倫理の虚偽についての指摘は、福沢の著述の中に数え切れないほど多くある。例えば、『学問のす丶め』の中には次のような批判がある。「古来和漢にて孝行を勧めたる話は甚だ多く、二十四孝を始として、其外の著述書も計ふるに遑あらず。然るに此書を見れば、十に八、九は人間に出来難き事を勧める歟、又は愚にして笑ふ可き事を説く歟、甚しきは理に背きたる事を誉めて孝行とするものあり。寒中に裸体にて氷の上に臥し、其解るを待たんとするも、人間に出来ざることなり」[27]。

また、先に紹介した君臣の倫理に対する非難も好例である。五倫中の君臣の倫は人が生まれた後に人為的に作られたものなのに、孔子はそれを人の本性と見なした。驚くべきことであるが、儒学者は長い間このような誤謬を発見できなかった。儒学者および彼らが吹聴する儒教倫理を人々に信じさせることは困難としか言いようがない。

儒学と日常生活との乖離によって、儒学を身に付けた儒学者がかえって一身の独立を実現しえない事実に対する福沢の皮肉は、同様に手厳しいものがある。『文明論之概略』の中で、彼は徳川時代の儒学者を酷評している。「我国の学問は所謂治者の世界の学問にして、恰も政府の一部分たるに過ぎず。試に見よ。徳川の治世二百五十年の間、国内に学校と称するものは、もと、政府の設立に非ざれば諸藩のものなり。或は有名の学者なきに非ず、或は大部の著述なきに非ざれども、其学者は必ず人の家来なり、其著書は必ず官の発兌なり。〔中略〕遇ま碩学大儒、家塾を開て人を教る者あれば、其生徒は必ず士族に限り、世禄を食て君に仕るの余業に字を学ぶ者のみ、其学流も亦治者の名義に背かずして、専ら人を治るの道を求め、数千百巻の書を読み了するも、官途に就かざれば用を為さざるが如し。或は稀に隠君子と称する先生あるも、其実は心に甘んじて隠するに非ず、窃に不遇の歎を為して他を怨望する者歟、然らざれば世を忘れて放心したる者なり。その趣を形容して云へば、日本の学者は政府と名る籠の中に閉込められ、此籠を以て己が乾坤と為し、此小乾坤の中に煩悶するものと云ふ可し」[28]。結局、日本の学者は「斯くの如く限ある籠の中に限なき学者を生じ、籠の外に人間世界のあるを知らざる者なれば、自分の地位を作るの方便を得ず。只管其時代の有権者に依頼して、何等の軽蔑を受るも嘗て之を恥るを知らず」[29]。ここで福沢は、儒学が政治から独立できず、儒学者が官途に向き、政治権力に依存し、個人の力で一身の独立を全うすることを知らないという傾向を強く批判している。

福沢にとって、儒学を中核とする古来の学問と実生活との乖離によって、旧来の学者は自身の独立を確保できないどころか、民衆が学問を嫌悪してしまうという弊害さえも引き起こしていると映っていた。彼は明治六年の『帳合之法』

の中で説いている。「古来日本にては学問と家業と互に縁なく、学者は字を知るほど益高くして天にも登らんとし、無学の百姓町人は益軽蔑せられて地にも入らんとするの勢にて、互に近づくことなし。或は好事の百姓町人、少しく書を読て学者の真似をする者あれば、無用の漢文詩歌にふけり、物の数を知らず金銭の勘定を忘れ、家業の便利には為らずして必らず身代を破るに至れり。故に百姓町人は、学者の見て表向にこれを貴び、物知り先生など、口には云へども、内心は既に其所業を厭ひ尽し、学者を視ること貧乏神の如くして、敢てこれに近づくことなく、其子弟を戒て読書を禁ずるの勢と為り、〔中略〕畢竟、数百年来、和漢の学者先生が虚文空論に溺れて実学を求めず、下民を愚にしたる罪と云ふ可し」[30]。

福沢は、儒学を始めとする旧来の学問が国民の一身独立のためにならないことを強く自覚していたからこそ、「文明の実学」をもって「古来の学問」を撲滅しようと決意したと思われる。

❖——（3）儒学は権威に無批判的に追従している

近代西洋の学問は、デカルトやイマヌエル・カントなどの思索過程から分かるように、伝統的な権威や学説を徹底的に批判することによって成立したものである。福沢が「西洋の諸大家が日新の説を唱へて人を文明に導くものを見るに、其目的は、唯古人の確定して駁す可らざるの論説を駁し、世上に普通にして疑を容る可らざるの習慣に疑を容るゝに在るのみ」[31]と記しているのは、まさにそのような事態を指してのことである。どんなに真理を内包しているような学説であっても、それを正統として無批判に追随したならば、思想的自由と学問の進歩は原理的に生じえない。しかし、長い間、中国と日本の儒学者はただ古を慕い、昔を理想化するだけで、現実を変革することを知らなかった。このことは当然ながら福沢の反発を招くわけである。彼は『文明論之概略』の中で次のように説いている。

儒学も仏法とともに、各其一局を働き、我国に於て、今日に至るまで、此文明を致したることなれども、何れも皆、古を慕ふの病を免かれず。宗旨の本分は、人の心の教を司り、其教に変化ある可らざるものなれば、仏法又は神道の輩が、数千百年の古を語て、今世の人を諭さんとするも、尤のことなれども、儒学に至ては宗教に異なり、専ら人間交際の理を論じ、礼楽六芸の事をも説き、半は之を政治上に関する学問と云ふ可し。今この学問にして、変通改進の旨を知らざるは、遺憾のことならずや。人間の学問は日に新に月に進て、昨日の得は今日の失と為り、前年の是は今年の非と為り、毎物に疑を容れ、毎事に不審を起し、之を糺し、之を吟味し、之を発明し、之を改革して、子弟は父兄に優り、後進は先進の右に出て、年々歳々、生又生を重ね、次第に盛大に進て、顧て百年の古を見れば、其粗鹵不文にして愍笑す可きもの多きこそ、文明の進歩、学問の上達と云ふ可きなり[32]。

漢儒の道の系図は、尭、舜より、禹、湯、文、武、周公、孔子に伝へ、孔子以後は既に聖人の種も尽きて、支那にも日本にも再び其人あるを聞かず。〔中略〕斯の如く古を信じ古を慕ふて、毫も自己の工夫を交へず、所謂精神の奴隷（メンタルスレーヴ）とて、己が精神をば挙て之を古の道に捧げ、今の世に居て古人の支配を受け、其支配を又伝へて今の世の中を支配し、洽ねく人間の交際に停滞不流の元素を吸入せしめたるものは、之を儒学の罪と云ふ可きなり[33]。

つまり、ほとんどの儒学者が尚古主義者、あるいは退嬰主義者であり、尚古主義が流行した結果、世の中に精神の奴隷は次から次へと出てきたと言うのである。

福沢から見れば、儒学者は尭、舜、孔、孟を聖人と見なし、「真理の独裁」を認め、上下貴賤の妄説を唱えたため、いっそう政府の専制の悪習が助長されてしまった。『文明論之概略』の中で、彼はこう指弾している。「政府専制よく人を束縛すと云ひ、少しく気力ある儒者は、動《やや》もすれば之に向て不平を抱く者なきに非ず。然りと雖ども、よく其本を尋れば、夫子自から種を蒔て之を培養し、其苗の蔓延するがために却て自ら窘めらるゝものなり。政府の専制、これを教る者は誰ぞや。仮令ひ政府本来の性質に専制の元素あるも、其元素の発生を助けて之を潤色するものは、漢儒者流の学問に非ずや。古来日本の儒者にて、最も才力を有して、最もよく事を為したる人物と称する者は、最も専制に巧にして、最もよく政府に用ひられたる者なり」[34]。古典を絶対視し権威主義に無批判に追従している儒学者が政府の専制行為をもたらす元凶である、として強く非難しているのである。

近代日本の夜明けに際して国民と国家の独立を至上命題と見なしていた福沢は、儒学を中核とする旧来の学問を一刀両断に切り捨てることを呼びかけていたのである。彼は、君臣、父子、夫婦の秩序を維持する道徳が民衆の無気力を招き、封建的門閥制度をもたらす思想的根源とみなした。また、儒学には確実性と実用性が欠如しており、国民の一身独立のためにならないことを強く自覚していた。さらに、古典を絶対視し権威主義に無批判に追従している儒学者を強く非難した。

留意しておかなければならないのは、明治初期前後、福沢は、儒学はもはや停滞を生む役割しか果たせないと考えているが、彼はけっして儒学の歴史的役割をも全面否定しているわけではなかった、ということである。この点については、『文明論之概略』の中の次の文章を読めば納得される。「西洋諸国は実験の説を主とし、我日本は孔孟の理論を悦び、虚実の相違、固より日を同ふして語る可きに非ざれども、亦一概に之を咎む可らず。兎に角に、我人民を野蛮の域に救て今日の文明に至らしめたるものは、之を仏法と儒学との賜と云はざるを得ず。殊に近世儒学の盛なるに及て俗間に行はるゝ神仏者流の虚誕妄説を排して、人心の蠱惑を払たるが如きは、其功、最も少なからず」[35]。ここで、福沢は、儒学が事実に基づく西洋の学問と異なり、もう近代社会の需要に応じきれないと指摘しながら、明らかに儒学の歴史的価値を是認している。

3　明治十四年政変後の儒学批判

周知のように、明治十二―十三年から国会開設願望を反映して全国的に捲き起こった自由民権運動は、明治十四年七月、北海道開拓使官有物払下事件を契機として激化した。この勢いに驚愕狼狽した政府内の保守派は、対抗策として同年十月に「明治十四年の政変」を断行し、明治二十三年をもって国会を開設するとの詔勅を出すとともに、国会の早期開設と政党内閣制を主張した大隈重信などの進歩的官僚を一斉に免官追放した。このようにして体制を強化した薩長政権は猛然と攻勢に出で、自由・改進両党の結成に対しては立憲帝政党なる御用党をもって抵抗し、集会条例の改正、請願規則の発布、新聞紙条例および出版条例の改正などによって民権運動を極力弾圧しつつ、さらに教育の近代化策をも一変せしめることとなった[36]。当時の文部卿福岡孝悌は各府県学務官を召集して、「教育には碩学醇儒にして徳望あるものを選用し、生徒をして益々恭敬整粛ならしむべく、修身を教授するには、必ず皇国固有の道徳教に基きて、儒学の主義に依らんことを要す」[37]と訓示し、維新以来、営々として推進定着させてきた西洋化の急進的道程を否定して、儒教主義の復活を要求した。このような時流に逆行した動向に対して、「文明の実学」の勉強を通じて一身独立を実現することを唱えてきた福沢は、やむなく『文明論之概略』以来しばらく遠ざかっていた儒学批判に再び筆鋒を向け始めたのであった。この時期、彼は明治十五年に創刊した『時事新報』を拠点に一連の文章を公表し、さまざまな角度から儒学復活論の論理的な欠陥を暴き出した。

❖――――（1）儒教の教えは自主独立の公議世論と合わない

福沢は、確かに儒教の教えの中には新しい社会に適応する要素もある程度残っているが、その原理を改良しないまま日本社会に応用しても、効き目はないから、政府は学校で今日の自主独立の公議世論と合わない儒教の教えに基づく道徳教育を強化すべきではないと指摘する。

明治十五年十月二十一日から二十五日までの『時事新報』社説、「学校教育」(同年十一月に『徳育如何』と改題し単行本を発行した)において、福沢は次のように問題を提起している。

方今、世に教育論者あり。其言に云く、近年我国の子弟は、其品行漸く軽薄に赴き、父兄の言を用ひず、長老の警を顧みず、甚しきは弱冠の身を以て国家の政治を談じ、動もすれば上を犯すの気風あるが如し。畢竟、学校の教育不完全にして徳育を忘れたるの罪なりとて、専ら道徳の旨を奨励する其方便として、周公孔子の道を説き、漢土聖人の教えを以て徳育の根本に立て、、一切の人事を制御せんとする者の如し[38]。

福沢によれば、そのような論者の憂う所はもっともであるが、その憂いを救う方便には感服できない。というのは、若者がここまで不遜軽躁に変わったことが、単に学校教育の欠点のみによるものではないからである。その主な原因はいったいどこにあるのか。福沢の答えは「開国に次で政府の革命」にあるということである。これについて、彼は次のように説明している。

開国以来、日本人は西洋の学を学ぶことを通じて、次第に自主独立のことが分かるようになっていたが、まだその実現を見ることはできなかった。ところが、一五年前の維新革命によってそれが実現されるようになってきた。維新革命の担い手は諸藩の士族であった。彼らは数百年来、周公孔子の徳教によって育てられ、忠孝の二字しか分からなかったものであったが、いったん旧政府を倒して、新政府を立ててしまうと、革命の功名をすべて士族流に帰し、少しも藩主に与えなかった。それどころか、廃藩になってから、藩主は却って旧来の持物を失って、全く落ちぶれてしまった。これに反し、従来の小家来は新政府に出身して、正何位・従何位を授けられ、旧君公と同じく朝に立つようになった。ひいては、君公をかえって従わせる者も現われてきた。また、農民も商人も昔日の土百姓・素町人ではなくなり、藩主、藩士を恐れなくなった。さらに、かつては、権力はもっぱら長男に帰していたが、今は、才力さえあれば誰でも立身出世できる。このようにして、周公孔子の教えはもう実行しえなくなった。しかも、これら十五年来の実態は法律によって認められ、今日の習慣においても咎められなくなった。

「開国に次で政府の革命」によるこれほど変貌を遂げた世の中にいながら、儒学復活論者は学校教育だけを変革して、現在の世態を変えようとしている。これは、太陽、空気、土壌を問わず、「肥料の一品を加減して草木の生々を自在にせんとする者に異ならず」[39]と批判した福沢は、「我輩は今の世態に満足する者に非ず、少年子弟の不遜軽躁なるを見て、これを賛誉する者に非ずと雖ども、その局部に就て直接に改良を求めず、天下の公議世論に従て之を導き、自然に其行く所に行かしめ、其止る所に止まらしめ、公議輿論と共に順に帰せしむること、流に従て水を治むるが如くならんことを欲する者なり」[40]と自らの立場を公言している。

福沢から見れば、徳教の働きは世論によって制せられて、維新革命以来、日本の公議世論も一変した以上、徳教の働きは消滅したものではないが、自ら世論に適するようにその装いを改めなければならなかった。昔は国中三〇〇の藩に相分かれていたものが、今は一つの国となったのであるから、忠義の風は変わらなければならず、「一身」の独立から考えなければならない。

「在昔は、社会秩序、都て相依るの風にして、君臣、父子、夫婦、長幼、互に相依り相依られ、互に相敬愛し相敬愛せられ、両者相対して然る後に教を立てたることなれども、今日自主独立の教に於ては、先づ我一身を独立せしめ、我一身を重んじて、自から其身を金玉視し、以て他の関係を維持して人事の秩序を保つ可し」[41]。

さらに、福沢は「故に我輩に於ては、今世の教育論者が古来の典経を徳育の用に供せんとするを咎るには非ざれども、其経書の働を自然に任して正に今の公議世論に適せしめ、其働の達す可き部分にのみ働きを逞ふせしめんと欲する者なり。即ち今日の徳教は、世論に従て自主独立の旨に変ず可き時節なれば、周公孔子の教も、亦自主独立論の中に包羅して之を利用せんと欲するのみ」[42]と結論づけたのである。

これまでの福沢の儒学復活論に対する批判の道筋を見れば、この時期の福沢は儒学否定論よりも、むしろ儒学改良論を唱えたと言えよう。彼は、儒教の教えがもはや新しい社会環境の需要に適応し難くなったので、政府は学校の儒学教育を強化すべきではないと主張したが、儒教の教えを改良したら、やはり今日の社会にとってそれなりの価値を持つということを否定していない。

❖――（2）儒学は政治と道徳との合成体である

儒学は政治と道徳との「親和体」、すなわち合成体であり、当時の少年たちに施す教育が洋学ではなく儒学中心であるならば、彼らの政談好きを矯正するどころか、拍車をかける結果となると福沢は考えている。

明治十六年三月の「漢学の主義其無効なるを知らざる乎」という論説の中で福沢は次のような論旨を説いている。

少年たちの軽躁でむやみに時局を談じて止まらない傾向に対して、一部の論者は、これは洋学を学んだせいであり、儒教を学ばないためであると断じた。ところが、われわれの見方はこれと異なる。すなわち、少年たちが政談に喋々するのは、つまるところ少年たちが「無事無聊」であるからである。少年たちが無聊であるから、遂に軽躁に陥り、乱暴をするようになっているのである。したがって、この軽躁を防ぐには、「少年輩の心事をして繁多ならしむるに在り」[43]。心事が多ければ、心配も多い。心配が多くなったら、架空の政談などをする者はきっと少なくなるはずである。ところが、少年たちの心事を繁忙にして、軽躁にならしめないには、「国中大に洋学を奨励して、学術経済政治学、一切西洋の原書を以て教授し、少年輩をして学問の難くして高尚なるを知らしむるの一策あるのみ」[44]。それゆえに、今日の経世家たちは軽躁者を憂うならば、少年たちを「真成の西洋学に導くの外、断じて好方便ある可らず」[45]。福沢から見れば、確かに西洋の学問も唯学問の皮のみを学んでその正味を学ばなければ、軽躁の毒にあたることもありうる。しかるに、その罪は単に西洋学に在らずして、西洋を学ぶに深からざるに在るのみ。

このように、福沢は洋学を擁護するとともに、転じて果たして儒教復活によって過激なる政談行動を抑制し得るかを問題にし、「今日の政談家を見よ。其演説に又新聞紙に暴論を吐き劇論を記して、人に嫌悪せられ遂に或は法律に触るゝ者の如きは、平均して無学無識の輩に多く、然かも少小の時より専ら和漢の書を読むのみにして、洋書を解するが如き緻密なる脳力に乏しく、唯漠然たる漢儒者流の気風を学で、口を開けば則ち天下国家と云ふが如き磊落書生中に最も多きを見る可し」[46]と述べ、儒学復活論者を逆襲している。

福沢の考えでは、儒学復活論者は儒学について甚だしく誤解している。復活論者は儒学によって徳育をしようと考えているのであるが、四書五経などの経書は純粋な道徳の書ではなく、政治の議論をも多く含んでいる。儒教の祖師である孔子は純粋な政治家であって、その畢生の心事は天下を治めることであり、自らも時の政府に仕えて、政治を行った。また、孟子も孔子と似ている。彼は、開巻第一から政談を以って始まり、書中大半の議論は政治である。ほかの歴史類、諸子百家の書に至っては、政治を議論しないものはない。したがって、儒教主義はすなわち道徳主義であり、それを教育に取り入れるのは間違いであり、少年輩の政談や軽躁を矯正しようとして、儒教を奨励しても、政談は治まるものではなく、かえって政談を一層盛んにさせるようなものであると福沢は断じている[47]。

このような論旨は明治十六年十一月十九日の「儒教主義」にも見える。そこで福沢は次のような考えを示している。人々は、洋学が流行していたせいで、若者が不遜になっており、これを矯正するために道徳専一の儒教主義に頼らなければならないと考えている、ところが、儒教主義は純粋の道徳学ではなく、大半が政治学と混同しているものなのであり、経書の多くはその第一章に「治国平天下の秘訣」、すなわち政治論を説いており、「修身斉家」の道徳論は僅かにその中に含まれているに過ぎない。したがって、儒教主義は政治と道徳が混在している一派一種の学風である。あえてその内容を分析してみると、その中の七分は治国平天下で、残りの三分は道徳論であると。

人によっては、儒教はもとより政治と道徳の混合したものであるが、その道徳の部分、すなわち三分だけを利用すればよいではないかと説く者がいるであろう。福沢は、これも間違っていると断じている。なぜならば、儒教は政治と道徳の混合体ではなく、その合成体だからである。「儒教に入る者は徳を語れば必ず政を言はざるを得ず、政を談ずれば必ず徳に論及せざるを得ず。〔中略〕道徳は政治に連なり、政治は道徳に接し、連環の連々接属して分つに分つ可からざるが如し」[48]。例えば、仁という徳義は、一個人の私に限るものではなく、また政治にも適用される。たとえ自ら天下の政を執っていなくても、精神は治国平天下に置いておかなければならない。経書をよく読んだ者が時勢を傍観したという例はない。漢書を読めば読むほど政治にかかわりたくなる。このようにして、青年子弟の不遜と政談を咎め、「正に政談の源とも称す可き儒教の主義を以て之を攻めんとす。火を撲滅せんとして薪を投ずるに等しきのみ。〔中略〕彼の儒書の中より其徳教の部分のみを引分けて之を利用せんなどの考は、唯是れ不学者流の頭脳に往来する妄想にして、取るに足らざるものなり」[49]と福沢は叱っている。

福沢は儒学が政治と道徳の合成体であると断じ、それを利用して少年たちの政談を止めることは無効であり、かえって少年たちの政談を一層盛んにさせると指摘したが、それは必ずしも直接矛先を儒教の趣旨そのものに向けているものではない。この点については、福沢本人も承認している。明治十六年に「儒教主義」に続いて書いた「徳教之説」の冒頭で福沢は次のように釈明したことがあった。「前日の論は其論鋒或は苛酷に過ぎたりとの嫌もあらんかなれども、我輩に於ては只徒らに儒教を悪て此主義を仇とするものに非ず、唯世間に儒教の本意を誤りて之を誤用する者もあらん歟と、之を恐れで鄙言を呈したるのみ。〔中略〕我輩は儒教を目して今の文明世界の実用に適せずと云ふも、唯この教に立国の大義を托す可らずと云ふに止まり、一切の漢書読む可らずと云ふに非ず」[50]。

つまり、福沢から見れば、そもそも儒教の趣旨は悪くなく、ただ今日の日本を強大にするに足りないのみである。悪いのは、政徳合成体である儒学を以て少年たちの政談に熱中する傾向を矯正しようとする儒学復活論者たちのやり方である。

❖――（３）儒学の政治論は「外国交際」に役立たない

福沢は、政治と道徳との合成体である儒学は道徳論として学校の徳育に使うべきではないのみならず、政治論としてそのままに植民地化の危機が迫っている今日の日本社会にも用いるべきではないと考えている。

明治十六年十一月二十一日の「儒教主義」の中で福沢は次のように論じている。

儒教の中核は「修身、斉家、治国、平天下」という四則である。周代の世に、このように修身、斉家、治国、平天下という四層の段落を分け、修身を第一として、ついで斉家、それから治国、最後に平天下となしたのは、やむを得ないことであった。当時の中国社会には、中心に畿内があり、その外側に大名侯伯の一輪があり、その輪外に群民の一輪があり、その外側にさらに夷狄の層があり、その層の外にまた最も野蛮な種族がいた。このような五層はともに中央政権に服従していたが、中央に近い部分こそ国家存亡に係わる大切な場所であり、中心から離れるにつれて国家安危への影響は薄くなる。最後の一、二層は、中央に反逆しても、本国にとって大した影響もない。ところが、中央内部の人民が少しでも変動があれば、国の安定に大きな影響をもたらすようになる。だから、どうしても中央部を最も堅固にしておかなければならなかった。中央部を固めるには、そこの人にその身を修めしめ、その家をととのえ治め、各々その本分を守らせることが肝要であった。修身、斉家の力を借りて中央部の人々の秩序を導くことに成功したら、国の変動は安易に制しうるようになる。国が治まれば、遠く東西南北の夷狄を鎮めて、天下を平にすることができるようになる。逆に、中央部が治まっていずに、先に夷狄を討伐すれば、結局、国家に大きな危機をもたらすかもしれない。したがって、

「修身、斉家、治国、平天下と順次に四層をなし来りて、道徳に政治を配剤したる儒教主義は誠に周公孔孟の時代に適合した教えにして、此時代には此主義なかる可らず」[51]。

しかしながら、福沢は、政治と道徳との合成体である儒教は周代にあっては妥当な考えなのであるが、その修身斉家という道徳論は今日の学校教育に取り入れてはならない上、「周代の如く専ら内のみを固めて外を忽せにしたる治国平天下の主義を以て、此多忙な世界上に樹立し得らるべき」ではない[52]と考えたのである。なぜなら、周公孔孟の古代と今日の社会とでは、「其組立表裏悉く顛倒」しているからである。周の時代には、もっぱら中央内部を固め、四方の蛮夷については恐れる所はなかったから、その動向を一切問う必要はなかった。しかし、今日の社会では外国との交流という、周の時代には思いもよらなかった事があって、外国の政府や国民と平等一様に交流し、表面的には親密に貿易交通を行うものの、裏面では敵として対峙し、軍備を強くして、時としてはつまらないことから人の国を奪おうとする者がいる。このように、国家の存亡は国の中央内部によるよりも、遠くの外国交際上のことに関係する。たとえ儒教の徳義を守っていても、外国人はこれを問題にしない。このように社会の組立がすでに顛倒した以上、「其社会を治むるの術にも前後の区別なかる可らず」[53]と福沢は力説している。

福沢は引き続いて上述の問題を論じている。「人として身を修め家を斉ふべきは固に道徳上の責任にして、其道理は千古万古決して変りある可らず。治国平天下も亦甚だ社会に大切のことなり」[54]。しかし、今日の世界では、単に修身斉家治国平天下だけでは世界に伍して行けない。必ず儒教主義を修正して、修身、斉家、治国、平天下に外国交際、国権拡張を加えなければならない。日本の儒教主義を信奉している人たちがいまだに三千余年前の教えをそのまま踏襲して、新しい世界に対応しようとしないのは間違いである。日本の人民は私徳と公徳も他国に比して劣るものではない。しかも概して国は治まり天下太平である。ところが、物産の製造、貿易、陸海の軍備、国権拡張、学問、技術は遅れている。「恰も空腹なる駑馬の如し」。これらは外国交際上の大欠点である。したがって、福沢は、周公孔孟がこの世に再来したならば、必ずや修身斉家の道徳論と治国平天下の政治論とからなる儒教主義に外国交際の一項目を付け加えるであろうと述べ、明確に儒学改良論を打ち出している[55]。

以上から見れば、福沢にとって、儒学の問題は対外認識が欠如しているということに過ぎない。彼は、「修身斉家治国平天下」を始めとする儒学の基本原理が周公孔孟の時代に適合すると評しているに止まらず、ひいてはそれは今日の日本社会にとっても大切であると評価している。このようにして、この時期の福沢の儒学批判は、必ずしも徹底的、あるいは全面的な批判と称するになるものではないと思われる。

4 結語

これまで述べてきたことから明らかになったように、明治十四年の政変後の福沢の儒学批判は、明治初期のそれと比べれば、明らかにいくつかの違う特徴を呈している。明治初期において、「一身独立して一国独立する」という近代化路線に立ち、国民の一身独立を訴えようとしている福沢には、冷静に儒学の内容と功能を分析し、その中の「敵性」分子とそうではないものとを区分する余裕がほとんどなかった。したがって、彼は力の限り太刀を振り回して、何としてでもその壁を破らなければならなかった。このように、彼の儒教に対する批判は、「必然に徹底的となりかつ対象の全面に及ぶ」[56]。当時、福沢が『文明論之概略』の中で儒学の歴史的価値をある程度は評価していたが、儒学が今日に至ってもそれなりの価値を有しているとは決して認めていなかった。ところが、明治十四年の政変後、事態は維新初期とだいぶ変わった。この頃、一部の復古主義者は儒学の復活を唱えていたが、福沢の目には、儒学を含む漢学は、臨終前の「中日和」(残灯の明)に過ぎず、「全地球を支配する西洋文明の風」は、きっと社会の「方向を一にして止むことなく」[57]、したがって、彼は儒学に対してより冷静な態度を取ることができた。儒学復活論者および徳育教育策を推進している薩長藩閥政府に対する非難は非常に激しかったが、儒学そのものに向ける攻撃はそれほど強くなかった。この時、彼は、儒学の歴史的妥当性を全面的に認めたのみならず、その基本原理、例えば「修身、斉家、治国、平天下」が今日の社会にとっても大切なものであることを承認し始めた。

このように、福沢は、明治十四年の政変後、儒学の評価についてある種の転換をなした。さらに、明治十八年三月『時事新報』に「脱亜論」なる論考を掲載した。それは、西洋化に逡巡する近隣諸国に、近代西欧的科学技術の採用を促そうとする宣言であった。こういった転換は、国内政治が、伊藤博文・井上毅主導のドイツ的国家主義を採用したのに対応した福沢なりの変化だったのであり、さらに一八八〇年代、世界政治が露骨な帝国主義へ変容しだしたことへの反応だったと見ることができる。

ところが、福沢は儒学の「剰余価値」を是認していたとはいえ、その適用範囲を民衆の知的教養の形成などのごく一部の領域に限定していた。彼の儒学的学問方法と儒学的思惟様式に対して取る批判の姿勢は終始はっきりしている。このことは、明治十六年に慶応義塾の学生が結成した文学会の会議で行った講演に明確に示されている。そこで、福沢は、「蓋し文明の進歩とは原則（ナチュラルロー）の支配する領分の日月に増加するを云ふなり」[58]と指摘している。この論点は、彼が『文明論之概略』で披露した「徳」よりも「智」こそ文明のレベルを評価する基準であるとする観点の反復と言ってもよい。

福沢によれば、自然法、すなわち「原則」の遵奉と発見がこれほど重要であるが、「漢学には毫も原則なるものではなくして、其根拠とする所のものは陰陽にあらざれば五行説に外ならず、立論も文章も極めて簡単、極めて漠然にして、主意を左右にし義解を二、三にするも亦容易なる」。これに対して、「洋学は決して然らず。万古不易の原則なるものありて、凡そ如何なる学科にても各皆此原則に拠らざるはなく、一事を論ずる毎に必ず此原則と結果と符合せざれば決して一条の説となるを許さず。否な、之に耳を傾くる者もなかる可し」[59]。この観点から見てみると、確実性を重視しない儒学の学問様式に対する福沢の怒気は、明治初期のそれに比べ、勝りこそすれけっして劣るものではなかったと言っても過言ではないのである。

このような学問姿勢は当時の学者たちの間ではきわめて例外的であった。ほかの学者たちは、伝統的な学問の改造を不可避であるとする認識ではほとんど一致していたものの、伝統的な学問である儒学との連続性を保とうと主張していた。例えば、阪谷素や中村敬宇は意図的に儒学的観念を動員し、若干の新しい意味づけを加え、異質な西洋の学問を受容しようとした[60]。儒学を「虚文空論」であると指弾し、既存の学問が実用性と確実性を持つ「文明の実学」に取って代わるべきであると断ずる福沢の学問観に対して、佐々木力は次のような評価を与えている。

十七世紀の西欧で近代科学が誕生しつつあった時も、今日私たちが近代哲学の祖と崇めるデカルトのような『数理学』への徹底した帰依者はごく例外的であった。多くの学者たちは伝統的なアリストテレス主義的学問観（それも『倫理』を中心とする）を信奉しつづけ、その中に新興近代科学を部分的に取り入れようとした。幕末から明治初期への転換期の日本でも同様のことが起こっていたと言ってよいのである。そういったさまざまな折衷主義的学者たちの中にあって福沢は学問思想における根底的改革者としての地歩を築きえたのである[61]。

以上の所見は、たしかにわれわれがこれまで見てきたような福沢の学問的姿勢の歴史的意義を鋭く指摘したものであると言えよう。あらゆる学問がおよそ過去の伝統的知識の上に立って成立する以上、その原理的変革は容易ではない。また、知識のシステムは、異質な知識に出会った場合、自らを部分的に変容させながら、その知識に再解釈を加えて吸収することも可能である。ところが、福沢はデカルトと同様、部分的変容ではなく、旧来の倫理を中心とする学問体系を斥け、かつ懐疑的精神に基づいて、学問に対する根底的改革を企てたのである。ここに近代日本の最初の学問理念の唱道者としての福沢の意義がある。

注

[1]『学問のすゝめ』『福沢諭吉選集』（以下、『選集』と略記する）第三巻、岩波書店、一九八〇―一九八一年、七一頁。

[2]今日の日本で「儒教」と「儒学」の使い分けはあまり明確ではなく、混乱していると言ってもよい。子安宣邦「儒教にとっての近代」『季刊・日本思想史』第四一号、一九九三年、一四―一五頁や、衣笠安喜「日本の近代化と儒教」『季刊・日本思想史』第四一号、一六―一七頁を参照。本書では、孔孟のオリジナルな教え、およびその後の儒教についての新しい解釈を総称する場合、「儒学」を使い、特別に孔孟のオリジナルな教えを指す場合、「儒教」を使うことにする。

[3]『福翁百話』『選集』第一一巻、八二頁。

[4]田中明「民主主義と帝国主義の同居――福沢諭吉のディレンマ」『アプロ21』第二巻六号、一九九八年六月、一四頁。ただし、福沢はたしかに「脱亜」という語彙を使っているのであるが、「脱亜入欧」を使ったことがなかったという事実は注目に値する事実である。

[5]例えば、丸山眞男「福沢諭吉の儒教批判」『丸山眞男集』第二巻、岩波書店、一九九六年、一三九―一六一頁や、安川寿之輔『日本近代教育の思想構造』新評論、一九七〇年、三三三―三五一頁や、佐伯友弘「福沢諭吉の儒教批判に関する一考察」『鳥取大学教育学部研究報告』第二五巻、一九八三年十月、二七五―二九一頁や、千種義人『福沢諭吉の社会思想』同文館、一九九三年、一二二―一四二、三一〇―三一六頁や、武田清子『人間観の相剋：近代日本の思想とキリスト教』弘文堂、一九五九年などがある。

[6]丸山眞男「福沢諭吉の儒教批判」、前掲書、一三九頁。

[7]同右、一四一―一四二頁。

[8]安川寿之輔『日本近代教育の思想構造』前掲書、三三四頁。

[9]同右、三三五頁。

[10]「掃除破壊と建置経営」『福沢諭吉全集』（以下、『全集』と略記する）第二〇巻、岩波書店、一九五八―一九六三年、二四八頁。

[11]『文明論之概略』『選集』第四巻、五二―五三頁。
[12]『或云随筆』『選集』第三巻、七頁。
[13]『学問のすゝめ』『選集』第三巻、一一〇頁。
[14]『中津留別の書』『選集』第九巻、七頁。
[15]『学問のすゝめ』『選集』第三巻、一一一頁。
[16]『中津留別の書』『選集』第九巻、八頁。
[17]『学問のすゝめ』『選集』第三巻、一二七頁。
[18] 同右、一〇九頁。
[19] 同右、五八頁。
[20] 同右、五八頁。
[21]『福翁百話』『選集』第一一巻、七九―八〇頁。
[22] 同右、八一頁。
[23]「西洋学と古学流」、時事新報社編『福沢全集』第九巻、国民図書、一九二六年、五六七頁。
[24]「通俗医術論」『全集』第九巻、一七一―一七二頁。
[25]「島津祐太郎宛」『選集』第一三巻、一五頁。
[26]『文明論之概略』『選集』第四巻、七四―七五頁。
[27]『学問のすゝめ』『選集』第三巻、一一三頁。
[28]『文明論之概略』『選集』第四巻、一九〇―一九一頁。
[29] 同右、一九一頁。
[30]『帳合之法』『選集』第二巻、二一一―二一二頁。
[31]『学問のすゝめ』『選集』第三巻、一五四頁。
[32]『文明論之概略』『選集』第四巻、一九二―一九三頁。
[33] 同右、一九三―一九四頁。
[34] 同右、一九二頁。
[35] 同右、一九〇頁。
[36] 遠山茂樹『福沢諭吉――思想と政治との関連』東京大学出版会、一九七〇年、一五八―一六四頁や、丸山眞男「福沢諭吉の儒教批判」前掲書、一五一

―一五三頁を参照。
[37] 西園寺公望「明治教育史要」大隈重信撰『開国五十年史』上、原書房、一九七〇年、六九〇頁。
[38] 「徳育如何」『選集』第三巻、二二九頁。
[39] 同右、二三三頁。
[40] 同右、二三四頁。
[41] 同右、二三七頁。
[42] 同右、二三八頁。
[43] 「漢学の主義其無効なるを知らざる乎」『全集』第八巻、五七〇頁。
[44] 同右、五七二頁。
[45] 同右、五七三頁。
[46] 「儒教主義の成跡甚だ恐る可し」『全集』第八巻、六六四頁。
[47] 同右、六六三―六六四頁。
[48] 「儒教主義」『全集』第九巻、二六九頁。
[49] 同右、二七〇―二七一頁。
[50] 「徳教之説」『全集』第九巻、二七七―二七八頁。
[51] 「儒教主義」『全集』第九巻、二七三頁。
[52] 同右、二七四頁。
[53] 同右、二七四頁。
[54] 同右、二七五頁。
[55] 同右、二七七頁。
[56] 丸山眞男「福沢諭吉の儒教批判」前掲書、一五五頁。
[57] 「漢学の中日和」『全集』第八巻、六一二頁。
[58] 「文学会員に告ぐ」『全集』第二〇巻、二六七頁。
[59] 同右、二六九―二七〇頁。
[60] 松本三之介「新しい学問の形成と知識人」『学問と知識人』日本近代思想大系第一〇巻、岩波書店、一九八八年、四二九―四五七頁を参照。
[61] 佐々木力『科学論入門』岩波新書、一九九六年八月、一三―一四頁。

共生・共存・共栄のための日中比較文化論
――異文化理解とコミュニケーションを中心に――

王　秀文

1　はじめに

二〇〇九年九月十六日、「鳩山政権」が登場するや否や、日中関係について鳩山首相は「東アジア共同体」構想を打ち出した。これに対して、中国の胡錦濤主席は、日中両国は「一衣帯水」の関係にあり、戦略的互恵関係をさらに発展させるべきと提言している。

「東アジア共同体」構想も「友愛」から外交政策に現れたもので、アメリカとだけでなく、東アジア地域における共生・共存・共栄を目指し、よりグローバル化した社会へ踏み出す一歩として喜ばれるべきことだと思う。しかし、もとより、日本と中国とは「一衣帯水」の隣国であるし、東アジア地域の一員であるから、地縁的に言えば、必然的な共同体であるはずである。ただし、日本が自らの立場、自分だけの利益から明治維新以降「脱亜入欧」、さらに第二次世界大戦後から「アメリカ一辺倒」を国是とし、東アジアという地縁から脱出しようとした不自然な時代があっただけである。今度の「東アジア共同体」構想が、同じ目的の「強者追随」意識による「脱欧入亜」でもなければ、かつて侵略時代にあった「大東亜共栄圏」意識によったものでもないことを望む。

二十一世紀に入って、私たちの日常生活が、特定の限られた枠や空間の中だけで成立するのではなく、外との関係を欠いてはありえないこと、その範囲が地球規模になっていることが言える。今日の国際社会の大きな動きとして、具体的に次の四つが指摘される。

まず、異なる社会・文化間の関係の拡大、共通空間の拡大を特徴とするグローバル化。次に、従来考えられてきた特定の枠や空間の内部における一元性に反する動き（政治的・経済的・価値観など）を特徴とする多元化。さらに、多元化の動きは流動化を加速し、ボーダーレス化という現象が生まれる。労働力移動、情報化、ジェンダーフリー化など、既存の固定した枠組みを超えようとする現象はいろいろな領域に見られる。最後に、グローバル化・多元化・流動化などは同時にイデオロギーを乗り超えて新しい制度化・体系化を活性化させる動きである。

このような動きに直面して、どの民族もどの国家も、これまでの自分の歴史、自分にしかない伝統に対して改めて考え直し、観念を新たにして、相手の価値観を見出しては理解ないし受容にも努めなければならず、そうもしなければ、国際社会の変化と発展に取り残されるばかりでなく、自分の生存まで危うくなる恐れがあろう。

鳩山総理の「東アジア共同体」構想も、もしかすると、この時勢に則って提出されたものであろうが、それは、よりグローバル化した社会を創り、互恵関係にある地域の共生・共存・共栄を目指すものでなければならない。そのためには、たえず相互の文化理解を求め、十分な異文化コミュニケーションを促進するのを前提にして、歴史認識を正し、両国国民の感情を改善し、真の友好関係を発展させなければならないだろう。

2　日中文化交流の歴史

日本と中国との文化交流の歴史は、遠く紀元前三〇〇年ごろ始まる弥生時代に遡れるのが定説となっている。稲作をはじめとする農耕文化や青銅器をはじめとする金属器文化の伝播により、日本社会と文化が大いに発展を得て、有史時代に突入したのは事実である。けれども、筆者が縄文文化と紅山文化との比較研究を通して立てた仮説では、日本列島と東アジア大陸との交流は、遥かに遠い最終氷河期の終わる、現在より一万年前からすでに始まったと主張する[1]。すなわち、日本列島と東アジア大陸とが陸続きの遠い時代から、交流によって大陸文化の種が蒔かれ、その後、日本は縄文文化の栄えを迎えたと言うのである。そうであれば、日中文化交流の歴史は、二〇〇〇年でなく一万年以上になるのである。

それはともかくとして、古代の地域文化交流によって、日本列島に国家が現われ、渡来人によりさまざまな技術だけでなく儒教・仏教・文字までもたらされた。さらに、遣隋使・遣唐使などによる国レベルの交流の結果、日本は燦爛たる飛鳥文化・天平文化の時代を迎えて、統一した王権時代に入る。平安時代以降、政府間における交流はほとんど途絶えたが、民間による交流は幅広く綿々と続けられた。内藤湖南氏が「天平時代に日本が持っておった文化は、殆ど全部シナ文化の輸入であった」[2]と言ったように、明治維新まで日本による輸入がほとんどで、日本文化と中国文化とは「（日本文化の由来）（中略）たとえば豆腐を造るごときもので、豆を磨った液の中に豆腐になる素質を持ってはいたがこれを凝集すべき他の力が加わらずにあったので、シナ文化はすなわちそれを凝集さしたニガリのごときものであると考えるのである」[3]。

明治維新あたりから第二次世界大戦までの八〇年近くの間、日本が「脱亜入欧」により中国を交渉相手としなくなり、その次また「大東亜共栄圏」建設をリードする役目を演じ、中国をはじめ、アジアないし太平洋地域まで侵略戦争を起こした。戦争が起こるまでの間は、中国のほうからむしろ近代化した日本に学ぶところが多かった。そして、第二次世界大戦が終わってから一九七二年に日中の国交が正常化されるまでの「冷戦」時代に、日中両国は文化交流が正常にできる状況にはなかった。

このように、歴史に見られる日中間文化交流というものは、極端に言えば、たえず輸出・輸入の関係にあって、互恵という平等で、共生・共存・共栄の関係が現われたのがごく最近のことでしかなかった。というわけで、高低の差のある関係の中での交流はあったとしても一時の便宜的なもので、本当の意味の文化理解、十分なコミュニケーションを経てからの交流ではなかったろう。それにしても、時の必要に応じて同じ「稲作農耕民族」だとか「儒教文化圏」だとか「同文同種」だとかいって、文化の差異を抹殺して両国間の相互理解、十分なコミュニケーションを妨げていた。日中間の異文化研究は、「アジアとの間には異文化意識より共通文化の認識に立って触れていることが多く、相異性についての研究への関心が薄かった」[4]。

3 日中文化の基層——異文化理解のために

「東アジア共同体」を建築するにせよ、「戦略的互恵関係」を強化するにせよ、相互に謙遜な態度で、相互に尊重し合う気持ちで相手の文化を研究し、そこから異同を見出して相互理解を深めていくのが前提ではなかろうか。

現代社会では、「文化」や「カルチャー」という用語は好んで用いられ、この用語をつけた組織・団体や行事が無数に見られ、また「高級」「現代的」「伝統的」というイメージをつける心理傾向も認められる。文化とは何か？　学問、芸術、宗教、道徳のように、主として精神的活動から直接的に生み出されたものも文化であれば、あらゆる人間集団がそれぞれ持っている生活様式も広く総称して文化と言う。普通、前者すなわち知性や教養による顕在文化には、高低・優劣という評価を伴いがちであるが、後者にはそれぞれ独自の価値を持っているから高低・優劣の差がつけられないとする。異文化を理解するとき、よく見られる過ちはこの両者を区別せず、十把ひとからげにして肯定するか否定するかにするからである。

筆者は、直接に知覚し、気づきやすい、そして変化しやすい顕在文化より、そうでない基層部に潜んでいる生活様式、すなわち基礎文化のほうが異文化理解にとってより基本的なものだと思う。この地球上に人類が発生して以来、人間は地球上のさまざまな土地に住み着いて、無数の共同生活集団を形成し、それらが離合集散を繰り返しながら、比較的大きな単位の共同体を組織し、それがそれぞれに固有の歴史をたどって、今日の諸民族、諸国家を形作ってきた。その間にそれぞれ特有な精神構造・社会構造・文化構造が生み出されるが、その「構造」の土台となるその民族・国家の基礎文化を考えることなしには、文化を理解することはできないだろう。

そこで、異文化理解の立場から、日本文化と中国文化を理解するための出発点は何か、これについて以下のいくつかをポイントとして取り上げてみたい。

❖——（1）風土の違い——文化の発生

風土とは、人間の精神・生活様式として具現されている自然環境であり、人間を含む全一体的な世界として総合された概念であり、「人間が自己をそこから見出してくるところの、自己にとっては外部的な、自己と自然との出会いの場所である」[5]。風土は『漢書』地理志にも現れたように、「風俗と水土の風気の関係」とされ、そこに人間の生活ということが含まれていなくてはならず、「人間は、さまざまな風土の中で、自己自身をさまざまに風土化する。（中略）自己

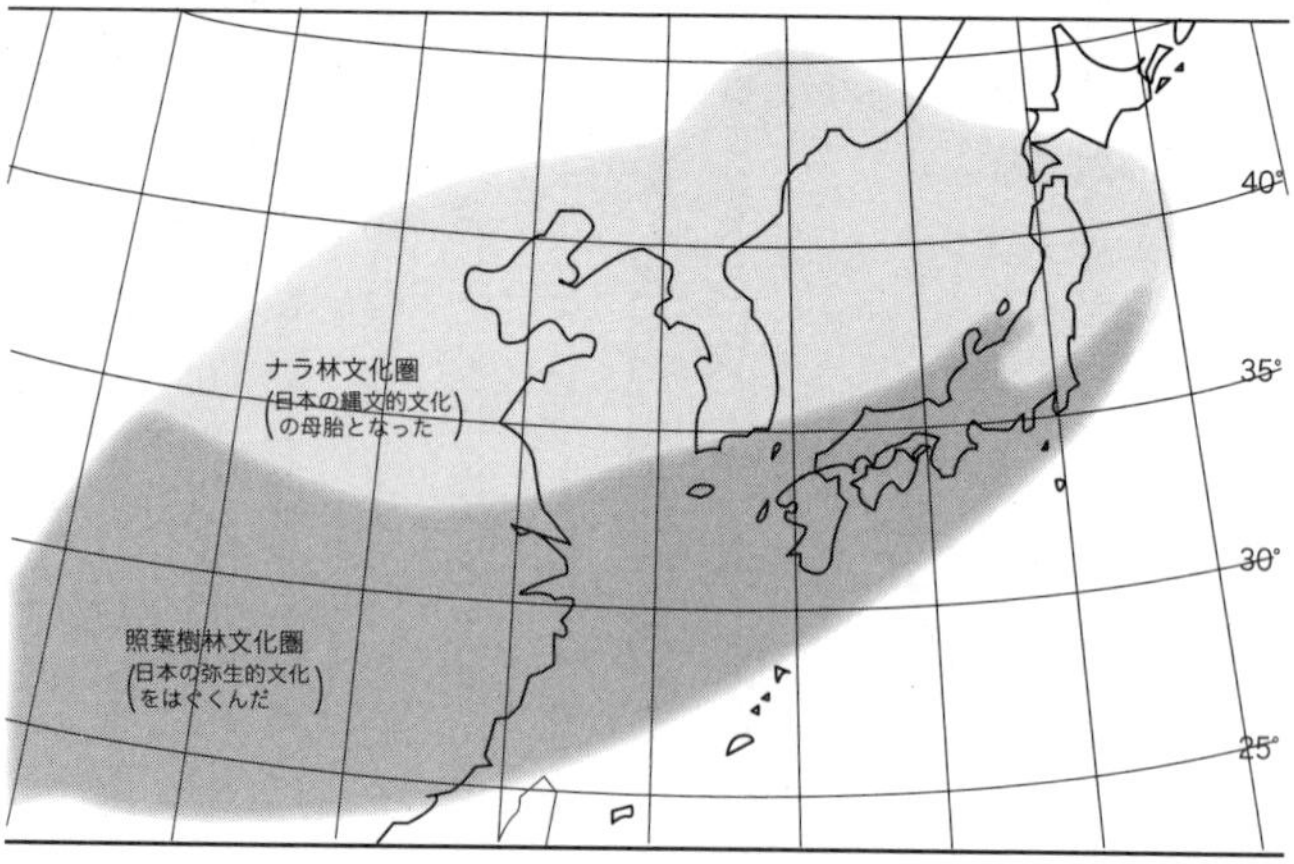

図１　ナラ林帯と照葉樹林帯

を風土化することを通して自然の中に住みついてきた」[6]。

和辻《わつじ》哲郎は『風土——人間学的考察』（岩波書店、一九三五年）を著し、人間の存在形式としての風土を大きく三つの類型に、つまり東アジア沿岸一帯のモンスーン的風土、アラビア・アフリカ・モンゴルなどの砂漠的風土、ヨーロッパの牧場的風土に分類して、人間と自然と文化との深いかかわり合いを説いた。

そこで、東アジア沿岸のモンスーン地域の風土は、暑熱と湿気との結合をもってその特性としており、その中でも日本の風土は、熱帯的特徴を帯びた夏の大雨と寒帯的特徴を帯びた冬の大雪との交代をもって、その特徴としているという。和辻は、モンスーン地域の人間の風土的構造を「受容的・忍従的」と規定している。

これに関連して、日本の国土は三七万七九〇〇平方キロで、幅は広い所で三〇〇キロ、長さは合わせて三五〇〇キロという島々からなっている。面積比は山地・火山地六〇％、丘陵地一一％、山麓地四％、低地・台地二五％となっている。山が多くて平野が少なく、全体的に海によって他国と隔離され、そのうえ地震・台風・水害・雪害に頻繁に見舞われている風土のなか、日本文化の特徴が規定される。

これに対して、中国の国土は約九六〇万平方キロで、南北約五五〇〇キロ、東西約五〇〇〇キロ、陸地境界線は長さ二万二八〇〇キロで一四カ国と隣接する。和辻の風土説に合わせてみた場合、中国の地形は東から西へと徐々に三段階に分かれ、東の沿岸部がモンスーン的風土地域と言えば、中央の部分は砂漠的風土地域、さらに西の部分はチベット高原一帯という特別な風土地域も広くある。このような異なる特質のある多様性の風土を持っている広大な地域によって、かつては黄河文明（乾燥多風・遊牧・田畑）、長江文明（湿潤多雨・養殖・稲作）が育まれ、中国文化が生み出されたのである。

日本においても、縄文時代の自然環境について、中部より北東の地域を「ナラ林帯」と呼び、南西の地域を「照葉樹林帯」（図1参照）と呼ぶ風土の違いがあったけれども、現代の生活様式・精神構造・社会構造といった文化に影響を与えるほどのものではなかった。

❖——（2）民族——文化の構成

民族とは一定の文化的特徴を基準として他と区別される共同体を言う。土地・血縁関係・言語の共有や、宗教・伝承・社会組織などがその基準となる。スターリンによれば、民族は「人民が歴史上において形成される一つの、共同言語・共同地域・共同経済生活及び共同文化として現れる共同心理素質を有する安定した共同体である」[7]。民族は文化の母体であるが、社会発展に伴って次第に発展形成されるものと同じように、また次第に融合され、最後にその差がなくなって世界の諸民族が一体になるのであるという。

日本の場合、縄文時代の晩期から古墳時代が終わるまでの一〇〇〇年の間、渡来人と言われる波が怒濤のように押寄せてきて、多民族の融合した「移民国家」のような状態（人口から見れば、日本の人口は、縄文時代晩期の七万五〇〇〇人に対して、七世紀初めには五三九万九八〇〇人と推算されている）であった。近代国家の成立とともに、日本は民族を国家と密接な関係を有する政治的共同体と風土的に同一の文化習俗を有する共同体を混合しているため、単一民族（たとえば、昭和六十一年秋の国会で、中曽根総理は、「日本は単一民族の国家で、少数民族は存在しない」という趣旨の発言をした。）と主張し、結局、「国家＝民族＝宗教＝言語」などを共通にする単純な民族構造になっている。

現代日本の一億二八〇〇万人口が一つの民族であるのに対して、中国は一三億六〇〇〇万人の人口を持ち、それが五六の民族に分かれている（少数民族人口は一億四四九万人、全国総人口の八・四一％を占めている）。この五六の民族がそれぞれ歴史的にさまざまな土地に住みつき、離合集散を繰り返しながら固有の歴史をたどって今日の民族を形作ってきた。その間に、これらの諸民族はその風土や生活様式により、ものの見方、ものの考え方などの心理的特徴において、それぞれに異なった道をたどって、いわゆる民族的精神構造の多様性が生まれてきた。これが土台になって、それぞれの民族に特有な社会構造が、さらにいわゆる文化が生み出されるのである。

したがって、中国の場合、多民族の融合によった多元文化を持っており、それぞれ異なる国家・民族・宗教・言語を持つ状態なので、一口に中国文化と言っても分析的にその内部構造を考えなければならない。中国を代表する人類学者の費孝通氏も、一九八七年十月アメリカの学者のインタビューに答えて、「わたしは数十年の間、中国を理解しようと努力を重ねてきたが、いまだに中国人の行動様式と精神意識がよく分からない」と率直な心情を吐露した[8]。

4 歴史——文化の軌跡

一万年も前に終わる最終氷河期まで、日本列島が大陸の一部であり、「原アジア人は、人口の増加とともに東アジアの広大な地域をさまざまな方向へと移動し、（中略）変化に富む文化を発展させた。縄文人の祖先も、そのような移動の波に乗って日本列島に到達したのだろう」[9]。その後、前述したように、縄文時代晩期から古墳時代まで、渡来人が大量に日本に流れ込み、日本の古代国家を形成してきた。現代風に言えば、「移民国家」のようなもので、文化的に開放的で、包容的であったため、異文化に対して旺盛な摂取意欲が育まれた民族的性格を持つようになった。

国を挙げて最も積極的に他国の文化を取り入れた時期は奈良時代であったが、「国風文化」を特徴とする平安時代に入ると、もっぱら文化の消化に努めるようになった。そして、中世・近世においても、鎖国政策をとっていたとはいえ他国から文化を取り入れることは止まなかったが、明治維新からは開国してヨーロッパを中心に、また戦後からはアメリカを中心に、積極的に西洋の近代文化を取り入れ、吸収するようになって現在までに至る。というわけで、日本の歴史は文化交渉史の色が濃く、すなわちその時その時の外国文化との接触により、大きな社会発展を迎えたと言えよう。また、ほとんど受け身的に押し込まれたのでなく、みずから進んで取り入れた形であった。

いっぽう、日本は歴史上で、かつて中国や朝鮮半島などが経験した王権交代による頻繁な国の分裂・統一、激しい社会的衝突と変動がなかったし、異なる民族や外国による侵略・支配も経験せずに、穏やかに継続されてきたのである。これに対して、中国が五〇〇〇年の歴史の中で、しばしば「易姓革命」が起こり、異民族による侵入と融合が繰り返され、また近代においても外国による侵略や分割を痛いほど経験した。また、近隣の朝鮮半島は、金容雲の『韓国人と日本人』によると、有史以来じつに一〇〇〇回以上も多民族の侵略を受けたという。このような歴史経験があるかないかによって、その民族性・国民性が全く違うものになるのは、理の当然というものである。

以上、風土・民族・歴史といった面から概観的に日本と中国を比較してみたが、そこから見られるのが、日本と中国とは同じ東アジアに位置している隣国でありながら、文化の土壌である風土から、文化の担い手である民族、それから文化形成の軌跡である歴史までどれほど違うかということが分かる。これらの相違が基となって、社会構造・文化構造・精神構造などすべてが特徴づけられ、文化理解の手掛かりというか、出発点となる。そもそも、異文化理解や異文化コミュニケーションに際して、相互の共通点より相違点を見出して正しく認識するのが最も重要で、かつ効率的である。しかし、現段階までの日中交流においては、関係の良い時は相手の良いところばかり、関係の悪い時は相手の悪いところばかりが取り上げられ、議論される趣がある。これには感情的要素が多く含まれていることに加え、文化の本質や性格を的確に把握していないのも大きな原因となる。

5　日中文化の表層――異文化コミュニケーションのために

異文化コミュニケーションの研究においては、文化の問題を文化一般と文化特定の二視点から扱うことが多い。文化一般の研究は、全ての文化について人類が共通に持つ文化の普遍性に焦点を置く。文化特定の場合には、日本文化や中国文化のような一定の文化を選び、文化的特徴を明らかにすることに重点を置く。異文化コミュニケーションの分野では、後者の立場から自文化と一定の異文化を比較・対照的に分析することが多い。そして、この場合扱う文化は社会の一部の人たちが例外的に持っているものではなく、多数の成員が共有するものであるべきである。

二十一世紀に入る前後から、グローバル化社会の深化に伴って異文化コミュニケーションについての研究が、日本においても中国においても盛んになってきた。しかし、どちらもが欧米文化を異文化と見、異文化コミュニケーションを取り上げて研究をしてはいるが、たとえば、日中に関する異文化コミュニケーションの書物がほとんど見られないのが現状である。それは、要するに日中間に文化の相違がなく、異文化コミュニケーションを研究する必要がないというわけではなく、その相違が見失われているからである。相違が十分に意識されていないために、いざとなる時、十分なコミュニケーションもできずにいざこざが起こらざるを得ない。

日中文化の相違について言えば、山ほどあって書き切れないが、ここで異文化コミュニケーションに際して気づいたところだけを例示的に挙げて参考にしたい。

まず、自然界に対する態度。森羅万象の自然界の要素があまねく日本文化に浸透され、現われている。たとえば、和歌の季語、和服の模様、日本料理の食材や食器、建築様式や庭園、盆栽、生け花、茶道など至るところまで自然界の要素が融合され、日本人に親しまれている。よく現代的に日本人の環境意識が強いと中国人に言われているが、実のところ、環境意識より自然界の万物に対しての自然崇拝が強く働いて、自然と人間との一体感によるものだと思われる。これに対して、中国人にとって自然界は戦いの相手となっている。長く小学校の教科書にも載り、世々代々の中国人に強く影響を与えた寓話に『愚公移山』(『愚公、山を移す』)がある。それは、刻苦奮闘の精神を讃えていると同時に、自然破壊の教科書ともなっているのではなかろうか。「天と戦い、地と戦い、人間と戦い、その楽しみ窮まりなし」が価値観と化し、「プロ文革」中、「農業は大寨に学ぼう」というスローガンのもとで、全国的に山が削られ、森が切られ、草原が農地にされてしまった痛々しい結果が導かれる。「自然を生かす」日本文化に対して、「自然を壊す」文化は中国の伝統かもしれない。

次に、このような自然観に育まれてできた日本人の性格は、本能的または情緒的、実用的であり、哲学的、メタフィジックな思索は不得手である。日本人の美意識としては、AとB、是と非、善と悪などをはっきり見分けるのでなく、曖昧にして混同調和させるものが好まれる。したがって、日本人の間では、絶対に違う意見を出し合う議論や、はっきりとした反対の意見を主張することはあり得ないし、いわゆる会議でも各々自分の考えを出しただけで結論も望まないありさまである。善人も悪人もいったん死んだら全部「神様」となり、同等に祀られるのであって、過ぎたことは「水に流す」のである。一方、中国文化は日本と違って、大陸の理性的な性格が目立つ。長い間外界との接触と衝突を経験したせいか、中国人は是非、善悪をはっきり見分け、相手を打ち負かすまで議論する。中国人とでは、二者択一が重要で、曖昧は許されないし、そして「沈黙は金なり」、「以心伝心」、「察し」が通用しない。

また、日本人は古来から外来の物事、思想に対して開放的・包容的な態度を持ち、他国の文化を積極的に吸収し、自家薬籠中の物とするいっぽうで、外国人に対しては排斥的・排他的である。日本人の対人関係では、「ウチ・ソト」意識が強く、他所者を受け入れるのに抵抗感がある。この点において、中国人は日本人と正反対で、外来の新しい事物や思想を排斥する伝統はあるが、外国人とは違和感なく付き合うことができる。

日本人は集団帰属意識が強く、さまざまな集団をつくるのに熱心である。たとえば、政治的にさまざまな政党の中にさまざまな派をつくる。民間でも、多くの人が同窓会・婦人会・研究会・○○クラブなどいろいろな名目の組織、または趣味的な生け花・茶道・料理などの「教室」に入って、集団的な雰囲気を楽しみ、ときには複数のいくつもの集団に入っている。そして、集団には献身的で、時間から規則まで厳守し、行動を共にする。これに対して、中国では家族主義が中心で、血縁によるつながりが延々と社会関係の基盤となるのが一般的である。その次は職場や利益とは関係なしにできた親友が社会の縄張りや付き合いの元となる。中国人の行動様式は大陸的な個人主義で、個人判断で行動を取ることが多く、必ずしも組織やリーダーに服従しない。たとえば、規則があっても、赤信号を無視するのと同じである。

さらに、日本では、かつての農村共同体的なつながりがまだ強く残っており、何かをするに際して人間関係が大きな役割を果たしている。たとえば、論文投稿にしろ、大学院進学にしろ、あるいは人事採用にしろ、親しくかつ有力な推薦者か紹介者がいるかいないかによって、結果はまるっきり違う。このような意識から、中小企業が海外投資する場合でも、投資環境より相手が信用できるかどうかをかなりの時間と精力をかけて考察する。そのかわり、いったん信用を持つようになったら全てを任せ、場合によっては契約も要らない。これは、日本人社会に入りにくい原因の一つでもあるが、価値観の違う国際社会では通用しない場合が多い。日本人がこのように過度なほど人とのつながりに頼り、人間関係を信用するのに対して、中国社会では、人とのつながりがあっても、その時その場で理性的に判断し、取捨選択が絶えず伴っているようである。したがって、この点では誠実・不誠実の問題でなく、価値観志向の問題である。

ちなみに、敬語意識にも見られるように、日本文化では「上・下」、「ウチ・ソト」意識が強く働いている。これは、人間関係において、確かに集団内の「調和」とか「秩序」とかを維持するのに大きな役割を果たしているが、異文化コミュニケーションに際しては、差別待遇に繋がりかねない。国際関係において、かつての「脱亜入欧」、「アメリカ一辺倒」、また現在の「脱米入亜」の動きはよく「強者追随」と言われているし、現政権が打ち出した「東アジア共同体」構想の裏に「ウチ意識」が働いているのではないかとも言われている。人間関係、あるいは国際関係において、「上・下」、「ウチ・ソト」意識が働いている限り、「ブランド意識」が発生し、相手を平等・対等に見、付き合うことができなくなってしまう恐れがあり、いわゆる「ご都合主義」となりかねない。

中国は地理的・民族的・歴史的・文化的な要因があって、昔から「大中華主義」体質が育まれ、文化的に「傲慢尊大」と呼ばれる長い時代があった。しかし、一八四〇年に始まった「アヘン戦争」から列強により半植民地化されて以来、侮辱されたり侵略されたりして「内憂外患」を体験し、立ち遅れてしまった。その中でも、近代先進的な資本主義や共産主義などの思想や経験を学び、国を救おうと試行錯誤で模索した。特に、一九八七年「改革・開放」して以来三〇年の間、各国・各民族の文化・経験を謙遜に取り入れ、唐代以来初めての民族振興を迎えてきた。

現在、鄧小平氏が打ち出した「発展は何よりの理屈だ」(「発展是硬道理」)、「黒い猫も白い猫も、鼠が捕れればよい猫だ」を元に、イデオロギーを問題とせず、国内外において「多元化」した価値観や文化を認め、社会主義体制であるにもかかわらず、市場経済の道を切り開いた。これにより、自国を世界各国・各民族のなかに溶け込ませ、平等互恵・調和発展の国際環境創りに貢献しようとしている。

6 結びにかえて

ここで、共生・共存・共栄の国際環境を創るために、文化に優劣・高低をつけず、仮想敵をたてて競争せず、「大同を求めて小異を存する」ことにより理解を深め、相互に尊重し合ってコミュニケーションを十分にすべきだ、ということを改めて主張したい。

注

[1] 王秀文「日本縄文文化源于紅山文化之仮説」吉林大学『東北亜論壇』第五期、二〇〇六年九月。「日本・中国における史前文化交流の可能性と軌跡——紅山文化と縄文文化の盛衰を中心に——」思文閣出版『東アジアの交流と地域展開』二〇〇八年三月。
[2] 内藤湖南『日本文化史研究(上)』講談社学術文庫七六、昭和六十二年三月、一三四頁。
[3] 同右、二二頁。
[4] 王敏『日本と中国——相互誤解の構造』中央公論新書、二〇〇八年九月、一八六—一八七頁。
[5] 木村敏『人と人との間』弘文堂、昭和五十五年七月、八六頁。
[6] 同右、八三—八八頁。
[7]《スターリン全集》第二巻、人民出版社、一九五三年、二九四頁。
[8] 金文学『日本人・中国人・韓国人』白帝社、二〇〇三年十一月、二六三頁。
[9] 埴原和郎『日本人の誕生——人類はるかなる旅』吉川弘文館、一九九六年十一月、一三七頁。

現代政治をめぐる「雑居的寛容」と「雑種文化」
――「相互理解としての日本研究」と国際理解教育のために――

大藪　敏宏

1　はじめに――相互理解としての日中比較文化研究を承けて――

内向きの日本文化研究とは異なる国際日本学は、研究方法そのものの「開国」の必要から比較という手法を採用する。この手法には二つの積極的意味、つまり文化の比較と視点の比較という二様の意味がある[1]。すなわち第一に、単一の文化内部における内向きの日本文化研究とは違って、異なる文化との比較の中で日本文化に「異文化」としての相貌を浮き彫りにすることによって相互理解を深める方向性が出てくるように考えられる。また第二に、先ほどの文化の比較を通じて互いの視点が相対化されればそれぞれの視点がそれぞれ拡張する可能性が生まれ、この可能性からさらに相互理解が深まるという別の可能性が構想できる。

こうした比較という手法を採用する際に、西洋文化との対比において日中文化間にあるとされてきた「同文同種」という既成の通念が問題になり[2]、むしろ異文化理解の観点から相互の視点の相違を浮き彫りにしていくという新たな国際日本学の課題ないし国際比較文化論のアジェンダが登場している。たとえば仏教とか儒教と言っても日中間だけでも、その内実に大きな相違があり、実は文字上で同文と言っても内実は異文化・異宗教と言っていいほどの変容ないし「改造」（丸山眞男）が施されていることが問題となるが、このような相違が二十一世紀の今日の社会生活の中で相互理解の妨げとなっていることも既にそこで指摘されている。

そしてこの課題遂行の中から近年、国際日本学の意欲的かつ斬新な成果が生み出されている。本稿は、以上のような比較文化ならびに国際日本学の課題と成果をふまえ、その成果に応えようとすることによって「日中比較文化研究による相互理解の可能性」の拡大を期する。このような研究の国際的応答と対話の蓄積が、実り豊かな相互理解につながると期待されるからである。

そのために、本稿は「変節」と「転向」をめぐる「同文同種」に比較文化論的分析を加えた研究成果に注目し、これにこれまでの主要な日本文化論との接続と対話の回路を作ることによって、海外の日本研究の専門家集団からでさえ「不可解」とされるような二十一世紀日本の政治の思想と行動をめぐる国際的相互理解の可能性の拡張を試みる——その際、「変節」と「転向」の「同文同種」への疑義と分析の成果への応答として、「懊悩」と「煩悶」の「同文同種」への疑義と分析の研究も進めたが、今回は紙幅等の事情により、この研究は別稿とする——。

歴史哲学の観点からは、新しい歴史の形成には新しい歴史主体の形成が欠かせない。にもかかわらず今なお「国家単位のネーションの枠組み」は強固である。その中で「時間的縦軸と空間的横軸を組み合わす視点」からアプローチするとき[3]、日本文化と言っても時間的にも空間的にも地域的文化のグラデーションと多様性を擁しており、地政学的視点から奈良や京都や東京以外の日本列島の時間軸と空間軸を視野に入れるとき、新たな歴史主体の萌芽が認められるかもしれない。たとえそれが萌芽にすぎなかったにしても、別の理論的可能性を示唆することは可能かもしれないからである。それは相互的な国際理解のみならず歴史の作出に対しても一定の意味を持ちうると思われる。

2　国際的日本研究からの問題提起――「『変節』に寛容な日本的現象」――

このような相互理解の考え方に立つ中国との比較による異文化理解という観点からの最近の日本研究の一つは、「変節」と「寛容」という問題に着目して、重要な問題提起をしている。その冒頭で、「日本人は理解しにくい存在」という非難に対して「日本人は集団志向、感性志向」というG・クラーク氏の分析が紹介されている。「中国人も韓国人も儒教という共通基盤で通じ合うところがある」という両者は、原理原則をもとに動き、「正しいか間違っているか、という基本認識で判断することを習性にしている」とともに欧米人と共通するところが大きいということが示唆されている[4]。これは日本人との比較において述べられているので、中韓欧米と比べた際に日本人の特性の特異さが突出することになる。この違いを「文化習慣の違い」の中に著者の王敏氏は探る。

つまり「正邪を見極める習癖を隠さない」「曲がった心を一番嫌う」「原理原則をもとに動く」のが中国人や韓国人であり、こうした中国人や韓国人は「欧米人には理解しやすい」ということが示唆されている。これとの比較において「日本人は理解しにくい存在」という指摘がなされているのだから、ここに日本人は「正邪を見極める習癖」が欠けており「原理原則をもとに」動かない「曲がった心」の持ち主であるように暗示されているようにも思われる。そこまでいかなくても「日本人は理解しにくい存在」ということが指摘されていることだけは間違いないようである。だからこそ国際的相互理解としての国際日本学の研究の進展が求められるはずである。

これに関連して著者は、こうした外国人からの日本人の理解しにくさを示す最近の事例として、郵政民営化のワンフレーズを最大の争点にした二〇〇五年夏の総選挙をめぐる日本の政界の騒動を取り上げる。そこでは、与党・自民党の執行部の郵政民営化に反対する候補者は改革に対する「抵抗勢力」だとの烙印を押されて、党の公認を受けられないで

「抵抗勢力」の候補者の多くが苦戦した。ところが民営化に反対して自民党から除籍されて当選した議員の多くが、民営化反対を公約して当選したはずの総選挙の直後の特別国会で民営化法案に賛成するという豹変ぶりを見せた。これについて著者は、「日本の政治が思想や主義を決断の基準にしていないことを露呈したと思われてもしかたがない」[5]と考えている。

また郵政民営化を改革の「本丸」とした小泉政権を継承した安倍政権は、発足直後から郵政民営化造反議員の自民党への復党を許容する方向へ豹変したが、これについても著者は、「安倍政権自体の『変節』とも受け止められるのではなかろうか」と記している。

ここで著者は重要な国際的日本学の解釈を提出している。それは以下のようなものである。――「それは、日本人を中国人、韓国人や西欧人と分けているものは、原理原則で対応する習性ではなく、感性でもって対応する習性があるのではないか、ということである。原理原則にこだわらなくて済むから、外から思想がやってきても受け入れてきた。幕末・維新における西洋思想や学問の積極的輸入でも、先の大戦後、アメリカ文化への転進でも、原理原則の判断で『解禁』の対応をしたわけではない。もっとほかの感性的な対応によって、理屈に関係なく激変が起きたのである。この激変した事実を原理原則対応の目線で追えば、『変節』と思われる現象として映るのである」[6]――。このような問題意識から、日本人の「『変節』現象の発生背景」を「思考パターンの角度」から著者は分析する[7]。

このような重要な問題提起は、単に感情的に受容されたり反発されたり無視されたりするべきではなく、国際的相互理解の深化のために、こうした「感性」の文化的構造について国際的な学問的応答がなされるべきである。このような重要な問題提起がモノローグに終わることなく、ダイアローグによって深化されることが大切なのだが、このような「感性」に対する外在的分析だけでなく、文化論的ダイアローグを通じて文化と思想との内在的分析へと深化することも必要と考えられる。つまり、もしもこのような「感性」が外国の日本学研究者によって外在的に観察されるとするならば、そしてそのことが外国から「あいまい戦略」とか「変節」等と受け止められるだけでなく、二〇〇六年のワシントンでの国際シンポジウムに集まった多くの日本研究者からも「不可解」と受け止められたとすれば[8]、国際的相互理解を深めるための新しい分析が開始されてこうした「感性」への理解が深められることが模索されなければならないはずである。

著者によれば、そもそもこうした日本的「感性」問題の指摘は知日派のG・クラーク氏による。すなわちこの知日派の日本人論は、「日本人は理解しにくい存在」という国際的な非難に対して「日本人は集団指向、感性指向」という分析をしていることが紹介されている。この分析は、知日派の外国人から見た日本人論として非常に貴重なものと言うべきであろう。

ところで「集団指向」と言うのなら、必ずしも日本人だけの特殊性とは言えないかもしれない。集団の対位語は個人であろうが、そもそもアトミズム的な個人主義的指向は西欧でも近代以降において部分的先進的な指向として社会的影響力を持ったものであり、特にそれ以前の時代においては洋の東西を問わず多くの地域において多かれ少なかれ集団指向的な特性が強かったということは周知の事柄と言っていいだろう。西欧近代においてもアトミズム的個人主義への批判は連綿として続いたし、それは現代におけるリベラル＝コミュニタリアン論争においても姿形を変えて続いている。

さらに、D・リースマンの『孤独な群衆』（一九五〇年）は社会的性格の三類型を「伝統指向型」「内部指向型」「他人指向型」に分類して示し、アメリカ人の社会的性格を他人志向型として描き出したことは社会心理学の重要かつ有名な業績として知られている。この三類型は、時代的には中世・近代・現代にほぼ対応していて、したがって他人指向型というのはアメリカ人に限らず現代の大衆社会における国際的にもある程度は普遍性を持った社会的性格の類型となっている。ところでこの他人指向型は、伝統指向型とは異なるものの、個人主義的志向を持った内部指向型とは異なり他人同調的ということで集団同調的な性格を持たざるを得ないという点において、集団指向的となる傾向を持つと言うこともできる。つまり集団指向的という指標だけでは必ずしも日本人だけの社会的特性とは言えないということができるかもしれない。そこで問題となるのは、集団指向的と言う際のその指向のベクトルの偏差の個性と内実であろうし――これについては後ほど取り上げる――、また知日派の外国人からの日本人論として重要な指標として浮上するのは「感性指向」という文化社会的特性である。

しかし、そもそも「感性」という概念で処理するということ自身が理解を放棄することへと道筋を開くことがあるようにも思われる。哲学の一般的概念においては感性と対をなす対位語は悟性もしくは理性である。悟性もしくは理性は基本的に合理的思考ないしは合理的理解能力を意味する。したがってこうした合理的思考能力との対比で「感性」と言うと、それは合理的に機能しないものとか合理的には理解できないものという含意を当初から含むことになりかねない――そもそも感性つまりパトス（pathos、悲哀）は西洋語圏においては不可解というだけでなく、場合によっては病理的なものという意味合いをも含んでおり、したがってこの不可解な病理的なものを理解しようとする学問はパトロジー（pathology）すなわち病理学を意味することになったという経緯もあり、感性的とは病理的という意味をも含みうる――。つまり、「感性」という概念を使用した途端、国際的相互理解としての国際日本学の途は閉ざされるように思われる。つまり、貴重な日本人論によって相互理解のとば口が開かれた途端に閉ざされてしまうという論理的可能性が残り――つまりこうした論理的可能性から、先述のような日本人は「正邪を見極める習癖」が欠けており「原理原則をもとに」動かない「曲がった心」の持ち主であるように暗示されているような印象が残るようにも思われる、つまり感性的→病理的→「曲がった心」の持ち主という論理的回路が開かれる可能性が残り、この可能性は相互理解にとって障害となりつづけてしまう危惧を残すかもしれない――、つまりこうした貴重な日本人論の流通は、外在的な日本人論として貴重な知見をもたらしたのだが、相互理解のための国際日本学研究は国際的な学問的レスポンスと国際的対話を通じて、こうした研究を手がかりとして国際的相互理解をさらに深化させるような研究へと展開することが望ましいように思われる。

とすれば分析は、こうした個性的な独特の「感性」なるものの内在的合理的構造分析へと深化することが望まれる。内在的構造分析を通じて、「感性」の普遍的に理解可能な精神構造がもしも発見されるならば、内在的な異文化理解の新たな可能性が開くことにつながるのではないだろうか。本稿はG・クラーク氏および王敏氏の啓発的な指摘を受けて、特殊な「感性」の内在的理解の新たな可能性を模索するものである[9]。

3 無原則的な思想放棄の仕掛け

著者は、中国の「変節」概念と日本の「転向」概念との原理的な違いを比較しつつ浮き彫りにしたうえで、変節と翻訳された転向という日本的現象を論理的に説明するための手がかりとして「西洋は固定性思考、アジアは関係性思考」（島田信吾）という指摘をもとにしながら、西洋とともに中国と韓国も固定性思考に分類するという修正を施して、日本だけを関係性思考の典型と考えている。あるいは、「『正統』を構成すべき内なる超越的な原理が不在の、日本特有の精神風土」のもとで[10]、四季に合わせて着替える「衣装」のように思想を取り替える「日本人」の心性の根底に「無常観」と「無思想」を読みとる。ここから「束縛のない日本」は変節と無原則に寛容で「窮屈さがない社会」でもあるが、逆に言えば「無原則な社会」で「思想形成に『甘え』を許し、軽薄な印象はぬぐえない」とも記されている[11]。

しかしこの気鋭の国際日本学研究の新しさは、日本文化に対する「批判」や「侮辱」を目的にしたものではないだけでなく、「ひたすら、日本人と日本文化の魅力を創り出している源泉を新しい角度から説き起こそうとすることに主眼を置いている」という立場を明らかにしている点である[12]。まさに「相互理解としての日本研究」の新展開と言うことができる。ところがその後半の論述は、キリスト教、イスラム教、および儒教の文化圏が「思想や原理原則を放棄する仕掛け」を持っていないという点の証明に費やされていて、その日本だけが持っていると目される原理放棄の「仕掛け」つまりメカニズムがどのようなものであるかは、なおブラックボックスのままである。つまり日本文化だけが例外的に思考の原理の放棄の仕掛けを持っているという日本文化論が提出された点が重要であるが、この仕掛けの存在を肯定するにせよ否定するにせよ、研究の対話的な発展が望まれる。そして残された課題はこの原理放棄の仕掛けのメカニズムはどのようなものであるかというメカニズムの解明である。このメカニズムの一端でも解明可能であれば、国際的な相互理解が深まることが期待されるからである。

4 丸山眞男の問題提起——歴史的に構造化されない「伝統」——

さて、先に引用された「『正統』を構成すべき内なる超越的な原理が不在の、日本特有の精神風土」については、先駆的な指摘が丸山眞男によってなされていることは周知の通りである。すなわち丸山眞男は、「すべての思想的立場がそれとの関係で——否定を通じてでも——自己を歴史的に位置づけるような中核あるいは座標軸に当る思想的伝統はわが国には形成されなかった」[13]と既に指摘していた。そして丸山は、このような「色々な『思想』が歴史的に構造化されないようなそういう『構造』の把握」、つまり「日本の『近代』のユニークな性格を構造的にとらえる努力」がもっとおしすすめられない限りは、近代と反近代という相反する二律背反がかわるがわるに振り子のように「反動」を呼び戻すだけの日本思想史が繰り返されると警鐘を鳴らしていた[14]。それによると、近代日本人の近代的な意識がどんなに欧米的な衣装によって飾られていても、同時に無常観や「もののあわれ」や幽冥観や儒教的倫理によって深く規定されていて、それらが精神内部で無時間的に並存するだけだから単に空間的配置を変えるだけで衣替えをするように季節が変わり、近代と反近代とがコロコロと変わりうることになって、「歴史的な構造性」を失うという無構造の「伝統」ができあがっている。無時間的な並存においては、時間の中での累積的な構造化を通じた発展といったものは不可能になってしまう。

ここに王敏氏が指摘された「転向」という日本的現象が成立する余地が、無構造の「伝統」によって生じたとも言えるのかもしれない。ただ王敏氏は中国や韓国において儒教的倫理が原理原則を死守する原理として「変節」の余地を厳しく排除する原理的倫理として機能していることを強調されているから、日本における「儒教的倫理」の伝統はかなり日本化されたものへと変質していると理解されなければならないことになるであろう[15]。王敏氏の研究を参照することによって、丸山氏の研究の補足が可能になったことになる。

またこの丸山説を参照することによって、王敏氏の日本理解が補足されることも可能になる。すなわち、丸山説の無構造の伝統においては、空間的配置転換による変節や転向をむしろ許容するという「変節に寛容な日本的現象」（王敏）が日本的伝統ということになり、逆に変節に不寛容なキリスト教のような原理的思想が不寛容なままで入ってくると、たとえば内村鑑三不敬事件のときの井上哲次郎のキリスト教批判のような「雑居的寛容の『伝統』ゆえのはげしい不寛容」[16]（丸山眞男）の攻撃を受けることになる。つまり、原理的な不寛容的思考に対しては「変節に寛容」な日本的伝統なるがゆえの不寛容が発揮されることになる。このように見てくると、王敏氏が指摘した二〇〇五年の総選挙の前後での（大量）造反と（大量）変節への不可解な日本的寛容という現象も、ある程度は内在的に理解可能となってくる。加藤周一の言う日本の「雑種文化」（一九五六年）にも、このような雑居的寛容の不寛容が内包されているのかもしれないし、同時に逆に想起されるのは「ほんとうの問題は、文化の雑種性そのものに積極的な意味をみとめ、それをそのまま生かしてゆくときに、どういう可能性があるか」[17]という加藤周一の問題提起であろう。

5　新しい国際日本学の課題――丸山政治学と雑種文化論との再架橋――

このように考察していくとき、変節問題から「日本人と日本文化の魅力を創り出している源泉を新しい角度から説き起こそうすることに主眼を置いている」という王敏氏の相互理解としての新しい国際日本学研究は、丸山眞男氏と加藤周一氏との間を橋渡しするものという性格を読みとることも可能であろう[18]。というのは、「政治家の無責任や悪しき共同体主義を批判し、個人そして民衆の主体性を確立するという点で、加藤が丸山とほぼ同じ立場にたっていることは推定できる」という両者の共通点にもかかわらず[19]、次のような違いが感じられるからである。すなわち、丸山眞男『戦中と戦後の間』に対する加藤周一の書評が、「丸山は近代的個人、主体的な個人において内面化された合理的思考をその学問の当然の前提としていたという指摘」[20]をしているのに対して、「加藤の史的分析の対象が丸山よりはるかに広範囲にわたっている」[21]と同時に、加藤の日本文学史の「『序説』を読むかぎり、加藤が、伝統的な土着世界観を凝縮したような文学作品、あるいは能と狂言、元禄文化等々についても、文化論や芸術論の観点から積極的な評価（批判を含めて）を惜しんでいないように見える」[22]という指摘があるからである。この最後の点は、加藤の『日本文学史序説』に限定されたことではなく、加藤の最晩年の『日本文化における時間と空間』[23]にまで持続した姿勢と言うことができる。したがって、「この辺の問題をどう考えるか」は私たちにとっての「残された問題」である。

両者の交渉を通じて浮き彫りになっているのは、政治思想史を専門とする丸山がより近代的主体的個人とその合理的思考を前提としている側面が強いのに対して、加藤がそのような合理的思考の持ち主であることは明らかであると同時に、なおその合理的思考の外側にありうるようなある種の「感性」のようなものの可能性を一貫して模索し続けたという微妙な差異があって、この際の合理的思考（ロゴス）と感性（パトス）との差異のような両者の間の架橋を図ることは、なお残された未完のプロジェクトたりうる。確かに実際のところ、丸山自身が「私は自分では研究者仲間からディレッタントと思われるくらい比較的に関心対象が広い方だと思っていますが、その私が逆立ちしても加藤君の視界には及ばない」[24]と認める一方で、「外来思想の挑戦（challenge）に対する日本思想ないし文化の反応（response）は、（丸山のように執拗低音というような）音楽的比喩を用いる代わりに、簡単なベクトル合成の幾何学的比喩を用いることもできる」とした加藤の一応の解答は『日本文化のかくれた形』の中の「日本社会・文化の基本的特徴」と考えられている[25]。しかし、「その中味、そのエンティティは何かという問題は、丸山にとっても加藤にとってもなお残るであろう」[26]し、そうした「音楽的比喩」あるいは「幾何学的比喩」というような「比喩」を超えたそのエンティティへのさまざまなアプローチは、私たちに残され続ける未完の課題である。合理的思考がなお啓蒙の未完のプロジェクトである以上、そのウェスタン・インパクトの挑戦（challenge）のその外側にあるようにも感じられる反応（response）の側のある種の「感性」や「指向」のエンティティへのアクセスもまた、そのエンティティ自身にとっての未完のプロジェクトである[27]。しかも、これがそれ自身の未完のプロジェクトとして挑戦（challenge）され続ける限り、そこに加藤が夢幻したような別の新たな未完の主体性の可能性もまた胚胎しつづけるのである。実はここにこそ、後期のフロイトが書き残した「マジック・メモについてのノート」と「終わりのある分析と終わりのない分析」が示唆する精神の普遍的知的創造性の特殊的地下水脈が関連しているはずである。そこには中心——周辺の構造における挑戦——反応という文化的磁場における精神のあくまでも創造的な主体性の潜在的可能性がある。つまり、主体性とは常に潜在的可能性としてのみ、つまり実体としてではなく機能としてのみありうるのであろう。つまりそれは常に未完の可能性としてのみ、つまり「不思議な備忘録」としてのみエンティティを構成しうる。

　そのためには外国人による国際日本学研究が提起した「変節」という問題に対して、その「日本文化のかくれた形」自身の、つまりエンティティ自身の構造的自己分析が応じられなければならない。しかし、比喩ではないにしても丸山や加藤と同様に、さしあたりはやはりそれ自身にとって疎外的な概念を用いなければならないにしても。つまり、それはやはりまずは反応（response）としてしか始まらないのであったはずである。そこに「比喩」から始まらざるを得なかった事情もある。

6 軍国支配と民主主義との時間的遠さと空間的（配置の）近さ

さて、両先駆的「比喩」のエンティティ自身の構造的自己分析へと着手する前に、二十一世紀の今日の国際日本学研究が取り上げた二〇〇五年の総選挙の前後での（大量）造反と（大量）変節への不可解な日本的寛容という現象の不可解さに関わって、二十世紀前半の軍国支配の時代に関するこの丸山および加藤の両先駆的作業をもう一度想起する文化論的価値がある。それは、日本の戦争指導者をめぐる敗戦後の極東国際軍事裁判をめぐるものであった。すなわち加藤周一『日本文学史序説』は、丸山眞男「軍国支配者の精神形態」（一九四九年）を取り上げて、次のように記していたからである。

――その国家の指導者が彼らの決定について責任をとらぬという、単に個人の道義的な傾向ではなく、体制そのものに内在する仕組みがある。ニュールンベルク裁判における被告との対比において、東京裁判の被告の態度の特徴は、『既成事実への屈服』と『権限への逃避』の二点に要約されるという（「軍国支配者の精神形態」）。前者は『みんなが望んだから私も』主義である。みんなが望んだことは、『成り行き』であり、事の『勢い』であり、『作り出されてしまったこと』。いな、さらにはっきりいえばどこからか起こって来たもの』

（同上）である。東京裁判の被告の言い分によれば、日本軍国主義の指導者たちは、誰一人として太平洋戦争を望んでいなかったにも拘わらず、太平洋戦争を始めたということになる。特徴の後者は、指導者のなかの誰にも、特定の決定について、権限がなかったという主張である。たとえば軍紀を監督する権限は法規上師団長にあって最高司令官にはなかったのだから、当時の中支方面軍司令官は、南京虐殺の責任をとる必要がない！　要するに集団の行動の基準は、成員個人の意識的な決断ではなく、同質的な集団全体がおのずから特定方面へ向かう「勢い」であり、したがってその責任は、いかなる個人にも属せず、集団全体に分散される。

かくして日本型「ファシズム」の特徴の分析は、単に工業化の段階や地政学的条件ばかりでなく、一方では集団に超越する価値の欠如、他方では個人の集団への高度の組込まれという各時代を通じての日本型世界観の特徴へ導かれる。三十年代に興った超国家主義は、日本思想史の例外ではなく、本来そこに内在した問題の極端な誇張にすぎなかった。このような見方は、丸山眞男の仕事の全体を一貫している、ということができる[28]――。

ここに、丸山眞男「軍国支配者の精神形態」（一九四九年）という論文に既に一九七二年の「つぎつぎとなりゆくいきほひ」という日本的な歴史意識の古層の把握が先取りされていると加藤周一『日本文学史序説』は看て取っていると既に指摘されている[29]。

しかし、ここから分かることはいわゆる「集団指向」というものが単なる没個人主義とか個人に対する集団優先の指向ということにとどまるのではなく（それだけならば既述のように他の社会にもありうることであった）、責任が集団へと拡散されて雲散霧消するという無責任体制の体制的構造があるということであり、しかもそれが決して「日本思想史の例外ではなく」、したがってむしろ日本思想史の常態としてあるということである。

そのとおり、それは日本思想史の常態であったがゆえに、この一九四〇年代の東京裁判における戦争指導者の「言い分」は、一九七二年を経て、さらに世紀を超えて二〇〇五年の総選挙の前後での（大量）造反と（大量）変節への不可解な日本的寛容という現象にまで、まさに世紀を超えて貫徹しているかのようである。本当は戦争に積極的ではなかったけれども私にそれに反対する権限はなかった……総選挙前では郵政民営化に反対を公約にして当選はしたものの、総選挙で郵政民営化に賛成と「民主主義」で多数決で決まったことだから、選挙前の反対を貫く権限は、多数決の「民主主義」においてはないから、郵政民営化反対という公約と節は忘れて、心機一転、「民主主義」で決まったことに従って郵政民営化に賛成することを誓い直して安倍政権下で自民党に帰党する。このような論理を「内在的に」理解する限り、二十一世紀の「民主主義」下の今日なお、かつて一九四〇年代に「軍国支配者の精神形態」で分析された「既成事実への屈服」と「権限への逃避」の二点が、「変節」に寛容な日本の外国から不可解さと考えられる日本に「内在した問題」という「丸山眞男の仕事」が二十一世紀の今なお生きているということになる。丸山政治学の見事な業績と言うべきか、恐るべき日本思想史の伝統の貫徹と言うべきか。軍国主義が「成りゆき」で民主主義に替わっても、そして軍国主義と民主主義とが一見どんなに遠い体制と見えようとも、それすらも超えて「各時代を通じての日本型世界観の特徴」（加藤周一）へと導かれる。それゆえにこそ「集団指向」という通念化した一語をもって考察（研究）を終わることのできない問題が残されている。

7　軍国主義および集団主義へのイデオロギー批判と弁証法

ところで先の引用箇所には、さらに別の重要なヒントも示唆されているように思われる。その冒頭の「その国家の指導者が彼らの決定について責任をとらぬという、単に個人の道義的な傾向ではなくて、体制そのものに内在する仕組みがある」ということを丸山眞男とともに加藤周一が問題として受け止めているということである。このような問題を丸山眞男が問い得たのもまた、やはり加藤周一が雑種文化論の中で繰り返し指摘するように西洋の概念装置を通じてでしかありえない。個人の責任すなわち法的責任ならびに道徳的責任は（意思）決定にもとづくがゆえに、自由意志に関わるが、この自由意志が同時に政治経済社会の歴史的体制構造にも貫きつつ関わっていくという思索の原型を探すとすれば、ヘーゲル法哲学の「人倫」という概念装置を見出すことになるからである。

先述のように丸山の学問的方法の前提は「近代的な個人、主体的な個人において内面化された合理的思考」であったという加藤周一の指摘があったが、これに対しては丸山が政治学的思考は弁証法的思考であると説いていたはずであるという指摘ないし疑問も提出されている[30]。しかし、この両指摘すなわち近代的主体的個人の合理的思考という前提の指摘と弁証法的思考という前提の指摘とは、決して矛盾するものではない。少なくともヘーゲルの弁証法論理に関しては、近代的主体的個人の合理的思考は即自の次の対自の論理の前提として不可欠な前提であった。その意味においてヘーゲル哲学にとってたとえばカント哲学が不滅の前提であったように、ヘーゲルの弁証法論理にとって近代的合理思考は不可欠の前提であった。

さらにこのような丸山眞男の日本思想史への斬り込みのアプローチを可能にした丸山眞男自身の教養研究史を一瞥するとき、学生時代や助手時代における丸山のヘーゲル歴史哲学の熟読やマルクス主義文献、あるいはルカーチの社会意識論やマンハイムのイデオロギー批判の知識社会学の受容という概念装置の蓄積を想起するとき、それらの概念装置の蓄積のいずれもの前提がそれらにおいて繰り返し遡及されるヘーゲル弁証法であり、さらに先述のようにヘーゲル弁証法の前提がカントに代表されるような近代的主体的個人の合理的思考であった[31]。実際に、戦後の丸山が開講したゼミが、一九四八年と四九年とがヘーゲルの『歴史哲学講義』（ラッソン版）、一九五〇年がルカーチの『歴史と階級意識』、一九五二年がマンハイムの『イデオロギーとユートピア』（英訳版）であったことから、丸山がヘーゲルとルカーチとマンハイムを学問的に消化していたと指摘されている。

すなわち、一九七二年の「つぎつぎとなりゆくいきほひ」という日本の歴史意識の古層の把握の先取りがなされていると加藤周一が看破した丸山眞男の「軍国支配者の精神形態」が発表された一九四九年およびその前年の丸山ゼミのテキストがヘーゲルの『歴史哲学講義』であったということは示唆的である。世界史を自由（意志）の展開として描き出したヘーゲルの『歴史哲学講義』が丸山に示唆を与えたであろうことは想像に難くない。東京裁判は一九四六年五月から始まって一九四八年十一月に判決が言い渡され、十二月二十三日に刑が執行された。その頃、丸山ゼミでは二年間にわたってヘーゲルの歴史哲学を学んで、一九四九年に今日の日本研究にとって先駆的な「軍国支配者の精神形態」が発表されたのである。そこでは個人の自由意志による道徳的責任が制度的体制へと「内在する仕組み」が問題とされたのであるが、このようなアプローチのヒントにヘーゲルの人倫概念があったであろうことは想像に難くない。しかし、この人倫概念がこのように歴史哲学的ならびに社会哲学的な概念として整理されて登場するのは、むしろヘーゲル『法哲学綱要』である。自由意志が直面する自由意志にとって疎外的な偶然性の問題がまずは法において、次に道徳において網羅的ならびに体系的に吟味されつつ、その吟味そのものが論理的に体系化されて展開されて、法ならびに道徳における自由の課題が、法と道徳との総合として登場する「人倫」概念の名においてさらに検討され、最後に歴史哲学へと至るのがヘーゲルの法哲学であった。さらにヘーゲル自身は、この法哲学の理解に当たって『論理学』を参照するように「序言」冒頭で指示している。そして『論理学』において、その論理概念は「精神形態」論でもあった『精神現象学』において成立を見た「精神」概念と表裏一体のものであった。ということは、精神概念は人倫概念を含みつつ、人倫概念は法および道徳における自由の未完のプロジェクトを継承すべきものとして論理的に構成されていたということになる。

このように考えるとき、一九四九年の丸山によって切り拓かれた日本的精神の古層問題が、さしあたりは加藤周一の言うように「比喩」の形で展開されなければならなかった所以も、あるいはヘーゲルの歴史哲学のインパクトを受けつつ、その論理学へと論理を遡及する暇のなかった時代の限定かもしれない。

しかしなお、加藤周一はこの問題に丸山が言うように別の形で取り組んだとも言える。ただその際には丸山自身が認めたように守備範囲において丸山をも上回る広大な知的渉猟を通して加藤は日本文化史ならびに文学史に取り組んだ。それとともに『序説』を読むかぎり、加藤が、伝統的な土着世界観を凝縮したような文学作品、あるいは能と狂言、元禄文化等々についても、文化論や芸術論の観点から積極的な評価(批判を含めて)を惜しんでいないように見える」という指摘があったことも、そしてそれは加藤の最後の著作まで一貫していたことも既述のとおりであった。

さて加藤が丸山政治学において前提として認めた近代的個人の合理的思考を、先のヘーゲルの弁証法の論理学に定位するとき、それは「対自」の段階の論理に一致する。ところで、丸山政治学にはなくて加藤文学史にはあるとされる「伝統的な土着世界観を凝縮したような文学作品、あるいは能と狂言」への終生変わらぬ積極的な評価は、ヘーゲルの弁証法の論理学に定位するとき、それは「即自」の段階の論理への積極的な評価ということになる。すなわち「伝統的な土着世界観」は弁証法における「即自」の段階の論理に相当する。

しかし丸山はこの「即自」の層に対して「つぎつぎとなりゆくいきほひ」という日本の歴史意識の「古層」という概念を当て、『日本の思想』では「通奏低音」という音楽的比喩を使用したのであった。ここに、丸山政治学がヘーゲル弁証法から示唆を得つつも、それに収斂することなく別の比喩を探したと言うことができる。

しかし、加藤が「伝統的な土着世界観」という即自の層に対して積極的な評価を終生失わなかったという点においては、丸山よりは加藤の方が、即自に対しても対自に対しても積極的な評価を与えつつその総合を図ろうとする弁証法的思考により近いとは言いうるかもしれない——だとすれば、より弁証法的に即自と対自の総合としての即且つ対自という弁証法的立場により近い加藤から見れば丸山はやや対自すなわち近代的合理的思考（悟性的思考）に力点を置く立ち位置にあるように見えるのも互いの立ち位置の相対的配置からして当然であり、したがって加藤周一の書評が「丸山は近代的個人、主体的な個人において内面化された合理的思考をその学問の当然の前提としていたという指摘」をしていたのも納得がいくことになる――。しかしもちろん、加藤もまた弁証法的思考に収斂することはなかった。弁証法的思考とは、私たちにとって錯綜した事態を解きほぐして理解するための参照枠の一つにすぎないのであって、もちろん真理そのものがそれに収斂しうるという実体的な期待を抱く必要はない。

しかしなお、この古層の部分に関して加藤のように何か積極的な評価を保持しうるとすれば、そのような新しい国際日本学が見出す無責任かつ伝統的な土着世界観の古層の精神史的構造を理解する合理的方途はあるのだろうか。それは加藤のような文学史や文化論のアプローチの他に、比較哲学ないし比較文化論に課せられた部分もありうるであろうし、論理学的な構造分析も参照されなければならないかもしれないし、さらに歴史学、民俗学、宗教学、芸術論、文学史、心理学といった各分野の知見の動員が必要となるかもしれない。

8　文化の機能論と系譜論――「近代的市民精神」の輸入問題――

加藤が「日本の文化は雑種の文化の典型ではないか」（「日本文化の雑種性」）と記した場合の趣旨は[32]、その直後でも自身が書いているように、英仏や中国やインドの場合に雑種的要素がまったくないということを表しているのではなく、一方において西洋（洋才）化と日本（和魂）化という二様の純粋（種）化運動の間の相互（反復）反応の迷妄を指摘し、同時に他方において日本的雑種性の個性と積極的意味の発見へと目を向けることであった。そしてそれは、最近では「『近代』主義の錯誤と陥穽」という丸山批判もあるからこそ[33]、またそれに先駆けた加藤の丸山批評「丸山は近代的個人、主体的な個人において内面化された合理的思考をその学問の当然の前提としていたという指摘」もあったからこそ、近代個人的主体の確立という近代主義ではないにしても、「もし非キリスト教的世界でのヒューマニズムの発展が主として社会的な面でアジア諸国全体の問題であるとすれば、そのヒューマニズムが文化の面、殊に思想・文学・藝術の面でどういう形をとり得るかという見透しをたてることは、日本の問題である」し「さし当ってそういう実験をやってみることができるのは、われわれだけだといえるだろう」という当時の「日本人のためにのこされた仕事」であり「小さな希望」であるという加藤の問題意識によるものでもあった[34]。

この洋行帰りの加藤が一九五五年の「思想」(岩波書店、一九五五年六月号)に発表した雑種文化論「日本文化の雑種性」に対して、一九五七年になって「多様な思想が内面的に交わる」ことがなければ「雑種という新たな個性」が生まれるはずもなく「精神的雑居」の中で「不毛な論争が繰り返されるだけだろう」(岩波新書、六四頁)という丸山眞男「日本の思想」(岩波講座『現代思想』第十一巻「現代日本の思想」所収、一九五七年十一月初出)が登場したのであった。

一九五六年秋にトインビーが来日し、そのトインビーの『歴史の研究』簡約版(一九四九—五二年、社会思想史研究会出版部)および『試練に立つ文明』(一九五二年、社会思想史研究会出版部)に刺激され、また加藤周一『雑種文化——日本の小さな希望』(一九五六年、講談社)に「一つの座標表示」を得たという梅棹忠夫が一九五五年のアフガニスタン、パキスタン、インドへの旅行から帰国して一年後に書いた「文明の生態史観序説」(「中央公論」一九五七年二月号、表題の「序説」は編集者の追加)が発表された。

そしてこの「文明の生態史観序説」の翌月号の「中央公論」に加藤周一「近代日本の文明史的位置」(「中央公論」一九五七年三月号)という論文が掲載され、まもなくして加藤周一・梅棹忠夫・堀田善衛「文明の系譜と現代的秩序」

（「総合」一九五七年六月号）という文明論の座談会が登場している。このあと日本文化フォーラムが「生態史観」を取り上げるようになる。

　このように概観すると、それまで日本文化論や日本思想史の問題として語られていた問題が、トインビーの来日の前後から中央公論社の編集部を中心にかなり意図的に文明論へと論題の移行がなされていった気配が窺われる。それとともに加藤の雑種的日本文化論においては日本におけるヒューマニズムの可能性の問題が、丸山の日本思想史学においては日本の近代化における思想的内実あるいは個性的主体の形成という問題が、その後の文明論の普及においてはそれぞれの論者の課題意識に応じて拡散もしくは広がっていく傾向も感じられる。この頃は戦後啓蒙の精神的開国の熱が冷め、教育界においても米国型経験主義教育から保守的な知識主義教育への転向が始まっていた頃であり、戦後復興期の窮乏からの緊急避難の時期を終え、一九五五年九月に日本はガットに加盟し、神武景気を迎え、一九五六年七月には「もはや戦後ではない」という経済白書が発表された。経済復興に自信を持ち始めた日本がナショナル・アイデンティティの再生・復興に着手する経済的・精神的余裕を持つことが可能となった日本社会の事情を聡明な中央公論社編集部の炯眼が敏感に捉えたということかもしれない。そのような経済事情の中で洋行帰りの聡明な知識人の慧眼が捉えた新たな視点が、経済的に復興しつつあった日本に文明論的位置を与えるものとして新鮮であった。そこで一九五七年二月号の「中央公論」に、「問題の旧世界を、バッサリ二つの地域にわけよう」という梅棹「文明の生態史観序説」が登場して、「高度の近代文明」である「第一地域」と「そうでない」「第二地域」に分けた上で、「高度文明国・日本」を「東の端」の「第一地域」に分類したのであった[35]。もちろんこのような参照枠が、ＢＲＩＣｓだのＶＩＳＴＡだのが喧伝される二十一世紀初めにおいてなお賞味期限としてどうなっているのかは不明である。

　ただ五〇年前にニーズはあったし、それは経済的にファイナンスされた有効需要でもあっただけでなく、思想的に不可避な課題でもあった。

しかし各人の問題意識に応じて、問題が形成され発展していくということ自体は当然のことであり、実際にそのように展開していった。おそらく文明の生態史観は、文化の由来によって日本の位置表示をしようとする雑種文化論のような「系譜論」から離れて、文化的素材の系譜ではなく道具の機能と「箱のおおきさと形を問題にする」「文化の機能論」を導入することによって[36]、文明論への転換を可能にした。こうして「中央公論」一九五七年二月号の文明の生態史観は、「明治維新以来の日本の近代文明と、西欧近代文明との関係を、一種の平行進化とみている」[37]。

これに対して、翌月の「中央公論」一九五七年三月号の加藤周一「近代日本の文明史的位置」は、次のように反論する。——「精神はすでにあった、輸入されたのは技術だけである、という梅棹氏の意見は、その意味では正しい。しかし、その精神の内容が『近代的市民精神』である、というときに氏は全く正しくない。もし『近代的市民精神』を民主主義と個人主義の支えとして理解するならば、問題の過程はそれを育てるどころか、むしろ逆に圧殺する方向をとったのである。都会の知識階級がそのためにどれほど巧妙に編成され、どれほど有効な道具として天皇制支配機構に従属させられたか、今ここで証拠をあげるまでもないだろう」[38]——。

梅棹、加藤、丸山の三者を比較するならば、ここにおいて既に加藤周一は梅棹よりもはるかに丸山の立ち位置に近い。生物学者の梅棹には思想史学者の丸山の議論はほとんど理解不能であったろうと思われるほどに遠い（その要因としては丸山が「一九三〇年代以後の軍国主義時代にも、技術面では開国だった。技術や自然科学関係の人々の多くが、戦争中を自由のない『暗い谷間』と必ずしも考えていないのは、そのためです」[39]と記している事態と、その時代の丸山の体験との大きな落差が考えられる）。しかし知的スケールにおいて他を圧倒するこの三者の中でも理解領域の広さにおいて、やはりいわゆる理系出身にして文系をもカバーする加藤周一がさらに一歩抜きん出ていた。

9 近代化あるいは民主化と西洋化

それにも関わらず、それから約半年後の一九五七年十一月に出た岩波講座『現代思想』第十一巻に発表された丸山眞男「日本の思想」で、前述のように日本文化に見られるのは「精神的雑居」であって、まだ「雑種という新たな個性」が生まれていない限りは右往左往の「不毛な論争が繰り返されるだけだろう」と加藤への批判ともとられうるような言及がなされる。また雑種性を悪く積極的に肯定すると「東西融合論あるいは弁証法的統一論の『伝統』もあり、それはもう沢山だ」[40]とまで書かれる。その悪しき融合・統一の『伝統』というのは、たとえばドイツ観念論の倫理学説を「古来朱子学派の唱道する所に係るなり」と融合させて「東西文化の融合」を高唱した「井上哲治郎的折衷主義」[41]や、西洋近代を進化論の輸入によって古いと捨てたり、「西洋の没落」以降の弁証法の輸入が「東西文化の総合とか、資本主義と社会主義の対立の止揚という形で日本的使命と結びつけられる」中で「超進歩的」「思想が政治的超反動とむすびつくというイロニイが生まれる」[42]という日本的な近代の超克の歴史によって、反面教師的に裏付けられている。

しかし「日本文化の純粋化運動」をめぐる右往左往（和化洋化）の論争が繰り返される「悪循環」にしても、もともと加藤が指摘していた[43]。また雑種文化に積極的意味を認める場合にも、そこで「それが東西文化の総合などというおめでたい話であろうとは夢にも思わない」と加藤が明記していたことであった[44]。そういう意味では、加藤周一の立場と丸山眞男の立場とにそれほど大きな隔たりがあるというわけではないとも言える。ただ、取り上げる領域の広がりの違いと問題意識の差異およびそれにともなう日本の非近代的な思想文化への理解と評価と期待に相違が認められるのであって、日本の近代化が抱えた思想的問題点についての考え方についてはかなりの共通視点が認められる。

ただ、日本の近代化の問題についてかなりの共通点が認められるとはいっても、加藤が民主主義をほぼ全面的に肯定する書き方を繰り返ししていたのに対して、丸山はそうした書き方は少ないように思われる。また上述のように丸山は近代的個人、主体的個人の合理的思考を前提していたと加藤が先に指摘し、また同様の観点から今日では丸山の近代主義が批判されることもあるのだが、加藤は一九五七年一〇月に「東京新聞」に連載した「『近代化』はなぜ必要か」において、当時の日本の急務として「民主主義化の必要」とともに「近代化は必要である」としつつも、「近代化即西洋化という考えそのものを、あらためる必要がある」としている。そのために「西洋化の不可能（不必要のみならず）という事実」とともに「日本の中にある『近代』の自発性をみとめなければならない」し、そのためには日本の近代化を進めるための「独特の工夫」[45]が要ると言う。こうしたことから導かれた帰結は、「日本の近代化が、民主主義の原則と技術文明と、さらに日本の伝統文化との結合のある形としてしかあり得ない」[46]ということであった。加藤が梅棹と丸山との間にあって、はるかに丸山に近い位置に立ちながらも同時に高度技術文明の恩恵を尊重しつつ、「墨絵の山水」からの近代的可能性とともに当時の「小炭鉱の男女少年労働者」[47]の実態を視野に含めた近代化の必要性を考えていたのである。今日において近代主義の錯誤と陥穽を問題にするときも同時に今もなお存続するこのような反近代的実態への思想的取り組みが必要であることを、加藤の思索は暗示している。

10 おわりに——未完のプロジェクトと「のこされた仕事」——

こうして日本の中にある近代の自発性を〔あえて〕認めつつ、民主主義の原則と技術文明と日本の伝統文化との結合としてしか日本の近代化があり得ない場合にそこに必要となる「独特の工夫」、この工夫に加藤周一は生涯取り組みつづけたのではないか、と思われる。一九七七年に公刊された『日本人の死生観』の中に登場する「西洋の科学・技術・

制度の影響のもとに、急激な『近代化』が行われるとき、文化的伝統、ことに人間的価値の伝統のどういう面が、一国民の『自己同定』の根拠となり、その歴史の〝継続〟の保証となりうるか」[48]という問題、この近代化をめぐる問題は日本のみならず、欧米以外の「地域の知識人に共通の問題」であり続けている。この一九七七年の問題は、その二〇年前の一九五七年の「日本の中にある『近代』の自発性をみとめ」るための「独特の工夫」の問題であると同時に、さらにその二年前の「中央公論」一九五五年七月号に掲載された「雑種的日本文化の希望」に登場する「日本人のためにのこされた仕事」であり「小さな希望」であるところの「非キリスト教的世界でのヒューマニズムの発展」という「実験」のプロジェクトのヴァリアントであろう。

ここで日本――あるいは非西欧圏――の近代化あるいは民主主義化と日本――あるいは非西欧圏――の文化的伝統との接続の問題が懸案として浮上する。これは夏目漱石の言葉で言えば内発的近代化の問題の変化形ということになるし、島崎藤村の文学で言えば『夜明け前』で描かれた日本における近代以前と近代化との連続性の問題でもある。したがって今日の国際日本学研究における「『変節』に寛容な日本的現象」において示された重い問題提起は、必ずしも特殊日本的現象とばかり言って済まされない問題をも内包しているのかもしれない。それは日本特有の問題であると同時に非欧米圏に「共通の問題」にも関連しているかもしれないのである。

西欧においても近代啓蒙が未完のプロジェクトとされるならば、そして近代がより拡張された意味においてなお未完のプロジェクトであるとするならば、このような日本の問題も、視点を変えれば日本だけの問題とは限らないかもしれない。それは少なくとも非欧米圏にとって共通の近代の意味という問題とも重なる部分を持ちうる。

また上記のヒューマニズムについても、最近亡くなったレヴィ＝ストロースの思索に関連して、「人間の全体性をふまえたヒューマニズムでありながら、人間を中心にはおかない」というヒューマニズムが語られている[49]。つまりヒューマニズムと言っても西洋近代におけるような人間中心主義のヒューマニズムとは異なる、別のヒューマニズムの可能性が構造主義などの現代思想において模索されている。こうした思索が、C・テイラーにおける別の近代の可能性というモティーフと共鳴しているのであり[50]、「変節」や近代化をめぐる日本研究や国際日本学の研究はこうした思想的哲学的課題と無関係ではありえないであろう[51]。

注

[1] 星野勉「刊行にあたって」法政大学国際日本学研究所編『相互理解としての日本研究――日中比較による新展開――』国際日本学研究叢書五、法政大学国際日本学研究センター、二〇〇七年、三頁。

[2] 同右、四頁。また、王敏「相互理解としての日中比較文化研究に関する幾つかの視点」『相互理解としての日本研究――日中比較による新展開――』同右、三五四頁。

[3] 王敏「相互理解としての日中比較文化研究に関する幾つかの視点」同右、三五三頁以降。

[4] 王敏『「変節」に寛容な日本的現象――『変節』『転向』考察その一――』法政大学国際日本学研究所編『中国人の日本研究――相互理解のための思索と実践――』国際日本学研究叢書9、法政大学国際日本学研究センター、二〇〇九年、三九六頁。

[5] 王敏、前掲同書、三九八頁。

[6] 王敏、前掲同書、三九九頁。

[7] なお、「幕末・維新における西洋思想や学問の積極的輸入でも、……(中略)……原理原則の判断で『解禁』の対応をしたわけではない。もっとほかの感性的な対応によって、理屈に関係なく激変が起きた」という事態も、俄かに否定しがたいにしてもそれほど簡単な問題ではなかったはずであるが、確かにこの歴史の問題に正面から取り組んだと言えるほどの作業は少ない。その数少ない例である島崎藤村『夜明け前』が数少ない手がかりとなっている。

[8] 王敏、前掲同書、三九六頁。

[9] こうした病理的感性の普遍的構造を探るにあたって参考になりうるものとしては、病人と健康人との間に本質的な隔絶を認めないで病理的現象の深層に潜む普遍的精神構造を探ろうとしたS・フロイトの先行的アプローチがあるが、この問題は別の課題としたい。

[10] 王敏、前掲同書、四〇六頁。ただこの「『正統』を構成すべき内なる超越的な原理が不在の、日本特有の精神風土」という表現は、『近代日本思想史の

基礎知識』（有斐閣、一九七一年）からの引用として登場している。

[11] 王敏、前掲同書、四〇九頁。

[12] 王敏、前掲同書、四〇五頁。

[13] 丸山眞男『日本の思想』岩波新書、岩波書店、一九六一年、五頁。

[14] これについては、加藤周一の先駆的指摘が先行している。

[15] この点に関しては、丸山眞男、前掲同書、三〇頁参照。

[16] 丸山眞男、前掲同書、一五頁。

[17] 加藤周一「日本文化の雑種性」「思想」岩波書店、一九五五年六月号、『加藤周一著作集七』平凡社、一九七九年、二三頁。

[18] 両者の交渉と営為の関連と比較については、田口富久治「丸山眞男の『古層論』と加藤周一の『土着世界観』」「立命館大学・政策科学」九巻二号、二〇〇二年、立命館大学政策科学会、参照。また、丸山眞男・加藤周一『翻訳と日本の近代』岩波新書、岩波書店、一九九八年、参照。

[19] 田口富久治、前掲同書、六六頁。

[20] 田口富久治、前掲同書、五九頁。

[21] 田口富久治、前掲同書、六五頁。

[22] 田口富久治、前掲同書、六六頁。

[23] 加藤周一『日本文化における時間と空間』岩波書店、二〇〇七年。

[24]『丸山眞男集』岩波書店、十一巻、一九九六年、三二四頁。

[25] 田口富久治、前掲同書、五九頁。

[26] 田口富久治、前掲同書、五九頁。

[27] ここでこの問題は、M・フーコーの生の政治学以降の思索と接点を持つことになる――この点については檜垣立哉「探求　私／世界を生命／環境として捉えると何が出てくるか」（清水哲郎他『生命／環境の哲学』岩波書店、飯田隆他編『岩波講座哲学八』二〇〇九年、所収）、参照――。ということは、この日本思想史の問題は必ずしも国際的に孤立した特殊日本的問題とは限らない可能性が残り、すなわちここに国際日本学や国際的比較文化論の主題となる理由がある。この特殊日本的問題にはなお、個別的問題とともに普遍的問題がありうるということであり、こうした繊細な腑分けが要求される。

[28] 加藤周一『日本文学史序説』下巻、ちくま学芸文庫、一九九九年、五〇九―五一〇頁。なお、このニュールンベルク裁判と東京裁判との丸山眞男による比較と考察については、加藤周一は「日本社会・文化の基本的特徴」（武田清子編『日本文化のかくれた形』岩波書店、同時代ライブラリー、一九九一年、二八頁）でも繰り返し引用している。加藤が日本文化について、丸山が日本思想について考察する際の両者の問題意識の共有をここにも再確認することができる。

[29] 田口富久治、前掲同書、六二頁。

[30]『社会学辞典』有斐閣、一九五八年、「政治的認識」。参照、田口富久治、前掲同書、五九頁。

[31] 丸山眞男の思索における「ヘーゲル的な」歴史哲学もしくは歴史認識論の影については、丹生谷貴志「誘惑としての丸山学」「現代思想」二二巻一号、青土社、一九九四年、二〇〇頁、二〇三頁参照。そこでは、その影を示しつつ「丸山学の構造」を「明快なエディプス的構造」(二〇四頁)として描き出して、「膠着的なイメージからの脱出線」を描く「不毛のレヴェル」における「身体と脳を舞台とした内在性の政治学」を要請する。

[32] 加藤周一「日本文化の雑種性」「思想」岩波書店、一九五五年六月号、『加藤周一著作集七』平凡社、一九七九年、九頁。

[33] その他の丸山眞男批判とともに、前掲の「現代思想」二二巻一号のほかに、子安宣邦『日本近代思想批判——一国知の成立——』岩波現代文庫、二〇〇三年、参照。

[34] 加藤周一「雑種的日本文化の希望」「中央公論」中央公論社、一九五五年七月号、『加藤周一著作集七』三六頁。

[35] 梅棹忠夫『文明の生態史観』中央公論社、一九六七年、八二頁。

[36] 梅棹忠夫、前掲同書、八〇頁。

[37] 梅棹忠夫、前掲同書、八三頁。

[38]「近代日本の文明史的位置」『加藤周一著作集七』五八頁。

[39] 丸山眞男『日本の思想』一〇六頁。

[40] 丸山眞男、前掲同書、六四頁。

[41] 丸山眞男、前掲同書、一四頁。

[42] 丸山眞男、前掲同書、二四頁、二八頁。

[43] 加藤周一『加藤周一著作集七』一一頁。

[44] 加藤周一、前掲同書、二三頁。

[45] 加藤周一、前掲同書、九七頁。

[46] 加藤周一、前掲同書、九八頁。

[47] 加藤周一、前掲同書、一〇〇頁。

[48] 加藤周一、前掲同書、四九四頁。

[49] 二〇〇九年十一月七日付朝日新聞朝刊一六面・文化面「レビストロース氏　何者だったか」。

[50] Cf. C. Taylor. *Sources of The Self*. Harvard University Press, 1989, p.270, 279, 384.

[51] なお、本稿「はじめに」末尾において歴史哲学の視点から言及した地政学的観点からの新たな歴史主体の萌芽もしくは理論的可能性についても、なら

びに本稿第五節「新しい国際日本学の課題」で言及した「日本文化のかくれた形」自身の、つまりエンティティ自身の構造的自己分析という問題についても、紙幅の都合により別稿としたい。

日中「松」のイメージの比較および文化学の解読
――『万葉集』と『全唐詩』を中心として――

張　石

「松」というイメージは日本と中国における文学および美術の重要なテーマの一つである。日中文学と美術の中には松を表現する大量の作品が残され、文学と美術の重要な構成要素になっている。とはいえ文学と美術、特に文学において「松」というイメージに関連した文学的および文化的な意味に類似点がある一方で、相違点も多い。

小論は日本に現存する最古の歌集『万葉集』と、その年代が『万葉集』全作品の年代と重なっている中国唐時代の詩歌総集『全唐詩』をテキストとして、日本と中国との「松」についてのイメージの相似点と相違点、そしてその文化的な背景を考察したい。

1　日中における「松」という植物

「松」という植物は松科に属して、花は茶色でよく見かける他の多くの花とは様子が違っている。葉は針状、二―三枚または五枚、雌雄同株。花は春に咲き、冬の寒さにも耐え、常緑である。日本語で「松」と言った場合、マツ属の中でも黒松、赤松を指すことが多い。マツ属には約一一五種類の樹種があり、また、人により一〇五から一二五の樹種があるとも言われている。

分布域は、主に日当たりの良い地味の乏しい土地を好み、気温的には亜熱帯（琉球松）から高山帯（這松）までの、きわめて多様な気象条件に適応している。

世界的にはユーラシア大陸から北米までの北半球全域で、北は北極圏近くから南はベトナム（アジア）・コスタリカ（北米）にまで広く分布。

日本でも全土で広く分布し、たとえば、県の木として、北海道の蝦夷松、岩手県の赤松、群馬県の黒松、福井県の松、岡山県の赤松、島根県黒松、山口県の赤松、愛媛県の松、沖縄県琉球松などがある。

日本ではまた松が生い茂る林も多く、海岸沿いに多く見られる。このうち、静岡県静岡市清水区（旧清水市）の三保の松原、福井県敦賀市の気比の松原、佐賀県唐津市の虹ノ松原の三カ所は日本三大松原に数えられる。

日本において松は長寿の象徴とされている。語源的には、神がその木に降りてくるのを「待つ」ことから「マツ」になったとも言われる。『万葉集』の「茂岡に神さび立ちて栄えたる千代松の樹の歳の知らなく」[1]という古歌がよく知られる。能、狂言の舞台には背景に松が必ず描かれており（松羽目）、演目によって山の松や浜の松、庭の松などに見立てられる。歌舞伎でも能、狂言から取材した演目の多くでこれを使い、それらを「松羽目物」と言うなど、日本の文化を象徴する樹木ともなっている。古今の画家、たとえば、雪舟、狩野永徳、円山応挙なども、「松」を描き、多数の優れた絵を残している。

中国では松はあらゆる地区に分布しており、森林植生木の種類中で、松は首席を占める。葉の枚数によって区別すれば、大体三種類のタイプがある。二葉一束には馬尾松、湿地松、黒松がある。三葉一束には松明松、白松がある。五葉一束には朝鮮松、大別山五葉松などがある。

松は古来、中国人に尊ばれる。中国歴代王朝の皇帝たちは、帝位の正当性を示すために泰山へ赴き、山頂で天地を祀る「封禅」の儀式を執り行った。『史記・秦始皇本紀』によれば、始皇帝は始皇帝の二八（紀元前二一九）年、「封禅」の儀式を執り行うため泰山に到着して雨宿りしたお礼に、松の木に「五大夫松」の官位を授与したとされる。『論語』では、孔子は松を尊び、「歳寒、然後知松柏之後凋也」（厳しい冬の寒さの中で他の木々が葉を枯らして行く、しかる後、松柏のおくれてしおるを知るなり）と言った。歴代の詩人と画家も無数の松を賛美する詩文を残している。

2 『全唐詩』における「松」のイメージ

『全唐詩《ぜんとうし》』は、清・康熙帝の勅命により、彭定求らが編纂した、唐詩のすべてを収載した奉勅撰漢詩集である。九〇〇巻、目録一二巻、補遺六巻、詞一二巻、詩四万九四〇三首、句一五五五条、作者はともに二八七三人である。その中に、「松」というイメージに関連する詩が約三〇五〇首ある[2]。そこに表現される内容面（思想性）はすこぶる豊富であるが、数の多少を標準として、次の順で並べてみよう。

❖―――（1）松の品格を賛美

1　耐寒性を賛美

松の耐寒性から類推される「固く節を守って屈しない」という品格の賛美で、松を以て打撃、誹謗、讒言に耐えて中国伝統文化の節を固く守る知識人、官吏、志士などを讃える。

『全唐詩』の中には「雪松」という単語が一九カ所あり、「寒松」が四四カ所、「霜松」が八カ所、「松」と「雪」というイメージが同じ詩の中でともに出現する詩が約五四〇首、「霜」とともに出現する詩が約三三二首、「寒」とともに表現される詩が約六六八首、「冬」とともに表現される詩が六八首ある。このように、松は当然ながら自然の四季の中で生存し、成長していくものなのに、中国詩の多くは寒く、冷たい環境の中に置いて、表現している。

たとえば、つぎの李白の詩「贈韋侍御黄裳二首」(一)

太華生長松、亭亭凌霜雪。
天與百尺高、豈爲微飆折。
桃李賣陽艶、路人行且迷。
春光掃地盡、碧葉成黄泥。
願君學長松、愼勿作桃李。
受屈不改心、然後知君子[3]。

「贈韋侍御黄裳」という作品は、韋黄裳が昇州刺史から蘇州刺史・浙西節度使となって行く時に、李白が贈ったものであるか。(なぜだか分からないが、韋黄裳は落ち込んでいたのだろうか、強く激励している。『舊唐書・本紀・肅宗』には「甲辰、以昇州刺史韋黄裳爲蘇州刺史、浙西節度使」という文がある。)

〔現代語訳〕韋侍御黄裳に贈る

華山には高い松が生え、高く聳え立って、霜や雪をしのいでいる。

天が百尺もの高さを与えたが、どうして微風で折れようか。

モモとスモモは自分の艶やかさ、派手さを売って、道行く人をしばしば迷わそうとする。しかし、春の気節が、地を払ってすっかりなくなった時になると、モモとスモモなどの緑色の葉は、散って、大地の黄色い泥となる。

願わくば、あなたは高い松に学んでほしい。どうか……モモとスモモの仕草をしないようにしていただきたい。

いじめられても、心を変えなくてしかる後に、あなたが君子であるという値打ちが分かるのだ。

2　高潔さの表現

松と鶴が一緒に使われて「高潔さ」というイメージが表現され、知識人、志士、僧侶などが俗流に流されず、権力に媚びず、悪勢力に従わない「潔白さ」を表現する。

『全唐詩』には「松鶴」という単語が一九カ所、「松」と「鶴」というイメージが同じ詩の中でともに出現する詩が約五一〇首。たとえば李中の「贈重安寂道者」


寒松筋骨鶴心情、混俗陶陶隠姓名。

白髪只聞悲短景、紅塵誰解信長生。

壺中歳月存心近、島外煙雲入夢清。

毎許相親応計分、琴餘常見話蓬瀛[4]。

李中、字は有中、隴西人。かつて南唐に仕え、『碧雲集』三巻を著した。重安寂道は道教を修道する道士の一人であるか。

〔現代語訳〕重安寂道者に贈る
あなたは寒冷によく耐えられる松のような品格と鶴のような潔白の心を持っている。俗世では悠然として姓名を隠して暮らしている。

人々はただ白髪になってから人生の短さを悲しんでいるが、俗世界ではだれも長生きの空しさを悟っていない。

「壺中」という道教の静かで無為の生活に近づき、俗世外の雲煙が清らかな夢に入る。

毎度の友達間の親しい出会いを覚えているだろう。琴を弾いた後、あなたはいつも神山の蓬莱と瀛州をしてくれた。

3　不遇の嘆き

「松」のイメージを以て知識人、清官などの科挙落地、左遷された「不遇」を表現する。これは主として「澗底青松」、「澗底松」、「澗松」などの語句によって表現される。前出の徐夤の「松」は典型的な「澗底松」類の詩である。「澗底松」という言葉の出自は、つぎの西晋文学家左思の「詠史」である。


鬱鬱澗底松、離離山上苗。以彼径寸茎、蔭此百尺条。

世冑躡高位、英俊沈下僚。地勢使之然、由来非一朝。

金張藉旧業、七葉珥漢貂。馮公豈不偉、白首不見招[5]。

〔現代語訳〕

鬱鬱として澗底の松、細い山上の苗。
苗の径寸の茎を以て、此の百尺の条を蔭う。
世襲するものは高位を躡み、俊才は下僚に沈む。
地勢は之をして然らしむ、由来は一朝に非ず。
金家と張家の後代は世襲するため七代にわたり漢代の官僚になり。
馮公豈に偉れざらんや、白首に至って招かれざりき（官僚までに登れない）。

左思の「詠史」の意味は、一〇〇尺の松であっても、谷底にあれば山上の若木の苗に光を遮られる、というようなことだろうか。自らの不遇を嘆く詩である。逆に人の真価は世にいかに評価されているかでは測れないのだ、という主張であるとも言われる。

『全唐詩』の中には「澗松」という単語が出てくる詩は一八首あり、「澗底松」という単語が出てくる詩は九首。「澗底清松」という単語が出てくる詩は一首。大部分は徐夤の「松」の色合いに近い意味を含んでいる。

4 衆酔独醒

松の孤独、孤絶、独立を賛美し、知識人、清官、志士、僧侶などの俗流に従わず、「衆酔独醒」という品格を比喩する。『全唐詩』の中には「孤松」という単語が二二一カ所ある。

たとえば、李白の「南軒松」

南軒有孤松、柯葉自綿羃。

清風無閑時、瀟洒終日夕。

陰生古苔緑、色染秋煙碧。

何当凌雲宵、直上数千尺[6]。

〔現代語訳〕

南軒には孤松があり、枝葉はとても濃密である。

清風が絶え間なく吹き通り、一日中朝から晩まで瀟洒な姿を保っている。

その松の木陰のおかげで古苔が緑濃くなり、松の青々と深い色により秋煙も青く染まる。

そうしたりっぱな孤松は空を凌ぎ、数千メートルまで伸ばしたいものだ。


中国の詩人は松の孤高を突出させるため、自然の中で、松と対立するイメージを選んだ。これは女蘿と言う。女蘿はサルオガセ科、サルオガセ属の植物節（Usnea diffracta Vain.or U. longissima Ach.）に属する。『詩経』は「女蘿」と言い、『本草綱目』は女蘿が「松に寄生する」と言う。また「松蘿」とも言う。松蘿は松のように独立して存在することはできないで、松にからんではいのぼる植物である。だから、中国の詩人たちは、松蘿をもって自分の独りの力で昇進するのではなくて、権力、権勢に媚びることによって、高い地位に上り、世を渡ってゆく「小人」、「奸臣」に比喩する。たとえば徐賁の「松」

澗底青松不染塵、未逢良匠競誰分？

竜盤勁節岩前見、鶴唳翠梢天上聞。
大厦可営誰選木？　女蘿相附欲凌雲。
皇王自有増封日、修竹徒労号此君[7]。
※徐夤（生没年不詳）福建出身。
唐末から五代にかけての詩人で『全唐詩』には彼の詩が二二二首収められている。

〔現代語訳〕

谷底に生えた青松が塵に染まらない、優れた大工に会わないと、誰がこの松の素晴らしさが分かるだろうか。

岩の前にこの松の盤竜のような力強い節が見え、青々とした梢に鶴が立っているが、高すぎるので、その鶴の鳴き声は天上にいないと、聞こえない。立派な楼閣の建立（国家の政治などを比喩する）の際、誰が木を選ぶのか。たぶん、権力、権勢に媚びる「女蘿」のような人間が選ばれ、高い地位に上り詰めるだろう。

しかし、皇帝は英明な君主なので、本当の人材をあらためて抜擢する日がかならず来るだろう。「修竹」と「女蘿」みたいな本当の才能を持っていない人間はたとえ高い地位に上り詰めてもそれは名ばかりだ。

『全唐詩』の中には「女蘿」という単語を「松」とともに用いる詩は一五首あり、徐夤の詩での「女蘿」の意味に近い意味を含んだ詩が一三首ある。

「松蘿」という単語が出現した詩は三五首あり、一首だけ徐夤の詩の意味に近い表現を使っている。

❖――（2）友情と男女の恋情への忠実さの比喩

『全唐詩』における松のイメージは、友情と男女の恋情への忠実さをも表現する。

たとえば劉禹錫の「酬喜相遇同州与楽天替代」という詩には「旧托松心契、新交竹使符」という句があり、「松心契」はいつまでも変わらない友情の比喩として、古来、忠実な友情の代名詞になってくる。また劉希夷の「公子行」には「与君相向転相親、与君相親共一身。願作貞松千古歳、誰論芳菫一時新」という句があり、松で忠実な男女の恋情をたとえている。とは言え、このような松のイメージは『全唐詩』の中には決して多くはない。

❖――（3）松の長寿を表現する

『全唐詩』の中には松の長寿を表現する詩もある。たとえば白居易の「効陶潜体詩十六首」という詩の中には「松柏与亀鶴、其寿皆千年」という句がある。

いま中国語の中で「松鶴」という言葉は長寿の代名詞になり、「松鶴延年」という言葉も出てきたが、しかし『全唐詩』の中では「松鶴」というイメージを以て長寿を比喩する詩はむしろごく少ないと言ってもよい。

以上は『全唐詩』における「松」というイメージを思想性の観点からおおざっぱに分類し、概観したものである。もちろん、詩は思想性だけではなく、豊富な芸術的、美学的な含蓄をも内包している。

たとえば、『全唐詩』の詩人たちは松の音楽性をたたえて、風の中での松の動きは美しい音楽だと賞賛する。ちなみに『全唐詩』の中で「松風」という単語を含む詩は一〇五首、「松声」という単語を含む詩は七八首、「松韻」という単語を含む詩は二六首ある。

松はその他の自然物と結びついて、美しい絵巻にもなり、たとえば、『全唐詩』の中には「松柏」という単語を含む詩は一六三首、「松竹」という単語を含む詩は七三首、「松筠」という単語を含む詩は四五首、「松月」という単語を含む詩は三五首、「松篁」という単語を含む詩は二四首、「松菊」という単語を含む詩は一七首である。

松は四季折々に、その美しさ、逞しさを示しており、さらに松から出た影も独特な美しさを示し、夜の影も昼の影も美しい。『全唐詩』の中に松影の美を賛美する詩も多数ある。たとえば「松影」という単語を含む詩は三三首である。

3　『万葉集』における「松」のイメージ

『万葉集』とは、七世紀後半から八世紀後半頃にかけて編まれた、日本に現存する最古の歌集である。『万葉集』二〇巻が現在見る形にまとめられたのはいつか不明。年代の明らかな最も新しい歌は七五九（天平宝字三）年正月の大伴《おおともの》家持《やかもち》の作だから、最終的な編纂はそれ以後となる。天皇、貴族から下級官人、防人など様々な身分の人間が詠んだ歌を四五一六首も集めたものである。

『万葉集』は古代律令国家の形成期に編まれた歌集で、文学史的に言えば口誦の歌謡から記載の叙情歌の生み出された原初期の作品の集成である。日本文学における第一級の資料であることは勿論であるが、方言による歌もいくつか収録されており、さらにその中には詠み人の出身地も記録されていることから、言語学の資料としても非常に重要な資料である。

『万葉集』の中には「松」というイメージを含む歌が約一一一首あり、題詞、左注、事項、訓異などに含まれた「松」の漢字は一七八カ所ある。

内容から見て、つぎのように分類してみよう。

1　掛詞としての「松」

「待つ」という言葉の掛詞として使われて「待つ」という意味を表現する場合である。このような和歌が最も多くて約一七首ある[8]。たとえば

〔原文〕吾妹子乎　早見濱風　倭有　吾松椿　不吹有勿勤

〔読み〕一／七三　吾妹子をはやみ濱風大和なる吾をまつ椿吹かざるなゆめ[9]

〔現代語訳〕我が妻を早く見たい。その速い浜風よ、大和にある私を待つ松と椿とを、吹かずにいるなよ、決して[10]。

この歌の原文の「松」と「待つ」を掛ける。

2　挽歌

『万葉集』では、挽歌は雑歌、相聞歌と並ぶ三大部立のひとつである。挽歌の原義は、柩を挽くときにうたう歌の意であるが、『万葉集』では広く死を悼む歌をも取り込み、二一八首が挽歌に収められている。「松」とかかわる挽歌は約一〇首ある。たとえば

〔原文〕和銅四年歳次辛亥、河辺宮人姫嶋松原見嬢子屍、悲嘆作歌二首

妹之名者　千代尓将流　姫嶋之　子松之末尓　蘿生萬代尓

〔読み〕二／二二八　妹が名は千代に流れむ姫島の小松がうれに蘿生《こけむ》すまでに

〔現代語訳〕美しい娘子《おとめ》の評判は千代までも伝わるであろう、姫島の小松の梢に下がり苔が生える千年万年の後まても[11]。

3　偲ぶこと

挽歌の中にはこのような意味を含んだ歌が結構あり、それ以外、約七首ある。

たとえば、「太上天皇幸于難波宮時歌」

〔原文〕大伴乃　高師能浜乃　松之根乎　枕宿杼　家之所偲由

〔読み〕一／六六　大伴の高師の浜の松が根を枕きて寝る夜は家し偲はゆ

〔現代語訳〕大伴の高師の浜の松の根を枕として寝ているけれども、家人のことが恋しく思われる[12]。

4　恋歌

「待つ」という言葉の掛詞として使われる「松」のイメージを含んだ歌にも多くの恋歌があるが、それ以外の恋歌は、約七首ある。

たとえば、「笠女郎贈大伴宿祢家持歌廿四首」

〔原文〕君尓戀　痛毛為便無見　楢山之　小松之下尓　立嘆鴨

〔読み〕四／五九三　君に恋ひいたもすべなみ奈良山の小松が下に立ち嘆くかも

〔現代語訳〕あなたが恋しくて何とも切なく、奈良山の松の下に立って嘆いています[13]。

5　地名関係

たとえば

〔原文〕作夜深而　穿江水手鳴　松浦船　梶音高之　水尾早見鴨

〔読み〕七／一一四三　さ夜更けて堀江漕ぐなる松浦船梶の音高し水脈速みかも

〔現代語訳〕夜が更けて堀江を漕ぐ松浦船は梶の音が高い。流れが速いからだろうか[14]。

歌の中の「松浦船」は肥前松浦で作られた船。

6　松原の賛美

「松原」というイメージを含む歌は約一四首あり、さらに題詞、左注、校異、事項、訓異などに含まれた「松」の漢字は二〇カ所、賛美、偲ぶ松原の歌は約五首ある。たとえば

〔原文〕和我伊能知乎　奈我刀能之麻能　小松原　伊久与乎倍弖加　可武佐備和多流

〔読み〕一五／三六二一　我が命を長門の島の小松原幾代を経てか神《かむ》さびわたる

〔現代語訳〕（我が命を）長門の島の松原は幾年月を経て、神々しくあるのだろうか[15]。

7　松の長寿と長久を賛美

約四首ある。たとえば

〔原文〕一松　幾代可歴流　吹風乃　聲之清者　年深香聞

〔読み〕六／一〇四二　一つ松幾代か経ぬる吹く風の音の清きは年深みかも

〔現代語訳〕一本松よ、お前はどれほどの代を経たのであろう。松吹く風の音が清らかのは、経た年が長いからか[16]。

8　祈ること

いつも「松が枝を結び」などの形で出現、「松が枝を結び」とは、松の枝と枝を紐などで結びつけることで、旅の安全や命の無事を祈るまじないである。挽歌も使って冥福を祈り、挽歌以外に「松が枝を結び」にかかわる祈りの歌が約四首ある。たとえば、

〔原文〕霊剋　壽者不知　松之枝　結情者　長等曽念

〔読み〕六／一〇四三　たまきはる命は知らず松が枝を結ぶ心は長くとぞ思ふ

〔現代語訳〕（たまきはる）命のほどは分からない、しかし、松の枝を結ぶ気持ちは命長くと思えばこそである[17]。

9　変わらない恋情の賛美

松の動揺しない気風を賛美し、そして松を以て変わらない恋情を賛美する。たとえば

〔原文〕神左備而　巌尓生　松根之　君心者　忘不得毛
〔読み〕一二／三〇四七　神さびて巌に生ふる松が根の君が心は忘れかねつも
〔現代語訳〕神々しくも巌に生えている松のような、あなたの御心は忘れることができません[18]。

10　その他（略）

4　『全唐詩』と『万葉集』における「松」というイメージの同異

『全唐詩』の詩四万九四〇三首、句一五五五条、このなかで、「松」というイメージに関連する詩が約三〇五〇首あり、『全唐詩』全体の詩と句の六％を占める。一方の『万葉集』歌は約四五一六首、「松」というイメージに関連する歌が約一一一首あり、『万葉集』全体の二・五％を占める。

時代から見ると『万葉集』に収められた歌のうち、詠まれた時期の推定できる期間は最終歌（七五九年）から遡って舒明天皇の時代（七世紀前半）までの約一三〇年と言われ、大体、唐の太宗時代（六二七―六五〇）から玄宗時代（七一二―七五六）までである。『万葉集』の歌は唐の詩人と詩の強い影響を受けたことは日本の古典文学研究家たちなどによって証明され、唐詩と『万葉集』の歌とは多くの相似の点があるのは言うまでもない事実である。しかし、それよりもむしろイメージが同じでも全然違う文化的含蓄を表現し、異なる文化の特色を示したものがもっと多いと言っても過言ではないと思う。『全唐詩』と『万葉集』における「松」というイメージも同然である。

❖――（1）『全唐詩』の「松」のイメージが『万葉集』に与える影響

『万葉集』は、日本の多数の研究家により、歌が作られた時期によって四期に分けられる。

第一期は、「初期万葉」と呼ばれ、舒明天皇の時代（六二九―六四一年）から壬申の乱（六七二年）までの時代。この時期は古代氏族制の社会から次第に天皇権を中心とする制度の整備にむかう時代で、はげしい変動の時代でもある。すなわち大化の改新から、有間皇子事件・新羅出兵・白村江の戦い・近江遷都・壬申の乱にいたる激動期である。中央集権体制の基礎が作られ、また、中国文化の影響を大きく受け、天智天皇のころには漢文学が盛んになった。

第二期は、天武・持統・文武天皇の時代。壬申の乱から持統天皇の崩ずるまでの時期であり、「白鳳万葉」と称すべき、この時代は、壬申の乱を経て安定と繁栄を迎えた時代である。この時期には律令が制定され、多くの造寺を完成した。とくに大宝二（七〇二）年、遣唐使が海を渡って大きな時代の転換が訪れてきた。

第三期が「平城万葉」と呼ばれるのは、その中心に平城遷都があるからであり。七〇二年から七二九（天平元）年まで。宮廷貴族の間に雅やかな風が強まり、なかでも山部赤人は自然を客観的にとらえて、優美に表現した。この時期は文明開化の時期でもある。遣唐使は大宝二年の次にまた養老元（七一七）年、二（七一八）年に往復して唐風文化が急激に浸透した時代であり、養老律令も藤原不比等などによって完成させられ、古代律令制国家が完備しつつあった。

第四期は、七二九（天平元）年から最後の歌が詠まれた天平宝字三（七五九）年までの「天平万葉」と呼ばれる時期。大伴家持の時代で、国分寺の創建、大仏開眼、養老律令の実行があったが、藤原広嗣の乱や橘奈良麻呂の変が起こるなど、政治が不安定になった時代である。万葉歌風の爛熟期と言える。

『万葉集』の第二期から唐風文化が急激に浸透するにつれて『万葉集』の歌もまた唐の詩人と詩の強い影響を受けた。

日本の『万葉集』を研究する専門家大谷雅夫氏は「万葉集と仏教、及び中国文学」という論文の中で『万葉集』に収録された天平時期の王孫市原王の歌を挙げ、その歌が唐李白の詩など中国文学の影響を受けたことについてつぎのように指摘している。

市原王の歌は、松を詠っても新しい。天平十六年、大伴家持と共に活道の岡に登って飲宴した時の作である。

一つ松幾代か経ぬる吹く風の声の清きは年深みかも（一〇四二）

松風の音を「清し」と聞くことも萬葉集には他に類例が見いだせない。平安朝の和歌にも例は少ないであろう。これも、あるいは唐風の趣味とは考えられないだろうか。たとえば次の詩句と、たとえ直接にではなくとも、関係する可能性は否定できないと思う。

南窓に蕭颯として松声起こる、崖に憑りて一たび聴けば心耳を清くす（盛唐・李白「白毫子歌」）。

また、そもそも松風を「清し」と感ずる心が、中国詩から日本の詩に伝えられていたことも重要であろう。

長松の下、襟に清風有るべし（世説新語・言語）

冬春に異色無く、朝暮に清風有り（盛唐・儲光羲「雑詠五首　石子松」）

山人の楽しみを知らんと欲せば、松下に清風有り（隠士民黒人「幽棲」・懐風藻）

市原王は、寺院・写経関係の官職を歴任するとともに、外国使節との交渉をも司る玄蕃寮の長官を兼務した経歴がある。漢訳仏典だけではなく、漢詩文においても相当に深い造詣があったに違いない。その教養が、彼の歌を清新たらしめた源の一つではなかっただろうか。

時代は遡って、持統太上天皇の難波宮行幸の時に置始東人が作った歌にも、松が詠まれていた。

大伴の高師の浜の松が根を枕き寝れど家し偲はゆ（六六）

松の根を枕にする旅寝は、常識的には、苦しい独り寝と理解されることであろう。しかし、それならば、「松が根を枕き寝れば」、家の妻が偲ばれることになるはずである。ところが、この歌に「寝れど」とあるのはなぜだろう。「音に名高き大伴の高師の浜に旅寝して、佳景の中の人として、松の根を枕してゐるが、猶家が思はれるといふのである」（『万葉集全釈』）という考え方がなされることがある。あるいはそうとも読めるだろう。しかし、この歌には「誂が根を枕き寝れど」と詠われるだけであり、高師の浜の佳景については何の言及もない。この歌の焦点は、松が根を枕にすることに絞られているのである。従って、ここでは、松の下に隠れ臥すことが中国の詩で隠逸の自由の象徴であったことを想起する必要があるだろう。たとえば、「石泉を飲み、松柏に陰る」（戦国・屈原「九歌・山鬼」文選三十三）、「霊渓清宇に宴し、枯松の根に傍倚す」（盛唐・常建「張天師草堂」）、また「紅顔軒冕を棄て、自首松雲に臥す」（盛唐・李白「贈孟浩然」）とあり、先にあげた懐風藻の隠士黒人の詩にも、「山人の楽しみを知らんと欲せば、松下清風有り」と見えた。すなわちこの歌もまた、松が根を枕とする隠逸の遊びを詠うのではないか。旅先でその清遊を楽しんではいるが、それでも家の妻が恋しく思われるのだと、無理なく解釈しうるのではないだろうか[19]。

以上に述べたように、『万葉集』の中には大谷雅夫氏の指摘するように、唐詩の影響を受けた歌は多いと言ってよいだろう。たとえば

〔原文〕従吉野折取蘿生松柯遣時、額田王奉入歌一首
三吉野乃　玉松之枝者　波思吉香聞　君之御言乎　持而加欲波久
〔読み〕二／一一三　吉野より蘿生《こけむ》せる松の柯《えだ》を折り取りて遣はす時、額田王の奉り入るる歌一首

み吉野の玉松が枝は愛《は》しきかも君が御言を持ちて通はく[20]

この歌における「蘿生松柯」という言葉は、唐詩における松と松蘿との関係についての表現の影響を受けたことは違いあるまい。『全唐詩』の中では「松蘿」という単語は三五カ所に見出され、松と蘿とが同じ詩でともに出てきた詩が二一〇首もある。

柯は草木の枝と茎、『文選・張衡・西京賦』には「滻霊芝以朱柯」という句があり、朱柯は芝草の赤い茎である。「松柯」という言葉は唐代の詩人岑参（七一五—七七〇）の「感遇」という詩に見える。この詩にはつぎのような句がある。

君不見払雲百丈の青松柯、縦使秋風無奈何[21]。

❖——（2）『全唐詩』と『万葉集』における「松」というイメージの同異

1 言葉の同異

「松」のついた言葉では『全唐詩』と『万葉集』の両方にあるものは、およそつぎのとおりである。

小松、松原、松風、高松、松樹（松の木、松之木）、松枝（松が枝、松之枝）、松蔭、松下、松蘿、松柏、水松、松葉、松根。

「松」のついたもので、『万葉集』にはあり、『全唐詩』にはないものはそんなに多くはないが、逆に『全唐詩』にはあり、『万葉集』にはない言葉は数えきれないほど多いので、ここでは主要な相違の言葉をあげて説明にとどめよう。

『万葉集』にはあり、『全唐詩』にはない言葉には、松浜、荒磯松、深海松、松浦、松帆、松反がある。

『全唐詩』にはあり、『万葉集』にはない「松」にかかわる言葉は一々列挙できないが、前出の『全唐詩』における代表的な松のイメージ、たとえば「雪松」、「寒松」、「霜松」、「松鶴」、「孤松」、「澗底松」、「松心契」などは『万葉集』にはない。

2　思想面での同異

「松」のイメージから見れば、万葉歌人たちは唐詩の影響を受けたが、思想面から着眼すればむしろ類似の面は少なく、相違点が多いと言ったほうが正しいと思われる。

①思想面での相似点

A　「松」の長寿、長久を述べること。たとえば、『全唐詩・白居易・效陶潜体詩十六首』には「松柏亀鶴、其寿皆千年」（松と柏及び鶴と亀、みんな一〇〇〇年の寿命がある）という句がある[22]。『万葉集』三／四三一　いにしへにありけむ人の　倭文機《しつはた》の　帯解き替へて　蘆屋立て　妻問ひしけむ　葛飾の　真間の手児名が　奥つ城を　こことは聞けど　真木の葉や　茂りたるらむ　松が根や　遠く久しき　言のみも　名のみも我れは　忘らゆましじ[23]

B　松の美しさの賛美。たとえば前出の多くの『全唐詩』の詩と前出の『万葉集』一／四二「一つ松幾代か経ぬる吹く風の声の清きは年深みかも」など。

C　松のイメージで友情と男女の恋情の忠実さと不動・不変などを賛美。たとえば前出の劉希夷の「公子行」には「与君相向転相親、与君相親共一身。願作貞松千古歳、誰論芳菫一時新」[24]という句があり、これは忠実な男女恋情を比喩している。『万葉集』一二／三〇四七「神さびて巌に生ふる松が根の君が心は忘れかねつも」という歌も同じ色合いを含んでいる[25]。

②思想面での相違点

A　「松枝」という表現は『全唐詩』と『万葉集』の中にともに出現するが、松の枝と枝を紐などで結びつけることで、旅の安全や命の無事を祈るまじないという意味は『全唐詩』には見えない。

B 「待つ」という言葉の掛詞として使われて「待つ」という意味を表現することは『全唐詩』には見えない。

C 松が枕詞として使用される例は『全唐詩』には見えない。たとえば、一九／四一六九「松柏の 栄えいまさね 貴き我が君」（常緑樹である松や柏が長く栄える比喩）[26]。九／一七八三「松返りしひてあれやは三栗の中上り来ぬ麻呂といふ奴」[27]（「松返り」は枕詞であるが意味未詳）。

D 『全唐詩』の重要な松のイメージ、すなわち松の耐寒性から松の「固く節を守って屈しない」という品格を賛美し、松を以て、打撃、誹謗、讒言に耐えて固く中国伝統文化の「節を守って屈しない」知識人、志士などを比喩することは『万葉集』には見えない。

E 松と鶴とともに「高潔」というイメージを表現して知識人、志士、僧侶などの、俗流や、権力に媚びず、悪勢力に従わない「潔白さ」を表現することは『万葉集』には見えない。

F 「澗底青松」、「澗底松」、「澗松」というイメージを以て才能を持つ知識人の科挙落地、左遷された「不遇」を表現するということは『万葉集』には見えない。

G 『全唐詩』の詩も『万葉集』も、松と松蘿というイメージを一緒に使うが、松蘿を以て自分の才能により、昇進することではなくて権力、権勢に媚びることにより、世渡る「小人」、「奸臣」を比喩することは『万葉集』には見えない。

H 「松原」という言葉は『全唐詩』にも『万葉集』にもある言葉であるが、『万葉集』には「松原」は松のイメージにかかわる多くの言葉の一つである（一四カ所ある）。そして万葉歌人たちは熱烈に松原を賛美する。一方の『全唐詩』には「松原」という言葉は、一カ所だけである。意味の類似する言葉、すなわち「松林」という言葉は一四カ所あるが、賛美する色合いがあまりない。一方、「孤松」という言葉は二二カ所あり、詩の意味から見ればほとんどが賛美の場合であり、或いは「孤松」のため、不平を鳴らす色合いを含んでいる。

5 『全唐詩』と『万葉集』における「松」というイメージの相違点についての文化学的解読

『全唐詩』と『万葉集』における「松」というイメージの相似点について、比較文学の「垂直比較」、すなわち、影響比較の方法で多少言及する先学の論文があるが、その相違点についての詳細な研究、特にこれについての文化学の解読はまず見えない。小論のこの節では『全唐詩』と『万葉集』における「松」というイメージの相違点についての原因と背景およびこれについての文化学の解読を重点に置き、小論をさらに展開させてみよう。

❖――（1）「松枝」にかかわる表現

前述のように「松枝」という表現は『全唐詩』と『万葉集』の中にともに存在するが、松の枝と枝を紐などで結びつけることで、旅の安全や無事を祈るまじないという意味は『全唐詩』の詩には見えない。

松は日本では古来、神性を備える樹木である。特に神道では松は神の木として崇められている。大阪市浪速区敷津西には敷津松之宮という神社があり、祭神は素戔嗚尊、大國主命、配祀は事代主命、奇稲田姫命、少彦名命である。由緒から見ると、神功皇后、三韓征伐後凱旋の折り、務古水門に至る時、住吉大神、吾和魂は大津渟中倉之長峡に坐して、往来の船を看行すべしと託宣し、初めて住吉に社を定めて鎮座された。こうして武内宿禰を従えて、浦ったいに敷津浜を航行された時、宿禰、荒磯浪の岸にうち寄せるのを見て、今より後は、ここを境として、潮満ち寄せることないようと、松樹三本を渚に植え、その松の下に素戔嗚尊を祀る。これが敷津松之宮の起源と伝えられている。

前出のように『万葉集』には「茂岡に神さび立ちて栄えたる千代松の木の歳の知らなく」（六／九九〇）という歌があり、作者は紀鹿人《きのしかひと》である。

茂岡は今日の奈良県桜井市鳥見山北麓一帯を指していたのであろう。鳥見山は等弥神社の背後の山で、ここの山中霊時の跡は神武天皇が大嘗祭に当たる即位の式典を挙行された聖蹟地である。

松は古来「神を待つ」と言って、正月の門松として必ず立てているめでたいもの。関西のある地区では「歳徳様（神様）」には正月一―十五日まで「黒松」を供え「とんど（どんど）」に正月の祝い飾り一式（注連縄・門松・祝い箸等）と、この「歳徳様の黒松」も添える。謡曲の「高砂」一名「相生松」や「老松」は常磐津などにも取り入れられ、祝い事には決まって謡われてきている。

『万葉集』には「松の枝」（松が枝、松之枝）という言葉が約一一カ所あり、四カ所がまじないと関係する言葉。たとえば大伴宿禰家持作る「たまきはる命は知らず松が枝を結ぶ心は長くとぞ思ふ」（六／一〇四三）という歌は「命の長さは知らない、ただこうして松の枝を結び、我らの願望を示し、遠く永く続かんことを願う」という意味である。

松の枝と枝を引き寄せて、紐か何かで結び合わせることを言うことである。「魂《たま》結び」「玉の緒」という言葉があるように、当時、生命とは魂が身体に紐のように結びつけられた状態であるとの観念があり、結ぶという行為そのものに呪術性があると認められていた。常緑樹はめでたい木とされ、なかでも松は長命な樹木とされたので、これを結ぶことはことに効験があると考えられたのである。

一方の『全唐詩』には「松枝」という言葉を含んだ詩は七〇首あるが、「まじない」と関係する詩は一首もない。中国では松が「五大夫松」官位を授与されたが、日本でのように神格化されることはなかった。『全唐詩』において松は賛美する対象、同情する対象、不平を鳴らしてやる対象であったが、神格化され、崇められる対象にならなかったのである。年古りた千代松の木は万葉歌人によって十分な神性を獲得したが、『全唐詩』の詩人が松の長寿を賛美する詩はごく少なく、時々、「松の長寿はたいしたことではない」という意味の詩もあるほどである。たとえば白楽天（白居易）の「放言五首（五）」の中の句、「松樹千年終是朽、槿花一日自成栄」（松はたとえ一〇〇〇年の寿命があっても朽ちる日も必ず来る。ムクゲの花の命は一日だけであっても自分の栄華を輝かせている）[28]。

「松枝」というイメージが『全唐詩』で、「牢固な友情」と「送別」というイメージと繋がっているものもある。たとえば、孟郊の「答友人」の中の句、「砥行碧山石、結交青松枝。碧山無転易、青松難傾移」（碧山石のように自分の品格を磨き、青松の枝で交友し、碧山石はぐるぐる変わることがなくて、青松は簡単に傾くことがない）[29]。戴叔倫「妻亡後別妻弟」の中の句、「楊柳青青満路垂、贈行惟有古松枝」（青々とした柳の並木枝が垂れていて別れの名残は古い松枝だけだ）[30]。

松枝が「牢固な友情」と「送別」をイメージする出典は、『史記・呉太伯世家』における「松枝掛剣」という物語だと思う。

『史記・呉太伯世家』によると、古代、季札という人がいた。季札がはじめて使節として北方に行ったとき、徐君という人と季札とは親友になった。徐君は季札のりっぱな剣が好きで、口頭ではっきり言わないが、それを季札はちゃんと分かっている。だが、公務を実行する都合のため、徐君に剣をプレゼントとして贈呈しなかった。しかし、季札の公務が終わって徐地を通ったとき、徐君はすでに亡くなっていた。季札は徐君の墓の側にある松に剣をかけてから離れた。

❖――（2）「待つ」と松

修辞の相違点について「待つ」という言葉の掛詞として使われる松のイメージは『全唐詩』には見えない。原因は簡単で、中国語の発音からすれば「待つ」と「松」の発音は全く違うので、掛詞のように使う言語学上の理由はない。とはいえ、中国語の修辞学からすれば掛詞と類似する修辞法はある。

中国語で「一語双関」と言う。たとえば唐代の劉禹錫の「竹枝詞二首」（一）には「楊柳青青江水平、聞郎江上唱歌声。東辺日出西辺雨、道是無晴還有晴」[31]という句があり、「竹枝詞」は呉地方の民謡の名前だったらしいが、後世、有名な詩人・詞人の中にも、この詞牌を使って作詞を試みる人が出てきた。劉禹錫の「竹枝詞」は男女の恋歌で、「柳は青々として江の水は穏やかで、あなた（男性）のラブソングを聴いた。東の方ではお日さまが出ているのに、西の方では雨が降っている、晴れていないようで晴れている」という意味で、この「晴れ」とは恋情の「情」と発音は同じで、「情」という言葉の「双関語」（掛詞と類似）として使われて「晴れ」と「情」という二重の意味を表現する。

また中国語においては同じ詩句で日本のような枕詞《まくらことば》を使わないが、類似する修辞法もある。枕詞とは、主として歌に見られる修辞で、特定の語の前に置いて組となり、語調を整えたり、ある種の情緒を添える言葉のことである。

これは中国語の修辞学における「興」に類似する。中国最古の詩歌総集『詩経』の修辞法は、賦・比・興の三つに分類され、賦とは、対象を真っ直ぐに述べる詩法、比とは、比喩による修辞、興とは、対象を他の物事に置き換えて表現する比喩である。日本の『古今集』仮名序は「比」を「なずらへ歌」、「興」を「たとへ歌」というふうに和ませた。たとえば『詩経』第一篇「関雎」には「關關雎鳩、在河之洲。窈窕淑女、君子好逑（關關たる雎鳩は、河の洲に在り。窈窕たる淑女は君子の好き逑《つれあ》ひなり）」という句があり、「關關雎鳩、在河之洲」は「窈窕淑女、君子好逑」の「枕詞」の役にあたると思う。

❖――――（3）「孤高」の含意

『全唐詩』の重要な松のイメージ、「雪松」、「寒松」、「霜松」、「松鶴」、「孤松」、「澗底松」などの言葉およびこれらの言葉に象徴される「孤高」の個人の含意は『万葉集』には見えない。また、『全唐詩』の詩も『万葉集』も、松と松蘿というイメージを一緒に使うが、松蘿を以て自分の才能により、昇進することではなくて権力、権勢に媚びることにより、世渡る「小人」、「奸臣」を比喩して、対比手法で松の「独立」を突出させることは『万葉集』には見えない。このことの深層における原因を追究すれば、日中歴史および文化人類学における集団構成の特性にかかわると思う。

❖———(4)『万葉集』における作者未詳歌

日本の著名な『万葉集』研究家中西進は『万葉集』の作者と作品に言及するとき、つぎのように指摘した。

『万葉集』が右に述べたように半数の作者未詳歌を抱えているということは、何物にもまさる『万葉集』の特質である。もとより、人麿をはじめとする万葉歌人たちのすぐれた諸歌を否定するのではない。そして、個々の無名歌を記名作家の歌と比べれば、出来は劣るであろう。しかし、無名歌を残したような人々が『万葉集』の根幹を構成する人々である。もし、一々の個別的な歌の優劣だけを、個人の名において評価する態度が編者にあれば――それは往々にして後の勅撰集のとる態度だが、これら無名歌の収録ということは、ありえなかったろう。多数の人々歌を、歌として認定し、その中に有名歌人の作も交えるのが『万葉集』である。いや、『万葉集』全体のあり方ばかりが、無名の集団歌を根幹とするのではない。民衆的要素は、個々の歌人にもある。人麿は白鳳の人々の代弁者であった。彼は人々の要請によって讃歌・挽歌をつくり、作は集団の共感を得て賞讃された。個性ということばで言えば、集団性を巧みに表現しうる独自性が、個性であった。また、ことに末期万葉には宴席歌が多い。宴席歌は集団につらなるあり方において詠作されるのだから、いかに個人がよもうとも、狷介な独詠歌は許されない。宴席歌を万葉が多くもつことは、この集の集団性を示すものに他ならないし、事は行幸従駕の歌群においてもひとしい。『万葉集』は群としてこれらを載せ、一作二作を選択しはしない。

こうした記名歌の様子に照らしても『万葉集』が集団性の抒情をもつことは知られよう。そこで無名歌の大集団を抱えていることが改めて見直され、これが根幹だと考えられるのである。そして無名歌は、その場その場を移動しつつ生きている歌で、特定の場にのみ成り立つのではない。歌が流動しつつ、再生されつづける。人麿の歌は再生の場をへつつ伝誦されるし、逆に生活の場を流動して来た歌が、有名歌人の作に収められる。歌の伝誦・再生は、歌が集団的であったことにともなう、大きな『万葉集』の特色の一つである[32]。

そこにかかわるものが、連帯ということがらである。しばしば述べたように、彼らの歌は集団性をもつ。他者と一体であることによって歌が支えられるのであり、この他者との交流を失えば、歌もまた失われる。つまり歌は他者との連帯上にあって、そのような歌は、個別的で一回的な、また内向的な歌とはならない。どこかに約束があって心は他に展かれながら表現される。閉鎖的な文脈を採らないのである。『万葉集』全体が、歌群の収録にしろ、「相聞」などの分類にしろ、連帯ということを離れないあり方は、実を失った虚の余りに、他者を遮断してしまうような、個別性とは、反対である。集としての連帯性は一首の歌の展かれた表現とも共通している[33]。

❖──(5)「独詠歌」と「個性の謳歌」

『万葉集』に比して、詩四万九四〇三首、句一五五五条を収録する『全唐詩』では、作者未詳の詩は一〇〇首しかなく、全体の〇・二%に過ぎない。作者未詳が半数の『万葉集』と著しい違いである。

内容から見ると、唐詩は特に「松」を詠む詩はほとんど全部が『万葉集』に許されない狷介な独詠歌である。『万葉集』は「集団性の抒情」と言えば一方の『全唐詩』は「古代個性の謳歌」と言っても過言ではないと思う。この点について前述の『全唐詩』と『万葉集』との相違点からもうかがえる。たとえば、『全唐詩』においては最も多い松に関するイメージは、耐寒性から松の「固く節を守って屈しない」という品格を賛美し、松を以て打撃、誹謗、讒言に耐えて固く中国伝統文化の節を守る知識人、官吏、志士などを比喩するというイメージで、これは俗流に流されない、権勢に媚びない個性の象徴である。

一方の『万葉集』においては、最も多い松に関するイメージの一つは「待つ」という言葉の掛詞として使われて「待つ」という意味を表現することである。これは「個別的で一回的な、また内向的な歌とはならない、「共通している連帯性」」を表現する修辞の道具と言ってもいいと思う。

❖――――（6）「松原」について

「松原」についての相違点も同じであろう。

『万葉集』の歌に詠まれた一四カ所の松原（題詞などを含まない）の中では今、もうなくなったものもあり、今なお万葉時代の面影が残っているものもあり、今も所在不明のところもある。たとえば、五／八九五と七／一一八五の「御津の松原」は、現在の大阪難波の上町台地にあり、御津の浜やその松原は当時平城京の西の玄関として、かつて人の往来が激しかったところで、難波周辺が人や物の動きの中心地であったことが想像され、それゆえ万葉集歌はこのように多くの人が多くの思い出の地として「大伴の御津」を詠んだ。

今、青松は勿論、浜辺自身もなくなってしまった。松原に代わって出現したものはコンクリートの防潮堤に囲まれた埋立地、高速高架自動車道路、工場建物などである。

一／六五の「安良礼松原」と三／二九五の「住吉の岸の松原」は白砂青松の景色を描いた典型像を「住吉模様」と言い、現在の大阪市住吉区にある住吉大社の社前の景色（現在は市中だが、かつては海に面していた）を描いたとされた。住吉大社近くの大阪市住之江区安立には、天武天皇の子の長皇子が『万葉集』に風光明媚を歌った霰松原の跡地がある。

一七／三八九九と三／二七九の「角の松原」は兵庫県西宮市のJR西宮駅南（国道二号線交差点）の南、もとの武庫川の河口付近、松原町あたりである。万葉の昔、このあたりは立派な松の木が立ち並ぶいわゆる「白砂青松」の風光明媚な海岸で、中でもひときわ高くそびえる古松は海上からの目印として重宝されていた。「都努《つぬ》の松原《まつばら》」と万葉集にも詠まれた美しい海岸であった。

今なお万葉時代の面影が残っているものというと、六／一〇三〇と一〇／二一九八の「吾の松原」は三重県安濃町の松原であり、この地は現在も松原町と称し、大樹のあった面影を残しており、この辺を中心とした極めて広い場所が吾の松原であったと推定されている。

一五／三六二一の「長門の島の小松原」は現倉橋島を古代には長門島と呼んだ。呉市倉橋町桂浜にあり、万葉集遺跡長門島松原区域内には「万葉集長門島之碑」があり、『万葉集』巻十五に天平八（七三六）年遣新羅使《けんしらぎし》の「安芸国長門島船泊磯辺作歌」五首と「従長門浦船出之夜仰観月光作歌」三首が記載されており、その船泊の地が現倉橋町桂浜であるとされて、昭和十九（一九四四）年県史跡に指定された。指定面積は約一ヘクタール、昔ながらの美しい砂浜に約五〇〇本に上る松原が続いている。

一三／三三四六の「鳥羽の松原」は、どこかはっきりしない。茨城県新治郡の鳥羽か、岡山県都窪郡中庄村の鳥羽だとする説がある。九／一六七四の「この松原」はたぶん、和歌山県の田辺市にあり、一七／三八九〇の「安我松原」はどこの松原を指すか、不詳。二／二二八の姫島松原は淀川河口にあった島、所在不詳。浪速区敷津西説、東淀川区南説、北江口付近説などがある。一七／三八九八の「吾が松原」は所在未詳。大宰府より、海路のどこか。「吾の松原」とは別地。

『万葉集』の歌は「松」のイメージを含まなくても松原を背景とするものも多い。たとえば、淡路島の西海岸の慶野松原は、古くから『万葉集』にも詠まれた風光明媚な景勝地。約五万本の黒松が幅五〇—六〇メートルにわたって帯状に連なり、約二・五キロメートルの砂浜が続く瀬戸内海でも随一の白砂青松の松原である。古くは柿本人麻呂らにより『万葉集』に詠まれた風光明媚で知られた景勝地である。

松原は万葉歌人の歌の母体と言っても過言ではあるまい。

❖――〔7〕〔時代背景：中国〕科挙制度の進展――『全唐詩』の時代

一方の『全唐詩』では前述のように「松原」という言葉はあるが、一カ所しかない。意味の類似する言葉、すなわち「松林」という言葉は一七カ所あるが、賛美する色合いはあまりない。一方、「孤松」という言葉は二二カ所あり、詩の意味から見ればほとんど、賛美して、あるいは「孤松」のため、不平を鳴らす色合いを含んでいる。唐の詩人は「松原」や「松林」より「孤松」が好きである。これは決して、唐代では大きな「松原」という景観が乏しかったのではない。唐詩人元結「招陶別駕家陽華作」という詩の中には「杉松幾万株、蒼蒼満前山」（杉松　数万本　蒼然として前山に満つ）[34]という句があり、「松原」は唐の詩人の日常景観であった。

この相違点の原因というと、まず『全唐詩』の詩歌と『万葉集』の歌が生まれたそれぞれの両国の歴史と風土が大きく関係していると思う。

中国の当時の歴史から見れば『全唐詩』の詩歌が誕生する時代は、中国の科挙文化が大きな進歩を遂げた時代であった。科挙制度は中国における知識人の個人主義を育む重要な条件である。中国の科挙制度は隋の文帝開皇の十八（西暦紀元五九八）年七月から実行され、その後、科挙制度中国封建社会の中後期における官僚主義的な体制の重要な構成部分、中国伝統文化、特に個人主義文化の形成に対して重要な影響力を発揮してきた。

科挙が実施される以前には、漢代における「察挙」や、魏晋南北朝時代の「九品官人法」といった官吏登用の制度があった。「察挙」は官僚が有力豪族などの権勢に屈することが多い、「九品官人法」は貴族勢力の子弟を再び官僚として登用するための制度と化しており、有力豪族・貴族出身者で官界が占められ、有能な人材を登用するものとうてい言いがたい存在であった。

隋の文帝は優秀な人材を集め、自らの権力を確立するため、実力によって官僚を登用するために科挙が始められた。隋代の科挙は、秀才・明経・明法・明算・明書・進士の六科からなり、郷試・省試の二段階であった。

唐の時代になると、隋についで科挙を継続的に実施して士人を登用し、制度としては以前よりも整えられていた。唐においては、科挙は郷試・会試の二段階であった。会試（貢挙）には、四科が課せられた。それは、「身」「言」「書」「判」と呼ばれる科目である。「身」とは、統治者としての威厳を持った風貌を言う。「言」とは、方言の影響のない言葉をこなすか、また官僚としての権威を持った下命を属僚に行えるかという点である。「書」は、書道で、文字が美しく書けるか、という点であり、「判」は確実無謬な判決力があるかどうか、法律・制度を正しく理解しているか、ということを問うた。しかし、当時、官職（五品以上）を有している父祖のお陰をこうむり、その子孫や親族が自動的に官を授けられる「任子」という制度があり、官僚の世襲を促すものがなお存在した。だが、科挙本来の持つ、実力による官吏の登用という色が次第に強まり、科挙出身者の官僚に占める割合も高くなってくる。建前から見ればだれも高級官吏に登りつめる可能性があるようになった。

日本の留学生安倍仲麻呂も、科挙を受験して合格したので、唐の玄宗に仕え、七二五年洛陽の司経局校書として任官し、七二八年左拾遺、七三一年左補闕と官位を重ねた。七六〇年には、左散騎常侍（従三品）から官位はかなり高い地位の鎮南都護・安南節度使（正三品）として再びベトナムに赴き総督を務めた。

唐代の科挙において詩作を試験に取り入れていたのは、いくつかの科がある内で最も重んじられ、出世街道を進める可能性が最も高かった、「進士」という科においてのみであるので、ゆえにその時代の知識人、特に詩才を持つ知識人の間では個人の才能に対する自信が高まりつつあり、中国式の古代個人主義は大きな発展を遂げた[35]。

❖――――(8)〔時代背景:日本〕万葉時代の官位制

一方の日本の『万葉集』時代は中国から政治行政制度を受け入れ、官位令には一定の官職に就くための条件として、位階が定められている。

官位とは、位階のこと。官職を各々相当する位階に配して等級を定めることを官位相当と言い、位階によって相当する官職に任命する制度を官位制(官位制度、官位相当制)と言う。日本において、『万葉集』時代には官位制が、律令法(律令制)によって体系的に整備された。

官位制は、中国から他の政治行政制度とともに招来され、日本で独自の発展を遂げた。官吏を序列化する制度は、六〇三(推古天皇十一)年の冠位十二階に始まり、その後数度の変遷を経る(冠位・官位制度の変遷)。そして、七〇一(大宝元)年に成立した大宝令と、七一八(養老二)年に成立した養老令には、それぞれ「官位令」という令があり、これにより官位制は確立した。大宝・養老の律令では冠位制を廃止して品位制が採用され、一品より四品に至る親王位、正一位より少初位下に至る三〇階の諸王諸臣位、外官に与えるための五位以下の外位《げい》が定められている。これら位階によって官位は定まり、高級貴族、中級貴族、下級官人、そして官人になれない一般庶民の四階級が生まれることになる。

官位制においては、三位以上を貴、五位以上を通貴と称するが、高級貴族は貴の地位に昇格できる家柄、中級貴族は通貴に昇り得る家柄、下級官人は努力しても六位以下の家柄、一般庶民は最下級官位さえも得ない家柄と区別することができる。高級・中級貴族の特典は、位階が子にほぼ相続できたことである。蔭位制《おんいせい》と呼ばれる制度で、蔭位とは、日本の律令制体制の中で、高位者の子孫を父祖である高位者の位階に応じて一定以上の位階に叙位する制度。父祖のお蔭で叙位するの意。蔭とは父あるいは祖父のお蔭によって、子孫が成年に達した時に、位階に相応して一定の位階が与えられることを意味する。一位嫡子は従五位下、庶子は正六位上で、五位以上の者の子孫に恩恵があった。

したがって、この蔭位制によって高級・中級貴族層の子弟は、その後年功を積むことでその官途の終わりには父や祖父の位に達し得たのである。

官位制は、位階と官職を関連付けて任命することにより、官職の世襲を排して適材適所の人材登用を進めることを目的とした。しかし、高位者の子孫には一定以上の位階に叙位する制度（蔭位制）を設けるなど、当初からその目的は達成困難なものであった。

位階を授かる方法としては、蔭位制のほか貢挙制と呼ばれる実力登用制があった。これは官吏に適格な者を推薦すること。諸国の国学から国学生を貢する貢人と、大学から大学生を推挙する挙人とがあった。しかしながら、最優秀で合格しても蔭位制の位階より、はるかに低いものであったことは、身分制の堅固さを示す象徴でもある[36]。

❖――（9）「任子」並存の影響

唐には科挙本来の持つ、実力による官吏の登用という色が次第に強まり、科挙出身者の官僚を占める割合も高くなってきて、個人の能力によって立身出世の道を開きながら、一方で父祖のお蔭をこうむり、その子孫や親族が自動的に官位を授けられる「任子」という制度が同時に存在し、その二つの出世街道の並存は父祖のお蔭には恵まれないが、才能を持つと自認していた知識人に自分の不遇と落第に不平不満を抱かせ、あるいは科挙に合格したのに、讒言、誹謗などを受け、豪族と貴族に排斥され、左遷されたり、免職されたりして悲憤を抱くようになった。彼らは「松」というイメージに託して不平を鳴らすようになりつつあり、これは『全唐詩』における多くの「松」のイメージの詩が生まれた背景の一つであろう。一方の『万葉集』が生まれた時代は唐のようにその二つの出世街道が並存せず、科挙制度によって育った古代個人主義はまだ発生していないので、「孤高の個人」を象徴する『全唐詩』の「松」のイメージが『万葉集』に導入される道理はない。

(10) 風土と文明

さらにそのほか、文化人類学の理論から見れば、『全唐詩』と『万葉集』の相違点が生まれたもっと深い原因が分かるだろう。

今さら言うまでもないことではあるが、中国文明と呼ばれるものには大きく分けて黄河文明と長江文明の二つがある。黄河文明は畑作が中心、長江文明は稲作が中心である。黄河文明が、歴史時代の殷（商）や周などに継承されて、中国大陸の歴史の中軸となった。そして、他方の長江文明は次第に、中央集権国家を創出した黄河文明に同化吸収されていった。

一方の日本文明は稲作文明と言われる。日本における稲作の成立する条件として、水源となる河川が、集水域が森林で安定した河川流量と制御しやすい河川規模であること、扇状地地形で水利制御は容易であることが大きい要因となっている。多くの文化人類学者に指摘されたように畑作を中心としての文化、「天水文化」で、雨水は作物の必要な水の主としての源であり、灌漑組織に対する依頼性が弱く、「個人主義」を生み出しやすい文明である。一方の稲作を主としての農業文明は灌漑組織の上に立つ水田農業で、村全体の団結性を重んずるので、「集団主義」を生み出しやすい文明である。この点については多くの文化人類学者たちが指摘したところであり、ここでの贅言はやめよう。

このような『全唐詩』と『万葉集』における松のイメージの相違は、今の日中文化においてなお続いている。中国では、宋代から風雪や厳寒に耐えて緑を保つ松・竹と他の植物に先駆けて花を開く梅を、高潔・節操・清純などの象徴として歳寒三友《さいかんさんゆう》と呼び、この寒さに屈しない耐寒性を賛美してきた。日本に伝わり、慶事や新年の飾り物にされ、室町時代には謡曲に取り入れられて慶事の席で謡われるようになった。要するに、耐寒性より、目出度いという意味が強くなった。松のイメージも同じである。中国人は今なお、「松」のイメージと「雪」、「寒」などと一緒に表現する例が多い。毛澤東の親友、元帥陳毅の詩「青松」は「大雪圧青松、青松挺且直。要知松高潔、待到雪化時」（大雪は青松を圧迫して青松はまっすぐ伸ばす。松の高潔さを知りたければ、雪が溶けるときを待とう）と言い、今なお人口に膾炙する。一方の日本は、「松」は秋の季語で、松の耐寒性についてそんなに気にしないのである。

われわれは一見して類似する日中文化におけるイメージ、たとえ「松」のような些細なイメージとしても、深層の相違点が潜んでいることを見逃すわけにはいかない。この深層の相違点を掘り下げるのは比較文化・文学の興味深い仕事だと思う。

注

[1] 中西進『万葉集原文付全訳注』(二)、昭和五十五年二月十五日、第一刷、五一頁。
[2] 『全唐詩』における「松」のイメージについての統計は統計方法により、多少数字上の違いが出てくるかもしれない。たとえば、松にかかわる地名を統計するかどうかだが、小論は「松」という漢字を含む地名の由来は基本的に「松」という植物に関係するので、一応統計の範囲に入れた。
[3] 『全唐詩』揚州詩局本、第一六八巻、第一四首。
[4] 『全唐詩』揚州詩局本、第七四七巻、第四〇首。
[5] 『先秦漢魏南北朝詩』(上)、中華書局、一九九三年、七三三頁。
[6] 『全唐詩』揚州詩局本、第一八三巻、第二二首。
[7] 『全唐詩』揚州詩局本、第七〇八巻、第七〇首。
[8] 精確に統計するのは難しそうであり、たとえば「屋戸にある桜の花は今もかも松風疾み土に散るらむ」(八/一四五八)の中の「松」は「待つ」を掛けるかどうか、断定するのは難しい。
[9] 前掲、中西進『万葉集原文付全訳注』(二)、八二頁。
[10] 『万葉集』(一)、佐竹昭広、山田英雄、大谷雅夫、山崎福之校注、岩波書店、二〇〇三年十月三十日、二九頁。
[11] 原文、読み、現代語訳、同右(一)、一七八頁。
[12] 原文、読み、現代語訳、同右(一)、五六頁。

[13] 原文、読み、現代語訳、同右（一）、六三九頁。
[14] 原文、読み、現代語訳、同右（二）、一二九頁。
[15] 原文、読み、現代語訳、同右（二）、四〇七頁。
[16] 原文、読み、現代語訳、同右（二）、八五頁。
[17] 原文、読み、現代語訳、同右（二）、八五頁。
[18] 原文、読み、現代語訳、同右（三）、一七五頁。
[19] 同右（四）、五〇一―五〇三頁。
[20] 同右（一）、一〇〇頁。
[21] 『全唐詩』揚州詩局本、第一九九巻、第四七首。
[22] 『全唐詩』揚州詩局本、第四二八巻、第三八首。
[23] 前掲、『万葉集』（一）、二七三頁。
[24] 『全唐詩』、揚州詩局本、第八二巻、第一七首。
[25] 前掲、『万葉集』（三）、一七五頁。
[26] 前掲、『万葉集』。
[27] 前掲、『万葉集』。
[28] 『全唐詩』揚州詩局本、第四三八巻、第八〇首。
[29] 『全唐詩』揚州詩局本、第三七八巻、第一八首。
[30] 『全唐詩』揚州詩局本、第二七四巻、第九六首。
[31] 『全唐詩』揚州詩局本、第三六五巻、第四首。
[32] 中西進『万葉集原文付全訳注』（一）、三二一―三二三頁。
[33] 同右、三六頁。
[34] 『全唐詩』揚州詩局本、第二四一巻、第一一首。
[35] 山口勝巳『科挙について――唐代の文学と科挙の関係――』などを参照。
http://chubun.hum.ibaraki.ac.jp/kano/student/00yamaguchi.html
[36] 田中環境デザイン研究『法学　日本の法制　律令の沿革』などを参照。
http://ezumi-mit.at.webry.info/200904/article_9.html

芥川龍之介の『支那遊記』
――章炳麟とのギャップを中心に――

魏　大海

魯迅の翻訳した「羅生門」と「鼻」が、一九二三年に商務印書館から出版された『現代日本小説集』（周作人監修）に収録されている。しかし、飯倉照平の「北京の芥川龍之介――胡適、魯迅とのかかわり」（「文学」一九八一年七月号）により、『現代日本小説集』に収録された「羅生門」と「鼻」の訳作が初出でなく、「鼻」は一九二一年五月十一日から十三日にかけて、「羅生門」は同年六月十四日から十七日にかけて『晨報・副刊』に載ったことが分かった。それは龍之介の中国旅行の時期と重なっていたため、歓迎の意味が魯迅にあったのではないかと、飯倉は推測する。

その後一九二七年に、開明書店からまた『芥川龍之介集』を出版した。翻訳者として魯迅、方光焘、夏丏尊など、ほとんど当時活躍していた作家で、また日本留学経験のあった者であった。魯迅の翻訳で収録されたのは、なお「羅生門」と「鼻」の二作、夏丏尊が翻訳したのは、中国と結びつきの強い作品で、「支那遊記」や「南京の基督」や「湖南の扇」などだった[1]。付録二「絶筆」の翻訳者は、現代作家として大変有名な沈端先（夏衍）であった。今から八〇年ぐらい前の当時に、芥川龍之介の「遊記」を一挙に翻訳・出版したことは、興味深く、また重要なことである。一九二九年に、日本文学研究者・謝六逸により、『近代日本小品文選』（大江書鋪）も出版され、小説「侏儒の言葉」、「黄粱夢」といった五つの芥川作品が収録されている。

周知の原因で、中国での日本文学翻訳は、半世紀ぐらいの停滞があり、二十世紀、一九八〇年代から今までに出版された芥川の作品について、楼適夷の『芥川龍之介小説十一篇』、文潔若、呂元明、呉樹文らが訳した『芥川龍之介小説選』、文潔若監修の『日本短編小説選』（呂元明訳の「羅生門」と文潔若訳の「戯作三昧」の二作が編入）、高慧勤監修の『日本短編小説選』（呂元明訳「地獄変」が編入）、『世界短篇小説精品文庫・日本巻』、『世界散文経典・日本巻』と葉渭渠監修の『芥川龍之介作品集』（二冊）などであった。二〇〇五年に、山東文芸出版社によって約二八〇万字の『芥川龍之介全集』（高慧勤、魏大海監修）が翻訳・出版された。中の『支那遊記』は陳生保の翻訳で、後にまた、北京十月出版社によって『中国遊記』（二〇〇六年）といった書名で、一冊形式で陳の訳本が刊行されていた。最近また、別な訳者の『支那遊記』が出ることになるそうだ。面白いこととして、実は中国での『支那遊記』に対する評価はすこぶる批判的であったのに、どんどん新しい訳本が出ることは、なんと言っても非常に重要視されていることの証しであろう。

1　中国と日本の『支那遊記』論について

邱雅芬は「『上海遊記』――ある隠喩的テキスト」で、以下のようなことに言及する。「『支那遊記』殊に『上海遊記』の存在はもっと確実的に言うと、つまり『上海遊記』に対する誤読（誤読かどうかは別の問題）は、『羅生門』、『鼻』、『河童』などの名作を読んで、興味津津に、芥川龍之介の文学世界に入ったばかりの中国人大学生の読者たちが、呆然としたような境地に放り出されたような感じ」だと、教育現場で活躍している邱の実感だったのである。同じ論文の次のような事例も大切である。中国の大学で日本近代文学を教えていた田口律男の体験に言及しているところである――

「『中国で日本近代文学を語ることの奇妙な捩れ』といった文章で、彼は自分の教育経歴を紹介すると同時に、酷い挫折感を伴っていたことも、告白された。すなわち、学生が卒論を書く時に、芥川龍之介の中国体験あるいは中国理解をテーマとした者が、何人もいたが、『支那遊記』を精読したところ、文章の中の多かったいわゆる中国蔑視に、ほとんどの学生が我慢出来なくなり、憂鬱や嫌悪の気分の中に落ち入った」[2]と、述べられていたところである。

それは中国人読者の一般的な『支那遊記』反応だったろう。ところが、最近注目すべきなのは、別々な新論から出た肯定的意向であった。芥川龍之介のあいった記述は、中国憧憬の含まれた表現だったので、否定的な面が多かったとしても、理解すべきだという『支那遊記』の翻訳者・陳生保の意見であった。それはもちろんだと思うが、別の問題であった。同じ陳生保の意見であったが、『支那遊記』の否定的な表現の原因は、その時代の中国の政治体制・経済状況・文化教育など、多くの面から見ても遅れている、軍閥戦争、内外矛盾、民衆の苦しい生活状況なども、ほとんど解決案のなかったような状況で続けられていた、といったことである。ああいった表現の原因は、当時日本帝国主義対中国の姿勢からでもあり、しかしああいった記述が多かったとなると、中国の文化人のプライド（自尊心）を傷つけ、反感を引き起こしたというのが陳の説明であった。

それだけの問題でないが、陳が基本的に『支那遊記』を肯定したいと強調した。なぜなら「暗い面の描写が多かったというのは事実だったけれど、確かに、客観的に、半植民地時代の中国の真実が記述されていたわけだから、単に反撥するべきではない」と、陳は好意的であった。また、「芥川龍之介が資本主義列強に伍しつつあった日本から、唐突に半植民地の中国に来て、憧憬と現実および理想と体験の衝突が酷すぎたことも道理なことであったろう。すなわち、幼い頃から古代中国の文化ないし芸術に憧れていたのに、当時の中国現実に面して、確かに過大な失望があったのだから、中国あるいは我々中国人が大陸的な広い心で引き受けるべきだ」[3]と、陳は主張したものだ。

同じように、前述の邱雅芬の文章も、巴金らの反撥だけでなく、魯迅の似たような発言にも言及した。——「中国に来た日本の学者及び文学者は、ほとんど固定観念の持ち主である。彼らは、自分の固定観念と異なる事実に遭遇するのがいやなようで、すると、回避的な態度ばっかり取るようになったわけであろう。そういったわけで、来ても来なくても同じことだったね」。こういった引用があるのに、邱雅芬も陳と同じように、受け入れ態度があるべきだと主張している。

それは、当たり前なことだから、現代の中国の知識人たちが、ほとんどこのような態度があるはずだと判断できるが、しかし研究者としては、『支那遊記』の作品背景を、もう一度考える必要があるわけであろう。その当時の芥川のような日本の知識人は、共通的な中国観の持ち主だったであろうか？ それはどんなものなのか？ 「中国蔑視」といったものが、何か無意識な感性もしくは共通性と関係があったかどうか？ ああいった表現は、中国人作家に代表される中国知識人の強い反撥が、ときどき引き起こされるが、それは一体、日中両国の読者のどういった反応を引き起こしやすいのか。こういった問題について、確かに、歴史的反省あるいは探求をすべきだと考えているわけである。

印象的なものであるが、日本の「遊記」論はほとんど賛美的な評価で、上記の中国人論者も日本人論者の影響を受けた観がある。まず、佐藤泰正の『芥川龍之介論』では、以下のような表現がある。「まさしくジャーナリストとしての芥川の天分を遺憾なく発揮したものである……このアイロニーは随所に点滅し、これを描く筆は文人ならぬ、まさしく作家の、辛辣なジャーナリストの眼である」。また、権威的な研究者・関口安義の『特派員芥川龍之介——中国でなにを視たのか』（一九九七年）での所論であるが、「芥川龍之介と中国というテーマは、芥川研究の大きな課題である。これまで長い間、それにかかわる議論では、紀行文『支那遊記』の評価は低く、芥川は中国旅行で健康を害したという負の面のみ強調されてきた。そして激動期の中国を旅しながら、政治や社会に彼は立ち入ろうとしなかったという論調が、大半を占めていた」と、関口自身も、芥川研究を始めた当初は、同じように考えていたが、後に、大きな修正をしたと説明していた。つまり、「……激動の中国を旅し、歌をうたうかのように、この国の自然と人事を、自身の感想を織り込みながら綴る。そこに揺れ動く大国の現場が的確にレポートされていく。またその背後には、彼の幼少期から培われた中国文化への関心と教養が脈打っている。まさしく、芥川龍之介は、優れたジャーナリストであった」(『支那遊記』の巻頭の「自序」で、芥川自身も「『支那遊記』一巻は畢竟天の僕に恵んだ或は僕に災いしたJournalist的才能の産物である」と記す。自分にはジャーナリストとしての天分が備わっている、それが遺憾なく発揮されたのが『支那遊記』であると言う)。関口も例外なく、芥川のジャーナリストとしての天分に過大な注目をした。

さらに、「中国の中の西洋化した街上海は、場違いの西洋に過ぎない。龍之介はパブリックガーデンのあり方をおかしいと感じながらも、当てこすり(適当な皮肉)的な言辞でそれを批判するに過ぎないのであった。それは、中国人作家巴金から批判されても、仕方ないものがあった」、と。次のような褒め言葉も大切である――「激動期の中国を旅して、特派員・芥川龍之介はしかと見るべきものを見、書き留めるべきものを書き留めているのである。それがジャーナリストとしての使命と彼は心得ていたかのようだ。あるいは、龍之介が当時の中国の状況を意外なほど鋭くとらえ、告発しているのである。それはジャーナリスト・芥川龍之介の透徹した眼が捕らえた、現実の中国であった」と、評されていたところもある。私が面白く感じるのは、実は、芥川龍之介と章炳麟との面接や対話に、関口も深く興味あるいは注意を表していたところである。下のような引用であるが、「章炳麟先生はまことに賢人である。如何なる日本通も、わが章太炎先生のやうに、桃から生まれた桃太郎へ一矢を加へるのを、聞いたことはない。……先生の一矢はあらゆる日本通の雄弁よりもはるかに真理を含んでゐる」(「僻見」『女性改造』一九二四年、三―九頁)。しかし、両者の会話の対立しているところについては、関口は無視したような観がある。

日本人論者の中に、明らかに否定的な意見を表したのは、白井啓介の「有眼不識泰山」論である。白井は『芥川龍之介――その知的空間』といった著書の序論で、「有眼不識泰山」といった中国語の諺で説明した。――「目にあるのにものが見えない」といった説明だったが、芥川の中国紀行文を否定しているようだった。「泰山」は、古来天子が即位のとき天地を祭る儀式を行う聖山とされていたから、「芥川が見るべきものは見たとしても、〔有眼不識泰山〕のところはまるでなかったのか。こういった問題を考える上では、芥川が何を見たかばかりではなく、何を見なかったかを明らかにする必要があるのではないか、芥川が正に、こうした発展途上にあり、摩登都市への変貌の過渡期にあった、急激な都市再開発の最中の上海を見抜いたものかと見えるのだ」[4]。例えば、福州路には南北に交差する河南路と福建路にかけての二〇〇メートルほどの間に、中国を代表する出版社である中華書局や商務印書館などが集中し、その中間で福州路と交差する山東路は望平街と称されたが、このわずか五〇メートルほどの通りには申報、時報等の近代的新聞社が蝟集していた。福建路を境に、東側は上海のジャーナリズムの拠点であり文化街、そしてその西側は歓楽街。芥川が触れたのは歓楽街だけだった。上海の街そのものが、後年さらに発展し、消費生活であれ、娯楽文化であれ、そして出版文化であれ、摩登都市へと変貌してゆく、その萌芽はついに見ることがなかった[5]というのが、白井啓介の所見である。白井啓介の意見は、啓発的で大変重要であると、自分の認識ではあったが。

2　中国人読者の反撥が引き起こされる描写とその背景

芥川が、「新芸術家の目に映じた支那の印象」といった「支那遊記」についての説明文の中での言い方であるが、「私の支那に於ける第一印象としては鶏が油で焼いてあるのやそれから豚を丸の儘で皮を削いで吊り下げてあるのを至る所で見たことであります。支那では古くから各人が自由に動物を屠殺する習慣になって居るのは宜しくないと思ひます。これは一般支那人が知らず知らずの間に残忍性を帯びて来ることであります」[6]。これは、わがままな言い方だったと思う。どこに、こういった根拠があるのだろうか。もちろんああいった結論もひどすぎる。中国人読者の激しい反撥が引き起こされたのは、自然な反応であろう。これは、絶対「中国蔑視」といった感性から推論されてきた論断であろう。

また、芥川と日本人の知識人たちのぼんやりして、意識していないところであろう。『上海遊記』の中の描写であったが、「湖心亭[7]……しかし支那の紀行となると、場所その物が下等なのだから、時時は礼節も破らなければ、潑剌たる描写は不可能である。……その一人の支那人は、悠悠と池へ小便をしていた。陳樹藩[8]が叛旗を翻そうが、白話詩の流行が下火にならうが、日英続盟[9]が持ち上らうが、そんな事は全然この男には、問題にならないのに相違ない。少なくともこの男の態度や顔には、さうとしか思われない長閑さがあつた。曇天にそば立つた支那風な亭と、病的な緑色を拡げた池と、その池へ斜めに注がれた、隆隆たる一条の小便と、——これは憂鬱愛すべき風景画たるばかりぢやない。同時に又わが老大国の、辛辣恐るべき象徴である」[10]。

これはよく引用された描写である。イメージも生き生きして面白かった。ところが、なんとなく、中国人読者の反撥が出やすいところだ。二つの問題と関連している。一つは、よく言われた芥川の中国に関する知識と現実中国とのギャップである。つまり、そういった時点で、白話詩などの話題が全然話にならないものであったろう。知識人でも、その時に芸術なんか考える余裕がなかったのに、ああいった小便人にとって、白話詩の流行の下火なんか、問題になることはとんでもないことであろう。もう一つは、当時の日中関係つまり時代的背景であり、背景を完全に除外して、局外人のように負の面ばかり見つめて表現したことも、中国人読者にとって悔しい感じがする。

同じ「上海遊記」の次のような表現もよく引用される。「現代の支那となるものは、詩文にあるような支那ぢやない。猥褻な、残酷な、食意地の張つた、小説にあるやうな支那である。……文章規範[11]や唐詩選[12]の外に、支那あるを知らない漢学趣味は、日本でも好い加減に消滅するが好い」[13]。また、「……（緑牡丹が）横を向くが早いか、真紅に銀糸の繡をした、美しい袖を翻して、見事に床の上へ手洟をかんだ」[14]。この緑牡丹に関する表現は汚い感じが強かった。ところが、それらの描写は、当時の中国のあらゆる面に、激しい否定を加えようと、すなわち、現代中国は救える方法のないほど堕落してしまったといった意思を表していたわけであろう。こういった「中国蔑視」が、中国の文化名士・章炳麟との会談の中からも、はっきり出てきたと思う。同じ、一九九六年に出版された『芥川龍之介全集』第八巻（岩波書店）からの引用である。

章：上海は単なる支那ぢやない。同時に又一面では西洋なのだから、その辺も十分見て行つてくれ給へ。公園だけでも日本よりは、よほど進歩してゐると思ふが――

芥川：だが、格別日本よりも、進歩してゐるとは思はないね。唯此処の公園は、西洋式だと云ふだけぢやないか？　何も西洋式になりさへすれば、進歩したと云ふ訳でもあるまいし。

章：しかし往来を歩いてゐても、西洋人の多いところなぞは、何だか感じが好いぢやないか？　これも日本ぢや見られない事だが、――あの辺は殆ど西洋だね。赤瓦だの、白煉瓦だの、西洋人の家も好いぢやないか？

芥川：西洋人の家は大抵駄目だね。少なくとも僕の見た家は、悉く下等なものばかりだつた。

章：君がそんなに西洋嫌ひとは、夢にも僕は思わなかつたが、――

芥川：僕は西洋が嫌ひなのぢやない。俗悪なものが嫌ひなのだ。

章：それは僕も勿論さうさ。

芥川：嘘をつき給へ。君は和服を着るよりも、洋服を着たいと思つてゐる。門構への家に住むよりも、バンガロー[15]に住みたいと思つてゐる。釜揚げうどんを食ふよりも、マカロニを食ひたいと思つてゐる。山本山[16]を飲むよりも、ブラジルカッフェを飲み――

章：もうわかつたよ。しかし墓地は悪くあるまい、あの静安寺路（今の南京西路）の西洋人の墓地は？

芥川：墓地とは亦窮したね。成程あの墓地は気が利いてゐた。しかし僕はどちらかと云へば、大理石の十字架の下より、土饅頭の下に横になつてゐたい。況や怪しげな天使なぞの彫刻の下は真つ平御免だ。

章　：すると君は上海の西洋には、全然興味を感じないのかい？

芥川：いや、大いに感じてゐるのだ。上海は君の云ふ通り、兎に角一面では西洋だからね。善かれ悪かれ西洋を見るのは、面白い事に違ひないぢやないか？　唯此処の西洋は本場を見ない僕の目にも、やはり場違ひのやうな気がするのだ[17]。

二人の考えと言い方は、「誠意」が持たれるものだったと思うが、しかし章炳麟の本当の意識と言えば、場違い西洋＝進歩と思ったかどうか、まず疑問であろう。西洋＝進歩という概念上のギャップだったが、表面から見れば、芥川龍之介の方が正しかった。問題になったのは、近代西洋＝進歩の基準を強く否定しようとした芥川龍之介の文化理念が、その当時の日本歴史・文化背景とは、何か関連を持っていたかということであろう。それはなんとなく、章炳麟と全く違うと言えないけれど、やはり違う立場にいたわけであろう。もう一つ問題になったのは、文化名士としての章が、なぜ続々と異様な問題を出していたのか？　「往来を歩いてゐても、西洋人の多いところなぞは、何だか感じが好い」とかいったところであったが、しかし、芥川の答えも唐突で、失礼な感じも出てきた印象が強かった。章は、どういう理由で和服を着たいものなのか。明らかに表出されてきたのは、芥川の時代的な文化ナショナリズムと関連したものであったろう。章も、気に障ったような感じがあるが、同じ話題が続いた。とにかく芥川の反応が、当時の日本の一般的な文化雰囲気とかかわりがあったようだ。西洋・近代・進歩などについて、対話・議論をする場合、観念的ギャップの出たことは、自然なことであったが、しかし、その当時の日本と中国との間で、時代的・歴史的文化背景があったわけなので、対話が不平等になってきたことも、あったはずである。ここでの会話も、芥川の方が明らかに批評者となり、中国の文化名士・章が、被批評者になってきたような感じが、強かった。とりあえず、両者の文化姿勢といった事実あるいは実質を認めなくてはいけない。どっちの話が正しいのか、それは別として、不平等的な文化人会話という事実を認めて、そこに含まれていた時代的ずれあるいはギャップの原因を究明することが、大切なことだと思われる。

次に、その時代以前の歴史・文化常識について二三の現象を紹介する。

例えば、大正時代は、複雑すぎる時代であった。戦争のほかに、大正デモクラシーもその時代の大きな特徴であった。大正時代は、日本の立憲政治の発達上でも注目すべき時代であったろう。義務教育も、一九〇七(明治四十)年にはそれまでの四年から六年に延長されて、小学校の就学率は、二十世紀に入ると、九割を超えるようになり、ほとんど字の読めない人がいなくなった。しかし、同じ時代の中国はどういった状況であったか? 章炳麟の話によれば——「今、中国の人口からその数を推量すれば、文字を読み文章法を知る者は百分の二に過ぎず、漢学を学ぶ者は百分の二のそのまた千分の一に過ぎない」[18]と。これらの歴史・政治・文化・教育などの実情を背景に、芥川龍之介のような文化人が影響を受けなかったことも、考えられないことであったろう。つまり、日本国民としての優位感が、自然に強くなってきたわけである。

また、昭和四十年の『座談会・大正文学史』の中で、猪野謙二の話は興味深く貴重であった。——「大正の初期から中期にかけては、文化の領域とか文芸の領域というものは、政治にとっては、言ってみればノンシャランな、たいした意味を持たない領域というふうに、政治家のほうでは見ていたのじゃないだろうか」[19]。上原専禄[20]も、第一次大戦の日本に言及した場合、のんきな戦争をやったと言われていた。「……、第一次大戦というものが境になって、日本の経済の伸び方やあるいは体質が変わってくる。いずれにしても資本主義が伸びていくということは、大衆の生活がどうなるかという問題を別にして言うと、経済的余裕というものができてくるということを意味する。つまり文学でも芸術でも、あるいは学問でも、自由な発展を許容するような経済的条件というものができてくることを意味する(それは、当時の中国と正反対であったろう)。……リベラル(自由主義的)、ヒューマニスティックな作品が生まれる社会的、経済的な基礎のようなものが出来てきたのが大正期であって、そこのところが明治時代とは違う」[21]。こう言われていたものを、芥川龍之介の『支那遊記』の時代的文化背景として、捉えてもいいかと考える。

次に、猪野謙二の見解だが、「いま、上原さんのおっしゃった二十一カ条要求とか、五・四運動、朝鮮の動き、そういうものに、(大正時代の)日本の文学者はほとんど反応していないでしょう。……さかのぼれば、朝鮮併合に対しても無反応だったでしょう」[22]。猪野謙二の以下のような結論も、重要で興味深かった。――「明治のナショナリズムが大正の帝国主義というものにいわば無自覚的に巻き込まれてゆく過程といえるでしょうか。とにかくいわゆる帝国主義のきわめて無意識的な容認というような方向にずっと落ち着いていく。そしてその段階になると、抽象的なヨーロッパのイメージを中心にその〈近代〉の享受という面がずっと続くわけですけれども、やがて昭和期に入ってその矛盾があらわれてくるという、そういう関係になりますね。……たとえば芥川なんか中国に行くわけですね。そうして『支那遊記』やその他『南京の基督』という作品もあるけれども……そういう泡立っている、中国人の生活に密着した状態では見ていない。やはり、上海なんかの植民地的雰囲気、一種のエキゾチシズムを見ているのですね」。柳田泉も「生きた中国は見ていない」と、同調していた。上原専禄から見れば、「……要するに大正期の作家たちの多くは政治的なモチーフというものを作品のなかには持ち込まなかった。おかしい話ですが、そういう芸術家は芸術家として、作家は作家としてなにかやれるものですね。……芸術に対する態度としては、芸術至上主義みたいなものになる……」[23]。こういった見方が、芥川の「遊記」作品を理解するのに、いい参考になると思っている。

3 章炳麟[24]の立場および芥川の「中国蔑視」

章炳麟は、一八九九年五月二十日の『清議報』第十五冊に掲載した「客帝論」といった文章に、論旨としては、白人の侵略に対して満漢一致して抵抗することが必要だと考えた戊戌変法時期の思想から、義和団事件を経て、まず排満しなければ欧米の侵略を撥ねかえすことはできない、という認識に移行していく経緯を読み取ることができる。章は、次のように言う。

客帝とは何か。それはたとえば、満州が中華の主となったようなことである。……中華の共主は孔子の子孫でなくてだれであろう。中華の共主は必ず曲阜の小都市にあり、この二千年間帝王を自称した者は、ちょうど周代の斉の恒公、晋の文公〔周王朝を擁護して諸侯に号令した覇者〕、日本の幕府のようなものである。そうだとすれば、賞罰を担当するが、〔中華の主という〕名位を占めることはできない。中華に主がいるから、豊〔周文王の都〕・鎬〔周武王の都〕・秣陵〔南京〕・汴〔開封〕・北平〔北京〕に幕府を立てた者が、満であるか漢であるか、ということは、やはりかげろう・鶴・馬・蟬が前を通りすぎるようなことにすぎない。もしも代理として政治をとる者がこの趣旨をわきまえず、天に摂提〔星=大臣の象〕・大角〔天王の座をなす星=人君の象〕があるように、自分こそ天下を鎮撫するのだ、と自分で思い込むならば、それは大夫が泰山を祭る[25]のと同様であり、その罪が許されない[26]。

さらに、「しかし〔義和団事件を背景に〕満人を駆逐しようとすれば、土地は白人に分割される。これはわが神州の大恥辱である。……」[27]。その時の章の日には、光緒帝がその世の賢明の客帝であったが、……「しかしながら（満人を）駆逐しなければ、民族の大義はほとんど阻まれ、革命の志はほとんど消滅してしまう。（最後の結論としては）満州は賤しい種族であり、民がかれらを軽蔑するのは骨髄に根ざしており、かれらを外人として見るのは、欧米に対するのと異ならない。満州を駆逐しなければ、士の愛国、民の敵愾欲しくても、それは不可能だ。だんだん衰えだんだん削られて、ついに欧米の陪隷〔奴隷の奴隷〕となるだけだ」[28]。一見すると章のこのような見解は、差別的なナショナリズム的なものであったが、実際はそうでもない。当時の漢民族は、二等国民であったから。ここで大切なのは、反満すなわち反西洋であったろう。

さらに、章炳麟のナショナリズム論を顧みよう。

民族主義は太古原初から人類の本性に潜在していたものが、はるか今日に至ってようやく発達したものであり、これは人間の良知本能である。満族の種族は東胡であり、西洋ではツングース族と呼ぶもので、匈奴〔フンヌ、トルコ族〕とはちがった種族である。かりに匈奴だということにしても、これは中国から撤退して久しく不毛の地に居住し、言語・政教・飲食・居宅がわが領内とはまるで異なっている。なんとしても同種だとはいえない。近世の種族の区別は、歴史民族によって区別し、自然民族によって区別しない。自然というなら、アメーバを祖とし猿を祭るべきで、六州〔世界の六大州〕の人民、五色の人種、いずれもその本は一つである。何もやかましく議論する必要はないわけだ。康〔有為〕先生も、〔大同〕〔世界のあらゆる境界・差別をなくした平等な状態〕の公理は今日ただちに全面実現されるべきものではない、とおっしゃっている。これによっても、今日は明らかに民族主義の時代であって、満漢を混合し、香草を臭草に混ぜるべきではない[29]。

香草・臭草の比喩はちょっとひどい感じだったが、時代的合理性もあろう。当時の清朝政府の種族制度が不平等な民族制度であったが、章の民族主義も、古い原初的な素朴なものであったようだ。近代以来の民族主義が、西洋・近代・進歩といった基本概念と複雑に絡み合い、なかなか解明し難いものであるが。つまり近代以来民族主義は、ヨーロッパ語のナショナリズムともつながって、あるいは近代「国民国家」と広い意味での「文化」とも深く結びついた言葉であり、はっきり言えば、近代になって国民国家が形づくられてゆく過程で、ああいう意味上の近代的なナショナリズムが誕生したということで、それは、本質的に、「国民国家主義」(state-nationalism) なのである……さらに近代民族主義あるいはナショナリズムとは、「ある民族や複数の民族が、その生活・生存の安全を守り、民族や民族間に共通する伝統・歴史・文化・言語・宗教などを保ち、発展させるために国民国家 (nation-state) を形成し、国内にはその統一性を、外国に対してはその独立性を維持強化することを目指す思想原理や政策、あるいは運動の総称」[30]だというのが、鈴木貞美のナショナリズム定義である。章の民族主義もこういった定義と全く無関係ではないけれど、本質的には違ったものである。同じ概念の別々の違いのある使い方についての解明は、なかなか難しい。

とにかく、章炳麟という中国名士が『支那遊記』で、西洋賞賛といった表象によって、日本（西洋をも含めて）の侵略、あるいは殖民を批判・抵抗していたはずである。確かに、「日清戦争」（一八九四―九五）中に、「支那蔑視」の風潮がにわかに高まる……福沢諭吉も蔑視を隠さず、『時事新報』（明治二十九年一月八日）「兵馬の戦に勝つ者は亦商売の戦に勝つ可し」で、さらに中国は「紙幣の制度なきのみか、貨幣の用法さえも知らずして」云々、「これを評して野蛮人の迂闊と云ふ過言にあらざる可し」などと、こきおろしている[31]というのが、鈴木貞美の所論である。芥川龍之介の「場違い西洋否定」は違った立場によったもので、その時代の西洋・東洋、近代・伝統との文化図式によるものであった。ここでは、ある仮説が成立しているかもしれない。つまり、章の場違い西洋賞賛は、自分の無効な一面を提出していただけで、背後の一面が原初的な民族主義あるいは時代的な愛国主義であった。そのかわり、芥川龍之介のほうも、確かに時代的影響を受けて、章との会話の中に、純粋日本主義でもないないけれど、西洋＝近代あるいは進歩との図式を固く否定しようとした傾向が、明らかにあったわけである。次のような現象も、無視することのできないことであるが――「明治三十二年芳賀矢一『国文学史十講』が刊行される。講義をもとにした学生のための入門書だが、この『国文学史十講』は明治二十年代に刊行された様ざまな『日本文学史』よりも、中国文明からの影響や日本における漢詩文の比重を軽くし、〈純粋な日本風〉を強調している。学芸一般から学問すなわち儒教、仏教の書や史書を対象から排除することによって、漢文の比重が減るのは当然だが、日本独自の文化を強調する思想がより強くなっていると見てよい。〈日清戦争〉前後からの時代風潮の反映だろう。「日清戦争」の勝利は、他のアジア諸国に先駆けて西欧文明を身につけ、優位に立ったという自信を生み、次第に漢文を軽視する傾向を強めてゆくからである。……」[32]。こういった事実を見ると、芥川龍之介の「遊記」作品の中の「中国蔑視」が、文化的・歴史的背景によったもので、読者の誤読あるいは虚構ではなかった。

4　結び――ジャーナーリスト、作家個性と巴金の反論

一応の結論だが、芥川と章炳麟との文化的な会話が、ただ形式から見ても、両者の文化的姿勢が全然違っていたところがあるわけであろう。中国の文化的著名人・章炳麟の方が、本音を表出したわけでなく、実用主義的に設置した問題を続々出して、日本人作家・芥川龍之介の文化的・政治的反応を、試していたわけではないか。革命家としての章炳麟は、西洋の植民地主義が好きになった理由がないわけである。また俗悪な、場違い西洋が好きになる理由もなかった。本当に、芥川の描いたあのイメージだったら、とんでもない文化人になってしまったわけであろう。一方、章の表現の

背後にも、西洋の当時の中国文化への影響を、ある程度肯定しようとした本音も含まれていたかもしれない。芥川に対面していた場合、日本と較べて、西洋の方がまあいいといったメッセージをも、表わしていたようである。章炳麟の個性から見ても、皮肉でユーモアたっぷりな話術によって、孔子の学術を談じたことがあり、当時の日本の学者たちから見れば、大学者だったけれど、口が悪かった。

次には、ジャーナリストとしての天賦が、どんな意味であるか。『広辞苑』によれば、ジャーナリストの基本義は、「新聞・出版・放送などの編集者・記者・寄稿家などの総称」で、ジャーナリズムであれば、「新聞・雑誌・ラジオ・テレビなどで時事的な問題の報道・解説・批評などを行う活動。また、その事業・組織」であると、説明されている。明らかに中性的な言葉である。ジャーナリストとして、一番重要なのは事件あるいは存在の真実さであろう。もちろん、ジャーナリストとしても、人間だから、感情とか認識の傾向を持つはずであるが。しかし、職業的道徳としては、できるだけ客観的な真実を、守らなければならない。また重要なのは、社会文化人としての世界的・「大同的」・人間的な視野でもある。芥川龍之介の場合は、有名作家・ジャーナリストとしての責任や役割となったので、単純なるジャーナリストとしての責任ではないはずであろう。とにかく、前述した事実を考慮に入れると、芥川龍之介は優れたジャーナリストではないような感じもしてくる。『支那遊記』の作者として、固定観念の色眼鏡をかけて、見るべきものをも実は確かに多く無視・誤読するようになっていたからであろう。感情的色彩が強すぎて、有名作家のジャーナリスト特性とするならば、いったいどう評価すればいいものか。実は、芥川が言ったジャーナリストの恵みは、前述の意味だけではなかった。あたかも彼の小説「西方の人」と「続西方の人」の中で、彼は、しばしばキリストをジャーナリストと、規定したように、芥川の言ったジャーナリストは、伝道者的傾向が強かったはずであろう。こうなってくると、真実かどうかに関わることだけでなく、伝道者の道徳判断の含まれたメッセージが、一番重要なものになってくるわけである。

また一方、芥川龍之介の遊記表現は、外在的なものだけではなかった。彼が大正三年前後に、親友・恒藤恭に送った手紙で、断片的に彼の人生観の骨格となるものを語り、後年の思想もその成長と円熟であると見てもさしつかえない。つまり、「人と人との間の障壁をわたることはできない」という深刻な孤独感、結局は人はひとり生まれ、ひとり死んでゆかねばならぬ寂寞感にひたり、「生存苦の寂寞」の癒しがたいことを悟った。他方において「周囲は醜い。自己も醜い。そしてそれを目のあたりに見て生きるのは苦しい。しかもそのままに生きる事を強いられる。一切を神の仕業とすれば、神の仕業は悪むべき嘲弄だと。（中略）そして最後に神に対する復讐は、自己の生存を失ふ事だと思ふ事がある」（大正四年三月九日、書簡）と、生を肯定すれば醜をも肯定し、人間生存の不合理をも認めなければならぬ[33]、ということだった。彼は、「善と悪とが相反的にならず相関的になつてゐる」と考え、「矛盾せる二つのものが自分にとりて同じ誘惑力を有する也。善を愛せばこそ悪も愛し得るやうな気がする也。ボートレールの散文詩を読んで最もなつかしきは悪の賛美にあらず、彼の善に対する憧憬なり。遠慮なく云へば、善悪一如のものを自分は見てゐるやうな気がする也。これが現前せずば芸術を語る資格なき人のやうな気がするなり」（大正三年一月二十一日、書簡）と説明している[34]。これを読むと、評価し難い境地に落ちたような感じだ。芥川龍之介が作家であるので、伝道的なものないし政治的なものを要求し過ぎては、無理なことであったろう。勝本清一郎の見方に示されたように、「菊池さんのものは、現実社会と地続きのところに文学を作っているところがありますね。……その点で、芥川さんのほうは地続きじゃない。ただし、地続きじゃないということは、現実社会をなんにも反映しないんじゃないので、やっぱり、現実社会に一種の触れ方をしたある非常に精神的な態度を宿していますね」[35]。

最後に、巴金の反論を考えてみよう。芥川龍之介のこの見解は、中国人作家には受け入れられないものとして映った。『激流』三部作をはじめ、「憩園」「寒夜」などで知識人の内面を深く掘り下げた作品で知られる巴金は、「幾段不恭敬的話」（恭しくない話、『太白』第一巻第八期、一九三五年一月五日号、『点滴』一九三五年四月号収録）できびしく反論した。つまり、龍之介の作品に関しては、「私は反感を抱かざるを得ない」と、巴金は言った。「龍之介は、鋭い筆鋒、高い教養を持っているが、ほかに何があるのか。形式の他に内容があるのか。その全作品は、『虚空』ということばで批判することもできるではないか」、との見解が打ち出される。その上「真の芸術家の重大な使命は、人類を結び付けることである」とも言った。これは間違いなく、伝道者だったであろう。しかし、関口安義の見解によると、「巴金の日本批判・芥川龍之介批判は、それなりに正しい。同時に蕪湖の唐家花園のバルコンで、龍之介が西村に語った現代中国批判もまた意味を持つ。それは長い歴史を持つ中国に期待し、愛するが故の苦情ととれるからである。わたしは巴金に龍之介を受け入れる度量のなかったのを惜しむ。もっとも巴金の文章は、龍之介没後七年半、日中間の関係がよりきびしくなった時点でのものだということを頭におかねばなるまい」[36]。関口安義の見解も正しいと思っているが、しかし、その見解に関する時点が、一番大切な問題だと、考えなくてはいけない。

確かに、巴金は度量の問題でもなさそうだ。巴金は、いつの時点で、『支那遊記』を読んでいたものか？ それは、解釈の一つの鍵なのであろう。

いや、一九二七年開明書店から出版された漢訳書『芥川龍之介集』に、「支那遊記」や「南京の基督」や「湖南の扇」などの作品が、翻訳出版されたので、巴金は読んだに違いない。確認しなくてはいけないことであるが、難しい。その時点で初めて、作品を読んで、反撥も出てきたに違いないけれど、反論文章を書かなかったのは、文化人の度量なのだろう。度量がだんだんなくなった原因も明らかなことであったろう。一九三五年という年は、ご存知のように、歴史背景として、四年前に発生した満州事変があった。その後、日本軍部・右翼の勢力が強まるにつれて、権力の弾圧は共産主義者に止まらず、自由主義者・民主主義者にまで及んだ。さらに、一九三五年の「天皇機関説」事件は、自由主義的な学説や思想をも排撃して、軍部の言いなりになる政治への道を開くことになった。この年はとにかく、一九三七年の日中全面戦争の直前だったのであるから、こういった両国の歴史的背景の下に、巴金が度量がなくなったのもごく自然なことだったと考える。これは子供の喧嘩のような反論ではない。歴史的・文化的観察や思考によっての反論である。

彼自分の何か全体的な感覚あるいは批判を、痛切に表していたので、度量などの問題にならなかったわけであろう。そうだとすれば、この時期になってからこそ、巴金がつくづく感じてきたのは、その厳しい時点までの日本知識人たちの一般的な文化傾向あるいは役割とか作用に、なってきたわけであろう。

注

[1] 一九一四年から一九二七年まで、計一四八篇中短篇小説の中に中国取材した作品は一二篇で、「酒虫」、「仙人」、「奇遇」、「黄粱夢」、「英雄の器」、「杜子春」、「秋山図」、「南京の基督」、「湖南の扇」、「女体」など。その多くは、『聊斎志異』や『剪燈新話』等の中国古典から出典する。

[2] 邱雅芬「『上海遊記』——ある隠喩的テキスト」『外国文学評論』二〇〇五年第二号、七五頁。

[3] 陳生保訳、芥川龍之介『中国遊記』北京十月文芸出版社、二〇〇六年一月、六、一四、一六頁。

[4] 関口安義編集『芥川龍之介——その知的空間』至文堂、平成十六年、一三五頁。

[5] 同右『芥川龍之介——その知的空間』一三六頁。

[6]「新芸術家の目に映じた支那の印象」『芥川龍之介全集』第八巻、岩波書店、一九九六年、三頁。

[7] 上海の共同租界内荷花池の中央に建つ一八八五年開業の二階建ての清朝建築。

[8] 陳炯明（一八七八—一九三三）。軍閥。一九二〇年、孫文を擁して広東軍政府を組織。一九二二年、クーデターで孫文を追い、北伐を挫折させた。

[9] 一九〇二年締結。一九二〇年に、日本政府の延長の求めで外交交渉を続けたが、日本の満州進出に対する懸念から、一九二一年末ワシントン会議で廃棄。

[10]「上海遊記」『芥川龍之介全集』第八巻、岩波書店、一九九六年、一九—二〇頁。

[11] 科挙受験者のため模範とすべき名文を集め、圏点・評注を加えたもの。七巻。南宋末の謝枋得編。日本には、室町末期に伝来し、作文練習の模範として用いられ、日本の漢学に多大な影響を与えた。

[12] 唐代名詩選。唐詩の格調を伝えて明末から清初にかけて流行した。江戸初期伝来。

[13]「上海遊記」『芥川龍之介全集』第八巻、岩波書店、一九九六年、二三、二四頁。

[14] 同右「上海遊記」『芥川龍之介全集』三一頁。

[15] Bungalow（英語）。インドのベンガル地方の民家に由来する。木造住宅。

[16] 東京日本橋に現存する有名な茶商店。一九六〇（元禄三）年、宇治出身の山本嘉兵衛が、日本橋通二丁目に創業。
[17] 同前「上海遊記」『芥川龍之介全集』三五、三六、三七、三八頁。
[18] 西順蔵・近籐邦康編訳『章炳麟集』岩波書店、一九九〇年、一二四頁。
[19] 柳田泉、勝本清一郎、猪野謙二編『座談会　大正文学史』岩波書店、昭和四十年、一一、一二頁。
[20] 上原専禄（一八九九―一九七五）。歴史学者、思想家。厳密な資料批判に基づいた研究。
[21] 同前『座談会　大正文学史』一六、一七頁。
[22] 同前『座談会　大正文学史』二一頁。
[23] 同前『座談会　大正文学史』二三、二四頁。
[24] 梁啓超や康有為の光緒帝に頼った上からの立憲の政治を批判して、漢民族を主体とする下からの革命の道を理想とした。後に孫文・黄興らの第二革命を支持し、その失敗後、袁世凱によって三年間北京に幽閉されるといったこともあったが、中華民国成立後はどちらかというと政治の第一線から退き、考証学に没頭し、近代屈指の学者と見なされるようになった。満州事変以後は、抗日を宣伝し、気骨あるところを示した。著書に『国故論衡』や『新方言』などがある。
[25] 泰山を祭るのは天子の行為。周の陪臣たる魯の大夫季氏が祭ったことを孔子が非難する。
[26] 同前『章炳麟集』二四、二六、二七頁。
[27] 同前『章炳麟集』三〇頁。
[28] 同前『章炳麟集』三一、三四頁。
[29] 同前『章炳麟集』三九、四一頁。
[30] 鈴木貞美『日本の文化ナショナリズム』平凡社、二〇〇五年、二八―三〇頁。
[31] 鈴木貞美『日本の「文学」概念』作品社、一九九八年十月、一七六頁。
[32] 同右『日本の「文学」概念』二三八頁。
[33] 伊藤整ら編集『日本現代文学史』講談社、昭和五十五年、九三頁。
[34] 同右『日本現代文学史』九三頁。
[35] 柳田泉ら編『座談会　大正文学史』岩波書店、昭和四十年、四二六頁。
[36] 関口安義『特派員芥川龍之介――中国でなにを視たのか』毎日新聞社、一九九七年、一三六、一三七頁。

Ⅱ　多文化の中における日本文化論

日本文化再訪
——多文化主義について——

加藤　周一

大学の教室で話すのは、ずいぶん久しぶりです。半年ぶりぐらいでしょうか。

演題に「日本文化再訪」と掲げましたが、以前に私は、日本文化を全体として大きく扱う本を二冊書きました。第一の『日本文学史序説』は、文学を通して見た日本みたいなもので、それを書いてしばらくたってから、『日本その心とかたち』を書きました。かたちというのは目に見えるものですから、目に見える美術の歴史（美術史）を通して見た日本文化みたいな話で、それが第二。そして今度、第三冊目（『日本文化における時間と空間』）を書きましたが、すでに二度しゃべったものだから、再訪というわけです。

しかし、そうすると話が散ってしまうので、つまり、大きな話題なので話題を少し絞る必要があります。それが副題の「多文化主義」というところです。なぜ多文化主義かというと、それが一つの理由です。

多文化主義というのは、西洋の文化、中国の文化、あるいは日本の文化というような、著しく違う、高度に発達した文化がいくつかあります。それがみんな、われわれの日常生活の中で、いろいろなかたちで接触することになっています。「主義」の前に、好きでも嫌いでもいろいろな要素がわれわれの環境の中に入ってきていますから、多文化接触が現実に起こっているわけです。そこで、それをやや反省的に見て、多文化的な考え方というのか多文化に対する態度、それを認容する、受け入れる態度を、多文化主義と言うことにします。

余談ながら、ラテン語の「イズム」という言葉の翻訳でしょうが、「主義」という言葉は良くないですね。翻訳はよく原語とずれるけれども、イズムはその良い例の一つです。一つの主張であるとか体系的な考え方のようなもの、たとえばマルクス主義と言うと、マルクスに基づいた一つの体系的な考え方を言い、主義の中に「体系」という意味が含まれているようですが、これはちょっとラテン語の言葉とは違います。イズムという言葉は、たぶんヨーロッパ語のほとんどすべてだと思いますが、広く使われています。たとえばバセドウイズムという言葉があります。バセドウ氏という人の名前のついた甲状腺の病気があり、はっきりした病気になる前にその徴候が現れているものにバセドウイズムという言葉を使うことがあります。その場合は主義ではないでしょう、甲状腺が腫れる病気ですから。イズムというのは、そのように極端な例を引くとばかばかしいほど原語の意味を外れます。

それで、多文化主義ですが、私は、どちらかというとあまり強い意味を含めないで、だいたい英語で言う程度にゆるく考えたイズム、多文化との接触の事実、状況という程度。その中で出てきた若干の考え方はあるかもしれませんが、強い主張を含んだ体系的な、ある種の概念体系を非常に強い立場から主張している、という意味では必ずしもありません。

多くの文化と接触したとき、取りうる態度が二つあると思います。一つは、しばしば宗教的な背景を持っている場合が多いと思うのですが、今仮に、絶対主義と呼びましょう。ある主張を持っていて、こういう考え方もあり、ああいう考え方もあり、ではなくて、それが本当に正しいのだ、事実である、と強く主張するのが一つです。文化が違えば同じ問題についてもいろいろな考え方があるわけですが、それを全部受け入れるのではなく、どれか一つを取ってそれが正しいと強く主張するわけです。つまり、ほかは間違っているということになります。間違っているからどうするというのは今はちょっと伏せておいて、とにかく「どうする」の前に、ほかの人は間違っている、私とその仲間だけが正しいと言う。それは絶対主義です。

宗教にはそのような傾向が強いです。日本でも、つい最近までそういうことをしていました。キリスト教でもそうでしょう。キリスト教を信じている人、そして洗礼を受けた人は、キリスト教的考え方もあるし、別の考え方もある、神様はいるかもしれないし、いないかもしれないというのではありません。それだと信者ではないわけです。信者の立場から言うと、神様は「いる」です。神様は存在するわけです。だから文法的に言えば、直接法現在ということになります。そして、それが真理なのだということです。真理について語って、排他的で、「私は正しいけれども、あなたの言うこともよく分かる」ではなくて、「私が正しい」。そう言ったら、「私と違うやつは間違っている」という立場を取らなければならない。それが絶対主義という一つの立場です。

そうすると、けんかになったときにどうもうまくない。相手が間違っているのだから、征伐してしまったほうが世の中のためになると思う人が出てきやすい。たぶん最近のブッシュ大統領もそういうことをお考えになったのだろうと思います。彼の考えることが正しい、ほかのやつはみんな間違っているというふうに、神様とブッシュ大統領とが決めたのでしょう。それは絶対主義です。この欠点は、争いが起こったときに譲りにくくなるということです。寛容(tolerance)の立場を取ることが難しくなります。それは絶対主義の欠点です。

反対に寛容の立場が取りやすいのは、多文化主義です。いくつかある文化をみんな、これが正しいとは言わないわけです。たぶんこれがほかのものよりいいだろう、あるいは、今の条件の下ではこっちのほうがいいのではないかというふうに言って、仲間を誘うことはあるけれども、私と違う人はみんな間違っていると断言はしません。だから文法上は、直接法よりも subjunctive(仮定法)を使って、そういうことが could be…、might be…であるという。それが多文化主義です。

そういうわけで、多文化主義の良いところは寛容です。だいたい私の考えのほうが正しいだろうと思うけれども、意見の違う人がいるのは仕方がないというわけで、征伐するということはないわけです。そういう意味で寛容であるのですが、現在の状態は、どちらかといえば多文化主義、あるいは異文化を含む価値や目的、信念、そのようなものに対して寛容な立場を取る必要が大きくなっていると思います。

寛容な立場を取らない行動も盛んになっています。だから現在は、同時に寛容な態度を取ることが非常に必要になっているのです。もし、寛容な立場を取らなければ、つまり絶対主義の立場を取れば、争いが起こったときはそれが激しい争いになって、最後は暴力にまで達するような争いになる可能性が大きい。それは絶対主義の欠点です。それを避けようとすれば、どうしても多文化を受け入れるより仕方がない。ということは、複数の価値を認めるほかないということです。複数の価値を認めれば、ある程度の価値の相対化を認めることになりがちです。必ずなるとは言えないかもしれません。難しい問題ですが、しかし多くの場合、どうしても価値を相対化するように作用します。

だから、何が良い点で、何が悪い点かと言うと、絶対主義の場合、価値を絶対化するのですから価値の相対化は起こりません。その代わり、争いを解くことが難しくなります。ことに暴力を避け、激しい争いを避けて、寛容な態度を取ることが、困難になります。それは欠点でしょう。第二の多文化主義を取れば、激しい対立を避けるのにより有利です。しかし、価値の相対化を伴うことが多く、寛容であると同時に相対化——そうかもしれないけれども、そうでないかもしれないということになります。

争いが起こったときに激しくなると困ると言いましたけれども、その一つの理由は、今言ったようなものの考え方の問題ではなく、その外部で起こっている現在の環境にあります。武器が変わり、大量殺人を行うことのできる武器が発達しているということです。いちばん大掛かりなものは原子爆弾（核爆弾）です。核爆弾を爆発させると、非常に多くの人を殺すことができます。今までの戦争で、たとえば一〇の一〇乗だった戦死者が、核兵器を使えば一〇の一〇〇乗になるかもしれません。大変な大量破壊と殺人ができるようになりました。ですから、そういうことを避けなければならない。そこで絶対主義との間に矛盾が起こってきます。

私はこれが絶対に正しいと思うと言い、それを通すためにあらゆる手段を講じる。それは当然なのですが、手段に、説得では間に合わないから武器を使おうとする。武器を使って強制するとなると、被害が大きくなります。ですから、現在の状況ではどうしても避けたほうがいいということがあるわけです。

武器の破壊力が大きくなって大勢の人を殺すようになっただけではなく、武器に関する知識が増えています。武器だけではありませんが、知識がいわゆるグローバリゼーションで地球全体に広がり、どういう文化の人たちも、みんながみんなの知識をもつようになっています。多文化という中の一つの文化がほかの文化を知るというだけではなく、お互いを知るようになり、すべての文化がすべての文化を知っているということになります。その意味で多文化は内面化され、一つの社会の中に浸透してきます。それを防ぐことはできません。だから、ちょうど核兵器と同じように知識の普遍化という現象が起こってくるわけです。

多文化主義は、良くても悪くてもそれを避けることは困難です。いくら私が頑張っても、固い信念を持っても、子どものときからキリスト教徒として育っていても、この世の中に非常に強力な仏教徒がいる。その一部の人たちは非常に良い人たちで善意をもって行動している。そのような状況に関する知識があれば、とにかく暴力的なかたちでの征伐、非難はちょっとできないことが分かるでしょう。

昔は知識がなかったわけです。だれが仏教徒だか分かりませんでした。仏教徒の中にもいろいろセクトがあって意見が違う、その違いがどういう違いであるかが分かっていなかったけれども、今はそれを知ることがわりに簡単です。だから、世界中で分かっています。そうなると、多文化主義にしないと困ったことになります。ここが違うというときにいちいち爆弾を投げていたらキリがありません。のべつまくなしに、朝起きたら爆弾を投げることになってしまいます。

知識が広がると、多文化主義で、たくさんの文化が生み出したたくさんの価値を認めるという態度を取らないと、キりがないということになります。現在はそのような状況になっていると思います。

ところが先ほども申し上げたように、多文化主義を取ると、文化が違えば価値観が違うわけですから、たくさんの価値がありうるということです。そして、どの価値も絶対的に正しいとはいえないということになります。その意味で価値の相対化を避けることはできません。ちょっと難しい問題になってしまいますが、要約すれば、たぶんこういうことになると思います。

たくさんの特殊な文化があって、それをみんなそのまま鵜呑みにするわけにいかないから、その中から受け入れることのできる価値を発見して、つまり、どこの文化でも受け入れられるような異文化を受け入れて、ある種の文化は捨てる。そのようなことをするより仕方がない。

だから、文化の中から何が普遍的な価値であるか、何が特殊な文化にとって特殊な価値か。簡単に言えば、特殊な価値か、普遍的な価値か、あるいは価値の普遍性か特殊性か、そのどちらを取るかということを、個々の価値についてはっきりさせるより仕方がない。そのような状況が生じます。そうすれば、どうしたらよいかということになります。

現在の状況では、絶対的な真理を主張することは非常に難しい。そして、それを正当化することは難しい。したがって、多文化主義はほとんど避けることのできない時代だと言えます。その多文化主義の中で出てくる問題の一つは、すべての価値が相対化されるということで、すると、何もできなくなってしまいます。ある価値を追求するために行為が成り立つのですから、どうしてその価値を選ぶかというと、考えられる限りいちばん普遍的な、どこでも通用する価値を選ぶわけです。

どこでも通用する価値とはどういう価値かと言うと、それは簡単には決まりません。日本の場合を見れば、たとえば日本の伝統の中にたくさんの価値があります。そこに外からも入ってきています。どの価値が、日本人の立場から見て普遍的に通用するのか、どの価値が特殊日本的であって、外国人に言っても仕方がないのか、ということがあると思います。

神道の神々は普遍的ではありません。もともと地方神なのですから。天照大神でさえもそういう説があります。日本のある地域の神様なのです。別の地域に行くと別の神があって、お互いの関係は必ずしも密接ではありません。しばしば無縁であり、直接の関係はありません。関係のあることもありますが、それは強かったり弱かったりします。全体的に体系的に、ある先祖があってその下に神の子孫が出来、そこにある秩序が出来る、つまり、先に生まれた兄と弟の関係といった秩序立てが最初に行われたのは、われわれの知ることのできる範囲では『古事記』です。『古事記』以前は、日本の神様はだいたい地方的です。創世神話も地方的です。

『古事記』が書かれたのは八世紀の初めです。八世紀初めの日本人は、隣に朝鮮半島があることを十分に知っていました。そこにいろいろな国があることも知っていました。もっと先には中国があることも知っていました。それは疑う余地がありません。なぜなら、多くの中国人、朝鮮半島の人が日本に来て仕事をしています。八世紀の初め、『古事記』が編纂されたころには、そういう人たちがいたわけです。だから、日本列島を神が創ったというのは創世記ですが、キリスト教の旧約聖書の創世記とは違います。

キリスト教の神は世界を作ったと言っています。あるいは光を作った、ことばを作ったと言っています。ところが、旧約聖書でイスラエルを作ったとは言っていません。そうではなくて、天と地を作り、光を作り、ことばを作り、男女を作ったというふうになっており、男女はイスラエル人とは言っていません。いわんや、シーア派だ、スンニ派だということも言っていない。そういう区別はないのです。

ところが、『古事記』は学校でも教えているわけですが、どろどろしたものの中に天《あめ》の瓊矛《ぬぼこ》を入れてかきまわしたあと、天の瓊矛の先からぽたぽたと滴り落ちたものが固まり、そこに島が出来たというので、日本列島の成立が説明されています。それが『古事記』の、いわゆる創世記です。韓国がどうしたかなどは、ただの一行もありません。知らなかったからではないでしょう。大事だと思わなかったのでしょう。中国もありません。だから、旧約聖書と違います。創世記に関しては、どこの国にも触れている旧約聖書のほうが普遍的です。『古事記』は同じように普遍的とは言えません。

日本の文化の中で何が普遍的で何が特殊的であるかを見定めなければなりません。日本列島の中で何が古くから残って続いていて、その性質は特殊なのか普遍的なのかということを見定める必要があります。そのためにどのような方法を取ればよいかということがあります。

その一つのやり方は、日本人の意識のいちばん深層に残っているものはいちばん古く作られた価値観だと思いますので、そのような前提に立って、いちばん古い価値観はどういうものか、あるいは世界像をどのように見ていたか、どれがいちばん外からの影響を受けにくくて今日まで続いているか、つまり、日本人の意識の中でいちばん動かない、したがってそれをほかに適用することの困難な基礎的な考え方はどういうものかを知る必要があります。今のロジックから言えば、それをはっきりさせない限り、何が日本文化の中で普遍的で、何が普遍的でないか、特殊的であるか、はっきり言うことはできません。そのような論理的要請があるわけです。

しかし、論理的要請だけではありません。皆さん方から言えば特殊な私の経験から言えば、戦争が終わり、なぜこういう戦争を起こしたのかを私は知りたかった。私の生涯の中では、非常に強い欲望というのか望みというのか情念は、知りたいということだけれども、何を知りたいかというと、なぜこのような戦争を起こしたのかを知りたい。日本人が起こした戦争なのですから。それから、戦争中に日本人がやっていたことを知りたい。そのようなことを行うには、どういう背景があるのかを知りたい。

今、テレビジョンで見ると、北朝鮮では将軍様のことを思って土下座したりしていて、それは変だという感じを持つ人が多いと思います。今の若い人たちはみんなそうだろうと思います。あなた方は、これはちょっとおかしいのではないかと思ってご覧になっているのだろうと思います。また、テレビジョンを作る人はそういうつもりで作っているのだと思いますが、私はそうではありません。

昔はテレビジョンがなかったたし、新聞の記事でも写真でもそういうものはなかったけれども、一九三〇年代の日本とそんなに違わないのではないでしょうか。一九三〇年代の日本と言うと、私の親父の年代ですが、もし、今のテレビジョンの、北朝鮮の土下座風景が少しおかしいと思うのなら、私は、私の親父の頭が少しおかしいと思わなければならない。それはちょっとまずい。親父は立派な親父で、頭が少しおかしかったとは思いたくないものですから、では、どういう説明のしようがあるのだろうかということになるわけです。ほうっておくわけにいかないから、いろいろ工夫というのか、事実を見極めるように努力する。それが個人的な理由です。

論理的要請ではないけれども、私個人はそのような理由があって、どうなっているのか見定めたい。一見、変に見えるけれども、変ではないだろう。私の親父は精神病理学的に変ではなかった。もし、そうならば、北朝鮮の指導者も変ではないのではないか。少なくとも、それを疑う必要があります。テレビジョンに映ったからすぐに、北朝鮮の人は変だということにはならないでしょう。

テレビジョンは現在のマスメディアですけれども、昔はラジオと新聞でした。三〇年代の日本もマスメディアはありました。そして、マスメディアの言っていることは、今、あなた方は読まないでしょうが、もし、ご覧になれば、それはやはりおかしいのではないかと思うと思います。しかし、それはおかしくないと思っていた。だから、そこは見定める必要があるということになるわけです。

そこで、どうしようかということになるのですが、大きく見れば、日本の歴史には外国の影響が二度ありました。最初は縄文時代のあと、弥生時代になってから、大陸との関係が密接になり、アジア大陸の文化が中国から直接に、あるいは朝鮮半島を通して、日本に入って来ました。それが第一の、圧倒的な文化の影響です。

お断りしておくと、これは好き嫌いの問題ではありませんし、私の趣味の問題でもありません。政治的意見の問題でもありません。単なる事実問題です。そして、それはほとんど否定できません。あらゆる種類の文化の格差が非常に大きく、とにかく日本は文字のない文化であったそのときに、接触した相手は文字があるどころの騒ぎではなく、政府が公式の歴史書を編纂するという程度の文化ですから、まるでケタが違うわけです。当然のことながら、日本人は大陸文化を採択し、それを消化して使うようになります。

ですから、それはどこまで日本的なのか日本的ではないのか、日本に特殊なのか、そうではないかという議論をするときに、どこまで外国の、つまりアジア大陸の影響が及んでいるか、あるいは明治以後になれば、西洋の影響が及んでいるかということを、除外しては考えられません。だから、それは除く必要があります。二つの外国からの影響、つまり、中国（大陸）からの影響と、それから一〇〇〇年以上たってからの西洋の影響を除いて、日本人のものの考え方、行動様式はどうであったかを、確かめる必要があります。

『古事記』も、もちろん大陸の文化の影響があります。大陸文化の影響のない日本の姿を認めようと言っても非常に難しい。明治以後の西洋文化の影響のないものを探すのもかなり難しい。それでどうするか。三つの方法があると思います。

第一の方法は、『古事記』のように影響はありますが、にもかかわらず、韓国の文化と比較して似ているところは除き、それは読まずに飛ばして、似ていないところだけを注意すれば、ある程度までは大陸文化の影響のない考えが出てくるだろうと思います。『古事記』、『日本書紀』、『風土記』、それから歌謡、ことに古代歌謡です。歌謡は、散文よりも古いものが残りやすいのです。しかし、あまり多くありません。『風土記』は、もとは多かったでしょうが、今残っている『風土記』はそれほどありません。だから限度はあります。しかし、それは徹底的にやることができます。

そのようなことをやったのが、古くは津田左右吉、最近では丸山眞男です。丸山さんは日本人の意識の深層を突きとめるために『古事記』を分析しました。『古事記』の中から明らかに大陸の影響であるものは除き、残りの部分を精読すると、いろいろな関係が出てきます。それが一つの方法です。

とはいうものの、外からの影響のない古文献は非常に少ない。『源氏物語』ではありません。『源氏物語』よりもっと古く、大陸の影響のないものです。第一、『源氏物語』には仏教が入っています。だから、外からの影響のない古文献は、あまりにも少なく、困難です。十分ではありません。

第二の手段は、書物はないのだから、ないものを探しても仕方がない、思い切って土を掘って、考古学的な資料を集める。また、離れ小島や山奥までは大陸の文化は及ばなかったという前提で、そういうところに残っている古い習慣や昔話などを集めて調べる。民俗学的方法プラス考古学的方法です。これは非常に力強くて、最近になってますます資料が増えています。非常に大事なのですが、一つ弱点があって、それは、日付がはっきりしないことです。

たとえば沖縄の離島で、お祭りの仮面や踊りなどを発見しても、非常に面白いですが、また、それは古いもので、最近の中国や日本の影響でないことはほぼ確実だと思いますが、では、いつごろからなのだろうとなると困ります。根拠はないわけです。ほとんどどこにもないでしょう。あまりにも漠然としていて、「昔々」ということになるわけです。昔とはいつかということがないと、資料としては大きな弱点になります。ですから、二番目も十分ではありません。

もう一つ方法があります。それは私が発明したといったら大げさですが、発明したとまではいかないかもしれないけれども、一番目と二番目の資料を、外国の影響のない日本的考え方を発見するための資料として利用することです。そのようにはあまり利用されてきませんでした。外国の影響がない土着の日本思想、日本固有の思想を発見するために、外国の影響がいちばん強いところを狙って調べるわけです。

ある技術、ことに思想が外から入ってくると、たとえば仏教や道教、儒教などが入って来ると、これは強い影響です。外から来る国際的な宗教やイデオロギーは圧倒的な力を持っています。高度に洗練された体系ですから非常に強力で、そういうものが入って来ると、日本側はそれをほとんどそのまま受け入れます。しかし、そのまま受け入れるだけではなくて、その中である種の作用が及び、日本化あるいは土着化されます。ドメスティケーションです。

外国からイデオロギーが入って来たときは、必ずドメスティケーションが行われます。日本の場合に限りません。われわれの知っている範囲では、あらゆるところで必ずドメスティケーション現象が起こります。そうして、ドメスティケートされた、つまり日本化された、たとえば仏教と、日本化されない仏教、これは材料がいくらでもあります。中国語訳の仏典がたくさんありますし、第一、日本はそれをそのまま持ってきたのですから。それからティベット訳がありますし、西夏訳がありますし、言うまでもなく、サンスクリット・パーリがあります。そういうものをみんな使うことができます。

仏教とはどういうものかと言うときに、日本での文献に頼る必要はありません。北インドに始まり、アジア全土を通って来るわけですから。仏教は、そういう巨大な国際宗教です。だから、日本という小さな国に来てそこで何が起こったかということは、仏教を知るためにはあまり必要ありません。仏教がどういうものだということが分かれば、ドメスティケーションはそこから逸脱するわけで、日本化するということは、もとのオリジナルな仏教とは違ったかたちになるということです。そして、どう違ったかたちになるかは、二つのことに依存します。

一つは、仏教が日本人をどういう方角へ招来したか、どういう方角へ作用したかという力の方角です。もう一つは、言うまでもなく力の強さそのものです。弱い力なら大して驚かないけれども、強い力ならば、日本化が起こるときに激しい争いがあって、それにもかかわらず日本側は日本化を作りだそうとする、仏教自身はそれに抵抗する、そういう争いがあります。その争いをよく見ると、出来上がった日本化の方角がどちらへ向かっているか、どのぐらいの強さで作用しているか、ということが分かるわけです。

そうすると、われわれの知っていることは二つあります。日本に関係のない仏教とは何か、その力はどういう方向を向いているか、そして、どれほど強い力を持っているかということが一つ。それは、われわれは分かった。第二には、それが日本に来て一〇〇〇年ぐらいの間に、日本固有の思想から影響を受けてどう変わったかということも分かる。それこそ現在の仏教寺院だから、それはすぐに分かります。その二つが分かれば、仏教に関係のない、日本の思想の底辺にあるもの、丸山さんが「底辺思想」と言ったものが分かるわけです。

丸山さんは古層と言い、後になると音楽の言葉で通奏低音（バッソ・オスティナート）と言いますが、それは変わらないでしょう。オーケストラのメロディは上のほうでたくさん変わるけれども、下のほうではいつもコントラバスが頑張って弾いていて変わらない。それが丸山さんの言う通奏低音です。

文献だけではなかなかつかまらないと申し上げたけれども、また、考古学だけでは十分ではないということも話しましたが、第三のやり方だと、想像がつくわけです。ベクトル合成と言いますが、二つのベクトルが分かっていれば、第三のベクトルはわりあい簡単に知ることができます。二つのベクトルを合成して一つの合成ベクトルが出来、初めの二つのベクトルのうち一つが分かっていて、合成されたベクトルが分かれば、初めにあってわれわれが知らなかったベクトルがどういう性質のものかが分かります。それは比較的簡単な問題ではないですか。ベクトル合成の非常に初歩的な話でしょう。

ですから、一回だけではだめです。そういう比較検討を仏教に行って、仏教も奈良朝から平安朝にかけてどういうふうに変わったか、また、室町時代に新しい仏教が、つまり禅宗系統が入りますから、十三世紀、十四世紀以後、仏教がどういうふうに日本化されたか。そういった比較検討を二度ぐらいやって、いつも同じ方角を向いていれば、「ははぁ、その方角が怪しい」ということになります。日本化と言うときは、必ず一定の方角を向きますから、二度調べて、ある方角を狙っていたら、「ははぁ、日本の本来の思想は、外国の影響がなければ、あの方角に力を加えるのだ」ということが分かるでしょう。

それだけではだめだと思います。仏教を二度調べたのだから、儒教を少なくとも一回は調べる必要があります。これはいくらでも文献があります。朱子学は、徳川時代、いわば教育基本法で正式の教科になり、幕府の公式の学校（藩校）で教えたのですから、もう少し丁寧にできると思いますが、それによって変わったか変わらないか、変わったとしたら、どういう方角へ変わったか。もし、それが仏教と同じ方角へ変わっていたとしたら、ずいぶん深刻な場合でしょう。その場合はほとんど断定的に、日本の根本的な思想は、外国の影響から離れたときはいったいどの方角へ進もうとしているのかということが分かるわけです。

具体的な例を言えば、死んだあと極楽に行くとかいろいろあり、その一つを取り出して強調したのが浄土宗ですが、とにかく仏教は「あの世」のことを強調しました。しかし、日本の信仰体系の中に「あの世」の詳しい叙述は全くありません。死んで苦しいことになったとか、暗い、いやな世界に落とされたということはあるけれども、そこで第二の生が始まったという考え方は、地獄にせよ極楽にせよ、日本にはありません。では、仏教が入ってきてどうしたかというと、葬式仏教になるのですが、あんまりその話はしないで、むしろ仏教の現世における効力を尊びました。それは、本来の仏教とはかなり違います。

現世における仏教の力とは現世利益《げんせいりやく》というもので、圧倒的に大事な利益は、個人の信者に対しては病気を治すことです。それはこの世の話だから、あの世の話ではありません。仏教はあの世に関心があって、あの世に集中しているわけだけれども、仏教が含んでいる現世の利益に日本人は注意が行くわけです。その現世の利益のいちばんは、個人としては病気が治ること、村としては雨が降ること。だから真言宗の空海と天台宗の僧侶が対決するとき、天皇の前で雨を降らせるコンクールをするのです。その結果、空海が真言宗を日本に一挙に導入し、天台宗と並んで平安仏教の一つになります。そのような状態が生じるのは、雨を降らせたからです。

死んでから助かるのではなく、死んでから幸福になるのでもありません。雨ですよ。キリスト教は、死んでから罪をぬぐわれます。救済でしょう。日本の仏教は、現世にせよ彼岸にせよ、魂の救済という観念はありません。そもそも彼岸の話はあまりしません。仏教に転向するときは、今ここでどういうことができるかが問題なのです。村にとっていちばん大事なことは、農業社会ですから雨に決まっています。雨が降るか降らないかという問題です。そういうことが仏教についてはあります。

儒教の場合、複雑ですが、とにかく徳川幕府が採用したのは朱子学（宋学）です。朱子学の体系は非常に合理的で、うまく出来ています。宇宙観と人間観、歴史観、政治学とがその中で一つのパッケージになっています。それも、ただバラバラに袋に突っ込まれているのではなく、中でちゃんと秩序立って関係しています。つまり、朱子学というのは建築的な概念体系なのです。

日本に十七世紀の初めに入って来て、元禄のころ（十八世紀の終わり）になるとどうなるか、それまでにどう変わったかというのは、実に面白い。宇宙の原理とか、人間の生活と宇宙の動きとの間の連関とか、そういった形而上学的な話ではなく、もっと具体的な話です。その具体的な話の一つは本草です。つまり、医薬ですから、これまた健康の問題です。医薬で儒教は圧倒的な威力を発揮しました。雨は、朱子学ではあまり言っていませんが、農業のほうは大いに発達しました。

朱子学は、具体的なノウハウを与えました。ことに病気は大事です。大事も大事、非常に大事。なぜなら、徳川時代の二五〇年間、儒者のほとんど全部が医者です。よほど特別な大学者は大名から高い月給をもらえますから、医者で暮らしていません。たとえば荻生徂徠は患者を診ていません。しかし、徂徠ほどでない儒者だったら、ほとんど全部医者です。逆も真なりで、医者のほとんど全部は、多かれ少なかれ儒者です。それはそれほど驚くことではなく、西洋も中世においては同じです。

アリストテレスは、フランス語やドイツ語ではなくて、やはりラテン語が読めなければ読めません。ギリシャ語ならなおいいですが。だから、アリストテレスを読むために、古典学者と医者とは非常に密接でした。日本では、医書を読むためには古代中国語が読めないといけない。それは、ある程度の訓練がなければだれも読めませんから、ある程度の儒者でないと、偉い医者にはなれないわけです。だから、その間は密接でした。

方角は似ているでしょう。プラクティカルです。そして、その効果を期待するところはあの世ではなくてこの世です。その効果が現れるのは、未来ではなくて今です。Right now, here ということです。それは強力です。外来のイデオロギーがどうであっても、そういうものが強い力で作用します。

私は、文学を通して日本の思想史を見て、日本人の心の底に何があるかを見極めようとしました。次に美術史を通して日本文化を見、最後に時間と空間を通して日本文化の特質を見ようとしました。時間と空間を通してというのは、日本のいろいろな活動——行為にしても、まちづくりにしても、建築にしても、絵画にしても、文学にしても、文法にしても、どういう時間と空間の概念が含まれているかということです。たぶん、それは中国から来たものではありません。日本の中にあったものです。

だいたいそこまでは私は言ったと思うのですが、そういうことで最後に一つだけ。あまりにも抽象的ですが、時間は「今」に関心があって、空間は「ここ」に関心がある。だから「今＝ここ」という場所が勝負のしどころで、ほかのことには二次的興味しかないというのが、日本の特徴です。その特徴は決してマイナスだけということはないと思います。それは「雑種文化」という考え方の中で私が言ったことの一つですが、「雑種文化」は事実問題です。それから、「今＝ここ」の文化であることも事実問題であり、動かせないと思います。しかし、良いか悪いかという話になれば、それは必ず「良くて悪い」です。日本に限ったことではなく、どこの国だってそうです。だから、日本の場合も「今＝ここ」の文化は、同時に良くて、同時に悪い点があるに決まっています。

ちょっと抽象的過ぎるかもしれないので、最後に一言、空間を例にとって言うと、法政大学国際日本学研究所で出している二十一世紀COE国際日本学研究叢書第五巻で、李さんという方が日中比較（「日中齟齬の文化学的研究——時間と空間の認知傾向を中心にして——」）をしています。その中で李さんは、中国は非常に大きいから、あらゆる機会にシンメトリーが強調される、日本は小さく、そんなゴチャゴチャしたところでシンメトリーなどと言っていられないから、アシンメトリーが日本の特徴である、と言われています。私は、全部賛成ではありませんが、というのは、中国は広いから、日本は狭いからそうなるのだということには、賛成ではないのですが、ただ、中国はシンメトリーの文化であり、日本はアシンメトリーの文化であるということには、全面的に賛成です。

なぜだろうかという問題もそこから発生するし、良い悪いもそこから発生します。シンメトリーがないのは良くないとは言いきれません。日本は独特の文化をそこで作った、ことに美的文化を作った。それは茶の文化です。しかし、もちろん欠点がないとは言えません。たとえば日本の都市計画です。都市計画が悪いと言うより、都市計画がないと言うのに近く、いくら威張っても、都市計画に関してそれなりに良い点があるとは言えないと思います。

良い点があり、悪い点がある。良い点でも、非常に良い点がある。それは、中国は例外なのですが、つまり、焼き物に関しては非常に良い点がある。中国の弟子としては最高の弟子であり、世界中で日本に次ぐ焼き物の国はないでしょう。それほどの良さで、悪いほうは、詳しく申し上げられないけれども、まちづくり。そういうふうに良し悪しの問題では両方あります。しかし、シンメトリーとアシンメトリーの関係は、非常によく特徴を表しています。

では、ここまで。ご清聴、ありがとうございました（拍手）。

＊二〇〇七年七月九日、加藤周一氏講演会「日本文化再訪——多文化主義について」（国際日本学研究センター・国際日本学研究所、総長室共催）より

江戸文化研究は中国を必要としている
——欧米研究者を事例にして——

田中　優子

1　東アジアにおける江戸文化研究の必要性

本論は、中国における近世（江戸時代）文化研究とその比較文化の現状と可能性を考えるための論であるが、実際は中国の江戸文化研究者は多くはない。というより、日本研究の一部としておこなうことはあっても、江戸文化研究に集中している事例は、極めて少ない。それは、近代化を急ぐアジア諸国にとって、日本とは近代化のためのモデルケースであり、自国の近代化のためにこそ研究するものであって、それ以外はあまり価値がないと考えられてきたからであろう。

古代研究は、日本の成立時に東アジアと深い関係があったこともあり、中国・朝鮮からの文化の移入が、高いところから低いところに流れる、という意味での分かりやすさをもっている。文献読解でも、中国の文献を基礎におけば研究方法を確定しやすい。しかし平安末期から近世に至る日本は、東アジアからの自立と日本化を成し遂げたがゆえに、日本の特異性がはっきりしており、理解が難しいと感じるのであろう。とくに中国から技術的・文化的独立を果たした江戸時代は、武家文化との価値観の共有はあるが、庶民文化は現代中国との違いが甚だしく（という先入観があり）、近づきがたい時代であるようだ。ある中国人研究者は、江戸文学関係の論文を書いても発表の機会がなかなかないと指摘している。とくにその作品がエロティックな内容である場合は、難しいという。そしてその「エロティックな内容」の事例として、黄表紙を挙げている。しかし黄表紙は、性的な内容をもたない漫画本の一種である。江戸時代の大衆メディアが、日本文学研究者のあいだでもほとんど知られていないことや、読まれないまま先入観を抱かれている、あるいは間違った教え方をされていることが分かる。

文献を読む上で、古文の読解に努力を要することも一因であろう。漢文の読み下しは、東アジアの研究者には容易に見えるがそうではない。読み下しは、中国の古典文献を日本の古典語に翻訳する作業であるから、いっそう難しいのだ。しかし実際は、江戸文学、江戸文化、江戸時代の思想のどれであろうと、中国とその基盤を共有していないものはない。そこに注目して研究を展開してゆけば、必ず壮大な比較文化論が可能なのである。

近世は、朝鮮やベトナムも、それぞれの文字を開発し使用した時代であり、いずれも中国からの文化的な独立を果たしている。にもかかわらず、やはり文化を創造する基本的素材は中国に由来している。その意味で日本と同様である。したがって、この時代の比較文化はそれぞれの文化的特徴を明確にする上で、中国、朝鮮、ベトナム、日本の間で相互におこなうのがもっとも有効であり、それを目標にすべきではないかと思う。西欧の文化は、東アジアに外から導入された異文化として、中国、朝鮮、ベトナム、日本がそれをどう使用したかに注目する、という方法になるだろう。中世・近世について言えば、日本文化を欧米の文化と直接比較して「日本的なるもの」を導き出そうとするのは乱暴であり、方法として間違っている。従来の「日本らしさ」の俗説はたいていの場合、その方法で結論されたものだ。まず東アジアが共有している特質を明らかにし、その上で、ベトナム、朝鮮、中国との違いを見定め、初めて「日本に独特のもの」と言えるのではないだろうか。

一方、欧米の研究者たちは平安末期から近世の文化に強い関心をもってきた。まずそれは『源氏物語』や禅、茶の湯、能に対する関心であり、その延長線上の芭蕉や俳諧の研究が主要であったが、美術分野の日本研究者たちが増えるに従って、浮世絵、黄表紙など、近世の都市文化の研究が多くなっている。すでに述べたように、『源氏物語』などの平安文学、禅、能、茶の湯、芭蕉俳諧、浮世絵、黄表紙の研究においても、本来はまず東アジアの中で、何がもとになり、そこからどう展開した結果なのかを研究しておく必要がある。その上で「日本の」禅や茶の湯や演劇や文学の特質が明らかになるのである。中国、台湾、朝鮮半島、ベトナムの研究者にとっては、そのような意味で、まだ行われていない日本文化研究や江戸文化研究が大量にある。それは自国の文化との関係の上でこそ、意味をもつのである。したがって東アジアの日本研究者は、自国の文化を深く学んでいればいるほど、その成果は大きくなる。

2 欧米における江戸時代研究

本論ではまず、欧米における近世（江戸時代）文化研究の現状や傾向を述べた上で、それとの関係で東アジアにおける近世研究がどのように必要とされているか、また、何が期待できるかを述べたいと思う。

近世史、近世文学研究は明治以降、在野の「好事家」と呼ばれる人たちや、コレクター、作家、哲学者たちによってさまざまなかたちでおこなわれてきたが、とりわけ日本で近世文学の研究者が優れた著作を出すようになったのは、戦後の一九五〇年代からである。一九八〇年代になると近世研究者ばかりでなく、他分野の研究者や作家やエッセイストを巻き込んで、近世後半の江戸文化研究が目立って多くなっていった。

一方欧米では、江戸時代に特定した研究はなかった。イザベラ・バード（Bird, Isabella Lucy）やエドワード・モース（Morse, Edward Sylvester）やラフカディオ・ハーン（Hearn, Lafcadio）やブルーノ・タウト（Taut, Bruno）など、日本への訪問者であった人々は、日本を観察し書き残し、自らの創造活動にそれを生かした。そのことは欧米に日本のことを伝える結果になった。十六世紀のイエズス会報告書以来、そういう意味では、多くの日本研究があった、と言えるであろう。エンゲルベルト・ケンペル（Kaempfer, Engelbert）やカール・ツュンペリー（Thunberg, Carl Peter）など、江戸時代日本への訪問者たちの書き残した文章は、それだけで江戸時代研究の重要資料である。

それらの訪問者の中で、亡命者でもあったブルーノ・タウトは、江戸時代に建築された桂離宮を日本の美意識の代表例としたことによって、江戸時代再発見者の一人、と見ることができるだろう。桂離宮は、平安朝貴族文化、室町時代の茶の湯文化などの集大成でありながら、そのどれとも異なることによって、明らかに江戸時代の形である。ブルーノ・タウトが来日および亡命したのは一九三三年であった。その直後、一九三六年に日本にやってきて生涯日本に在住したのが、レジナルド・ブライス（Blyth, Reginald Horace）である。ブライスは早くから禅と俳句、川柳を研究しており、江戸文学を欧米に紹介した人物として知られている。『忘れられた思想家——安藤昌益のこと』（一九五〇年）を書いたエドガートン＝ハーバート・ノーマン（Norman, Edgerton Herbert）は、近代日本社会を研究した歴史学者だが、戦後すぐ、江戸時代の安藤昌益を初めて世に知らしめた人である。

戦後は、あらゆる時代とジャンルを研究したドナルド・キーン（Keene, Donald Lawrence）やエドワード・サイデンステッカー（Seidensticker, Edward George）、連句を翻訳したアール・マイナー（Miner, Earl Roy）などが、平安文学も中世文学も江戸文学・文化をも、欧米に紹介した学者たちだった。戦争直後は『菊と刀』（一九四六年）のような、戦時中の日本の天皇崇拝や軍事行動に関心が集中していた。日本文化や江戸文化について、軍事的暴力的集団行動とは別の観点から欧米の研究者たちが盛んに書くようになったのは、一九六〇年代からである。

ひとつは、浮世絵研究の展開であった。『広重名所江戸百景』（一九九二年）、『浮世絵にみる江戸名所』（一九九三年）

などで、欧米人のまなざしによって浮世絵を読み解いたヘンリー・スミス（Smith, Henry D.）、北斎および枕絵研究のリチャード・レーン（Lane, Richard）、一九九五年の大英博物館における喜多川歌麿展を成功させた、大英博物館日本セクション長のティム・クラーク（Clark, Tim）、『日本の木版画——歌麿から棟方志功まで』（一九九二年）のジュリア・ハット（Hutt, Julia）、『近世の女流画家たち——美術とジェンダー』（一九九四年）で、女性画家たちに初めて注目したパトリシア・フィスター（Fister, Patricia）など、次々と書籍が出ている。

美術史出身で、もっとも大きな影響を日本人研究者たちに与えたのが、ロンドン大学のタイモン・スクリーチ（Screech, Timon）である。『大江戸異人往来』（一九九五年）、『江戸の身体を開く』（一九九七年）、『大江戸視覚革命——十八世紀日本の西洋科学と民衆文化』（一九九八年）、『春画——片手で読む江戸の絵』（一九九八年）、『江戸の思考空間』（一九九九年）、『定信お見通し』（二〇〇三年）、『江戸の英吉利熱』（二〇〇六年）、『江戸の大普請』（二〇〇七年）などの本を続々と出し続けており、そのほとんどが邦訳刊行されている。

スクリーチは黄表紙を頻繁に使うが、『江戸化物草紙』（一九九九年）、『大江戸化物細見』（二〇〇〇年）、『大江戸化物図譜』（二〇〇〇年）、『江戸滑稽化物尽くし』（二〇〇三年）、『ももんがあ対見越入道——江戸の化物たち』（二〇〇六年）のアダム・カバット（Kabat, Adam）は、『源氏物語』から入った文学研究者として、黄表紙を読みこんで妖怪研究を続けている。絵を使った研究は江戸文化研究の重要な方法で、外国人研究者にとっても入りやすく、しかもまだ膨大な文献が、深い研究をされないまま残っている。

絵画はもちろんのこと、浮世絵や黄表紙はその素材が中国由来であることも多いのだが、それらの素材がどのように加工されたのかを検証する研究は進んでいない。中国の研究者が、あまり多くはこれらの研究に入ってきていないからだと思われる。

演劇分野では『江戸の声——黒木文庫でみる音楽と演劇の世界』（二〇〇六年）のロバート・キャンベル（Campbell,

Robert）と、近松研究および関西歌舞伎の研究で知られるアンドルー・ガーストル（Gerstle, Andrew）が活躍している。音曲や歌舞伎も三味線を初めとして、東アジアが共有する素材で成り立っているのだが、中国ではその研究が少なく、これからの分野である。

江戸時代研究は、日本人の場合文学の研究者が多いが、欧米人は思想史の研究者が多い。『徳川時代の宗教』（一九九六年、原著は一九五七年刊）のロバート・ベラー（Bellah, Robert Neelly）、『あずさ弓——日本におけるシャーマン的行為』（一九七九年）のカーメン・ブラッカー（Blacker, Carmen Elizabeth）は、欧米人日本研究者たちの模範となっている。『自死の日本史』（一九八六年）、『テクストとしての日本』（一九八七年）のモーリス・パンゲ（Pinguet, Maurice）、『徳川イデオロギー』（一九九〇年）のヘルマン・オームス（Ooms, Herman）、『江戸社会と国学——原郷への回帰』（一九九九年）のピーター・ノスコ（Nosco, peter）、荻生徂徠の研究者、オロフ・グスタフ・リディン（Lidin, Olof Gustaf）、『日本人と武士道』（一九九七年）のスティーヴン・ナッシュ（Nash, Stephen）が活躍しており、極めて層の厚い近世思想研究者がいる。

ベラーやブラッカーの仕事、そして『裏社会の日本史』（二〇〇六年）を書いたフィリップ・ポンス（Pons, Philippe）の仕事などは、江戸時代に特定したものではなく、長い歴史をたどる歴史学と文化人類学が合体した仕事だが、時間的空間的な広がりの中で、江戸時代が位置づけられている。

歴史学者には、『近世日本の国家形成と外交』（一九九〇年）、『「鎖国」という外交』（二〇〇九年）を書いたロナルド・トビ（Toby, Ronald P.）がいる。トビは日本の江戸時代を東アジアの広がりの中で研究しており、東アジアの日本研究者にとって、その視野はひとつの模範になる。『懐徳堂——十八世紀日本の「徳」の諸相』（一九九二年）のテツオ・ナジタ（Najita, Tetsuo）は一九七〇年代から、明治も含めた江戸時代から近代に至る転換期を研究してきた。江戸時代研究と言っても、テーマによっては長い時間軸の取りかたもあり、とくに明治初期の思想、ジャーナリズム、文学の変化についての研究は、重要でありながら、まだ不足している。そしてまた、これも中国と共有した思想が、高等教育を通して日本の商人に及んで行く過程を研究したものなのである。

そのほかにも、『カルレッティ氏の東洋見聞録――あるイタリア商人が見た秀吉時代の世界と日本』（一九八七年）のエンゲルベルト・ヨリッセン（Jorissen, Engelbert）、『江戸時代の遺産――庶民の生活文化』（一九九〇年）のスーザン・B・ハンレー（Hanley, Susan B.）、『ケンペルと徳川綱吉――ドイツ人医師と将軍との交流』（一九九四年）のベアトリス・ボダルト＝ベイリー（Bodart-Bailey, Beatrice M.）、『疱瘡神――江戸時代の病いをめぐる民間信仰の研究』（一九九五年）のハルトムート・オ・ローテルムンド（Rotermund, Hartmut O.）、『「名君」の蹉跌――藩政改革の政治経済学』（二〇〇四年）のマーク・ラビナ（Ravina, Mark）、『江戸の旅日記――「徳川啓蒙期」の博物学者たち』（二〇〇五年）のヘルベルト・プルチョウ（Plutschow, Herbet）、『水子――〈中絶〉をめぐる日本文化の底流』（二〇〇六年）のウィリアム・ラフルーア（LaFleur, William R.）、『血塗られた慈悲、笞打つ帝国。――江戸から明治へ、刑罰はいかに権力を変えたのか？』（二〇〇九年）のダニエル・V・ボツマン（Botsman, Daniel V.）など、江戸時代の思想、歴史、民俗学、生活文化にまたがった領域の研究者がいて、成果を出し続けている。東アジアの研究者たちが、これらのテーマに東アジアとの比較領域を持ち込むことによって、より重層的で奥行きのある研究になることは、間違いがない。

3　アルザス江戸セミナー

このように、多くの研究者たちが排出しはじめた欧米の状況をふまえ、二〇〇七年と二〇〇八年には、国際交流基金がアルザス日本学研究所において、ヨーロッパの若手の江戸文化研究者のための「江戸セミナー」を開催した。その中でセミナーの取りまとめを務めた私は、日本の研究状況について以下のような内容の開催スピーチをおこなった。

江戸時代研究は戦前においては甚だしい視点の偏りがあった。歴史学は「封建社会」「鎖国」という言葉でひとくくりにされ、そこからはずれる事実については多くのことが無視されてきた。文学では公然と伏せ字出版がおこなわれ、美術の面でも公序良俗に反するという理由で黒塗りやぼかしが実施され、多くの絵画工芸品が海外に売却された。「古典」とはみなされず蔑視されてきたのである。

一九六〇年代なかごろから、新しい演劇、映画、芸術の創造にともなって能・狂言、浄瑠璃などとともに江戸文化が研究されるようになる。その次の世代が研究を担った一九八〇年代になってようやく江戸文化研究は盛んになり、在野を含めた多くの研究者が、さまざまな分野で著書の執筆をおこなうようになった。日本国内でも、研究隆盛の歴史はたかだか二〇年に過ぎないのである。

歴史研究の分野では経済史が新たな視点を切り開いてきたが、まだ「鎖国」という言葉がもたらした研究上の弊害は取り払われていない。にもかかわらず、一九九〇年代になると、欧米とりわけヨーロッパの日本学研究者たちは江戸時代研究に力を入れるようになった。美術、文学、演劇、生活史、海外交流史などの分野で成果を上げ、日本人研究者たちが持ち得ない視点で問題提起をしている。

江戸セミナーは、多様な江戸研究がなされているヨーロッパの若手研究者による江戸時代研究を支援するとともに、その成果や発想を日本国内の研究者への刺激となし、また、江戸時代研究が進んでいないアジアへ発信したい、という意図をもっている。

また江戸セミナーは、美術、文学など専門が分かれている研究者が相互に研究を参照し合うことによって、重要な境界領域を認識する、という目的ももっている。日本の学問領域の区分けは実際の江戸時代研究にそぐわない面がある。美術の専門家と文学の専門家が相互に学び合うことでおこなえる研究がある。社会科学の専門家と文学の専門家が学び合うことで、実施できる研究がある。いずれは、植物学・生物学の研究者や経済学の専門家との情報交換も有効なものになろう。

セミナーの目的は以上のようなものであり、またこのセミナーでは、江戸時代を現代の問題として捉え直すための課題を、以下のように設定した。

1、江戸時代の日本に存在したさまざまな都市空間、事柄、物が、どのような経過で作られてきたかを、当時の世界状況のなかで考える。
2、現在の日本とは異なる価値観、生活感を、江戸時代の思想と関わらせながら考える。
3、俳諧の方法、「連」の方法を単なる文学の問題としてではなく、江戸時代特有の重要な思考方法、創造の方法と考え、研究する。
4、現代社会で作られ、消費されている江戸イメージ（時代劇、時代小説、映画、漫画など）を検証する。
5、江戸時代における、（古代・中世の）伝統の再評価と商品化の方法（伝統の創造と活用）を検証する。
6、江戸時代の天皇制と近代天皇制の比較をおこなう。

このようにして始まった江戸セミナーであったが、ここでは、二〇〇七年度、二〇〇八年度の両年度でなされた発表を使って、それらの研究に中国、台湾、韓国、ベトナムなど東アジア諸国の研究者が加わった場合、どのように広がり、あるいは深まり得るかを、述べたい。

二〇〇七年度は都市図像学、戯作の出版、俳諧連句、長崎の中国人共同体、庶民による富士信仰の実態についてそれぞれの発表があった。このセミナーでサブ・コーディネイターを務めたのが、既述したタイモン・スクリーチである。スクリーチは日本で刊行されたばかりの『江戸の大普請――徳川都市計画の詩学』（森下正昭訳、講談社、二〇〇七年）の一部を使って、日本橋を「視覚を駆使した象徴」として読み解いてみせた。江戸を物理的な都市として見るばかりではなく、心の世界（象徴世界と言ってもよい）から読み解く都市論、風景論である。日本における都市図は、「清明上河図」や蘇州版画の影響を受けている。山を神聖なものとする風景観は、中国絵画の伝統である。言葉による都市の描写は『東京夢華録』やその他の都市賦の影響を受けている。都市がどのように表現されているかは、中国絵画や文学とともに、検証する必要がある。欧米の研究者はまだそれをおこなっていない。

バーバラ・クロス（Cross, Barbara）は二〇〇七年度に、「戯作者式亭三馬の出版活動と著述」を発表した。従来「文学」として研究の対象になっているがために、多くの点を見落としているのが戯作の分野である。クロスが指摘したように、戯作は「読むもの」としてだけでなく、「見るもの」として分析をすすめてゆくべきジャンルだ。「パーフォーマンスとしての書物」という視点を獲得したことで、今後の出版文化研究は新しい地平をもった。同じジャンルでは、二〇〇八年度にバーバラ・ミシック（Mcyk, Barbara）が「赤本、悪の象徴としての化け物」を発表した。日本でも妖怪研究は盛んで、海外でも展覧会が開かれている。妖怪は広く世界に知られるようになってきた。京都の国立国際日本文化研究センターが拠点になっていることもあり、海外研究者も研究に参加している。それだけに、研究目的や方法を明確にしておく必要がある。本研究は江戸時代の子供の読み物であった「赤本」に焦点を当てたところに特徴がある。

これら黄表紙や戯作の研究は、東アジアの研究として広げ深めるために、二つのポイントがある。ひとつは、「本」というメディアの研究である。すでに中国や蒙古における印刷技術や出版の研究はあるが、それだけでなく、本に絵がどのように取り込まれたか、庶民が何を購入し、本がどのように流通したかなど、宮廷や知識人のための本ではなく、庶民のための本（主に絵本）の研究が、比較文化としておこなわれるべきではないか、と考える。二つめは、化け物や鬼や神の概念についてである。西欧との比較ではなく、東アジアの中での相互比較が必要だ。架空の存在にどのような意味と姿を与えるかは、文化の深層と関わるだけに、比較研究の要になるべき事柄である。

二〇〇七年度に梅田アグニェシュカ（Zulawska-Umeda, Agnieszka）が発表した「芭蕉の連句における倫理的な表現」は、連句の翻訳をする上で「トポス」を設定する、という方法的な問題提起であった。二〇〇八年度はハーバート・ジョンソン（Jonsson, Herbert）が「蕪村の付合論」を発表した。芭蕉の付合論は弟子たちによって残されているが、蕪村の付合論はあまり研究されていない。発表者は蕪村の発句の評釈と付合の評釈を読み込み、蕪村独特の付合観を発見しようとした。そして「遠近法」という絵画の用語を使って、その特性を説明した。連句の研究は、中国における連詩の研究とともにおこなう方法が整えば理想的であるが、まだ中国文学との比較文化論で注目すべきものは出ていないと思われる。連句は、全国におけるその会の成立によって、文化創造の場が成立していった経緯があり、連句の社会的影響力も含め、中国文学との共同研究が必要な分野である。

これら、戯作や連句を含めた文学史についての発表が、二〇〇七年度におこなわれた。ノリコ・シュンマン（Thunman, Noriko）の「日本文化史における古典の形成」である。文学史や全集の構成が、いかに時代のイデオロギーに左右されるか、という問題提起であった。明治時代の文学史記述以来、内容にほとんど変化がないということも、近代的価値観の固定化の問題として考えられる。そのような意味で、非常に重要な指摘であった。東アジア全体の文学史を編む、ということも、考えるべきではないだろうか。そうなると、東アジアそれぞれの国で、どのようなものが文学史に採られ、または落とされているのか、という議論が生まれるはずである。その採用の仕方じたいが、文学観の違いとして研究の対象になるのではないだろうか。文学全集という、日本では当たり前のようにあるものが、中国や韓国ではどのようなかたちで存在しているのか、あるいは存在していないのか、それも興味深い。

二〇〇七年度におこなわれたパトリツィア・カリオッティ（Cariotti, Patrizia）の「一七世紀長崎における中国人共同体」は、ヨーロッパ諸国、東インド会社、マカオやフィリピンなど、日本人と中国人が関わったさまざまな地域を対象にしている。日本とその周辺の海域およびアジア全体との関係については、日本に「鎖国」概念が広く行き渡っているために、非常に遅れている研究分野だ。江戸時代の生活文化や書籍、本草学、医学、農業などは、膨大な量の海外、とくに中国からの情報を受け取って改革をおこなっており、この諸国間の海を媒介にした交流の歴史は、倭寇から海商への変化や、イスラム商人、ヨーロッパの商社の介入など、東アジアの研究者が集まっておこなうべきものだ。

二〇〇八年度に発表されたヴィンセント・グレピネ（Grepinet, Vincent）の「朝鮮通信使と料理」は、その海を媒介にした交流の中で、朝鮮通信使を取り上げたものである。すでに日本と韓国双方で、朝鮮通信使の研究はかなり進んでいる。しかしこの研究はその政治的な意味ではなく、日朝の外交関係を供応という面から考える、という視点であった。従来はそれを扱ったとしても、通信使の移動や滞在やもてなしの一側面として捉えられていた。しかしグレピネは極めて具体的な個々の料理に言及し、日本の地で朝鮮の人々が何を食べ、それがどう用意されたか、それがどう語られたかという観点から文化の違いを見ようとした。このような研究は、江戸時代における外国人の生活の研究に広がる可能性を秘めており、さまざまな方向への展開が期待できる。琉球使節の供応と朝鮮通信使の供応との違い、中国における朝鮮使節の生活と日本におけるそれとの違いなど、東アジア共同研究としてできることが多い。食べ物だけでなく、音楽、衣装、会話、生活習慣など多面的な研究が可能な分野である。

二〇〇八年度に発表があったマルティン・ノゲラ＝ラモス（Nogueira Ramos, Martin）の「郡崩れにおけるキリシタンコミュニティの姿（一六五七年—一六五八年）」は、日本におけるキリシタンの「残存」の研究である。キリスト教が弾圧によって消滅してゆく経過についての研究はなされてきたが、本研究はそれとは異なり、どのように生き残って行ったかという研究である。事例は大村藩の「郡」という、すでに神父の存在しないキリスト教徒の村である。そこに「終末論」が出現することで、キリスト教徒であることが発覚するのだが、しかしすでにこの時期は、神道や仏教と混じり合った信仰になっており、神社の神官が終末論を唱えていた。実際は幕末まで、日本には隠れキリシタンのコミュニティが存在していたのである。その場合のキリスト教は、本来のものとは大きく隔たっていたであろう。弾圧の歴史だけではなく、信仰が混じり合って生活に溶け込んで行くプロセスも、非常に興味深く重要なものである。

キリスト教は、日本よりはるかに古く中国に入り、はるかに長く中国に定着している。中国におけるキリスト教の歴史の研究はあるに違いないが、それが日本の状況と比較されることはなかったのではないだろうか。とくに、仏教や土地の信仰と混じり合って存在する姿は、比較研究されたことはない。これもまた、東アジアの興味深い研究対象になり得る。

信仰生活の中には山岳信仰という、日本で長い歴史をもつ重要な信仰がある。二〇〇七年度におこなわれたマルコ・ゴッタルド（Gottardo, Marco）の「富士信仰と庶民のエピステーメ（思考の枠組み）」は、富士信仰の実態を研究するだけでなく、そこから庶民の思考方法を読み取ろうとする意欲的な試みであった。富士は現代日本にまで連続する重要な文化的アイテムだが、富士信仰はごく一部の人々にしか継承されておらず、信仰の中身は忘れ去られようとしている。ゴッタルドが発表したように、富士信仰は特殊な信仰ではなく、神道的要素、仏教的要素、山岳信仰の要素を併せもつ独特の日本的・大衆的信仰であり、その中には信者であるか否かを超えた、日本人の超越的なるもののイメージが見られる。身体的な比喩を初め、富士に込められた象徴や意味は何か。それは、中国の山岳信仰との関係の中でも、考えるべきことなのではないだろうか。

家相術も、生活の中に溶け込んでいる信仰であった。マシアス・ハイエク（Hayek, Matthias）は「松浦琴鶴の家相術」という題で、家相学の視点から日本文化の伝統と当世（その時代の現代）の融合の方法を見ようとする、極めて独特な研究であった。家相術一般ではなく、松浦琴鶴というひとりの家相術家に焦点を当て、国学や伝統、復古の考え方がそこにどう流れ込んでいるか、一般の人々の伝統観がどう影響しているかなど、多様な観点で捉えようとした優れた研究であった。家相は陰陽五行思想であり、中国から周辺諸国に広がった。それがそれぞれの土地の生活の中にどのように入り、どのように形を変えていったか、東アジアではそのような比較研究が成り立つはずだ。

二〇〇八年度、ダヴィッド・ラビュス（Labus, David）は「補完関係としての合理と感情——横井小楠の場合」という発表で、横井小楠がいかなる学問の方法を切り開いたのかに注目した。それは、「仁」や「平等」を基礎とし、自由な討論をおこなった「講学」という方法であった。ユディット・ゼンタイ（Zentai, Judit）は「貝原益軒の生涯とその時代」で、『養生訓』の紹介とその現代への応用の可能性について話した。貝原益軒については多くの研究があるが、益軒の本来の研究対象である本草学や養生を、現代医学の視点から論じた研究はまだ少ない。単に西洋医学と比較して東洋医学の弱点を指摘したり賞賛したりするのではなく、当時の庶民がどのような方法で健康に生きようとしていたか、今後の医療や身体観が学ぶことは何かなど、益軒の研究は本草学研究として、まだできることがある。

また、クリストフ・アロンソ（Alonso, Christophe）は「富士谷御杖の思想」で、「倒語言霊」という独特の学問を作り出した富士谷御杖について語った。土田杏村による評価や、フッサールの影響を受けた九鬼周造の哲学などと関連づけながら、西欧哲学から富士谷御杖を見ようとした。儒学と神道との関係、文学と神道との関わり、日本では歌がなぜ仏教や儒教そして政治や道徳と同じレベルで論じられたのか、「ことわり」と「まこと」の分類など、この発表を通じて重要な議論がさまざまなされた。

ジュリアン・ジャコブ（Jacob, Julien）は「『西鶴織留』第一巻における江戸時代中期の町人の生活と意見についての考察」で、『西鶴織留』を「商人道」という観点から見直した。このような市井の思想を論じる場合には、文献のみに頼ることができず、当時の生活、文学、商家の家訓、人々の行動、信仰、仕事の仕方などを知る必要がある。近世文学は西鶴の作品に限らず、思想、価値観、民俗学、社会学の資料としても使えるのであり、さらに多くの文学がそのような観点から研究されるべきだと考える。

これらアルザス江戸セミナーで語られた若手研究者たちの江戸時代研究は多岐に渡っている。これら江戸時代の思想、学問、本草学、文学、美術こそ、中国との関係や距離をふまえて研究できる分野である、と改めて感じる。

欧米の研究の傾向は、「象徴のシステムとしての江戸文化」「発想の仕組みとしての江戸文化」「方法的問題意識」に意欲的であることだ。これは、それぞれの文化的な背景から江戸時代を見ようとしている、ということである。事実に対しておおまかになったり、詳細なことを見過ごしたり、テクストを読み誤ったり、という危険をはらんでいるが、日本人研究者たちの集まりではなかなか生まれて来ない議論が発生する。ここに、東アジアとくに中国人研究者から、その文化的背景をふまえた上での視点、方法、提言が加わることで、日本学は「日本的なるもの」の探索だけでなく、普遍性につながる研究に、さらに近づくのではないだろうか。

4　中国の江戸文化研究

では、中国では実際に、どのような江戸文学、文化、歴史、思想に関する研究がなされてきたのだろうか。現在入手できる範囲で見ると、まず翻訳が極めて少ないことに気づく。井原西鶴の『好色一代男』『好色一代女』（王啓元訳）が一九九四年に出されている。また、二〇〇七年には山岡荘八の『徳川家康』が全十三巻刊行されているが、これを通して江戸時代に触れることはできるものの、作品自体は現代小説である。加藤祐三『黒船異変――ペリーの挑戦――』（岩波新書、一九八八年）が、一九九二年に翻訳刊行されている。茂呂美耶『江戸日本』という本がある。茂呂美耶は日台のハーフの執筆者で、台湾の出版と思われる。同様に町田三郎の『日本幕末以来の漢学者およびその著作』という本が台湾で刊行されているが、これは町田三郎の『江戸の漢学者たち』のことか、『明治の漢学者たち』のことか、その両方のダイジェストなのかが分からない。後者である可能性が高く、だとすると江戸文学研究ではない。

現在入手できるものだけだが、それにしても、あまたある翻訳書籍の中で、江戸時代関係のものがごくわずかであることが分かる。

では、研究者はどうであろうか。早い時期のものとしては、一九五八年の朱谦之『日本の朱子学』がある。中国人研究者が江戸時代の研究の中で、中国思想で成り立っていた思想や政治に関心を払うのは当然のことだ。その中でも、日本の近代化と関係ある事柄に関心が払われた。たとえば高淑娟、冯斌共著の『中日対外経済政策の比較――封建末期の貿易政策を中心に』(二〇〇三年)は、清朝と江戸時代の対外経済政策の異同を分析し、また中国式朝貢貿易と日本式朝貢貿易との関わりを考察して、それによって形成された異なる社会的結果の違いを述べたものである。高淑娟の『近代化起点論――中日両国封建社会末期における対外経済政策の比較』(二〇〇四年)は、朝貢貿易の違い、海禁と鎖国の違い、四港通商と平戸商館、広州一港通商と長崎貿易、国内外商人と移民の管理政策などを比較して、近代化の結果の違いにつながった歴史的理由を探ったものである。湛贵成の『幕府末期・明治初期の日本財政政策に関する研究』(二〇〇五年)は、幕末と明治初期の財政政策の作用とその影響を研究したもので、日本における封建的財政から近代資本主義的財政への質的変化を指摘している。

このように、近代化に無条件に価値を置き、江戸時代を「近代化への過程」と見る視点では、価値は近代以降の日本にある。江戸時代はその「因」としてのみ評価される。しかし現代日本の江戸時代研究はその逆で、近代的価値とは異なる側面を評価しようとする動きである。

江戸文学や美術は、中国とその基礎を共有する範囲での研究がおこなわれている。「講舎と書院――近世日中の儒学と教育」「蒲松齢と上田秋成における伝統と創造——孤憤説を中心にして」を書いた劉岸偉などのように、思想研究と文学研究の両方を研究する研究者もいる。一方、江戸時代の読本が中国の明から清の時代の「白話小説」つまり口語小説をもとに作られたことから、読本の研究は多い。まず、李树果は、二〇〇五年に『日本読本小説名著選——江戸時代の風俗民情』という翻訳を出している。『古今奇談英草子』『古今奇談野話』『古今怪談雨月物語』『忠臣水滸伝』など、中国文学をもとにした読本の翻訳である。崔香蘭は中国明清小説と読本との比較研究を専門にし、二〇〇五年には『馬琴読本と中国古代小説』（渓水社）を日本で出版しており、二〇〇九年に「中国古代小説の日本江戸読本への影響——主に『高尾船字文』と『水滸伝』『捜神記』を中心に」、二〇〇八年には「中国白話小説の江戸読本への影響——主に『水滸伝』の趣向摂取方を軸に」、二〇〇七年には「馬琴読本における『水滸伝』の多彩な利用法——主に『八犬伝』の親兵衛虎退治の趣向場面を中心に」「中国神魔小説の馬琴長編読本への影響」を書いている。崔香蘭は、このジャンルではかなり詳細な研究を続けてきた研究者であり指導的な立場にあるが、それでも研究につきまとう困難さとして、先行研究や読本の原文や翻刻本の入手が難しいことを指摘している。

朱衛紅は芭蕉や蕪村など俳諧の研究者だが、それらを映画やアニメとの関係で研究している。二〇〇四年には「佐藤春夫「春風馬堤図譜」の模倣とオリジナリティ」という論文を日本の国文学資料館の雑誌に書いているが、これは蕪村の「春風馬堤曲」を佐藤春夫が映画シナリオにしたものを分析したものだ。二〇〇七年に中国で発表した「連句集『冬の日』と連句アニメーション『冬の日』——記号間翻訳の観点からの考察」は、題名のとおり、川本喜八郎らがアニメ化した作品の分析である。朱衛紅の研究は非常にユニークなもので注目に値するが、江戸文学研究の問題として、「研究仲間がおらず発表の場もないので孤立した研究になりがち」だと指摘している。

陳暁琴は、読本と白話小説の比較、戯作の美意識、近世の演劇（浄瑠璃や白浪物）、浮世草子に見られる日本人の倫理観など、広い研究をおこなっている。「日本における中国小説の流行」「江戸時代の中国語熱」「「蛇性の淫」における中国小説」「〝三言二拍〟の読本への影響」「日本の小説から見た日本人の美意識」「日本における義理と人情」などの論文のみならず、『十九世紀の演劇』という書物の中で、「東海道四谷怪談」「三人吉三」「弁天小僧」の抄訳と評論をおこなっている。

たくさん出席したわけではないが、中国で日本学の研究発表や学会に出席しても江戸時代に関する講演や発表が極めて少ない。アンケートを採っても、同じジャンルの研究者たちについてネットワークや情報はあまり出て来ない。まさに「孤立している」ように見える。しかし論文や著書を検索すると、決して少なくはない。

実際、二〇〇〇年代になると江戸時代の研究が確実に増えている。政治や思想の分野ではそれ以前から研究があるが、演劇を含めた文学ではこの一〇年ほど研究が盛んになっている。またその内容を見ると、文学ではほとんどが元禄文学と読本で、それ以外の文学研究が極めて少ない。とくに、欧米人が盛んに使っている黄表紙の研究は皆無だ。江戸時代後期では、文学が少なく浮世絵の研究が多い。なお、ここからはうかがえないが、障壁画や屏風や建築や陶磁器の研究がないとは思えないので、おこなわれているはずだ。

研究者を見ると、同じ研究者が江戸時代についてたくさんの論文や著書を書くという傾向があまり見られない。まだ「専門家」が多くはないのであろう。日本文学、あるいは日本思想を通時的に大学で教えたり解説したりする必要から、江戸時代も扱うが、それは日本全体を研究するひとつの要素でしかない、あるいは、近代化を論ずるためのひとつの道具として捉える、という側面があるのではないだろうか。

日本と欧米と東アジアの江戸文化研究者のネットワークができれば、研究は非常な速度で深化するはずである。今後は、日本人研究者が、中国、韓国など東アジア人の江戸時代研究の内容を把握し、どのように協力関係を作ってゆくかを考える段階に来ている。孤立した研究状況を回避するために、国を超えた研究ネットワークが必要となる。アルザス日本学研究所における「江戸セミナー」においても、学会が形成されているはずの欧州の研究者たちから、「このように情報交換できる場がない。継続してほしい」という要望が出た。欧米の日本学研究者は研究費をめぐる中国研究者との対立や調整の悩みがあり、そのような研究状況の情報交換も、大きな関心事項であった。東アジアの日本研究者にも、時代や分野ごとの競争があるであろう。それら実際の研究現場も含め、情報交換と提案や問題提起の場が、必要となっている。日本人研究者による、海外の研究への関心の低さ、翻訳状況への無関心なども、問題である。

この論はまだ中国人の個々の研究者に言及していない。また、韓国の研究者やその他のアジア圏の個々の研究者を結びつけるための論になっていない。今後、その方向の論考につなげてゆきたい、と思っている。

注：書名の調査・翻訳・アンケートは、国際日本学研究所客員学術研究員の彭丹氏にご協力いただいた。この場を借りて謝意を表明したい。

「日本を方法とする」日本学の新展開[1]

楊　偉

1　中国語の「不幸」と日本語の「不幸」

吉川幸次郎は「支那語の不幸」(「文藝春秋」昭和十五年九月号)の中で、日本人の中国語観と中国文化観の偏りを次のように指摘している。

> 現在のわが国でもつとも正当に認識されてゐない外国文化は支那文化であり、もつとも不幸な状態に放置されてゐる外国語学は支那語学である[2]。

その具体的な原因を挙げると、第一は「同文」であること。このことから外国語として認識されにくいからである。第二は、外国語だと認識されても、やさしい外国語であるという前提が存在する。この前提の根底には、中国文化が西欧文化より劣っているという明治以来の認識がある。たとえ文化が劣っていたとしても、その言語までやさしいという論理は飛躍しているだろう。第三は、日本に古来よりある漢文訓読法による不都合である。外国語である中国語を外国語として読まずに、漢文訓読法によってそのまま日本語として読んでしまう。この方法は、中国語が外国語だという意識を失わせるのに拍車をかけた。

不幸なことに、吉川幸次郎の指摘した中国語の「不幸」はそのまま中国人の日本語観、日本文化観に当てはまるものと思える。日本語には漢字が多いため、日本語が分からなくても、漢字さえ読めれば、その意味が通じることから日本語はやさしい外国語であり、勉強する価値が低いという考えが中国に古くからあった。

周作人は「中国と日本」という文章の中で、「中国はその特殊な地位から特に日本を知る必要と可能性があるが、実はそうではない。みんなは日本文化を蔑視し、古代は中国の真似で、現代は西洋の真似に過ぎず、見るに足らないと思っている」[3]と指摘している。つまり、われわれは日本を独立した客体として扱わずに、日本文化を中国の真似、もしくは西洋文化の亜流と見てきた。従来の日本研究は政治、経済、外交上の問題を解決するための実用的な学問か、あるいは日本を西洋へ接近するための近道、西洋を眺める一過性の窓口と見なす傾向があった。

数少ない日本論も、西洋的価値観を足場にして日本社会の後進性、日本の近代化における不徹底性と日本文化の特殊性を指摘するものか、あるいは日本印象論、日本事情の紹介、日本文化に関する断片的な論述にとどまるものが多い。日本を独立した研究対象にするどころか、特に近現代の日本研究は両国の歴史体験も絡んで、感情的になりやすい部分があり、生産的な日本研究があまり生まれなかった。

例えば、『菊と刀』というアメリカ人による六〇年前の日本文化論が、今日の中国で代表的な日本人論として「市場」を支配している状況がその証拠であろう。西洋言説が絶対的な優位を占めている中国学界において、現代の日本文化は西洋文化の亜流でしかない。亜流文化の研究は亜流の亜流に陥りかねないという偏見があるため、中国の日本研究は、西洋研究者の翻訳と紹介による西洋の価値観と方法論を用いて、日本文化を考察せざるを得ない。中国の日本研究は西洋研究に追随する学問として、中国学界で周辺化された感がある。

このような従来の日本観は中国本位か、西洋崇拝による一元的な価値観の産物である。

中国の知識人が日本文化特有の価値に驚くほど冷淡である現象の裏には、西洋文化に対する無条件な崇拝と表裏一体を成している心理が潜んでいる。――（中略）――日本文化への無視も西洋文化への崇拝も一元化の文化心理に由来している[4]。

2 溝口雄三氏の「方法としての中国」と孫歌氏の「方法としての日本」

世界の多元化と文化の多元化が進んでいる今日、日本文化の見直しが必要になってきている。近年、従来の日本観と日本研究を打破すべく、新しい方法論による日本研究が試みられている。具体的には、溝口雄三氏の『方法としての中国』（中国語版『日本人视野中的中国学』中国人民大学出版社、一九九六年）を受けて、中国では「方法としての日本」を唱える声が高まってきている。

十九世紀以降、西洋列強の進出と西洋学術の進入によって、アジア固有の学術が欧米思想による壊滅的打撃をうけ、文化のアイデンティティーを失った。舶来の社会科学はもちろん、伝統的な人文分野においても、その研究理念と研究方法が基本的には西洋化され、西洋学術言説の一支流になった感がある。西洋学術言説の枠組みでは、アジアはただの研究と解剖の対象に成り下がり、主体的な自覚を持った方法にならなかった。アジアは方法論的に自主と独立性を失い、ポストコロニアリズムの景観の一つになったのである。非西洋的な主張をする学者がいても、実際には、無意識のうちに依然として西洋を基準とする西洋中心的な考え方が根付いている。西洋から見て、発見されたアジアの「近代」とは、西洋的なものに対していかにアジア的に、あるいは非西洋的に存在するのか、が重要なのである。

このようなポストコロニアリズムの意識に対して、溝口氏は、「方法としての中国」を唱えたのである。つまり、研究の全体観念と方法において相対性の原理から出発して一つの中国を再構築する。それは西洋言説の付属物、対象としての中国ではない。中国を独立した対象として研究する。中国社会と中国文化固有の規範に着眼し、中国を西洋の定規から解放し、日本文化との混交から脱出させることによって、多元化した世界文化の枠組みという視点から中国を見直すことを提唱した。

従来の中国歴史研究は中国を、普遍化した西洋歴史が東方における一つの特殊な例であると見ている。そして研究方法も基本的に西洋的なものを基準とするがゆえに、ただ「外的研究」、すなわち「非中国」という外からの視点による観察にとどまっている。したがって、多元的な歴史観に基づく「内的研究」も必要となってくる。つまり、中国的な方法を用いて、中国本土の経験に基づいて中国の歴史を再構築することが必要である。いわゆる普遍的な西洋的立場からではなく、中国独自の価値観や、文化と歴史から中国を理解し、中国歴史の内的論理から観察する視点を確立し、人類文明の発展に多元的な解釈を与えることを目指すのが溝口氏の主張である。

溝口氏の『方法としての中国』が中国で出版されて以来、大きな反響を呼び、中国学界の注目を集めた。中国を方法とする溝口氏の研究姿勢に敏感に反応し、積極的に評価する学者が少なくない。

例えば、許紀霖氏が「以中国为方法、以世界为目的」(『国外社会科学』一九九八年一号)、葛兆光氏が「重评九〇年代日本中国学的新观念——读沟口雄三『方法としての中国』」(『二十一世紀』二〇〇二年九号)を発表し、溝口氏の理論を高く評価している。葛兆光氏が、溝口氏の視座と方法は中国の中国学研究よりも外国学の研究にもっと有効な方法論になるという見解を示し、その方法を日本学をはじめとする外国学に取り入れる必要性を説いている。

この葛兆光氏に先立って、孫歌氏は溝口氏の「方法としての中国」を受けて、「作为方法的日本（方法としての日本）」という文章を「読書」（一九九五年三号）に掲載した。これは「方法としての日本」の先駆け的な存在である。孫歌氏は中国人の日本観の偏りを指摘し、欧米中心的な一元主義に反対する。日本研究を中国中心主義（あるいは中国本位）と西洋的視点から解放し、日本文化を独立した研究対象とし、その固有の価値を理解することによって「世界」を目指すべきだと唱える。つまり、日本も欧米と同じく、われわれの方法となるべきである。世界は多元的であり、中国も日本もその「多」の中の「一」である。中国の日本研究者が日本を世界の「多」の中の「一」と見なすことができた時点で、はじめて日本は「世界を目的とする」研究方法となるのである。「方法としての日本」、すなわち、日本を方法とするということは、世界を目的とすることである。日本を研究することを通じて、「世界」とはどのようなものかを探るものである。

それによって日本も中国も西欧も相対化し、その相対化された多元的な原理の上にもう一層、高次の世界像といったものを創出していく。要するに、日本の実情と結びつけて日本を考察し、西洋原理と対応する日本原理を見つけて、またこの日本原理をもって欧米を見れば、これまでの「世界的」な原理を「西洋原理」に還元し、いわゆる普遍的なものを個別化し、相対化することになる。中国の日本学は日本を日本化し、日本を欧米、そして中国の歴史と文化との葛藤から剥離する。すなわち日本という「他者」を確立することによって、われわれ中国文化のアイデンティティーと世界における自国の位置を確認することによって、「世界」への道を見つけることができる。

もちろん、日本研究を通じて西洋文化の相対性と限界を認識するのは、日本の特殊性を裏付けるためではなく、われわれ中国人に「世界を認知する」一つの視点を提供するためである。言い換えれば、欧米を中国と比較する他者とするのと同様に、日本をも中国と比較する他者にすれば、はじめて日本学は、単なる日本を知るための学問ではなく、中国にとって方法論的な意味と価値を掘り下げ、自分の問題意識を抱える学問となるのである。よって、日本学も西洋学と同様に中国学界の主流となり、周辺化されることを免れることが期待できる。つまり、日本に求めるのは単なる知識ではなく、思想資源であり、中国および世界を認識するための方法的な価値にほかならない。

3 近年の中国における日本学の新展開

近年の日本学には、日本を方法とする新展開が見られるようになった。中国知識界の動きをよく表すと言われる「読書」には日本研究の論文が急増しており、かつてないほど日本文化を重要視するようになった印象がある。例えば、二〇〇五年一号から二〇〇九年一一号まで同誌に掲載された日本関係の論文は約七十余本にも達している。

溝口雄三氏の「作为态度的中国研究」(二〇〇五年四号)、小森陽一氏の「历史与现实交叉点上的日本政权更替」(二〇〇八年一号)、子安宣邦氏の「如何看待二十世紀」(二〇〇六年二号)と「从沖縄看起」(二〇〇九年一号)、柄谷行人氏の「重建共产主义形而上学」(二〇〇九年一一号)、木山英雄氏の「告别丸山昇」(二〇〇七年九号)、孫歌氏の「观察日本的視角」(二〇〇八年五号)「从那覇到上海」(二〇〇六年四号)と「学者的責任」(二〇〇六年一二号)、董炳月氏の「子安宣邦的政治神学批判」(二〇〇七年四号)、韓毓海氏の「竹内好何以成为問題」(二〇〇六年四号)、李冬木氏の『「竹内魯迅」三題』(二〇〇六年四号)、劉岳兵氏の「关于日本近代思想史」(二〇〇九年一〇号)などがある。

これらの論文からも分かるように、西洋中心と中国本位を乗り超える日本研究を目指すのみならず、日本に思想資源を求め、日本という他者を借りて、中国自身の問題を凝視する。つまり日本を中国、西洋および世界を認識する方法とする姿勢が見られる。特に同じアジアの一員として、西洋に対して東洋とは何なのだろうか、いかに西洋文明と直面し近代化の道をたどるか、などについて、先に近代化を遂げた日本の経験と教訓は中国の現実と未来を考える上で、方法論的な意味が多いはずだという認識が深まってくる。

これを背景に、竹内好、柄谷行人、子安宣邦、小森陽一、丸山眞男の理論が中国で注目の的となり、日本文化論、日本思想論の名著がシリーズとして出版されてきている。商務印書館の「日本学術文庫」[5]、南京大学出版社の「看東方——日本社会与文化」叢書[6]、東北師範大学の「日本研究叢書」[7]、華東師範大学出版社の「日本文化訳叢」[8]といった日本研究シリーズはもとより、世界範囲で影響力のある理論書を扱う三聯書店の「学術前沿」[9]シリーズにも竹内好の『近代的超克』(二〇〇五年)、柄谷行人の『日本現代文学的起源』(二〇〇三年)、丸山眞男の『日本政治思想史研究』(二〇〇〇年)と『日本的思想』(二〇〇九年)、子安宣邦の『国家与祭祀』(二〇〇七年)が収録されている。そして吉林人民出版社の「話語行動訳叢」シリーズに小森陽一の『日本近代国語批判』(二〇〇四年)、子安宣邦の『東亜論:日本現代思想批判』(二〇〇四年)、北京大学出版社の「文学史研究叢書」に木山英雄の『文学复古与文学革命』(二〇〇四年)、伊藤虎丸の『魯迅、創造社与日本文学』(二〇〇五年)、丸山昇の『魯迅・革命・歴史』(二〇〇五年)が収録されている。

注意すべきことに、竹内好、柄谷行人、小森陽一などを文学評論家というよりも思想家として捉えて、近代の超克を考える先駆け、もしくは日本ポストモダニズム、ポストコロニアリズムの旗手として紹介し、同じ問題意識を抱えている中国の学者に何らかの示唆を与えることが期待されている。

このような流れの中で、孫歌氏の『竹内好的悖論』(北京大学出版社、二〇〇五年、同社「博雅思想史叢書」に収録)、薛毅・孫暁忠氏の『魯迅与竹内好』(上海書店出版社、二〇〇八年)、趙京華氏の『日本后現代与知识左翼』[10](三聯書店出版社、二〇〇七年)などの研究書と論文が相次いで生まれたのである。近年の柄谷行人ブーム、竹内好ブーム、小森陽一ブームが日本研究者に限らず学界全般に及んだのは決して偶然なことではない。

4　竹内好ブームと中国における『惜別』の受容

竹内好は文芸理論家と思想家の身分を兼ねていて、「方法としてのアジア」という理論の提唱者である。それと同時に、日本における中国文学研究の代表的人物でもあるがゆえに、中国の学者の想像力を刺激し得る豊富な要素を備えている。

近年の竹内ブームは「アジア問題」に対する中国学界の理論的自覚と無関係ではなく、彼の唱えた「方法としてのアジア」という理論への積極的な受容を裏付けている。上述の孫歌氏の『竹内好的悖论』、韓毓海氏の「竹内好何以成为問題」、羅崗氏の「「文学」与「大東亜戦争」～也談「竹内好的悖论」」（「鄭州大学学報：哲学社会科学版」二〇〇六年六号）、張寧氏の「作为媒介的竹内好与中国現代传统」（「鄭州大学学報：哲学社会科学版」二〇〇六年六号）などから分かるように、中国学界は竹内好を中国文学研究者としてだけでなく、アジア特有な近代精神と近代視野の具現者として受け止め、竹内好における西洋と東洋の二元対立、「転向文化」、文学と思想、文学と政治、文学と「大東亜戦争」といった一連のテーマを中国自身の問題意識と結び付けて検討しているわけである。

また、魯迅研究者としての竹内好も近年の中国で注目される存在となっている。竹内好によって作り出された魯迅像、いわゆる「竹内魯迅」をめぐって、劉堃氏の「〝文学者〟魯迅——竹内好の两读法」（「中国現代文学研究叢刊」二〇〇六年三号）、靳叢林氏の「竹内好の『魯迅』と李長之の『魯迅批判』」（「吉林大学社会科学学報」二〇〇六年三号）、李冬木氏の『「竹内魯迅」三題』（「読書」二〇〇六年四号）などが発表された。

これらの論文は竹内好の魯迅研究の再研究として、日本における魯迅の意味を探る一方で、中国の魯迅研究および文学観、近代観、歴史観に対して竹内の魯迅像がどんな意味を持っているのかも真剣に問いかけている。周知のとおり、魯迅は中国の「国民作家」、「近代文学の父」として、その文学は中国近代文学史において最高の傑作と見られ、中国近代文学を方向付けるものとして一種のモデルに近い存在とされてきた。

文学が政治と切り離せない中国社会において、多彩な人間性の持ち主である魯迅は、政治とイデオロギーの需要に応じて封建社会と戦う、冷たい「闘士」像に単純化され、さらに固定化されてきた。その研究もイデオロギーの需要に応じてマンネリズムに陥ってしまう傾向があった。

しかし、近年、市場経済と消費者社会の進行に従い、中国社会全体の脱政治化と脱イデオロギー化が加速している。これを背景に、竹内好をはじめ、丸山昇、伊藤虎丸など日本の魯迅研究者の研究姿勢と視座を積極的に受け入れる動きが現れ、それを方法化して、中国の魯迅研究の固定理念、固定パターンを打破しようとする狙いが見られる。むろん、魯迅研究のこのような新しい姿勢は中国文学研究の全体図にも深遠かつ重大な影響を及ぼすことになると思われる。

こういった中で、太宰治の『惜別』が二〇〇六年に新星出版社の出版により、中国に登場した。『惜別』は戦時中の太宰治が、日本内閣情報局と日本文学報国会の要請に応じて中国の「国民作家」と言われる魯迅の仙台生活を題材に、一九四五年の初めごろに書いた作品で、国策文学と思われる一面を持っている。多くの研究者に指摘されたように、「戦争末期、『惜別』における魯迅の復活は公的要素（日本内閣情報局と日本文学報国会の要請）と私的要素（太宰治本人の創作意欲）によって促されたものである。この「復活」の過程において魯迅の外にある「日本」と「太宰治」は必然的に『惜別』における魯迅像に内在化し、魯迅像の作り直しにつながった」[11]。

この作品における「日本―太宰治―魯迅」という三者は、相互影響の関係を持つ文化構造を持っている。この構造の中で東アジア、国家、作家自身、魯迅の文化アイデンティティーといった問題が多重に絡み合って、『惜別』は複雑で多義的なテクストになっている。『惜別』における魯迅は音痴であるが、プライドが高く、人情味たっぷりで、いつも微笑んでいるというように描かれていた。それは竹内好の『魯迅』によって作り出され、日本の学界に存在する「政治と文学の対立に悩む」魯迅像とは異なる「太宰魯迅」だった。そのため竹内好からの批判を皮切りに、日本の学界では不評であった。

しかし二〇〇六年、中国に登場した『惜別』は予想外にもいろいろな議論を呼び、注目の的となった。戦時中という異常な時代に、中国人蔑視の風潮に逆らって、太宰が中国人である魯迅を好意的に描いたことが中国の読者に評価されたという要因もあるが、それ以上に『惜別』における魯迅像は、中国固有の魯迅像と大分ずれた、新鮮なものとして従来の魯迅観にショックを与えたことの方が話題になった。長い間「闘士」という魯迅像を見てきた中国読者にとっては、やや過剰なほどの感受性と人情味に満ちた「太宰魯迅」は、竹内好によって作り出された、常に「政治と文学の対立に悩む」「竹内魯迅」よりも一層インパクトのあるイメージとなった。それだけに革命的な意味を持っている一面があると言える。

もちろん、この風変わりな「魯迅像」をめぐって中国では賛否両論がある。にもかかわらず、近年の中国学界全体の動きと関連して考えれば、従来の魯迅像を脱構築した、この『惜別』の中国デビューは一つの象徴的な出来事である。実は太宰治の『人間失格』と『斜陽』の中国訳は一九八〇年代と九〇年代にそれぞれ出版されたが、いずれも日本文学叢書か外国文学叢書に収録されていた。しかし、『惜別』だけは魯迅研究叢書の一冊として出版されたのである。『惜別』を紹介と鑑賞に値する外国文学としてではなく、中国の国民作家たる魯迅の研究に刺激を与えるものとして受け止めるのが新しい時代に即した編集者の狙いではなかろうか。

従来の魯迅像に対する太宰治の脱構築は、中国で固定化された魯迅像を豊富なものにし、魯迅への再認識につながることが期待されているように思われる。そこに『惜別』は日本文学叢書ではなく、魯迅研究叢書に収録された特別な意味が見られる。これも日本を方法としようと試みる中国学界の実践の一つと言えなくもない。

「中国近代文学の父」と言われる魯迅像と魯迅文学の再認識は、従来の作家論、文学観などを見直す切り口にもなるものである。竹内好、伊藤虎丸、丸山昇などの魯迅研究への積極的な受容を皮切りに、日本人による中国近代文学研究書が続々と登場しつつある。例えば、木山英雄氏の『北京苦住庵記――日中戦争時代の周作人』（三聯書店出版社、二〇〇八年）も中日交渉史における微妙な部分を扱い、周作人という複雑かつ論議の多い歴史人物を主人公にした思想伝記であるが、中国の周作人研究に新しい視点を提供するものとして評価された。こういう作家論の見直しとあいまって、従来の文学観への見直しも始まっているのは看過できない事実である。

具体的な例として、第一回大江健三郎賞受賞作『夕子ちゃんの近道』（長嶋有著、新潮社、二〇〇七年）が二〇〇九年に中国で出版されてからの読者と学界の反応を見てみたい。

5 『夕子ちゃんの近道』の受容と従来の小説観の見直し

『夕子ちゃんの近道』の主人公は、骨董店・フラココ屋の二階に住む「僕」である。彼が、どこから来たのかとか、何歳なのかとか、一切語られないまま話は進む。この取り立てて何という事件も起こることのない『夕子ちゃんの近道』は、いわば国家もなければ政治もない。事件らしい事件もなければ、過酷な生活もない。

ここでは、例えば女子高校生がその教師との間に子供を作ってしまっても、それが事件にも、スキャンダルにもならない。要するに、小説の中では日常がとまったような、大きな変化のない日が緩やかに展開されている。「仲間」内で、ある出来事があり、その出来事が、語り手である住み込み店員の「僕」の言葉として描写されている。その描写の後に、「僕」は、その出来事がもたらした心境上の「何か」について語るというパターンが随所に出てくる。ある意味では、この『夕子ちゃんの近道』は非常に日本的な小説で、心境小説あるいは私小説に近いものと思われる。

『夕子ちゃんの近道』の中国語版に序言を寄せた文芸評論家勝又浩氏がこのように語っている。

私は中国の現代小説についてそれほど知っているわけではない。それこそ葦の髄から天井を覗くようにわずかに知る、王蒙や古華、張辛欣、莫言といった文革後の世代、あるいは最近の残雪や陳染、林白といった天安門後の世代の、日本でも評判になった人たちをわずかに見ているばかりだが、それでも、この『夕子ちゃんの近道』とはずいぶん調子が違う。中国の作家たちが、それはさまざまあるにしても、最近の「個人化写作」と言われるような人たちでも、概して急成長、急変貌しつつある自身の国の運命を背負いながら人間を考え、書いている[12]。

ちなみに、このように中国現代小説の中に伍する『夕子ちゃんの近道』が中国の読者にどう読まれるか、どんな位置を占めるか、大いに気がかりであると勝又氏は述懐している。しかし面白いことに、『夕子ちゃんの近道』は中国で好評を得たのである。

中国で一番影響力のある図書関係のウェブサイト「豆瓣網」では『夕子ちゃんの近道』が出版後の四月から十二月の現在まで七・八―八・五点（一〇点満点）の高い得点を維持し、読者からの好評も続々と寄せられている。特に小説家であり書評家である潔塵氏の寄せた書評「一種純粋的小説趣味」は、読者の間で大きな反響を呼び、中国のインターネットと各書誌に転載された。

『夕子ちゃんの近道』が中国の読者にどう読まれるか、という勝又氏の気がかりに対して、潔塵氏は「私こそこの小説が大好きな読者の一人である」「『夕子ちゃんの近道』のような典型的な日本的小説（心境小説あるいは私小説とも言われるもの）が私の好みにぴったり合っている」とはっきり断言している。「小説とはどんなものなのか。『夕子ちゃんの近道』を読んで、思わずこの問題を考えなければならなくなった。小説の読者として、同時に小説の作者としてこの問題を避けて通れない」[13]。

さらに、自分の気に入りの小説はというと、重大なテーマではなく、日常生活という次元に潜行している、微妙かつ細かいが、一人一人の人間に深い影響を及ぼしているものを描く小説であると言う。つまり『夕子ちゃんの近道』をきっかけに、心境小説、私小説といった日本的小説を見直し、さらに中国における西洋舶来の小説理論を考え直すようになったのである。中国では、小説の概念は西洋から入ってきたもので、西洋の本格小説が王道とされてきた。それに「文以載道」という中国の文化伝統が加担した結果、個人の物語の裏に必ず社会、国家などの大きなテーマがついて回るのが小説の一般作法と思われてきた。

昔、日本の心境小説、私小説を紹介したことがあるにしても、西洋の小説理論を基準に、近代小説としてのその後進性、未熟さを指摘することがほとんどであった。中国人の読者にとっては、心境小説、私小説というような日本的な小説は、いつも身辺の狭い世界に閉じこもっており、西洋発祥の小説の正統から遠い存在であるというマイナスイメージが付き物であった。

しかし、もし西洋的な小説概念、「文以載道」という中国従来の文学伝統を相対化すれば、日本的小説の異質性もそれなりの合理性と価値性があり、世界にある多数の小説作法の中の一つであるという結論に至る。そして、日本的小説を他者として確立すれば、西洋的小説、中国的小説の合理性およびその限界も見えてくるように思われる。つまり、『夕子ちゃんの近道』の出版は、従来の小説観、文学観の見直しと中国小説への反省につながるものとして、一部の中国読者と小説家の鋭い反応を呼び起こしたのであろう。潔塵氏の書評は二〇〇〇字足らずのものであるが、日本を方法とする学界全体の動きと関連性がないわけではない。

6　日本ACG[14]ブームに伴う日本的美意識の受容

もちろん、最近の中国における日本のアニメ、マンガなどのサブカルチャー受容にも同じ動きが見られる。日本のアニメやマンガが中国大陸に上陸したのは三〇年前のことだった。一九七九年から中央電視台で放映された「鉄腕アトム」の人気をきっかけに、「一休さん」や「ニルスのふしぎな旅」、「ドラゴンボール」や「スラムダンク」、「クレヨンしんちゃん」など日本のアニメが相次いで放送され、爆発的な人気を集めた。日本のマンガの方はやや遅れて、手塚治虫の「鉄腕アトム」を皮切りに一九八一年に中国に登場してきたのである。その後、藤子不二雄の「ドラえもん」などいくつかの作品に続いて、車田正美の「聖闘士星矢」が本格的に中国の若者の日本マンガブームを引き起こした。一九九〇年代初期のマンガ貸本屋の普及と一九九〇年代中期から普及したVCDによって出回った日本のアニメ、マンガの種類が増え始めた。日本のアニメ、マンガが大量に流れ込み、中国大陸のアニメ・マンガ市場を刺激し、大量のアニメ・マンガファンを生み出した。

その三〇年の時間を経て、日本のアニメ・マンガ文化が中国の土壌に受容され、根をおろし、花を咲かせてきた。今では、中国の大半の大学にアニメ・マンガサークル（動漫社団）が設けられている。例えば、北京大学のアニメ・マンガサークル「元火」は五〇〇人の部員を抱えており、清華大学にも「次世代文化と娯楽協会」のアニメ・マンガサークルがあり、部員が六〇〇人に達しているという。こうしたアニメ・マンガサークルは「漫画本の貸し出し、アニメ鑑賞会、ゲーム大会、コスプレ大会、創作を通した同人誌の発行」などさまざまな活動を行っている[15]。

中国における日本ACG文化の受容盛況とともに、「かわいい」、「萌え」などの日本語が「卡瓦伊」、「萌」などと、そのまま中国語に導入され、いずれも生産性のある外来語として中国に定着しつつある。四方田犬彦氏が『「かわいい」

論』で指摘したように、英語には「CUTE」、「PRETTY」、中国語には「可愛」、などの近い言葉があるが、語源と文化的背景が異なる。「かわいい」には独特なニュアンスがあり、英語と中国語には等値的な訳語がない[16]。「かわいい」をただ人生の一時的なもの、克服し、超越しなければならないものと見て、巨大と成熟に憧れる西洋および中国と違って、一般的に「縮み志向」と言われる日本人は、小さくて幼いものに多大な価値を認める美意識を持っている。「卡瓦伊」、「萌」などの外来語の定着は、こういう日本的な美意識への積極的な受け入れを裏付けている。

日本ACG文化の受容は、西洋になかったり、あっても無視されたり、正統視されなかったりした美意識と価値観の再発見につながり、もともとマイナスと思われた美意識をプラスのイメージに変えたのである。それによって、われわれは世界を見る新しい視点を学び、西洋と異なる多種多様な美意識、価値観に目を開くことになる。つまり、サブカルチャーの領域と大衆レベルにおいても、「日本を方法とする」動向が見られると言えるだろう。

7 「方法としての……」の方法化

孫歌氏が『方法としての日本』を書いたのは一九九五年であり、『方法としての日本』というタイトルは明らかに中国の文法に合わないと孫歌氏自身も述べている。おそらく同じ考えから、溝口雄三氏の『方法としての中国』は中国で出版された時に、『日本人の視野中にある中国学』という書名に変えられたのであろうと思われる。実は「方法としての日本」という言い方は文法に合わないというよりも、西洋理論を実践する研究対象に過ぎない日本を方法とする発想はなかったがゆえに、文法的におかしく思われたのではないか。日本学の新展開に従って、「方法としての……」あるいは「……を方法として」は、一種の流行語になった感がある。溝口氏の『方法としての中国』と相まって、竹内好の

『方法としてのアジア』と安丸良夫氏の『方法としての思想史』も中国の学界に紹介され、新しい視座と方法論を提供したものとして話題作になり、「方法としての……」という言い方の流行に拍車をかけた。『方法としての竹内好』（唐宏峰「作為方法的竹内好——以『何謂近代』和『近代的超克』為中心」、「中国図書評論」二〇〇七年三号）、『方法としての丸山昇』（洪子誠「批評的尊厳——作為方法的丸山昇」、「魯迅研究月刊」二〇〇七年二号）、『アジアを方法として』（陳光興『去帝国——亜洲作為方法』行人出版社、二〇〇六年十月）、（『魯迅を方法として』（黄子平「文化研究：魯迅作為方法」、北京大学における講座、二〇〇七年五月九日）、『方法としての事件・記憶・叙述』（馬釗「作為方法的事件、记忆、叙述」、「中華読書報」、二〇〇四年八月四日）といった文章・著書が随所に見られるようになったのもその証拠である。

　このようなタイトルの付け方に、日本研究の方法論の変化が映っていると言っても過言ではないだろう。世界のグローバル化とともに文化と価値の多元化も進んでいる今日では、「方法としての……」の方法化は中国における日本研究の新展開を象徴しているのみならず、西洋研究、アジア研究を含めたあらゆる研究に新しい風を吹き込むことになると思われる。

　ここに至って、前述の孫歌氏による『方法としての日本』という文章の最後の言葉を引いておきたい。

> 日本も欧米と同じく、われわれの方法となるべきである。独立した思考する習慣の養成と多元価値の確立に従って、もっと多数の独立した文化がわれわれの視野に入るはずである。例えば、韓国、ベトナム、タイ……その時になって、我々は始めて真に自分を発見し、世界に向かっていくことができる[17]。

注

[1] 本稿は国際シンポジウム「中国西南地域から考える日本――中国西南地域と日本学の可能性――」（二〇〇九年十月十七―十八日、四川外語学院にて）における筆者の研究発表を骨子とした論文である。
[2] 吉川幸次郎「支那語の不幸」「文藝春秋」昭和十五年九月号。
[3] 周作人『周作人论日本』陝西師範大学出版社、二〇〇五年、一七一頁。
[4] 孫歌「作为方法的日本」「読書」一九九五年三号、一〇七頁。
[5] 商務印書館の「日本学術文庫」叢書に、和辻哲郎著『风土』、土居健郎著『日本人的心理结构』などが収録されている。
[6] 南京大学出版社の「看東方――日本社会与文化」叢書に、会田雄次著『日本人的意識構造』、加藤周一著『何謂日本人』、堺屋太一著『何謂日本』、築島謙三著『「日本人论」中的日本人』、宮家準著『日本的民俗宗教』などが収録されている。
[7] 「東北師範大学日本研究叢書」に、陳秀武著『日本近代国家意识的形成』、鐘放著『稲盛和夫的経営哲学』、郭冬梅著『日本近代地方自治制度的形成』などが収録されている。
[8] 華東師範大学出版社の「日本文化訳叢」に、杉本良夫等編『日本人论之方程式』、王敏郎著『解読日本人论』などが収録されている。
[9] 世界中の学術最前線にあると思われる著書を集めたシリーズで、西洋の訳書がほとんどであった。
[10] 同書で、趙氏は柄谷行人、子安宣邦、小森陽一、高橋哲哉を例に日本ポストモダンの発生と人文科学への浸透を研究した。
[11] 董炳月「自画像中的他者――太宰治『惜別』研究」「魯迅研究月刊」二〇〇四年一二号。
[12] 勝又浩「关于長嶋有的『夕子的近道』」『夕子的近道』訳林出版社、二〇〇九年、八頁。
[13] 潔塵「一種純粋的小説趣味」「張家港新聞網」二〇〇九年七月十七日。
[14] Animation（アニメ）、Comic（漫画）とGame（ゲーム）の総称。
[15] 中国における日本ACGの受容について、田莎莎氏の研究発表「中国における日本アニメマンガ文化の受容」（国際シンポジウム「中国西南地域から考える日本――中国西南地域と日本学の可能性――」）を参考にした。
[16] 四方田犬彦著『「かわいい」論』筑摩新書、二〇〇六年、三七―四三頁を参照されたい。
[17] 孫歌「作为方法的日本」「読書」一九九五年三号、一〇七頁。

明治日本の女子教育に対する津田梅子の貢献

——〝屋根裏部屋書簡〟と関連文書を手がかりに——

陶　徳民
（翻訳：王　童童）

アメリカ政府が受け入れた日本の女子留学生の先駆者として、また津田塾大学の偉大な創設者として、津田梅子（一八六四—一九二九）の名前は、明治日本における女子教育の発展と成功を象徴するものである。もちろん、津田の成功物語の影には彼女自身の努力だけではなく、明治政府の文明開化政策と日本・アメリカ両国の友人たちの協力があったことは言うまでもない事実である。

津田がアメリカ生活をしていたころ母親代わりだった Mrs. Adlien Lanman に宛てた手紙、いわゆる〝屋根裏部屋書簡〟が一九八四年に見つかり、一九九一年に出版された。これで津田とアメリカのつながりは一段と明確になり、『津田梅子を支えた人びと』（二〇〇〇年）[1]のようないくつかのよい研究書が発表されてきた。しかし一方で、津田が、明治日本の女性が置かれた社会的状況をどのように批判的にとらえていたか、その状況に抗してどのように女子教育の確立のため努力したか、〝屋根裏部屋書簡〟や *The Writings of Umeko Tsuda* (Revised Edition, 1984) にある関連文献を生かす研究がまだ十分になされていないのも事実である。本論文はこれらの資料にもとづき、問題の一端を解明することを試みるものである。

1　日本女性を〝解放〟する志

岩倉使節団のアメリカ訪問二十五周年記念にあたる一八九七年に、津田が *The Chicago Record* に寄稿した〝日本女性の解放（Japanese Women Emancipated)〟という記事には、五人の女性をアメリカに留学させるという画期的な決断をした黒田清隆伯爵（当時の開拓長官）のことが次のように述べられている。

彼はアメリカで女性の社会的地位と影響力を知って感銘を受け、それはアメリカでは女性が男性と同じように教育を受けていることによると思いました。そして日本人女性も同様に啓蒙したいという思いから、私たちの留学が実現したのです。

つい数年前まで日本が全世界に対して閉じていたことを思うと、使節団の訪問は誠に異例なことでありました。外国に行こうとした者には死刑があったくらいです。さらに驚くべきことに、それまで何世紀にもわたって女性は家の中で抑圧された地位にあったのです[2]。

よく知られているように、〝emancipate（解放する)〟、その名詞形の〝emancipation〟という言葉はアメリカの歴史において特別な意味があり、しばしば、奴隷制度廃止をもたらした南北戦争の最中の一八六三年に Abraham Lincoln 大統領が署名した〝*Emancipation Proclamation*〟の歴史的文書を連想させる。一八七〇年代にアメリカで教育を受けた津田は歴史の授業でこのことを知っていたはずである。そうなると以下のような疑問が生じる。なぜ彼女はアメリカの読者に訴える言葉としてこの言葉を選んだのか、さらにはこの言葉は日本人女性が家庭内ではある意味で奴隷状態にあったことを暗示しているのか。津田自身が「それまで何世紀にもわたって女性は家の中で抑圧された地位にあったのです」と書いているところからすれば、二つ目の疑問に対する答えとしては自明のものと言えるだろう。しかし一つ目の疑問に答えるためには、一八八〇年代の彼女の体験について知っておく必要がある。なぜならこの一〇年間に彼女は一八七〇年代のアメリカ生活[3]で感じた以上のカルチャーショックを母国から受けたからであった。

一八八二年秋に津田が帰国へ船出したとき、アメリカでの学習と生活によって母国語をすっかり忘れキリスト教徒になっていた。以下は、津田がMrs. Lanmanに紹介した、日本到着から一週間ほどの同年十二月の黒田との面会の情況である。

彼（黒田）は私たちと通訳として来ていた父（津田仙）を洋館の一室で迎えました。彼は感じがよく、また軍人の威厳を漂わせる人で、私たちは和やかに談話をしました。彼は日本の習慣に従い私たちの教育を大いに褒めてくれて、むしろ恥ずかしくなってしまいましたが、なんとか対応でき、感謝を伝えました。その後東京で一番の盲人演奏者の琴と三味線、そして芸者の歌を聴きました。これらはどれも私たちにとって有意義で、たいへんすばらしいおもてなしだったと思います。最後に、黒田は何か歌を歌ってほしいと言ったのですが、私たちは断ることができず、しかし日本の曲も知らなかったので、捨松（山川捨松）と私で“In the Gloaming”と“Jesus, Lover of My Soul”をなんとか歌い上げました。初めてのことだったので、今でも考えるとおかしくなります。私たちの立場は厳しく、言いたいことは何でも言える宣教師たちよりも厳しいものだと思います。日本の社会的地位の高い男性たちは皆クリスチャンではなく、キリスト教的道徳観も持っていません。私たちは大海の中の一滴のような孤独な気持ちです。次の日、つまり昨日は日曜日だったのでシゲ（永井繁子）と一緒にユニオン教会に行きました。そこでは英語によるお祈りを聞き、何人かの宣教師と会い、とても楽しかったです[4]。

梅子と捨松にとって、日米の文化の違いで生じた黒田とのミスマッチよりもっとつらい状況は、黒田がもはや送りだした二人の帰国を責任ある立場で迎えられなかったという点だ。開拓使はその年（一八八二年）の初めに廃止された。彼女たちの処遇を担当することになったのは文部省である。文部省はアメリカやヨーロッパで学んで帰国した男子には適宜ポストを用意していたが、津田、山川捨松、永井繁子らには無関心であった。三人は一八七〇年代にアメリカでの学業を見事に修了させ、教師として政府に報いることを熱望していた。津田は直面したこの悲しい事実に強い不満をもった。

時々どうしてアメリカへ行ったのだろうかと思います。自分たちに何もすることがなく、政府が私たちのことを忘れてしまったかのように私たちの仕事を配慮しないのが信じられません。私たちに何ができるでしょう？　社会を良くしようとすることは私たちに決して超えられない山を目の前に置くようなものでした[5]。

しだいに津田は、文部省の自分に対する冷遇が何かの誤りからではなく、社会における女性の地位の低さに由来するものだと理解していった。

女性は家庭では召使のように扱われているという。

男性はいつも先を行き、すべてのことを先に行う一方、女性は小包を取りに行き、裁縫を任され、料理をし、荷物を片付け、すべての家の仕事をして、そうして男性はただ座りくつろぐことができるのです。中には妻に本当の召使のように命令し、あれやこれやとものを持ってこさせる男性もいるのです[6]。

さらに、恋愛結婚ではなく、女性にとっては明らかに不利な見合いという結婚が双方の親たちの間で取り決められるのが一般的で、そのことに関して津田は Mrs. Lanman に次のように伝えている。

多くの見合い結婚が二人の性格をちっとも知らないような人の間で行われていることを知っていますか？ 結婚に関して深く考えていない男性にちょうどいい女性がいないかと周りで話題にすると、だれかが〝仲人〟になり家族や両親と話を進め、その後当人たちが会うのです。それで皆が納得すれば婚約、すぐに結婚となるのです。一般的に婚約は結婚と同じくらい宗教的で、破ることはとても良くないこととされています。婚約が破棄されれば周りからは、男性か女性か良からぬ秘密があるのではないかと思われることでしょう。もっとも非難されるのは大抵女性の方ですが。恋愛結婚があるとすれば、男性、しばしば上流階級の男性が下級の踊り子等と結婚する場合でしょう。彼女たちは美しく、男性を喜ばせる方法を知っているので恋愛結婚も実現するのです。それ以外では男性が女性をお誘いすることがまったく無く、男性と女性が交際することもないのにどうして恋愛結婚が可能になるのでしょう？ もちろん、他人の家を訪ねた際にその家族とともに女性がその場にいることもありますが、一般的には奥で控えているものです[7]。

その上、津田は伊藤博文邸に住みこんで家庭教師としてその妻と娘に教えていたころ、つい最近まで日本では妾を持つことが許されていたことに驚き、次のような文章を残している。

伊藤氏は西洋文化に関する知識や理解がありながら、日ごろの行動はその道徳的価値観からはかけ離れています。彼は私とは別の洋館に住んでいたので深くはわかりません、また家来の者以外は誰もこのことを知りませんが、彼は夜を別の場所で過ごすのです。ところが伊藤夫人はこのことを知りながらさほど気にかける様子もないのです。放蕩にふけりすぎず節度を弁えさえすればいいと考えられているらしいです。それは私たちが教えられたようなおぞましいこととは見なされてないのです。そしてこのことはこの先も変わりそうにありません。つい数年前まで男性が妻以外に妾を持つことが完全に合法だったのですから。それなのですぐに変わるのはむしろ変で時間がかかるのです。それでもこの事実を知っておくべきなのです。伊藤氏が朝まで帰ってこないときはひどくいやな気持ちになります。自分が何か変えられたらと思うのですが、何をしていいのか見当もつきません[8]。

まだ津田が仕事もなく家にいたころ、彼女は際限なく訪れてくる父親の訪問者への対応に疲れていた。失望の中Mrs. Lanmanに宛てた手紙からは彼女の、女性の地位向上に関して何もできないという無力感から来る心の嘆きが感じ取れる。

訪ねてくる父の友人たちはいつも男性ばかりで、私は会ったことすらないのにお食事をお出ししなければなりません。女性は何をするにも猫のように静かにしなければなりません。彼女たちは男性の女中でしかないのです。日本の女性は家において家事以外のことに関してももう少し重要な地位にいるべきなのです。彼女たちのことが不憫でなりません。日本女性に対して批判的な気持ちになるときでも彼女たちの地位のことを考えると怒りを覚えます。男性を責めることはできません。彼らは母親や姉、妹に尽くされ、甘やかされて育ちそして同じように妻に接するのです。女性側は状況が良くなることを期待もしません。Lanman さんには私の気持ちがお分かりにならないでしょう！　日本の女性は日本にかかわらずどこでも簡単に現状に満足してしまうのです。ですからいくら外の人間がその状況を変えようとしても彼女たち自身が変わろうとしないのです。この考え方はいたるところに強く根付いていて、これを変えることは完全に不可能のようです。女性たちの考え方や振舞い方、男性と同じように振舞うことへの恐れ、無知や迷信、男性から良い扱いを受けることへの諦め、こういったことが女性は男性よりも劣っているという思い込みを与え、そのため彼女たちは何も変えようとしないのです。教育全体に問題があり、この全体の雰囲気を変えなければなりません。子供たちは見なくていいもの、知るべきではないものを多く見聞きし、例えばどこかの一家がこの雰囲気に逆らって泳ぐが如く周りとは違うことをすると、その流れに負けて溺れてしまうことを知っているのです。根はとても深く、私は何もできないことがとても悲しいです。私はただ腕を組み目を瞑るだけです。これまでに女性の状況を変えたいと言い続けてきたからといって、私を活力に満ちて、立派で、情け深い女性だと思わないで下さい。私には何もできません。ただ静かにしているつもりです。抵抗は無駄なのです。私の姉妹たちが私と同じように勉強できることを切望しますが、残念ながら不可能です。日本の物語は道徳に反していて子供、例えば十歳のフキにはよくありません。かと言って代わりになる読み物も無いのです。聖書に関する物語もおとぎ話も恋愛物語もありません。英語で書かれた本だけがこういったことを知る手段ですが、身につけるには何年もかかります。もし死ぬまでに日本の娘たちの教養を高められるのなら喜んでそうします。だからといって今私が何か行動を起こしたり、挑んだりしているというわけではありません。やみくもに手探りで進み、不本意な結果に終わり、もう無理ではないかと悩み不安になったとしても人生そのものをあきらめるよりは良いでしょう？　しかしそれでも私は何もしません。できません。私はただ慣れていき「自分勝手な生き物」になっていくだけです[9]。

津田の不満と、一八八〇年代の Miss Alice Bacon との重要な討論にも見られるような彼女の理性的な観察が、やがては、日本人女性の法的、実質的地位に関する結論を形成していくのである。津田の観点は彼女が Bryn Mawr College で勉強をし、また日本人女性がアメリカの大学で勉強するための四年分の奨学金制度を作ろうと八〇〇〇ドルの常設基金を設けようと奮闘していた一八九一年にフィラデルフィアで行われた演説によく表れている。

私が初のアメリカ訪問から帰国したころはまだ女性の教育に関するいかなる活動もなくて、私は男女間の大きな違いと、男性が絶対的な権力を持っていたことにとても衝撃を受けました。女性にはつける職や雇用の機会がないので自立の手段がなく、完全に男性に依存するしかありませんでした。教職だけはあったのですが、訓練を受けていたり、教える能力がある人はほとんどいません。女性は自分で財産を持つことができず、その個性は父、夫、その他の男性親族の中に埋没しています。そのため彼女たちには自立の精神が欠けています。このことと、結婚と離婚に関する習慣とが結びついて、妻は夫に対して完全な服従をするようになるのです。女性側から離婚することもできますが、結局は別の人に依存することになり、子供も失うのでほとんどの女性は別れるよりも夫のすべてに耐えることを選びます[10]。

この演説から、津田がなぜ、ある種の家庭での隷属から日本女性を解き放つ必要性を説明する言葉としてこの“emancipate（解放する）”という語を選んだのか、そしてなぜ一八七一年の女子五人のアメリカ留学を解放のシンボルとしたのかが読み取れるであろう。

2 〝一流教師〟になる意欲

津田の一八八〇年代の体験はすべてが不運で惨めなものというわけではなかった。初めの数年を除いては彼女はむしろ職を得るという点では幸運な女性だった。伊藤博文の厚意もあって、一八八五年の後半には下田歌子の桃夭《とうよう》女学校での教職を経て、華族女学校で助教授の地位にいた。津田本人は役職を得るのにアメリカでの経験も役立ったと思っていた。

結局、あの証明書が効いたのでしょう。アメリカで何をしたかということに関する書類を日本語で提出するときに、英語で書かれた証明書の写しも一緒に出したのです。たぶん伊藤氏がこれを読んで私にこの役職をくれたのだと思います。方法と手段はこの際関係ないでしょう、今や私は教師になったのですから。その学校は貴族女学校と呼ばれています。おもしろいことに他に外国人がいるというようなことは全く聞いていないし、配属されたのは私一人ということなので、もしかしたら英語科の責任者になれるかもしれません[11]。

津田はしばらく教師生活を楽しんでいたが、再びアメリカに戻りBryn Mawr Collegeで勉強したいと思うようになり、Mrs. Lanman、Miss Alice Bacon、捨松などの友人たちとも相談した後、一八八九年に二年間の有給休暇（後に三年に延長される）が許された。

この動きにはいろいろな経緯があった。

まず津田は、女子教育を確立する運動のために高度な訓練が必要だと思った。名門校であるVassar大学で学位を取得していた捨松と繁子とは違い、津田はこのとき初等と高等学校の卒業証明書しか持っておらず、友人たちとの大きな差を感じていた。彼女は Mrs. Lanman にこう言っている。

学校では準備することがたくさんあり、会議などで忙しいです。私たちの学校はとてもいいところで、私が見る限り子供たちも勉強に慣れてきているようです。日本語の教師たちも皆知識豊かで洗練されていて、人手も足りているようです。私はよく捨松と同じ学問を専攻できたらと思います。今やその知識は彼女にとって全く必要ないのですが。その勉強には長い期間が必要で私の現状では不可能ですし、アメリカでの勉強内容に後悔はしていません。現在日本には女性有識者による会合があり、参加者のほとんどは Tokyo Normal School の卒業生です。彼女たちは志が高く、日本における女性の教育を支援する団体を結成していて、月に一度集まり講師を招いて勉強会をしています。私もその団体に所属し、ときどき会合に参加します[12]。

次に、大学で勉強したいという津田の願いは、女子留学生をヨーロッパとアメリカに送る新たな動きにも後押しされた。実際、津田は華族女学校で働きだしてまもなく、次のニュースを知るにつれ、すぐに Mrs. Lanman に手紙を出している。

一人の日本人女性がアメリカに留学することが決まりました。次の船で向かうそうです。彼女のことはよく知っています。英語の優れた Normal School の卒業生です。年は二十五、六です。私たち五人のとき以来、教育を目的とした海外訪問は彼女が初めてになります。マサチューセッツのどこかに行く予定で、あなたもそのうち彼女のことを耳にすることでしょう。三年くらいはそちらに行っていると思います。とてもすばらしい方で名前は加藤さんと言います[13]。

この出来事は自然とまだ二十歳の若さの津田の心を勢いづかせたことだろう。そして、皇族や貴族の家の娘たちの教育や世話は多くの辛抱と労働を必要とし、決して簡単な仕事ではなかった。次第に津田は負担を感じるようになり、仕事に対する不満が増えていった。

今日は教員会議で朝早くから学校に来ているのですが、何かの理由で始まるのが遅れているので空いてる時間にこの手紙を書いています。多くの先生が病欠か欠勤をしているのですが、それでも仕事が成り立っていて、この学校にこれほどの先生は必要ないことを伊藤氏は知るべきではないのでしょうか。政府は莫大なお金を建物や洋服、その他贅沢品に注ぎ込んでいて、上級官僚がよい暮らしをしている一方で一般の人々の生活は厳しいです。これは同じ状況にあるほとんどの国でも政府に問題があると思います[14]。

津田はいわゆる鹿鳴館での舞踏会にも飽き飽きしていた。本当の西洋化とはそのような皮相的な方法でするのではなく、また女性たちは舞踏会にではなく現実社会に活躍するものだと思っていた。彼女は一八八六年に次のような文章を残している。

今はもうダンスクラブに所属していません。その舞踏会は現実の西洋のものとはかけ離れ、上流階級が好むようなものになりすぎたので辞めることにしました。そもそも舞踏会にはほとんど行っていなかったので会員でいても意味がありません。ダンスと衣装はますます過激になっていて、ここにいる外国人に笑いものにされています。しかし彼らは西洋の文化に慣れるまでそれをやめないでしょう[15]。

その後、彼女はむしろ伊藤博文からの「仮装舞踏会」の誘いを断るようになっていた。

着ていく衣装を考えるのはとても面倒だったので断るようにしました。特に何もすることが無い人は衣装やドレスを気にかける余裕がありますが、私にはそんなことをする時間もお金もありません[16]。

このように、アメリカの大学で勉強をするという津田の計画は日本で「一流教師」になるためにさらに人格と知性を発展させたいという彼女の強い意欲を反映していた。その思いは一八八六年五月六日の Mrs. Lanman への手紙に詳細に書かれている。

私は、後二、三年間勉強できていたなら、あるいはこれから先できるのなら、とよく思うことがあります。今は帰国したときよりも精神的に成長していて勉強の重要さを理解していると思います。仕事以外の時間があまり無いので、もし教師として成長するために勉強がしばらくの間できたのならどんなに素晴らしいことでしょう。そうすれば私はただの英語教師ではなく、いつか今の部署の責任者か、何か学校の方針に意見を言える立場になれるかもしれません。時々アメリカで授業の仕方や教育方法についてさらに学ぶことができないかと思っています。生涯を通じて教師を続けたいです。私は十分な教育を受けているので普通の人生を送るには問題ないでしょう。しかしそれ以上のことがしたいのです。そのために最高の教師になり、すべての知力と能力を注ぎ日本に変化をもたらしたいのです[17]。

3 自分の女子英学塾をもつ意思

一九〇〇年七月、津田は人生で最大の決断を下した。名誉ある華族女学校と東京にある明治女学校での教職を辞して女子のための大学、女子英学塾を設立したのである。

女子のための大学を自分で設立することは津田の長年の夢であった。一八八二年の最初の帰国の直後、彼女は捨松とそのような大学の設立の可能性について議論した。彼女はそのことをMrs. Lanmanに伝えている。

私たちはたくさんの人たち、特に女性たちと私たちの仕事でこれから何をすべきなのかを真剣に話し合いました。彼女たちは私たちが何をしたいのかを尋ね、貴重な助言をくれました。皆さんは私たちにとても多くのことを期待し、私たちが良い影響を発揮することを願っていて、私たちはかえって自分にできることの小ささを思い気持ちが沈みました。多くの方々が、教育を受け、教養を深め、偉い男性の妻にふさわしい女性になるために女学校以上に必要なものはないと言ってくれました。私たちの目標は上流階級の人々にも受け入れられることでしょう。しかし障害もたくさんあります。女子教育に対して否定的な先入観が蔓延していて、教員の給料は日本では安く、人々はわずかな額しか払いたがらず、組織を維持するためには寄付などを募る必要があります。実際は捨松が先頭に立ち私が補佐に就くことになると思います。学校は最初は小さいでしょうがぴったりの場所が見つかれば幸いです。これらの計画はまだ非現実的でほとんど誰にも話していません。もしこの計画が実現したのならどんな学校で数年教えるよりもすばらしい仕事になるでしょう。師範学校は教育を何も知らない人たちが運営していて教育の場には相応しくありません。私たちの学校は貧しい人々が通う宣教師の学校を除いては唯一の女性のための学校です。ですからこの学校がいかに重要かお分かりになると思います。時間はかかりますがやがては大きな影響を及ぼすでしょう。支援してくださる方々とともに私たちは全力を尽くします[18]。

後に津田は学校の将来像について次のように語っている。

私自身も通っていた様な全寮制の学校にしたいです。私のおじや昔の先生たちのような年配の方々によって運営されるのがよいでしょう。

一方、捨松は Miss. Bacon からの援助の重要性を強調していた[19]。こういった計画は一九〇〇年代の津田の大学のほぼすべての主要な特徴の元となっている。運営のための寄付金を募ること、上流階級出身の娘たちに質を重視した教育を提供すること、生徒により多くを学んでもらうため小さな全寮制の学校にすることなどである。唯一違った点は授業の内容が難しくなり学校のレベルが上がったことだ。これは津田が Bryn Mawr で受けた高い水準の教育の影響である。

津田の友人で長く津田塾大学で教師をしていた Ms. Anna Hartshorne によると、

大学ができたときは夢がかなった以上の気持ちでした。それは長年の夢の実現でしたから。実際、津田さんはある意味今までの人生がすべてこの仕事のための準備だったという思いをしたと考えられます。彼女の Bryn Mawr での日々は間違いなくそうでした。Bryn Mawr の偏見の無い、徹底した、厳格な教育が彼女の中に根付き彼女の理想とする教育に不可欠な一因となっていました[20]。

彼女はまた一八九七年二月に津田に大学に関する諸案を見せてもらったときのことを思い出して、次のように語っている。

学生は英語教師の免許取得の試験を受けられるという資格があるが、その免許を取るための十分な準備はほとんど無理でした。日本の学校では十分な英語の授業を受けられず、ミッション系の学校は日本語の勉強に重点を置いていませんでしたので。また別の方針として、英語を正しく扱うことで女子学生たちにも男性のみが触れることができた西洋思想の世界を教えることができると津田さんは言っていました。さらに彼女は自分が英語の権威で、生徒を集めるのは難しくないと思っていて、土地と建物さえあればあとは自分で何とかなると信じていました[21]。

このころ津田の大学設立とは別に、女子教育、特に高等教育の点で西洋に追いつこうという大きな運動があった。先に挙げたMs. Hartshorneとの対談の一カ月後の一八九七年一月、津田は*The Far East*に「日本女性の未来」という題で彼女の概観と展望についての文章を寄稿している。

政府の教育関連機関の調べでは、ヨーロッパではごく当たり前の、男子同様に女子が、それも社会的階級の低い人が入学できる学校の数は、通常の学校が二六校、高等教育の学校が二〇校あり、生徒の数は約二五〇〇名です。これらとは別に私立の女子学校がいくつかあります。また音楽や裁縫などを教える専門学校もありますが、一般的な教育機関として扱われることはほとんどありません。

これらはすべて三十年前を考えれば進歩に見えますが、男子の教育における発展と比べると、また大多数の女子が初歩的な教育しかまだ受けていないことを考えると、小さな変化でしかありません。日本の男性と女性の差はむしろ以前より広がりつつあるのです。ヨーロッパ、特にイギリスやアメリカで同じ三十年で、女性の教育と社会的地位においてどれほど大きな変化が起きたことでしょう。三十年前のアメリカの女子大学での教育は未熟でした。今日ではほとんどすべての高等教育機関が男性と同様に女性を受け入れており、進歩的な教育により女性たちは多くの利益を得ています。何千もの女性が高等機関で学んでいて、その数は年々増えています。三十年前これは慈善家たちの夢に過ぎませんでした。日本の進歩はアメリカ程ではなく、この世界的な進歩についていけない東洋の女性は西洋の女性より劣るように見えてしまう恐れがあります[22]。

主に津田のアメリカの友人たちからの寄付で設立され、津田自身の指揮によってその大学の運営は順調で早くも評判を得ていった。一九〇四年にその学校は「政府によって高等学校の模範に認定されました」[23]。すなわち *Senmon gakko*（専門学校）である。翌年政府はさらに、「同学の卒業生に対し通常の試験なしでも教師の資格を与え、政府の学校で働く権利を与えました。私立の女子学校がこの特権を与えられたのは初めてのことです」[24]。津田はこのことを興奮しながら Mrs. Lanman に伝えている。

私たちがこの特権の授与をとても誇りに思っていることが想像してもらえることと思います。これで教師を目指す多くの人々がこの学校を訪れるでしょう。今日生徒たちはお祝いをしていて、このことをとても喜んでいます。私立の学校が認められるのは良いことです[25]。

数週間後津田は再びMrs. Lanmanに手紙を送っている。

学校は成功しています。私は感謝の気持ちでいっぱいです。今私に必要なのは経営をしていくための健康と、忍耐力と、指導力です。Aliceに私達の学校と新しい計画のことを手紙で伝えたばかりで、私たちのやっていることに興味があり賛同してくれそうな彼女のアメリカの友達に、この話をしてくれることでしょう。彼らはきっと協力してくれます。こことは違ってアメリカにはお金が溢れていますから[26]。

注

[1] 飯野正子他編『津田梅子を支えた人々』有斐閣、二〇〇〇年。

[2] *The Writings of Umeko Tuda*『改訂版津田梅子文書』津田塾大学、一九八四年、七七頁。

[3] 例えば津田はサンフランシスコで黒人文化に触れる機会があった。〝ホテルの黒人のウェイターにはとても驚かされました。彼らに対する恐怖とその外見に震えた夜のことをよく覚えています。彼らは今まで見たどんな人とも違っていて、怪しいように感じました。その恐怖は当時有名な黒人の大道芸人を見たときにさらに大きくなりました。観客の黒人の列を見たときの恐怖を今でも思い出すことができます。彼らの外見はこの世の生き物とは思えませんでした。〟同書、八二頁。

[4] *The Attic Letters: Ume Tsuda's Correspondence to her American Mother*, edited by Yoshiko Furuki. New York & Tokyo: Weatherhill, 1991. pp. 19-20.

[5] 同書、三一頁。

[6] 同書、六六頁。

[7] 同書、三一―三二頁。一八八三年の別の手紙で津田は述べている。〝西郷夫人は感じのいい人ですが、彼女とお話しすることはできません。彼女だけが参議の妻で、名門の家の出身（大山大将の親戚で、それゆえ捨松と私に対してたいへんよくして下さるのですが）であり、そしてもちろん吉田さんや井上さんのように芸者の身分では到底なかったのでその過去は詮索に耐えうるものでした。彼女の夫はその地位にもかかわらず追放の状態にあるので、

彼女が気の毒です。西郷大将の顔の変わりようからはそのことが伺われました。私が覚えている限りでは、以前お会いした記念祭では彼はハンサムでしたから。あなたを悲しませるので書きたくはないのですが、吉田さんも同じ状況にあります。幸いなことに捨松の夫は誠実な生き方をしている方なので問題はないでしょう〟(同書、六三頁)。

[8] 同書、一二七頁。

[9] 同書、六九―七〇頁。

[10] *The Writings of Umeko Tsuda*, pp.23-24.

[11] *The Attic Letters*, pp.220-221.

[12] 同書、二四九頁。

[13] 同書、二三八頁。

[14] 同書、二六三頁。

[15] 同書、二六六頁。

[16] 同書、二八三頁。

[17] 同書、二四九―二五〇頁。

[18] 同書、二四―二五頁。

[19] 同書、七七頁。

[20] *The Writings of Umeko Tsuda*, p.512.

[21] 同書、五一五頁。

[22] 同書、七一―七二頁。

[23] *The Attic Letters*, p.407.

[24] 同書、四三二頁。

[25] 同書。

[26] 同書、四四一頁。同じ手紙で津田は次のことを述べている。〝学校の運営資金と奨学金、寄付金などの資金調達に関する委員会ができました。捨松を代表に多くの影響力のある女性が参加しているので成果を期待しています。経済的な問題が解決すればとても楽になります。私はおそらくいつかアメリカに行って資金調達ができるかもしれません。校舎を建てるための土地と、その隣に寮などの建物のための一区画が必要で、現在一万円必要です。出来ることならば近いうちにアメリカに行き、このことについて何が出来るのか見て回りたいです。もし実現すればなんと素敵なことでしょう。そして一緒にすばらしい会話が出来ると思います。捨松と繁子は学校のことに熱心で、この計画にも協力してくれるでしょう。捨松が委員長になってくれて

助かります。原さんのようなその世界で名の知れた方々が協力してくださっているのできっとうまくいくと思います。やることがたくさんある分、得るものも多いでしょう〟（同書四四〇―四四一頁）。

日本浄土信仰の流れと法然の思想について

趙　仲明
（翻訳：中野　英夫）

浄土信仰は、日本の古代・中世に広く流行したが、鎌倉時代に誕生したこの流れを汲む仏教宗派——浄土宗はすでに八百年余りの歴史を持っている。民衆の仏教として、浄土宗は、日本の宗教史上においてであれ、現代人の宗教生活にとってであれ、非常に重要な位置を占めている。その歴史的役割から言うならば、この宗派は、仏教という外来宗教の中に日本の宗教要素を融合させることにより、日本的特色を持つ仏教を生み出し、仏教を貴族の信仰から民衆の信仰へ変化させるのに大きな役割を果たしたと言えるだろう。その思想の根源を探れば、日本の浄土思想の集大成者であり浄土宗の開祖でもある法然上人に行き着く。彼が創立した本願念仏の法門は、中国の浄土宗の開祖の一人である善導大師の思想を全面的に受け入れたものである。この意味から言えば、中国の浄土教思想は日本の浄土教思想の根にあたるものと言えよう。したがって、日本浄土教の思想の源流であり浄土宗の開祖でもある法然上人の思想を研究することは、インドや中国の仏教を含む外来宗教思想の日本に与えた影響の問題、および、日本がいかに外来思想を受け入れてこれを土着化させたかという問題にとって、重要な意義を持つものであろう。同時に、注意すべきは、「中国の日本研究は各方面への関心を怠っている」との一言で片付けるわけにはいかないが、事実上、研究の重点の多くが、二十世紀に成功を収めた日本経済の神話に集中し、日本文化の研究はずっと薄弱な状態のままになっているところである。とくに、数少ない日本仏教についての研究成果は貴重なものと言ってよい。こうした点に基づき、筆者は、日本の浄土教の源流と歴史および法然の思想について、浅薄ながらもあえて議論を行うことによって、この拙い論稿が後の傑作を引き出し、中国学術界の日本仏教研究を推進せしめることを期待するものである。

1 日本の浄土信仰の源流

「仏教教団の内部に、西方阿弥陀仏浄土への往生を唱える浄土教が、いつ、どこで、また、どのような背景で誕生したのか」という問題は、十九世紀以来、アジア・欧米の仏教学者が関心を示し続けてきた問題であり、また多くの研究成果を生み出してきた問題でもある。とはいうものの、学術界がかねてから認めてきたように、インドには歴史の記録や保存という意識が薄く、このゆえに、今に至るまで決定的な意義を持つものと称してよい成果は現れてはおらず、共通認識だけがあるという状態になっている。

浄土信仰の勃興年代については、阿弥陀仏信仰経典が漢訳された年代およびインドの龍樹（二―三世紀）の記述を通して、だいたい紀元前後に仏教教団内部で阿弥陀仏信仰が生まれたと推定されているが、具体的にどの僧院から生まれたのかは確定が難しい。中国に伝来した九百四十部余りの仏教経典の中で、阿弥陀仏や極楽浄土を讃えた経典は二百七十部余りに達しており、全体の三分の一を占めている。このことから見れば、阿弥陀仏信仰の西域地区での伝播の範囲はかなり広かったことがわかる。

インド西北部で誕生したとされる阿弥陀仏信仰についての記述は、多くの仏教経典の中に見て取ることができるが、その中でも『無量寿経』、『観無量寿経』、『阿弥陀経』は最も重要な経典とされ、中国と日本の阿弥陀仏信仰形成の基本経典となり、とくに日本では、浄土系諸宗派の根本経典となっている。この三部の経典は、サンスクリット語本のほかに、多くの種類のチベット語本や漢訳本も存在している。この中の『無量寿経』には十二種余りの漢訳本があったが、現存しているのは五種類だけである[1]。『観無量寿経』は二度漢訳されたが、現存のものは南北朝劉宋時代の畺良耶舎訳だけである。『阿弥陀経』は三度漢訳され、現存のものは鳩摩羅什訳の『阿弥陀経』と玄奘訳の『称賛浄土仏摂受経』の二巻である。中国では、上記の多数の訳本の中でも康僧鎧訳『無量寿経』(二巻)、畺良耶舎訳『観無量寿経』(一巻)、鳩摩羅什訳『阿弥陀経』(一巻)を一括して「浄土三部経」と呼び基本的経典としているが、日本では、これに天親の『往生論』[2]を加え、日本浄土宗の開祖法然上人によって浄土宗の「依るべき経論」とされた。法然門下の日本浄土教各派もこの四部の経典を根本経典と見なしている[3]。

中国の阿弥陀仏信仰は、仏教経典の漢訳本の伝来とともに日本に伝来してきた。中国仏教史上、阿弥陀仏信仰には三つの流派があった。一つ目は盧山派である。東晋時代(五世紀)に盧山の東林寺に居住していた慧遠が唱えた浄土教であり、観想念仏を主張し、後に禅の伝来と流行とともに、禅・浄土をともに修める浄土教に変わり、中国浄土教の主流になった。慧遠は後の浄土宗信徒によって浄土宗の開祖とされたが、実際には、慧遠の観想念仏と後に生れた浄土宗の唱える称名念仏とは異なるものである。二つ目は道綽・善導の流派である。「浄土三部経」を基本教義とする流派であり、称名念仏を唱えた。この派の善導は中国浄土宗の創立者と見なされており、彼の唱えた本願念仏の思想は法然上人によって受け継がれ、これを基に日本の浄土宗が生まれたのである。日本の浄土宗は、西安(唐の長安)終南山山麓にある、善導大師を供養する香積寺を同宗派の発祥の地としており、この地には浄土宗信徒の参拝の列が絶えない。現在の日本の念仏教団のほとんどは法然の門流であるから、彼らはすべて道綽・善導の流派の浄土教と言ってよいだろう。三つ目は慈愍の流派、すなわち、慈愍自らはるばるインドに渡り、その帰国後に唱えた浄土教の流派である。後に禅浄双修の発展にともない、この流派は盧山派に吸収された。

日本の浄土教の起源は、奈良時代以前（六世紀）に遡ることができるが、その最も代表的な例証には有名な「天寿国繍帳」がある。この繍帳は、聖徳太子の死後、その夫人が発願のため制作したものである。この「天寿国」という言葉の元来の意味については、様々に異なる解釈が存在しているが、大体において、阿弥陀仏の極楽浄土を指しているものと思われる。しかし、この繍帳に描かれている絵には明らかに道教の影響が見られ、その後の浄土教のシンボル的事物とは大いに異なっている。浄土信仰が明確な形式で出現したのは七世紀中葉であり、『日本書紀』の記載によると、僧侶恵隠が、隋から帰国した後、舒明天皇十二（六四〇）年と白雉三（六五二）年に、宮中で『無量寿経』の講義を行い、僧侶一〇〇〇人がこれを聞いたとされ、日本史上の佳話として伝っている。

しかし、阿弥陀仏浄土信仰の広範な伝播は、やはり十世紀の平安時代中期からであろう。とくに、この時代の天台宗の慈覚大師（円仁）は、浄土教の日本での基盤作りに極めて大きな貢献をした。円仁はかつて中国で学び五台山を巡礼したこともある。彼は、帰国後、比叡山の常行三昧堂で、唐の法照禅師が生み出した「五会念仏作法」を行った。これは後に「引声阿弥陀経」、「引声念仏」とも称されるようになった。この種の念仏形式は、唐の蓮宗四祖―法照禅師が善導大師の影響のもと生み出したものであり、極めて音楽性が高い念仏である。この「五会念仏作法」は当時の貴族社会で広く信奉され、各地に常行三昧堂が建立されて音曲念仏による各種儀式が行われた。天台宗の念仏は「四種三昧」と呼ばれ、その目的は、こうした方式の念仏を通じて四種の精神を集中させることにあった。すなわち、常坐三昧――仏に向かって九〇日間座禅を組み精神の統一を図る、常行三昧――阿弥陀仏を本尊として、その周りを九〇日間巡りながら阿弥陀仏の名を念じて精神を集中させる、半行半坐三昧――座禅と行道を同時に繰り返しながら精神の統一を図る、非行非坐三昧――行往坐臥すべてで精神の統一を図る。日本の天台宗の開祖最澄は、中国に留学して帰国してから天台宗を創立した時、上述のような「四種三昧」を確立したことはなく、円仁こそがこうした形式の念仏を完成させたのである。

しかし、円仁が創立した五会念仏作法の伝播はまだ貴族階層の間に限られていた。念仏を真に日本の大衆の中に普及させた功績は、空也（九〇三—九七二）の活動に帰せられる。空也は民間仏教のリーダーとして、「阿弥陀聖」「市聖」などと称され、民衆に極力口称念仏を広めようとした。口称念仏とは、阿弥陀仏の名を口で念じることにより、阿弥陀仏の絶大無比の力を得ようとするものである。この口称念仏は、一種の民間での念仏の方法として、葬儀から豊年祈願の儀式に至るまで、広く民衆に受け入れられた。この種の念仏の方法は、一見すると、現世の世俗的利益を目的にしており、浄土教思想とは直接の関係がないように見えるが、浄土信仰が日本の民衆の中に伝播していくのに、無視できない積極的な役割を果たした。

円仁、空也の活動が浄土信仰普及のための単なる実践であり、浄土教思想が真の学問的な歴史的意義を得ることにとっては不足があったと言うのなら、日本の天台宗が伝えた浄土教を理論上集大成した著作として真っ先に挙げられるべきは、源信（九四二—一〇一七）の『往生要集』であろう。

源信は平安時代中期の天台宗の僧侶であり、恵心僧都、横川僧都とも呼ばれている。彼は比叡山において、天台密教の創始者良源に師事し修行を行った。『往生要集』は源信の七十余りの著作の中で最も有名な代表的著作であり、その趣旨は、人々は六道を逃れ極楽浄土世界に往生できるという教えである。この著作は、寛和一（九八五）年に書かれ、大量の仏教経典の中で極楽世界への往生について述べられている重要な文章を集めたもので、三巻からなる。この中で引用されている文献は一一二部にも達し、引用された文章は六一七にものぼる。まさに壮大そのものの著作と言ってよいだろう。

『往生要集』は、道俗貴賤を問わず、「『極楽往生』するには念仏一門による」との主張を基本的な立場にしている。一〇章からなり、それぞれ、第一章「厭離穢土」、第二章「欣求浄土」、第三章「極楽証据」、第四章「正修念仏」、第五章「助念方法」、第六章「別時念仏」、第七章「念仏利益」、第八章「念仏証据」、第九章「往生諸業」、第一〇章「問答料簡」である。冒頭の第一章「厭離穢土」は、地獄・餓鬼・畜生・阿修羅・人・天の六道の苦難を鮮明に描いており、その中でも、地獄の描写は極めて恐ろしく、日本で最も流伝し最も有名になった一章である。とくに、江戸時代から明治初期にかけて、この第一章と第二章の「欣求浄土」はよく取り上げられ、これに多くの挿絵が加えられて発行され、世人を教化した。こうした地獄と極楽という世界観は日本では真に大きな役割を果たし、『栄華物語』、『十訓抄』、『宝物集』などの日本の歴史を題材とした文学作品、また、美術作品中の阿弥陀如来像、聖衆来迎図、地獄変相図などは、ここから多くの素材を得ている。まさに『扶桑略記』[4]がこの著作を「天下に流布」と言っているとおりである。しかし、浄土教の学理的意義から見ると、この著作の中心部分は第四、五、六章になる。この三章では、念仏の方法が詳しく述べられ、天台宗の「観念念仏」および善導大師の「称名念仏」が宣揚されている。これも日本社会に大きな影響を与え、かつ、浄土教の発展とともに、日本社会に普及し念仏修行の指導書となっていった。しかし、源信の唱えた念仏は、阿弥陀仏の姿形を見るという側面（すなわち、観想）と阿弥陀仏の名号を口で念ずるという側面（すなわち、称名）の二つがあるが、彼の重点としたところはやはり「観想」であった。同時に、彼は念仏以外の諸行も否定はしなかった。ゆえに、鎌倉時代の法然、親鸞の浄土思想と比べると、まだ徹底性が欠乏していたのである。

源信の後、奈良の三論宗からは永観、珍海などによる浄土論の著作が出て、真言宗からは高野浄土信仰が発生し、同時に、念仏僧による広範な伝播を通じて、念仏信仰が平民百姓の中に急速に起こってきた。そして、鎌倉時代に至ると、法然上人が登場し、源信の『往生要集』を通して天台浄土を学び、さらに、善導が『観経疏』で唱えた本願念仏説を受け入れることによって、浄土教を貴族の独占から解放し、民衆的性格を帯びた日本民族の仏教——浄土宗を創立したのである。

「鎌倉六宗」[5]の中では、法然上人の浄土宗が最も早く生まれた宗派である。鎌倉仏教の数百年の歴史的継承関係から見ると、法然、親鸞、一遍はともに法然の専修念仏派の系統に属し、「浄土三宗」と称されている。以上から見ると、日本の浄土教の発展経緯は、源信が発端となって理論体系が形作られ、法然が浄土信仰を最高峰のものに押し上げ宗派を創立して集大成を行ったという過程と言うことができよう。

2 日本の浄土信仰興隆期の思想と時代背景

法然上人は、その著作『選択本願念仏集』の冒頭で、『大集月蔵経』の中の話を借りて浄土の門について述べている。「わが末法の時のうちの億々の衆生、行を起し道を修せんに、いまだ一人として得るものあらじと。当今は末法、これ五濁悪世なり。ただ浄土の一門のみありて通入すべき路なり」[6]と。ここで彼は、自分の唱える浄土門とは「末法」時代に対応した法門であると明確に指摘している。

末法思想は一種の仏教史観であり、その意図は、仏教徒の退廃に対して提出した釈尊への回帰にある。事実上、鎌倉時代の仏教は、旧仏教の復活という形であれ、あるいは、法然の浄土宗のような新仏教の勃興という形であれ、その根源はともに末法思想の影響を受けたことから始まっている。中国で最も早い「末法」という言葉の出現は、慧思（五一七―五七二）の『立誓願文』の中に見られる。末法説が最も流行した時代は隋朝から唐朝にかけてであるが、とりわけ、北朝末期の北周による廃仏運動[7]が末法説流行の重大な契機となった。日本では、摂関政治から武家政治への転変に伴う平安時代晩期の社会動乱により、仏教界は末法思想を釈尊の末法時代到来の予言と見なすようになった。

日本で最も早く末法思想について述べているのは、景戒の著した『日本霊異記』[8]である。この著作の下巻の条文に、仏滅から延暦六（七八七）年まで一七二二年経ったという計算があり、これをもって「末法に入れり」という結論を出したのである。彼が採用したのは、正法五〇〇年、像法一〇〇〇年、末法一〇〇〇〇年という説であった。

日本の末法思想を代表し、かつ、後世に強い影響を与えたのは、伝教大師と称された最澄の『末法灯明記』[9]と言えよう。この著作については、伝教大師の著したものであるか否かがなお議論されているが、この著作が、日本が末法に入った後の院政期のものだということは学界の比較的一致した見方になっている。この著作は、仏教が経る三つの歴史過程の必然的趨向について述べている。正法・像法時代にあっては、戒律は実践に移され、戒律を守らない行為はただちに破戒と見なされるが、この正法・像法時代に対して、末法時代では、ただ戒律の説そのものだけが存在し、実践に移されることはない。このゆえに持戒も破戒も存在しないというのである。

末法に入る年代の計算については各種のそれぞれ異なる説があるが、日本では後冷泉天皇の永承七（一〇五二）年を末法に入った年とするのが比較的広く認められている。この年はまさに仏滅後二〇〇〇年の年に当たるのである。日本がまさに末法時代に入った時期は、日本の仏教界が急速な勢いで世俗化していった時代でもあった。仏教界中の争いも多く、当時の南都―奈良の二大寺院、興福寺と東大寺の争いは僧兵[10]による武闘にまで至っており、比叡山では円城寺と厳歴寺、すなわち寺門と山門の対立が続いていた。また、世俗社会でも、平安時代末期から鎌倉時代にかけて、かつてない動乱（保元・平治の乱や源平合戦など）と自然災害が発生していた。『方丈記』や『平家物語』などの記述によると、安元三（一一七七）年四月には京で大火災が、元暦二（一一八五）年七月には近畿地方で大地震がそれぞれ発生し、皇居や仏閣堂塔が重大な被害を受けた。さらに、十二世紀中葉から十三世紀初めにかけて、伝染病と飢饉が日本全体に蔓延し、人々は一日として心の休まる日はなかった。そして、こうした災難はすべて末法時代の到来に帰せられたのである。

末法時代の到来という社会共通の認識によって、浄土信仰は勃興と発展の契機を得た。このことは、上層貴族の中に見られた阿弥陀仏信仰・弥勒信仰・法華信仰などの流行からその一斑をうかがえる。当時左大臣の職にあった藤原道長によるものを代表とする埋経供養はその中の具体的な代表例である。江戸時代に発掘された一五巻からなる経筒は、藤原道長が寛弘四（一〇〇七）年に吉野の金峰山で埋蔵したものであり、その中には『法華経』八巻と『無量義経』・『観普賢経』・『阿弥陀経』・『弥勒上生経』・『弥勒下生経』・『弥勒成仏経』・『般若心経』各一巻が含まれていた。経筒の銘文には、死後阿弥陀仏浄土世界に往生するとともに、弥勒菩薩が極楽世界から下界に降臨するという願いが示されている。『栄華物語』[11]の記述によると、藤原道長は万寿四（一〇二七）年臨終の際、九尊阿弥陀仏像の前で頭を西北に向けて臥し、一本の糸を手に巻きつけ、それを阿弥陀如来の手に結びつけて、阿弥陀仏の来迎とともに西方浄土世界に往生したいと願ったそうである。

末法思想の背景のもと、浄土信仰は急速に世に伝播した。平安時代、浄土教を信奉していたのは比叡山の天台宗ばかりでなく、三論宗や高野山の真言宗など各宗派の中にも浄土教は広まっていった。三論宗の永観（一〇三三―一一一一）は『往生拾因』を著し、「念仏宗」と自称して、称名念仏を広めたが、後の鎌倉時代の浄土宗も、こうした歴史的背景のもとで誕生したのである。

3　浄土宗の成立および法然上人の本願念仏

前章ですでに述べたが、法然上人の創立した浄土宗は「鎌倉六宗」の中で最も早く成立した宗派である。法然本人は天台宗の学僧であったが、浄土信仰を民衆の中にさらに広め、また民衆が受け入れやすく修行しやすくするために、浄土宗を創立し口称念仏を唱えたのである。この宗派は、短時間のうちに日本全体に広範な影響を与え、鎌倉時代から今日までに至る日本仏教の中の最大の宗派となった。

法然上人は法名を源空と言い、法然はその房号である。長久二（一一三三）年地方武士の家に生まれ、幼名は勢至丸であった。法然の生まれたころは、ちょうど藤原氏をはじめとする貴族内部の紛争によりその政治権力が衰え、武士が勃興してきた時代であり、都から地方に至るまで様々な紛争が絶えなかった時代であった。戦で死んだ父親の遺言は「俗世からすみやかに離れ、出家せよ」というものであったので、勢至丸(法然)は母とともに叔父の観覚の菩提寺に避難した。観覚は、勢至丸の非凡な才能に気付き、彼を日本仏教の中心地比叡山に送り、仏教の真諦を学ばせようとした。こうして、十三歳の勢至丸は比叡山に上り持宝房源光のもとに入ったのである。しかし、当時の比叡山の教学および修行はすでに名誉と立身出世獲得の手段に変質しており、真の仏道を求めることはできなかった。十八歳の時、法然は隠遁を志し西塔黒谷の叡空のもとに移った。当時の黒谷道場は学僧、求道僧、念仏僧の集まる聖地だったのである。

黒谷の叡空大師は、天台宗の園頓戒(大乗戒)の慈覚大師第八代の継承者であり、戒法の大学匠であるばかりでなく、源信の『往生要集』の研究に深い造詣があった人物でもある。法然は、この叡空に師事して源信の『往生要集』を学び、天台浄土教に強い興味を抱くようになったのである。しかし、当時の天台、真言などの諸宗派の唱えるものはすべて、諸法実相論中の寂光浄土世界および六大縁起論中の曼荼羅世界であり、どの説であっても、現実肯定の立場に立っていた。法然は、比叡山で修学中に、この種の現実肯定的な寂光浄土世界論や曼荼羅世界観に大きな疑問を抱くようになった。彼は、源信の『往生要集』を学ぶことを通じて善導大師と出会い、また、その善導の『往生礼賛』や『観経疏善義』などの経典を通じて、阿弥陀仏が大慈悲心をもって四十八願を立て、称名念仏を行う者が浄土に往生できるよう図ったという認識をついに得た。この善導大師が述べた本願念仏の説こそが、法然が十八歳から黒谷に隠遁して以来探究してきた教行であった。ここから、彼は、天台浄土教から『観経疏』の唱える本願念仏の法門に入っていったのである。この年は承安五(一一七五)年にあたり、法然は四十三歳であった。後にこの年は浄土宗開宗の年とされた。

法然上人の唱える本願念仏の法門の思想は、主に、彼が建久九(一一九八)年に著した『選択本願念仏集』に集中的に現れており、また、この著作の中で「浄土宗」という宗派の名称も生まれた。この著作の中で、彼は、善導大師の

「口称念仏」という浄土説を根拠にして、「往生の業は念仏を先とす」という浄土教の根本説を打ち立てた。「本願」はサンスクリット語から訳されたもので、「誓願」とも言う。「因位の誓願」（修行中の誓願）や「宿願」は、仏や菩薩が過去世で修行中に行った、いわゆる普度衆生の誓願である。この誓願の中には、大乗仏教が信奉する菩薩道（六波羅蜜）の誓願、すなわち、「総願」——衆生無辺の誓願度、煩悩無辺の誓願断、法門無尽の誓願知、仏道無上の誓願戒が含まれ、「四弘誓願」とも言われている。この総願の基礎の上に、また、菩薩独自の誓願（別願と称する）も生まれた。阿弥陀仏が法蔵菩薩の名で修行していた時立てた「四十八願」の中には、法然上人が人類救済の誓願として最も重視した第十八願があるが、これは「設我得佛、十方衆生、至心信樂、欲生我國、乃至十念。若不生者、不取正覺」[12]というもので、これこそが「念仏往生の願」であり、日本の法然門流の念仏教徒が口で念ずる「南無阿弥陀仏」の根拠となっている。

法然は、阿弥陀仏が第十八願で立てた誓いを「聖意測り難し、たやすく解することあたはず。しかりといへども、今試みに二の義をもつてこれを解せば、一は勝劣の義、二は難易の義なり」[13]と解釈した。そして、「勝劣」の区別があるのは「名号はこれ万徳の帰する所なり。しかれば則ち、弥陀一仏の所有の四智・三身・十力・四無畏等の一切の内証の功徳、相好・光明・説法・利生等の一切の外用の功徳、皆ことごとく阿弥陀仏の名号の中に摂在せり。故に名号の功徳、最も勝とするなり。余行はしからず。おのおの一隅を守る。ここをもつて劣とするなり。譬へば世間の屋舎の、その屋舎の名字の中には棟・梁・椽・柱等の一切の家具を摂すれども、棟梁等の一々の名字の中には一切を摂することあたはざるが如し。これをもつてまさに知るべし。しかれば則ち仏の名号の功徳は、余の一切の功徳に勝れたり。故に劣を捨て勝を取つて、もつて本願としたまふ」[14]からであり、「難易」の区別があるのは「念仏は修し易し、諸行は修し難し」[15]だからであると述べている。この二点は、法然上人が「口称念仏」説を打ち立てた最も重要な依拠となったと言えるだろう。そして、その最終的な意義は「今念仏を勧むることは、これ余の種々の妙行を遮せむとにはあらず。ただこれ男女貴賤、行住坐臥を簡《えら》ばず、時処諸縁を論ぜず、これを修するに難からず、ないし臨終に往生を願求するに、その便宜を得たるは念仏に如《し》かざればなり」[16]ということにある。

法然上人の言う「選択」とは、その具体的な内容から言うと、実際には西方浄土に往生できる主に三つの取捨を指している。一つ目は「舎聖道正帰浄土」であり、二つ目は「舎雑行帰正行」であり、三つ目は「唯以念仏為往生本願」である。

第一の選択は、全仏教の教行が末法の時期に相応しているか否かを出発点として、仏教の教行を聖道門（聖者の教行）と浄土門（凡夫の教行）に分け、聖道門を捨て浄土門を選択すべしというものである。聖道門とは法然在世時の当時の仏教を指しており、『選択集』では顕教、密教、権教、実教すなわち大乗仏教と小乗仏教を指している。具体的に言うと、大乗仏教では、真言、禅、天台、華厳、三論、法相、地論、摂論などの八宗が唱える教行が含まれ、小乗仏教では、倶舎、成実、諸律宗などが含まれる。法然上人から見ると、これらの法門はすべて、困難な自力修行を通じての成仏の道を唱えているが、末法時代の人々にとっては、このような博識で深い仏教理論を理解し実践するのは容易なことではなく、ゆえに、聖道門は「今時」には不適当ということになる。これと対照的に、浄土門は五濁悪世中の凡夫を救う最適の道であり、その中には、もちろん阿弥陀仏への賞賛、礼拝、口称念仏などの修行も含まれているが、必要なものは唯一つ阿弥陀仏を念ずることなのである。

第二の選択は、浄土正行中に「阿弥陀仏一門」への崇拝を口で念ずることである。『無量寿経』など浄土門の諸経典の中で示されている修行方法の中で、法然上人が尊んでいたのは、善導が『観経疏』で述べた「五正行」である。五正行には次の諸行が含まれている。一、読誦正行――一心に『無量寿経』、『観無量寿経』、『阿弥陀経』をただ読経する。二、観察正行――一心に極楽浄土の阿弥陀仏および諸菩薩と仏土の荘厳さを思う。三、礼拝正行――一心に阿弥陀仏を拝む。四、称名正行――一心に阿弥陀仏の名号を念ずる。五、賛嘆供養正行――一心に阿弥陀仏を讃え供養する。この五種の正行の中で、第四の称名正行は、まさに阿弥陀仏が本願の中で立てた誓いの行であり、法然上人はこれを「正定業」と称し、その他を「助業」とした。そして、この正助二行を浄土往生の正行とし、その他の諸善根を雑行としたのである。法然は、現世において『観音経』を読経することや座禅などは、すべて阿弥陀仏浄土への往生の行とは無関係であると見た。なぜなら、これらは「雑行」と見なされ、捨てられるべきものだからである。

法然上人の説の中では、五種の正行の修行は専修と見なされ、雑行の修行は雑修と見なされて、「本誓の重願虚しからず、衆生称念すれば、必ず往生を得」[17]とされた。これは、法然上人の唱えた第三の選択でもある。

法然上人の専修念仏説は、末法五濁悪世中の凡夫は、阿弥陀仏の本願の力に頼って浄土世界に往生できるという説であり、簡易な口称念仏という形式を通して、死期を契機にして仏の世界に往生できるということを大衆の中で唱導し、末法世界の大衆に一条の光明を照らしたのである。

法然上人は八十歳で入滅したが、始終本願念仏の思想を広め続けたゆえに、彼が創立したこのまったく新しい意義を持つ教義は、日本仏教史上多くの非難も浴びた。元久元（一二〇四）年比叡山の僧侶が、天台座主に法然の念仏を禁止するようにと訴えたが、このことにより、法然上人は有名な『七箇条制誡』を書いた。また、元久二（一二〇五）年奈良の仏教徒が、法然の創立した浄土宗が善導大師の説を不合理なものにしたり曲解したりしているという九つの罪状で、朝廷に『興福寺奏状』を提出し、朝廷に念仏の禁止を求めている。さらに、建永二（一二〇七）年一月二十三日には、法然上人は讃岐（現在の香川県）に流されている。入滅の二日前、法然上人は有名な『一枚起請文』を口述し、再度弟子たちに自分の教義を伝えた。それは「往生極楽のためには、南無阿弥陀仏と申して、疑いなく往生するぞ」[18]というものであった。

法然上人が創立した浄土宗が最終的には日本に広く普及したのは、彼の専修念仏説が当時の時代的需要に適応していたからにほかならない。この思想は、日本のそれまでの仏教にあった貴族的特質を変え、仏教に民衆的性格を与えたがゆえに、日本社会で広く受け入れられたわけである。

注

[1]『無量寿経』の漢訳本は一般的に「五存七欠」と言われている。すなわち、一二種のうち七種が失われ、五種が残っているという意味である。現存の五種の版本はそれぞれ、『無量清浄平等覚経』（四巻、後漢支婁迦讖訳）、『阿弥陀三耶三仏薩楼仏檀過度人道経』（二巻、三国呉黄武年間、支謙訳、また『大阿弥陀経』とも言う）、『無量寿経』（二巻、曹魏康僧鎧訳）、『無量寿如来会』（二巻、唐菩提流志訳）、『大乗無量寿荘厳経』（三巻、趙宋法賢訳）である。

[2]『往生論』（一巻）、また『無量寿経優婆提舎願生偈』、『浄土論』、『無量寿経論』とも言う。天親作、北魏菩提流志訳。この著作は漢訳本だけがあり、サンスクリット語本およびチベット語訳本は存在していない。

[3]日本の浄土宗の主要な宗派には、法然の浄土宗、親鸞の浄土真宗、証空の西山浄土三派、一遍の時宗がある。

[4]『扶桑略記』。皇円著、三〇巻。日本の平安時代末期の編年史書であり、主に仏教と関連する歴史が記録されている。

[5]日本の中世以前の仏教教団は、奈良時代には三論、法相、華厳、律、成実、倶舎の六宗があり、平安時代には天台、真言の二宗があったが、この前代の基盤の上に、中世期の鎌倉時代に浄土宗、浄土真宗、時宗、日蓮宗、臨済宗、曹洞宗の六大宗派が登場した。

[6]『選択本願念仏集』第一章。

[7]北周の廃仏事件は、歴史上有名な「三武一宗」の四度にわたる廃仏事件の二度目の事件になる。北周の武帝は五七四年に仏教・道教を排する運動を起こし、通道観を創立しこれをもって国家宗教を打ち立てようとした。

[8]『日本霊異記』。全称は『日本国現報善悪霊異記』。日本で最も早い仏教説話集で、九世紀の前半に成立した。仏教に関連する一一六篇の逸話や伝奇からなり、後世に大きな影響を与えた。

[9]『末法灯明記』。全一巻。この著作が伝教大師最澄が著したものか否かについては、なお議論があるが、『伝教大師全集』の中に収められている。

[10]日本の平安時代、寺院は大量の土地（荘園）と財産を保有していたが、これを守るため、寺院は自身の武装勢力集団を保有した。彼らは「悪僧」と称され、江戸時代以後の史書では「僧兵」と称された。

[11]藤原道長を中心とする貴族社会の生活を主に描いた平安時代後期の史書である。全四〇巻。

[12]曹魏康僧鎧訳『無量寿経』。

[13]『選択本願念仏集』第三章。
[14] 同右。
[15] 同右。
[16] 同右。
[17]『選択本願念仏集』第二章。
[18]『一枚起請文』。

「天孫降臨」の真義
――神話の文化学的研究――

李　国棟

1　「天孫」がなぜ「降臨」するのか

七一二年撰録の『古事記』にも、七二〇年勅撰の『日本書紀』にも、「天孫降臨」という神話が収録されている。天照大神が自分の孫ニニギノミコトを「高天原」から「中つ国」における新領地「日向」に「降臨」させたという主旨の話であるが、飛行機のなかった上古時代に人が天上から降臨したと言っても、信じる人はまずいない。しかし、それを和語の世界において考察すると、この神話は意外にも、ある歴史的真実を語っていることが分かる。

和語では「天」のことを「あま」と言い、「あま」は「あ＋ま」に分解できる。「あ」は「上」の意、「ま」は「空間」の意なので、「あま」はもともと「上の空間」、つまり「天」を意味するわけである。天照大神とニニギノミコトは「高天原」に住んでいるが、「高天」の発音「たかま」は明らかに「たかあま」の縮音であり、この意味では、「高天原」は和語の世界において確かに「天」と密接にかかわっているのだが、しかし和語では、「海」のこともまた「あま」と言い、この点から、上古時代の日本人には「天」と「海」が同じように認識されていたことを理解することができる。日本列島のどこかの海岸に立って遠方を眺めると、海の彼方には「海天一色」の世界が自ずと見えてくる。「天」と「海」はは っきりとは分けられず、「天」も「海」であり、「海」も「天」である。たとえばこの時、ある人が「海天一色」の彼方からやってくると、日本列島側の人びとにはその人がまるで天上から降りてきたかのように錯覚されるにちがいない。この錯覚こそが「天孫降臨」を成り立たせた客観的な基礎であろう。実際には「天孫降臨」を成り立たせているのは水平的な渡海行為であり、ニニギノミコトが「高天原」から「日向」に「降臨」したことは事実として、ニニギノミコトが「海天一色」の海の彼方から「日向」に渡来してきたことを意味しているのである。

ニニギノミコトの渡来はもともと水平的な行為である。しかし、この水平的な行為がなぜ垂直的な「降臨」と見なされたのだろうか？『古事記』と『日本書紀』によると、日本神話の世界はもともと上・中・下の三層に分かれているという。上層は「高天原」、天照大神とニニギノミコトの原郷である。中層は「中つ国」、ニニギノミコトが降臨し、新領地として支配すべき「日向」または九州南部を指す。下層は「黄泉」、野蛮未開な世界と規定されている。もちろん考古学的証拠から見ると、「黄泉」と呼ばれた島根県一帯は上古時代においても決して野蛮未開な世界ではなく、ただ政権系統が異なっていたので、天照大神側がそこを支配することができなかっただけのことであるが、しかし、われわれはやはり日本神話のこの三層構造から、「降臨」という垂直的な関係が実際に政治的あるいは文明的な力関係によって作り出されたことを認識することができる。「高天原」↓「中つ国」↓「黄泉」という層序はもともと原郷↓新開地↓未踏地の意である。しかし、この水平的な関係は「征服」や「抵抗」、あるいは「先進」や「後進」といったような政治的・文明的な角度から表現されると、ただちに垂直的になってしまう。実は程度の差こそあれ、われわれの現在の日常生活にもこのような上下垂直の関係が認められる。地方都市から東京へ行くことを「上京」と言い、その方面の道路も「上り」と言うが、東京から地方へ行く道路は逆に「下り」と言い、文明的繁栄度も確かに東京から遠ざかるにしたがって下がっていく。想像してみると、このような現象はニニギノミコトの古里と「日向」の間にも存在していたはずだ。そしてニニギノミコトの古里が政治的にも文明的にも上位にあった場合には、彼は古里から日向へと渡来するときに、自然に「降臨」してきたと感じるようになる。したがって、この政治的ないし文明的な下降感こそが「降臨」の本質だと考えられよう。

2 ニニギノミコトの古里

ニニギノミコトが海外から渡来してきたとすれば、彼の古里はどこであったのだろうか? 彼は日向に降臨して立脚地を決める時に、「此地は韓國に向ひ、笠沙の御前を眞來通りて、朝日の直刺す國、夕日の日照る國なり。故、此地は甚吉き地」[1]と言っているので、一部の学者はここの「韓國」を朝鮮半島と見なし、彼の古里は韓国だと主張している。しかし、「韓國」は「からくに」と訓み、もともと朝鮮半島と中国大陸の両方を指す言葉なので、外国一般の意味合いもあった。したがって、「韓國」という言葉だけでは、まだニニギノミコトが朝鮮半島から渡来してきたと確定することはできない。ニニギノミコトの古里を明らかにするためには、渡来と密接にかかわった鹿児島・宮崎一帯の海流や、彼自身が持つ文化的特徴を総合的に考える必要があるのである。

まず日本列島周辺の海流図(写真1)を確認してみよう。朝鮮半島から九州南端への海流が見当たらないが、中国の長江下流域と九州南端の間には黒潮が流れている。黒潮はフィリピン東の海上で発生する暖流であり、台湾島の東側を通って東シナ海に入り、杭州湾の外側のトカラ海峡あたりで本流と支流に枝分かれする。本流は鹿児島・宮崎の東側を通って引き続き北上して太平洋に入るが、支流は対馬を通って日本海に入り、最終的には津軽海峡を通って太平洋に流入する。このように流れている黒潮から判断してみると、ニニギノミコトはとうてい朝鮮半島から渡来してきたとは考

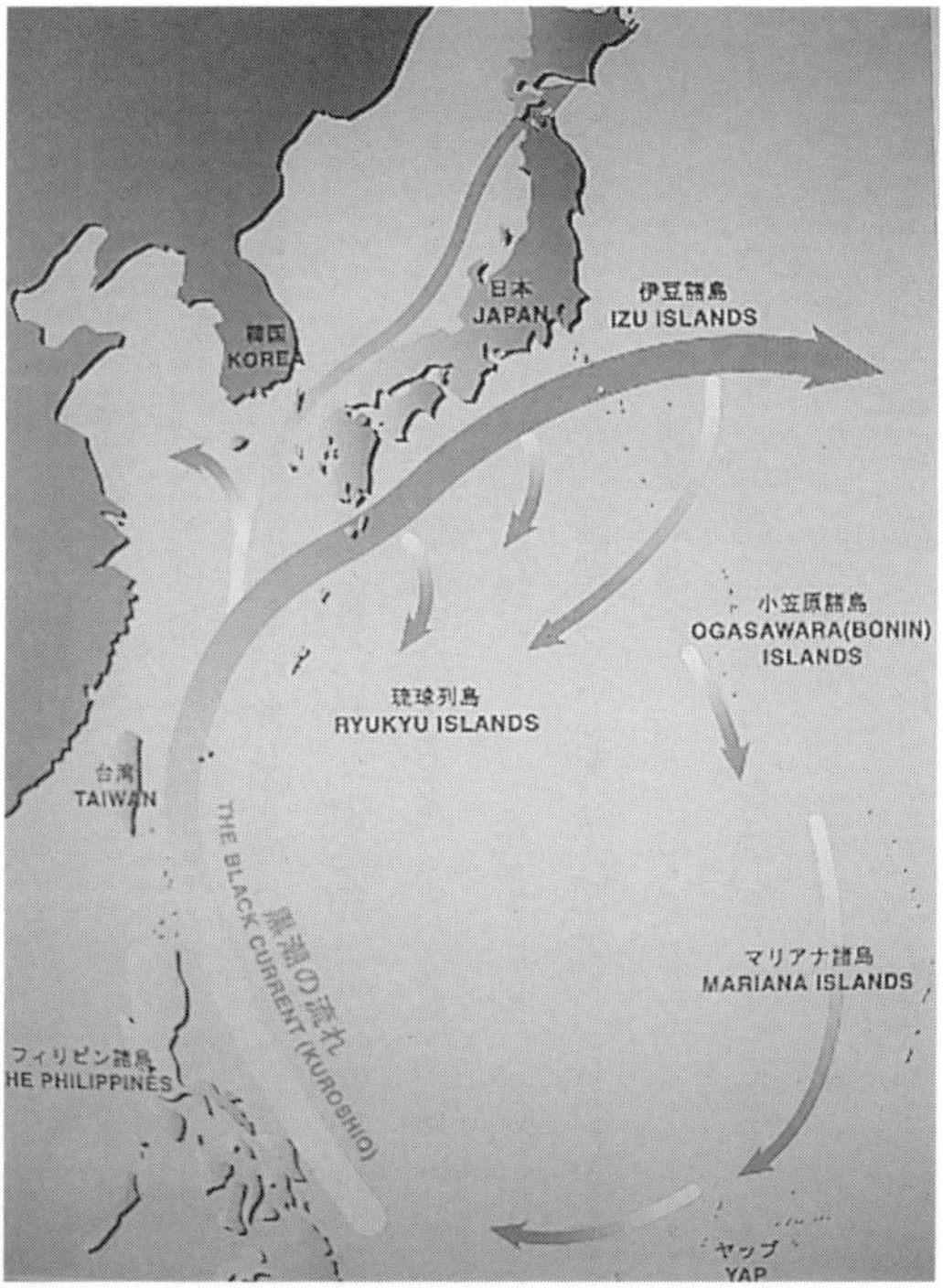

写真１　日本列島周辺の海流図〈1〉

えられない。鹿児島や宮崎一帯に上陸するには、黒潮本流に乗らなければならない。しかし、朝鮮半島から出発するのであれば、黒潮本流に乗ることができず、結局九州北部にしか上陸できなくなる。一方、もしニニギノミコトが長江下流域から出発するのであれば、海流が大いに彼を助けることになる。写真1の海流図には記されていないが、長江下流域の最大の海湾――杭州湾の外側には舟山諸島があり、黒潮はちょうどそのあたりで本流と支流に分かれる。したがって、もし彼が長江下流域の杭州湾から出発し、舟山諸島を経由して黒潮本流に乗って日本列島へと目指したら、自然の勢いで九州南端に上陸するであろう。距離は朝鮮半島から来る場合よりずっと遠いが、黒潮本流という強力な推進力があるので、到着はそれほど困難ではない。要するに、日本列島周辺の海流から判断すると、ニニギノミコトは長江下流域の杭州湾から渡来してきたのだと推定できるのである。

ニニギノミコトが持つ文化的特徴は主に二つある。一つは「稲作」、今一つは「玉文化」。ニニギノミコトの降臨した場所は「高千穂」（たかちほ）であるが、「たか」は文明的レベルが高いこと、「ちほ」の「ち」は水霊、神秘の意、「ほ」は稲穂の意なので、「たかちほ」という地名は先進的で神秘的な稲穂を意味し、そして、ニニギノミコトは長江下流域から、当時の縄文人がまだ知らなかった先進的で神秘的な稲作を伝えてきたという事実を物語っているのである。

稲作はもともと一万四〇〇〇～一万二〇〇〇年前、長江中流域の、鄱陽湖から洞庭湖にかけての地域で苗族によって開始され、「稲」も苗語「nna」あるいは「nne」で命名された。古稲の痕跡が検出された江西省仙人洞遺跡、吊桶環遺跡と湖南省道県玉蟾岩遺跡がその証拠である。一万年前、苗族は稲作を長江下流域に伝播し、その後、稲作は長江下流域を中心にして、大いに発展していた。上山遺跡（一万年前）、跨湖橋遺跡（八〇〇〇年前）、河姆渡遺跡（七〇〇〇年前）、崧沢遺跡（六〇〇〇年前）、良渚遺跡（五三〇〇年前）などがその証拠であるが、その時の「稲」の発音は相変わらず「nna」であった。今日でも、広西チワン族自治区、広東省、貴州省、雲南省では「那良《ナリャン》」「那羅《ナロ》」「那労《ナラウ》」「那孟《ナモン》」「納雍《ナユン》」「西双版納《シサンバンナ》」といった漢字当て字的な地名がたくさん残っており、これらの中の「那」と「納」はすべて「nna」と発音し、「稲田」を意味している。二〇〇八年十二月十五日、広西チワン族自治区の雷英章氏は自身のブログに「チワン族稲作起源地の初歩的探究」[2]と題する文章を発表し、広西チワン族自治区南寧市隆安県渌水江、羅興江流域の伝統的な稲作祭り「芒那節《モンナ》」を紹介している。「芒那節」は「六月六節」とも言う。旧暦の六月は早稲の刈り入れの季節であるので、農民は旧暦六月六日、「田の神」と「祖先神」を拝み、稲作の豊作を祈る。「芒那節」の「芒那」は漢字当て字的な名称で、雷氏の紹介によると、チワン語では「芒《モン》」は「鬼」や「神」の意、「那《ナ》」は「田」の意であるので、「芒那節」は実際には「田の神祭り」であるという。雷氏はもともとこの「芒那節」を、広西チワン族自治区こそが稲作の起源地であることの証拠としてあげているが、しかし筆者には、この「芒那節」は逆に広西チワン族自治区の稲作が長江中流域の苗族地域から伝わってきたことを証明しているように思われる。

チワン族は古越族の末裔で、広西一帯はもともと古越族の生活地域であった。苗語では「稲」を「nna」と言い、チワン語では「稲田」を「nna」（那）と言う。両方とも「稲」と密接にかかわっているが、物事の発生順序から考えると、「稲」があったからこそ、「稲田」が現れるのであり、チワン語の「稲田」を意味する「nna」は苗語の「稲」を意味する「nna」に由来しているにちがいない。「芒那節」の「芒」という発音も注意すべきである。中国語の漢字音では、「芒」を「mang」といい、苗族の自称「hmong」と非常に似ているため、「芒」は単に一般的な神を指しているのではなく、苗族の神を限定して指しているにちがいない。すなわち「芒那節」は実際に「苗田節」、苗族の田の神への感謝祭と理解すべきである。苗族が現地に稲作を伝播したからこそ、現地の古越人たちは苗語「nna」で「稲田」を呼び、苗族を「稲田の神」と尊崇し、しかも「芒那節」の形で稲作を伝播してくれた苗族に謝意を表しているのであろう。

稲作が長江下流域に伝わって五〇〇〇年ほど経つと、さらに長江下流域から黄河下流域へと普及していった。渤海湾に位置し、四五〇〇~四六〇〇年前の古稲およびその痕跡が見つかっている山東省日照市の尭王城遺跡や棲霞市の楊家圏遺跡がその証左である。四〇〇〇年前以降、稲作はまた山東半島から朝鮮半島に入り、その時の「稲」の呼び名は相変わらず「nna」であり、「稲」を意味する朝鮮語「나」(na)、あるいは「水稲」を意味する「나락」(narak)がその証拠であった。そして二五〇〇年ほど前、稲作はついに朝鮮半島から日本列島の九州北部に伝わってきたが、その時でも「稲」は依然として「na」と発音されており、九州北部の稲作遺跡「菜畑遺跡」(nabatakeiseki)の「菜」(na)や、九州北部の強国「奴国・なのくに」(nanokuni)の「な」(na)がその例証である。朝鮮語の「na」や「narak」および和語の「な」(na)はいずれも長江中流域の苗族生活地域に起源した稲作の東漸過程を記録しているのである。

一方、稲作の伝播過程においては、「稲」の苗語音が地域によって「nnei」と発音されたこともあり、この発音も稲作とともに日本列島に入り、その結果、苗語「nna」と「nnei」と対応する和語として「な」と「ね」が生まれたわけだが、しかし苗語「nna」「nnei」の接頭辞「n」も場合によって一音として認定できるので、苗語「nna」「nnei」が日本に伝わった当初は、「な」「ね」以外に、「んな」「んね」とも発音されたはずである。しかし、「んな」「んね」は発音上不安定なので、のちに「んな」は「にな」を経て「いな」に、「んね」も「にね」を経て「いね」に変化してきたのであろう。したがって、今日の日本語では「稲」を、「na」「ne」あるいは「ina」「ine」と呼ぶのである。実は、中国貴州省織金県には「以那」(yina) と呼ばれる「鎮」があり、筆者の推測では、この「以那」も苗語の「nna」に由来し、「稲」を意味する。そして、和語の「いな」と同様に「nna」と「nina」を経て「yina」に変化してきたのである。

九州北部の稲作は疑うことなく朝鮮半島から伝わってきたものだが、しかし紀元前、稲作の伝来ルートは朝鮮半島経由の一本だけではなく、BC三〇〇~BC二〇〇年の間に、長江下流域から直接九州南端にも伝わってきた。二〇〇一年六月二十三日付けの「朝日新聞」に「稲作の『大陸直伝』に物証――大阪と奈良で出土の炭化米DNA分析で判明」と題する記事が載せられた。DNA分析によって、「現在も日本と中国には広く分布している」が、「朝鮮半島には唯一存在しない遺伝子のタイプを持つ温帯型」が大阪府和泉市の池上曽根遺跡と奈良県の唐古・鍵遺跡の炭化米から「それぞれ一粒見つか」ったことが報道されているとともに、「二二〇〇~二三〇〇年前にはすでに大陸から直接、日本に米とともに人が渡っていたのではないか」という和泉市教育委員会の意見も紹介されており、さらに日本の著名な考古学者樋口隆康氏の次のようなコメント――「稲作の中心は中国の長江流域にあり、華北や朝鮮半島をわざわざ経由しないでもいい。長江流域から直接稲作が日本に伝わったと考える方が自然だ。以前からそう主張してきたが、考古学の分野では決め手がなかった。科学的な手法で〈大陸直接ルート〉が裏付けられた意味は大きい」[3]も添えられている。このように古代遺跡から出土した炭化米に対してDNA分析を行ったことによって、長江下流域から稲作が直接東シナ海を渡って日本列島に伝わってきたことが判明したわけだが、筆者の考えでは、このルートで長江下流域から稲作を日本列島に持ってきた人はほかでもなく、ニニギノミコトなのである。

もちろん、これまで九州南部からは弥生早期の古稲遺跡はまだ見つかっていない。しかし、宮崎市別府町遺跡で弥生中期の水田遺構がすでに見つかっているので、九州南部で弥生早期の古稲遺跡が発見されるのも時間の問題だと思われる。今後の発掘調査に期待したい。

3 「ニニギノミコト」の原義

ニニギノミコトが持つ二番目の文化的特徴は「玉」である。『古事記』ではニニギノミコトは「邇邇芸命」と当て字されているが、『日本書紀』ではその当て字が「瓊瓊杵尊」に改められている。『古事記』の「わに」の当て字「鮫」が『日本書紀』では「鰐」と改められていることと結びつけてみると、ニニギノミコトが文化的に「瓊」とかかわっていることが分かる。『説文解字』によると、「瓊」は「赤玉」だという。和語では、「瓊」は「に」と訓読されるが、「に」はまた和語の「丹」に通じるので、「瓊瓊杵尊」の中の「瓊」は普通の赤玉ではなく、水銀系の丹砂紅色を呈している特殊な赤玉を指しているのである。しかし、このような赤玉は日本列島からも朝鮮半島からも産出されない。長江下流域の越国からしか産出されないのである。浙江省臨安市昌化鎮の天目山脈がその産地であり、現在、その名を「鶏血石」（www.gbjxs.com/autochthonous1.html 参照）という。ディカイト（dickite）や葉蠟石に硫化水銀が浸透してできた赤玉で、その色は文字通り鶏の血のように真っ赤である。また硫化水銀が表面に滲出するため、赤色の表面には水銀の斑点が光っており、まさに水銀系の丹砂紅色を呈しているのである。越人は戦国時代（BC四七五～BC二二一年）から「鶏血石」を利用し始めており、一九九九年、杭州市半山石塘村の戦国遺跡から出土した、「越王」と「越王之子」の文字が刻まれている「鶏血石」製の剣飾がその例証である[4]。

和語では、「玉」のことを「に」とも「ぬ」とも言う。これまで、「に」から「ぬ」へと音が転じたと解釈されてきたが、筆者は今、別の意見を提出したい。越語では玉のことを「nioh」（にゅお）と言う。和語ではこの「nioh」を発音しにくいので、その前半「ni」の部分を重視して模倣すると、「に」となるが、その全体を模倣すると、「ぬ」となる。すなわち、「に」と「ぬ」はいずれも越語「nioh」（にゅお）に対する模倣音に過ぎず、両者は音が転じたというよりも、むしろ共に越語の「nioh」に由来する外来語と言った方が妥当なように思われる。

これまで、ニニギノミコトは稲作の豊作神と考えられ、「ニニギ」は「ニギニギ」の省略と解釈されてきた。しかし、筆者は「ニニギ」を「ニギニギ」の省略と見ず、「ニ＋ニギ」という語構成で解釈したい。「ニ」が前述したように丹砂紅色を呈する「鶏血石」だとすれば、「ニギ」は「ニギル」の意であると考えられる。一般的には、「ニギ」には動詞や形容詞語幹としての用法と接頭辞という二種類の用法があると言われている。たとえば、「ニギハフ」と「ニギハシ」はそれぞれ動詞と形容詞の語幹としての用法で「賑」か「饒」を意味する。しかし、「ニギハヤヒノミコト」の「ニギ」や「ニギミタマ」の「ニギ」は接頭辞「ニキ」と通じ、「和」または「柔和」、「穏やか」を意味する。以上の解釈はもちろん正しい。しかし、「ニギ」の動詞の語幹としての用法には「握る」の意味も含まれているのである。このように理解してはじめて、「ニニギノミコト」という名前の核心部分「ニニギ」を、文法的に何の無理もなく、そして何の調整もなく解釈することができるのである。要するに、「ニニギノミコト」の「ニニギ」は「ニをニギル」の意であり、その後の「ノ」は「の」の意、「ミコト」は「神」や「王」や「貴人」を指す尊称なので、「ニニギノミコト」という名前は当然「ニ」（鶏血石）を「ニギ」る王、つまり「握玉之王」と理解することができる。そして、その漢字当て字「瓊瓊杵尊」の「杵」という字から推測すると、彼が握った「鶏血石」は米を搗く杵の形をしており、杵には当然稲作の豊作祈願が含意されていたであろう。

以上、「鶏血石」の産地と玉の越語音「nioh」（にゅお）からニニギノミコトの来歴について考察してきたが、まとめてみると、ニニギノミコトは越族の人であり、彼は長江下流域の杭州湾から出発し、舟山諸島を経由して黒潮本流に乗り、黒潮本流の強力な推進力で日向に渡来してきたと結論づけられよう。

ニニギノミコトは日向に上陸した後、「笠沙の御前」へ観覧に行き、現地の神「大山津見神」の娘「木花佐久夜毘売」と会った。そして彼女と「一宿婚」をしたところ、彼女はただちに「妾は孕身めるを、今生む時に臨りぬ」と言い出し、

「戸無き八尋殿」に入り、烈火のなかで三人の子供を生んだ。長男は「火照命」（ホデリノミコト）、次男は「火須勢理命」（ホスセリノミコト）、三男は「火遠理命」（ホヲリノミコト）とそれぞれ名づけられたが、ここで注意しておきたいのは、この三人の名前の中の「火」がすべて「ヒ」と発音されず、「ホ」と発音されているということである。事実、ニニギノミコト自身の正式の氏名「天津彦彦火瓊瓊杵尊」（アマツヒコヒコホノニニギノミコト）の中の「火」も「ホ」と発音されているのである。『広辞苑』によると、火の意の「ほ」は「ひ」の古形だという。しかし筆者は、火の意の「ほ」はそもそも和語ではなく、越語だと考える。越語では火のことを「hau」と言い、和語で発音すると、そのまま「ホ」となる。すなわち、彼らの名前は「クリスティン山田」のように越語半分、和語半分の構成を示しており、この語構成自体は彼らのハーフ的性質を反映し、渡来してきた越人と現地の倭人との融合を如実に物語っているのである。

もちろん、九州南部から「鶏血石」はまだ出土していない。しかし、九州、紀伊半島および北陸地方には「丹生」（にう）という地名、あるいはこの「丹生」で命名された「丹生神社」がたくさんあり、「丹生」という語は発音の点で越語の「nioh」（にゅお）に非常に似ている。それだけでなく、意味的にも「丹生」（にう）は「鶏血石」の紅色と水銀性を完全に継承しており、「鶏血石」をはじめとした越の玉文化が確実に日本に伝わってきたと考えられる。

4　日向と越国出土の蟠螭紋縠紋璧

一九八三年六月、中国広州市南越王墓から、高さ四〇・七センチ、口径三五・五センチの銅筒型器が出土した。筒面には越人操船図が鋳出されており、その船体の側面と指揮台の側面には「S型流水紋」が入れられている。そして、このような「S型流水紋」は兵庫県神戸市桜ヶ丘町出土の銅鐸や伝讃岐国出土の銅鐸など日本各地から出土した弥生時代の銅鐸にも見られるのである。筆者の考えでは、この「S型流水紋」はすなわち越人が海を渡って日本列島に上陸した証拠なのである。

一八一八年、ニニギノミコトの上陸地と思われる九州南端の志布志湾の東岸から、長江下流域の越国製の玉璧が一件出土している。同年二月、日向国那珂郡今町（現宮崎県串間市）の村農佐吉が彼の所有地である「王之山」で石棺を掘り出し、その中から「蟠螭紋穀紋壁」（写真2）を一件得た。その後、この「蟠螭紋穀紋壁」は加賀藩主の前田家に収蔵され、現在、「前田育徳会」に保管されている。この壁の壁面には三種の文様が入っている。メインの中間部は稲穀をかたどった「穀紋」であるが、外縁は「蟠螭紋」、内縁は「陽鳥紋」である。これまで、その外縁と内縁の文様を「夔龍文」と「夔鳳文」、あるいは「龍鳳文」と見なした学者がいるが、筆者の考えでは、その文様は「龍鳳文」より古く、もともとは長江流域の稲作に密着した越族特有の文様である。蟠螭は水源をつかさどり、陽鳥は太陽をつかさどるので、この二神はともに稲作に絶対不可欠な守護神であり、壁面中間部の「穀文」と本質的にかかわっている。この壁の直径は三三・三センチで非常に大きいが、それと酷似した「蟠螭紋穀紋壁」が広州市の南越王墓からも出土している。写真3がそれで、現在、南越王博物館に収蔵されている。この壁の直径は三三・四センチで、日向出土のそれとは〇・一センチの微差しかない。もちろん、両者のデザインは全く同じというわけではない。南越王墓の玉壁の内縁は三組の「陽鳥紋」ではなく、三組の「蟠螭紋」である。そして、外縁の「蟠螭紋」の輪数も中間の「穀紋」の輪数も日向出土の「蟠螭紋穀紋壁」と少し異なっている。しかし、全体的な風格やサイズおよび「蟠螭紋」と「穀紋」の彫刻法は非常に似ており、日向出土の「蟠螭紋穀紋壁」は長江下流域の越地方から伝わってきたものだと断定できるのである。

実は、同タイプの「蟠螭紋穀紋壁」は上海市青浦県の福泉山戦国遺跡からも出土している。二〇〇六年八月二十四日、筆者は上海博物館を見学したときに、玉器展示室でその壁（写真4）を見た。壁の直径は一九・二センチ、外縁は四組の「蟠螭紋」、中間は四輪の「穀紋」、内縁はない。玉壁が出土した福泉山遺跡はもともと良渚時代に築造された墳丘墓

写真２　蟠螭紋穀紋璧（宮崎県串間市　王之山より出土）〈2〉

写真３　蟠螭紋穀紋璧（広州市　南越王墓より出土）〈3〉

写真４　蟠螭紋穀紋璧（上海市青圃県　福泉山戦国遺跡より出土）〈4〉

で、良渚初期から晩期に至るまでのすべての時期の良渚遺物が出土しており、その中には「蟠螭紋鏤孔足蓋付陶鼎」が一件含まれている。この陶鼎からも察せられるように、越人は良渚時代から「蟠螭紋」を好んでいたのである。

『中国文物大典①』[5]は上述したような「蟠螭紋穀紋璧」について、「戦国晩期の典型的器物であり、前漢と後漢の玉璧にも大変大きな影響を与えた」と解説しており、この解説から、「蟠螭紋穀紋璧」の製作年代の上限が中国の戦国晩期であることが分かる。南越王墓の築造年代は漢代なので、これまで、多くの学者がそこから出土した「蟠螭紋穀紋璧」を漢代のものだと見なしている。しかしBC二〇三年に、嶺南南海郡の軍事長官趙佗によって樹立され、BC一一一年まで存在していた南越国の前身は、もともとBC三三四年かBC三〇六年楚国によって撃破された越国の一部の貴族が広東に逃げて創った国なので、越国の伝世品が当然数多く受け継がれたはずであり、この意味では、そこから出土した物だからといって、すべて漢代のものだと即断することはできない。事実、南越王墓から戦国時代の銅鏡が何枚も出土しており、これらはすべて漢代のものと即断することの危うさを物語っているのである。筆者の観察では、漢代の「蟠螭紋穀紋璧」は線刻ぎみの彫り方をしている物が多く、「蟠螭紋」も「穀紋」も簡略化されがちで、南越王墓出土のその「蟠螭紋穀紋璧」とは明らかに異なっている。北京市の首都博物館には漢代の「蟠螭紋穀紋璧」が一件収蔵されており、それとこれまでに論じてきた二件の「蟠螭紋穀紋璧」の間には大きな差が存在している。したがって、南越王墓と福泉山出土の「蟠螭紋穀紋璧」は戦国晩期のものにちがいあるまい。

前に引用した『中国文物大典①』の解説によって、われわれは日向出土のその「蟠螭紋穀紋璧」の年代とニニギノミコトの渡来時期を判断する基準を得た。日向出土の「蟠螭紋穀紋璧」と南越王墓、福泉山出土の「蟠螭紋穀紋璧」との同一性から、日向出土の「蟠螭紋穀紋璧」が戦国晩期に長江下流域の越国で製造されたものであったということが明らかになり、さらにこれによって、ニニギノミコトが戦国晩期に長江下流域の越国から日向に渡来してきたことも浮き彫りになった。そして「蟠螭紋穀紋璧」が出土した「王之山」という地名から推測してみると、ニニギノミコトは上陸した後に現地の人びとによって「王」と推挙されるようになり、その「王之山」はおそらく彼が亡くなった後に彼の子孫が彼のために造築した王墓であっただろう。

5　ニニギノミコトの元の身分と渡来の理由

ニニギノミコトはもともと長江下流域における越国の出身であったが、戦国晩期に日向に渡来し、現地の支配者の娘との婚姻を通してそこに定住することに成功した。それでは、彼はもともと越国ではどういう身分を持ち、またなぜ戦国晩期に日向に渡来してきたのだろうか？

実は、これまで論じてきた「鶏血石」と「蟠螭紋穀紋璧」はいずれも身分の高い人の持ち物である。一九九九年、杭州市半山石塘村戦国遺跡から「越王」「越王之子」の字が刻まれている「鶏血石」製の剣飾が出土したことを前述したが、そのほかに、清王朝の乾隆帝も現代中国の毛沢東も「鶏血石」の印鑑を所持していた。一九七二年、日中国交回復のときに、周恩来総理は田中角栄総理にも敬意をこめて「鶏血石」の印鑑を一対贈ったが、このことからも分かるように、「鶏血石」はずっと王や王子のシンボルであり、そうでなければ、「鶏血石」を持つ資格がなかったのであった。

一方、玉璧は貴族の身分と密接にかかわるものである。『周礼・大宗伯』によると、「王は鎮圭を執り、公は桓圭を執り、侯は信圭を執り、伯は躬圭を執り、子は穀璧を執り、男は蒲璧を執る」という。周代では「穀璧」、つまり穀紋璧が貴族の身分を示す「身分証明書」の一つであり、貴族五階級の中で四番目の「子」、つまり「子爵」の身分を示していた。そして、春秋戦国時代に入った後もこの玉を以て身分を示す礼儀作法が相変わらず続いており、越王勾践が呉国を滅ぼして、さらに周辺の国々を征伐しようとすると、宋、鄭、魯、衛、陳、蔡など周辺諸国の王はみな玉を執って越王に謁見したと『国語・呉語』が記録している。このような時代背景から判断すると、ニニギノミコトはもともと越国の子爵であったにちがいあるまい。

それでは、越国の子爵であるニニギノミコトがなぜ戦国晩期に日向に渡来したのだろうか？　筆者の考えでは、彼の渡来にはやむを得ない理由があった。それは越国の滅亡である。日向出土の「蟠螭紋穀紋璧」が示した戦国晩期には、中国大陸ではまさに国家の興亡や王室の存続をかけて国同士が決戦を行った時期であり、秦の始皇帝はＢＣ二二四～ＢＣ二二二年の間に、中国を統一するために楚国と越国に総攻撃をかけた。『史記・秦始皇帝本紀』は簡潔な筆致でその過程を次のように記述している。

> 二十三年、秦王復た王翦を召し、彊《し》いて之を起たしめ、将として荊を撃たしむ。陳より以南平輿に至るまでを取り、荊王を虜にす。秦王游びて郢・陳に至る。荊将項燕、昌平君を立てて荊王と為し、秦に淮南に反す。二十四年、王翦・蒙武、荊を攻め、荊軍を破る。昌平君死し、項燕、遂に自殺す。二十五年、大いに兵を興し、王賁をして将として燕の遼東を攻めしめ、燕王喜を得たり。還りて代を攻め、代王嘉を虜にす。王翦、遂に荊・江南の地を定む。越君を降し、会稽郡を置く。五月、天下大いに酺す。

楚国と越国は最後このように滅亡した[6]わけだが、祖国が消滅する前には、王侯貴族は大概反抗するもので、以上の引用に登場した「項燕」と「昌平君」、そして「越君」はその典型的な反抗者であった。しかし反抗できなくなった時には、およそ次のような三本の道が選択されよう。一本目は戦死すること、「項燕」と「昌平君」はこの道を選択した。二本目は投降すること、「越君」はこの道を選択した。三本目は亡命すること、本論で考察してきたニニギノミコトはすなわちこのように亡命の道を選択して日向へと逃亡したが、彼が逃亡したＢＣ二二二年はまさに戦国晩期に属し、日向出土のその「蟠螭紋穀紋璧」が示した時期と完全に一致しているのである。

「子爵」という爵位から考えると、ニニギノミコトは当時三十歳代のはずで、引用中の「越君」とは父子の関係であったかもしれない。前の引用からも分かるように、越国が滅亡する前に、長江中流域の楚国もすでに秦の始皇帝の大軍によって滅ぼされたし、越国の北側に位置した燕国も滅ぼされた。このような情勢の下では、「越君」は越国の滅亡がすでに避けられないと諦めたのだろう。しかし一方で、越王室を存続させなければならないと考えてもいたにちがいない。その結果、自分自身は前線に行って抗戦し、その時間を利用して自分の息子であるニニギノミコトを日本列島へと亡命させ、そして亡命が成功したのを確認した後、あっさりと抵抗をやめて秦軍に投降したのであろう。『史記』には「越君」の子孫が亡命したことが一切記録されておらず、これは逆にニニギノミコトの亡命が秘密裏に行われ、秦軍がまったくそれを察知できなかったことを物語っている。もしニニギノミコトの亡命行為が秦軍に察知され、追撃を受けていたら、彼はおそらく無事に日向に亡命することはできなかったにちがいない。

もちろん紀元前の戦国時代に、長江下流域から日本列島に亡命したのは越国の貴族だけではなかった。『魏略』、『晋書・倭人伝』、『梁書・倭人伝』には、倭人が「泰伯の後」と書いてあり、『資治通鑑前編』にも、「呉国」が滅亡した後、夫差の「子孫支庶入海して倭と為」ったことも記録されている。すなわち、呉国が越国の勾践によって滅ぼされた時に、呉王夫差の子孫たちも日本列島へと亡命してきたわけだが、しかし、日向に上陸したのは決して呉王夫差の子孫たちではなかった。なぜなら、呉国が滅亡したのは戦国初期に相当するBC四七三年であり、その時には、日向から出土したような「蟠螭文穀文璧」はまだ製作されていなかったからである。要するに、「蟠螭紋穀紋璧」の製作と時期的に一致している亡命者はBC二二二年に亡命してきたニニギノミコト集団だけであり、彼らは明らかに「泰伯の後」ではなく、「越君」の子孫であったのだ。

注

[1] 倉野憲司校注『古事記』岩波文庫、一九六三年一月。
[2] leiyz888.blog.163.com/blog/static/10453314620081115958296 参照。
[3]「朝日新聞」二〇〇一年六月二十三日朝刊第一版。
[4] 姚賓謨編著『中国昌化石文化』第四章第一節。中国美術学院出版社、二〇〇七年八月。
[5] 王然主編『中国文物大典①』中国大百科全書出版社、二〇〇一年一月。
『中国文物大典①』ではこの種類の「蟠螭紋穀紋璧」を「夔首紋」あるいは「重圏夔首紋」と名づけているが、筆者が重視しているのは名称ではなく、それらが製作された時期である。
[6] 越国の滅亡時期について、中国歴史学会の意見はまだ統一されていない。一部の学者はBC三三四年あるいはBC三〇六年、楚国によって滅ぼされたと考えており、また一部の学者はBC二二二年、秦国によって滅ぼされたと考えている。筆者は後者に賛成である。

写真注

〈1〉 www.h7.dion.ne.jp/imagic/kairyuu.html からの転写。
〈2〉 前田育徳会蔵。開館記念特別展『遺物たちの帰郷展・図録』(宮崎県立西都原考古博物館編集、二〇〇四年四月)からの転写。
〈3〉 西漢南越王博物館編集『西漢南越王博物館珍品図鑑』(文物出版社、二〇〇七年七月)からの転写。
〈4〉 上海博物館編集発行『上海博物館中国古代玉器館』からの転写。

詩人黄瀛の光栄

――書簡性と多言語性――

岡村　民夫

1　伝書鳩の権威

一九〇六年十月四日、黄瀛《こうえい》は、四川省重慶で、川東師範学校初代校長だった中国人の父・黄沢と日本人交換教員の母・太田喜智《きち》の長男として生まれた。国籍は中国である。父を喪い、母と妹と中国各地を転々としたのち、一九一四（大正三）年に千葉県の八日市場尋常高等小学校に入学し、日本語を本格的に学んだ。中等教育は、まず東京の正則中学校で、続いて青島日本中学校で受けた。日本語で口語自由詩を書きはじめたのは正則中学校時代、十六歳頃という。一九二五年十八歳にして、詩壇の登竜門「日本詩人」に投稿した作品により新詩人第一席の栄誉を受け、一躍脚光を浴びた。

一九二六（大正十五）年、青島《チンタオ》を離れ、東京の文化学院に入学するが、一年ほどで自主退学し、一九二七年十月、市ケ谷台の陸軍士官学校本科に中華民国留学生の資格で入学した。一九二九（昭和四）年七月に士官学校を卒業すると、中野電信隊中隊長に配属された。北伐を敢行する蒋介石に共鳴し、満州事変直前の一九三一（昭和六）年初頭、中華民国新首都・南京《ナンキン》へ渡り、国民党軍将校となった。
日本陸軍でも国民党陸軍でも彼が通信に関わったり、軍用伝書鳩の養育係を務めたことは、彼の詩業を考えるうえでとても示唆に富む。彼は「ある朝ある姿」で、「吉林の友人へやるはがきを書きをへる」自分自身の姿を示したのち、飼っている鳩についてコメントする――

オレの鳩車《くるま》では二十羽のあいつがのどをならしてゐるだらう
鳩は平和のシンボル、雄々しき武装者！
オレは？　オレの標語を思ひ出さう
オレは冬のひやりとする風を感じてはゐない
となりの電信隊の物音をふりはらふ
動く姿勢を示すために立つ
作業服を身につけて、オレの鳩車へ──→
オレは回転椅子に身をくるりとひるがへす
（軍用鳩調査委員事務所にて）

これは黄が、自分は手紙をもたらす鳩に似ていると自覚していたことを示す、一種の換喩であると言える。自身の身軽さをモダンに矢印によって視覚的に表象している。伝書鳩に類似したモチーフは、詩「鷗」にも見いだされる。そこでは日本から大連の港へ向け「支那海」を航海する船の水夫長の口を通して、船に随行する対馬生まれの鷗、大連の「一晩中あの煙の空、透明な空を飛びまはり／しまひには羽根や眼がよわつて／旅先でもろくも墜落惨死する／実に可愛さうな鳥」が、「詩的な鳥」と讃えられている（シャルル・ボードレールの「信天翁」を思わせなくもない）。

一九二三年、青島日本中学校の黄瀛が、「詩聖」誌上で読み知った草野心平へ「いったいあなたは中国人なのでしょうか日本人なのでしょうか」とたずねる手紙を出したことをきっかけに、二年後、国際的な詩誌「銅鑼」は生まれた。一九二五（大正十四）年、東京で高村光太郎の彫刻のモデルをしていた黄は、草野を彼に紹介した。同年、草野と黄の連名による勧誘の手紙によって、岩手県花巻の宮沢賢治は「銅鑼」同人となった。そして黄は、一九二九（昭和四）年、花巻の実家で病床にあった賢治を見舞うことで、草野と賢治の関係をさらに強めた。淋しがり屋で社交家で筆まめな二言語併用者の混血詩人は、諸々の境界を越えることの達人、一流の媒介者だったのだ。

黄瀛が生前に世に問うた詩集はわずか二冊、一九三〇年に限定一〇〇部で自費出版した「小さい可愛い詩集」『景星』と、一九三四年に出版した豪華な箱入り製本の『瑞枝』。いずれも文化学院出身の吉田雅子の装丁による。文化学院生時代、盛んに黄がラブレターを送り、上野動物園でデートしたという女性である。『瑞枝』の出版をめぐっては、とくに複雑で規模の大きい友愛の展開があったと思われる。「後記」によれば、『瑞枝』は、中国帰国後、日本の「多くの友人の労を煩はし」成った詩集であり、近作のほか「多くの友人の希望」によって旧作を収録している。しかも高村光太郎の「序」と、木下杢太郎の「詩集「瑞枝」の序に代へて　作者黄瀛君に呈する詩」という書簡体詩を冠する。

日中戦争のあいだ筆を折っていた黄は、日本の敗戦後、再び日本の文芸誌に詩や随筆を送るようになり、国民党少将としては、何応欣の秘書を務めつつ、中国に抑留されていた草野心平や山口淑子（李香蘭）の帰日に尽力した。蒋介石が台湾に敗走した一九四九年、黄は共産党軍に投降し、一九六二年までの一三年間、獄中生活や労役に服す。出獄したのも束の間、文化大革命により一九六六年再度逮捕され、一一年半入獄する。越境を身上とする詩人がかくも長きにわたって翼をもがれたことは、悲劇と言うほかない。

文化大革命の終焉と開放政策により、ようやく一九七八年、七十二歳に至って出獄すると、黄瀛は四川外語学院の日本語・日本文学の教師の地位を得、日本の旧友たちへ繁く手紙を書くようになった。一九八二年には、『瑞枝』が復刻された。一九八四年以降、彼は五度、再来日する。黄瀛の存在が再び日本人の耳目を集め、一九九四（平成六）年には佐藤竜一による評伝『黄瀛　その詩と数奇な生涯』が上梓された。二〇〇五年七月三十日、黄瀛が生まれ故郷・重慶で九十八歳で亡くなると、二日後「朝日新聞」は訃報を掲載した。しかし、再評価はまだ端緒に着いたばかりと言わなくてはならない。希有の詩業を正面から論じた論文は、皆無に等しい。この沈黙が告げているのは、身近な他者の存在に鈍感であるという日本文学の弱点のみならず、日本人の日本語への愛の薄弱さでもあろう。

2　日付のある窓

黄瀛の個々の詩篇の核心に、友愛や親愛の手紙に通ずるものが存在する。文化学院で黄を教えた中国文学者・奥野信太郎は、それを的確に指摘している――「彼の書翰がしばしば詩であるが如く、また逆に彼の詩はしばしば好朋友へのなつかしい書翰でもある。決して公開状ではない。／書信は必ず個人的な対者を必要とする。公開状は対者を必要としない。彼の詩は、たとへ未知の人が読んでも、自分だけに送られた感じが濃厚である。読者の心を和らげられた上、それ以上の何ものかを、感銘さしてゆく彼の詩の秘密は、蓋しその私信の親しさに潜んでゐる」（「詩人黄瀛のこと」）。私は奥野の実感を分析的に捉えなおしてみたい。

まず、筆まめな詩人の詩のなかに、自身が書く手紙や、友や肉親からの手紙への言及がたびたび登場するという事実を指摘できる（「短章」「朝のよろこび」「ある朝ある姿」「狂暴なる伊想」「夜明けのバラバラ雨」「ベットの中で」「十四号のサノリへ送る詩」「妹への手紙（1）」「妹への手紙（2）」「マカオ小景」等）。

第二に、「君」や「あなた」「お前」等の親密な二人称、命令形ないし呼びかけ口調の頻用を指摘することができる。例えば、詩人は東京市中から「日本東京市外和田堀町和泉二四三」への転居を、天津に暮らす妹・黄寧声へこんなふうに報告する――「移つたところが遠いので／お前のところへ上げるたよりも／何だか他人らしくなりさうだが／そんなことはゆるしてくれるだらうね」(「妹への手紙(1)」)。

第三に、宛先、署名、日付といった類いの記号も欠けていない。年号(西暦であるという特徴がある)、月日、日時、地名、人名などが頻出するのだ(「病院にて」「感謝」「噂」「小景」「窓を打つ氷雨」「オレ」「新嘗祭の夜」「妹への手紙(1)」「妹への手紙(2)」等)。これら書簡的記号、ことに日付や時刻は、人間関係や出来事の親密さや特異性の指標となるとともに、それが大きな現代史、とりわけ日中の政治関係にじかに隣接したはかないものであることを暗示している。日付の裏には、歴史に翻弄される己れの人生の予感がある。

陸軍士官学校留学生となってまもない二十一歳の詩人は、「天と地とが刻々に迫られてゐる、十二月の寒さ」を感じながら、自習室の南面の窓の白いカーテンの陰から市ヶ谷の夜景を眺めている。

梢さん、梢さん
あゝもうとつぷり暮れた一九二七年の日本
やつは過ぎ去つた遥か市街を越えて
私はその後に来る寒さを待つてゐる
思念がやがてあやしい宝石のやうに光るのを
そして季節の匂ひがぷんと鼻に来るのを
安らかさといろいろ

身に迫る烈しさといろいろ
くるクリスマスの暖い夜を考へ
この寒さがあなたにもめぐることを考へ
これからまた赤と青との戦争ごつこの私の仕事を初める前に
（「氷雨の夜　Nocturne No.4」）

「やつ」と呼ばれているのは、いましがたまで降っていた氷雨。「あなた」と呼ばれているのは、恋する女性だろう。自習室の窓は寒風から詩人を保護しているが、詩人は氷雨の移動や寒気の接近とともに、「赤と青の戦争ごつこ」が身に迫っていることを感受している。「赤と青」とは、中国共産党の赤旗と国民党の青天白日旗を意識した表現だろうか。「あなた」への呼びかけは、個人を越えた歴史の荒波に取り囲まれているせいで、かえって親密なトーンを強める。

日中関係が悪化している。一九二七年三月には北伐軍の南京入城に際し、第一次南京事件（南京暴動）が起き、五月には第一次山東出兵に至る。また四月には、共産党による上海の臨時政府に対し蒋介石がクーデターを企て、国共の関係も悪化していた。「一九二七年」や「十二月」という日付は、何かが去り、別の何かがまだ来ないという危うい静寂、一時的均衡、過渡的な滞在と結びついているのだ。実際、翌一九二八年に入ると、日中関係をさらに悪化させる大事件が起きる。第二次山東出兵と第三次山東出兵である。山東省における日中の武力衝突が、青島で中学時代を送った黄瀛にとって、とりわけ心を苛む出来事であったことは想像に難くない。

黄瀛は各所を転々とする身軽さを身上としているものの、行動の詩人ではない。彼にとって〈部屋〉が特権的トポスの一つであることを一瞥しておこう。「日本詩人」一九二五年二月号で「新詩人第一席」の栄誉に輝いた出世作「朝の展望」（詩人は青島日本学校寄宿舎の窓を磨きながら青島の街を眺めている）をはじめ、多くの詩が室内を舞台や視点としている。窓は外部を絵画か影絵のような映像に変え、壁や天井は記憶を投影するスクリーンとなり、詩人は部屋（しばしば「アトリエ」として表象される）で独り内省しながら詩的な手紙や手紙的な詩を書く。それらは奥野信太郎の言うとおり、「公開状」的なものではない。私淑した高村光太郎や親友の草野心平の詩と異なり、述志の詩、主張したり告発したりする詩ではない。けれども、彼の詩を政治や歴史に無縁な私的抒情と見なすとすれば、その魅力や価値の半分を見逃すことになる。

「きき耳を立てて／すてきに肩幅のある物音を／オレだけきいてゐるのではないことが考へられる」（「ある夜の心象」）。室内の詩人は、時に外界のノイズに耳を傾ける（「ある夜の心象」以外に「ある朝ある姿」「狂暴な伊想」「作品八十三番」「ここまで来た時」「点火時の前」「くらやみの中の詩」「新嘗祭の夜」「夜明けのバラバラ雨」「ベットの中で」等）。時に窓から世界の動向を注視する。季節の知らせは、自然の永遠の反復よりも、歴史とそれにともなう自己の身分の変転と結びつく。

ぶるぶるふるへる犬のやうな胴ぶるひ
消えて行つたやうな友人を呼ばうかしら
一九三〇年の寒い風の窓
重量を忘れてしよんぼりしてるオレ
カアテンをしぼれば小さな世界
つくねんとした灯にぽつちり暖かい気もちを所有する
今まで考へなかつた事で虚空をつかむ
冴えた眼で悲しい影絵を見乍ら泣きつ面をする

（「窓を打つ氷雨」）

まもなく国民党の新都・南京へ移住する詩人は、またしても窓辺に孤独に佇み、悪化の一途をたどる日中関係を思い「泣けない泣きつ面」をしている。つまり彼は、東アジアの歴史の寒さにふるえている。「一九三〇年の寒い風の窓」とは、詩の生成する小さな内部空間を画すると同時に、それを歴史へ接続する文学的分節装置である。

3 混血児の吃音

黄瀛的な風景とは何だろうか。横浜、神戸、青島、天津、上海、大連、マカオといった港湾や租界ないし租借地の風景、すなわち様々な国民や様々な文化が混合した国際的都市の風景に違いない。黄瀛はこの種の都市風景を扱った詩のなかに、エキゾチックな風物ないし語彙をキラ星のごとくちりばめている。例えば、青島を「伊太利のやうなこの町」と形容する「朝の展望」における「ミツシヨンスクール」「胡藤《アカシヤ》」「朝鮮鳥」「督辯公館」……。あるいは天津の日本租界を回想した「喫茶店金水——天津回想詩——」における「アイスクリームやソーダ水」「電影」「白河川岸《ベーチ》」「フランス花園《フハエン》」「白いプリンソーダ」「朝鮮の美しい女」「アメリカの無頼漢兵士」[1]……。明るく爽やかなエキゾチシズムこそ、彼の詩が早くから日本の読者の好評を得た要因だろう。

生地・重慶を幼くして離れ、日中両国の諸都市を転々とした詩人には「故郷」がない。多文化的な都市こそ、転居の多い混血児の身体にいちばんしっくりなじむ環境であったはずである。そして彼は、自らの混血性に悩みながらも、根底ではそれを肯定していたと思われる——「これはこゝでおしまひになるものだと自覚する／オレの出発はこゝから始まる／それならばX光線で見透かされたオレのみすぼらしさは？／——いや、いや、歴史は光輝ある名誉／古めかしい匂ひのまゝでいゝ」（「われらのSouvenirs」）。士官学校卒業を控えた一九二九年五月、彼は過去の人間関係からのある種の訣別を暗示的に宣言しながらも、自己の悩ましい出自を歴史的運命として受け入れ、誇るべきアイデンティティーとして打ち出している。

一九二八年一月の作と推定される「妹への手紙（2）」には、「妹よ、国境ほど私を惹くものはない／局部的にふるへてる私達の国／『国を思ふと腹が立つ』／この言葉にこゝの国の芸術家は不健康な嘲笑をするのだ！」という詩行が記されている。「国」とはどこの国か。同じ詩のなかに出てくる「この国の陸軍始の観兵式」の「この国」は明らかに日本を指している。しかし、「私達の」と黄寧に声を含めて言うときの国や「国を思ふと腹が立つ」と言うときの国は、「こゝの国」と対比されているから、中国であり、陸軍士官学校に在籍している詩人が言う「こゝの国」は日本であると解釈するのが自然である。彼は中国を憂う発言を嘲笑する日本の芸術家に腹を立てているが、中国の現状にも腹を立てている。そして、彼は国境の一方に決定的に身を移すことによってジレンマを解消しようとするのではなく、あくまで国境上に身を持そうとする自分の立ち位置を確認している。

そう解釈すると、彼がこの詩のなかで、士官学校の冬休みに見た「ヴオルガ・ボートマン」を「いゝ写真だった！／お前も機会があつたら見るといゝ」と妹・寧声に薦めていることが、いっそう意義深くなる。ハリウッドの巨匠・セシル・B・デミルが一九二六年に監督し、一九二七年十月に「ヴォルガの船唄」という邦題で封切られた映画（*Volga Boatman*）が、ロシアの十月革命を背景としたラヴストーリーだからである。主人公のフェオドル青年は、ヴォルガ河の舟引きの身分から、赤軍の一団のリーダーとなる。ヒロインの公爵令嬢・ヴェラには、白軍近衛士官の許嫁・ディミトリがいる。美しく気高いヴェラに惚れてしまったフェオドルは、彼女を処刑すべき場面で、同志を欺き彼女とともに逃亡する。最終的に、赤軍に捕らえられたディミトリは、革命裁判所で転向か国外追放かの選択を迫られ、後者を選び、フェオドルとヴェラは結ばれる。黄瀛は白軍と赤軍の戦いを、国民党と共産党の戦いや、中国と日本の戦いに重ねつつ複雑な思いで見たはずである。

ところで、先ほどからすでに私たちは詩作と〈言語の境界〉との関係という本質的問題に足を踏み入れている。「ここに方言、ここに郷土の倍音／一瞬に消える影、二度と思ひ出せぬ匂、／それが此邦の人より鋭く、／深く、柔らかく、痒く、また些《ち》と酸《す》つぱく、言語《げんぎょ》、韻律の微かな網に捉へられて居る」と木下杢太郎が『瑞枝』序詩で指摘しているように、黄の詩は非常に多言語的である。ベースとなる日本語のなかに、中国語、英語、ドイツ語、フランス語などが頻繁に導入され、中国語と日本語に関しては様々な方言や俗語も援用される。こうした多言語性は、漢字、片仮名、ルビ、アルファベット等の姿を取り、表記上のにぎやかなヴァリエーションと重なりあう。中国語の歌を漢文で引用した「享利飯店にて」「南から来たお客の詩」、英語の俗謡をアルファベットで引用した「氷雨の夜」、モンゴル語の古歌を語釈なく片仮名で引用した「nocturne」といった大胆な例も存在する。アメリカやフランスの映画の題名や俳優名が片仮名やアルファベットで引用され、国境を超えた情動的コミュニケーションの記号となる。多言語性は、黄のエキゾチシズムが詩の肉体にまで浸透する本質的要素であったということを証している。詩人が特に愛した青島や天津とは、まさに西洋と東洋の諸言語が飛び交い、多種多様な文字表記が街頭に氾濫する巷である。国際都市における諸言語の聴取は、黄瀛文学の基層をなす〈耳の記憶〉であったに違いない。

多言語性という側面でとりわけ注目にあたいするのは、日本語そのものが、異語との緊張関係を通して自らの表情を積極的に変容させていると思われることである。黄瀛詩の語音の際立ちはそこから来る。

「銅鑼」同人だったアナーキスト詩人・小野十三郎は、晩年、黄との文学的方向性の違いを断りながらも、特異な日本語使用に魅せられていたことを、こう述懐している——「黄君の詩の魅力は、私にとっては、同時代の他の詩人には見られなかった新鮮な言葉の行使であった。黄君が詩を書くときの言葉の異常な屈折はちょっとまねができないもので、私はそこに強く牽かれていたのである」(「黄君の日本語」)。「新鮮な言葉の行使」とか「言葉の異常な屈折」というのが具体的に何を指すのか小野の短いエッセイからははっきりしないが、音韻やリズムよりも語法やシンタックスの特異性を語っていると解釈したい。

思い当たるのは、文法的には間違っていないが通常は用いられないぎこちない構文が、かえって表現としての強度をもたらしているというケースである。例えば――「オレは君を知らない人にする/夜が明ければあの胸にくる青葉の匂ひは/オレをめぐつてふりかへるをすら出来ない……」(「夏の白い小さな花よ!」)。生硬な翻訳調の構文が、二人称の女性との感情的距離の問題と相関することで積極的な意義を獲得しており、こうした屈折は黄瀛詩の特色の一つにほかならない。

黄が日本語を話すとき吃ったということを、草野心平ほか数人の友人たちが書き残している。また、四川外語学院で彼から日本語を教わった宋再新によれば、彼の中国語会話も相当奇妙なもので、標準中国語、四川方言、日本語がチャンポンになっていたという[2]。彼は詩を書くことによって、日本語との不安定で偏倚した関係をスタンダードなものへと修正しようとするよりも、それを特異なスタイルへ転化することに努めたと言える。吃音は文体の次元へ昇華され、日本語に新たな表現力をもたらしている。異質な言語や文化の諸断片を歓待し、媒介し、共存させているのは、言語の境界上で異化された孤独な日本語である。彼の詩の多言語性のうちにも書簡性がはらまれているのだ。通常の意味伝達のための言葉、すなわち皆が通る公道のような言語使用に満足せず、無関係に見える言葉どうしのあいだに、瑞々しい感情が歩む小径や、新たな海路や空路(鳩の道?)のようなものを切り拓く者。それが詩人の定義であるとすれば、黄瀛とは、二つの祖国に引き裂かれた我が身を主体的に引き受け、日本語を〈友愛の言語〉へ書き換える営みを通し、詩の本質に触れた詩人である。逆に言えば、彼にとって詩作とは、言語文化の狭間に生まれ育ってしまったという己れの歴史的負性を特権へと逆転する、おそらく唯一の方途だったに違いない(小説家となるには、一般的にスタンダードな日本語の習熟を要するだろう)。

では、『瑞枝』の巻末に置かれた詩「天津路的夜景——青島回想詩——」を、私たちはどう受け止めればよいのだろうか。少年は「きうくつな学校」すなわち青島日本中学校から逃れ、さらにドイツ的な「バタくさい」町並みからも逃れて、伝統的で民衆的な中国人街である天津路に辿りつき、安堵感を覚える。「天津路」という地名には、母と妹が暮らす天津への思いが込められているのかもしれない。そのささやかな料亭に入った詩人は、この詩をこう結ぶのだ——

一ぱいの蘭茶に
あの東洋的な天津路の夕景を
ぐつと心の中にのみいれて
自分は中国人だといふことを無上の光栄に思ふた

これは、多文化性から逃れ、自身の二重のアイデンティティーにけりをつけ、中国人としての単一なアイデンティティーを選択したという宣言に聞こえなくもない。詩の配列が制作年順にはなっていない詩集の末尾にこの詩が置かれているのだから、余計そう考えたくなる。タイトル中の「的」の用法も中国的である。しかも結句の「光栄」(Kôei)には、「黄瀛」(Kô Ei)という名前が重ねられていると思われる。

黄瀛は自分の名前に特別なこだわりを抱いていた詩人に違いない。『瑞枝』中にはこの名前をモチーフにしたと思われる詩が存在する。例えば、「もう、星天ときいろい壁の絵は見飽きた!」(「N.N. から N.N. へ」)。中国文化において黄は高貴な色であり、黄土地の色は、ほとんど中国自体を象徴する色だが、ここでは、うっとうしく自己を取り囲む壁の色とされている。『瑞枝』の表紙、背表紙、裏表紙に見られる波状の黄土色の文様は、「黄瀛」の字義である「黄色い海」を表象していよう。海、黄海、支那海はしばしば作中に登場するトポスである。「森がくれて海となる／海の中の一人となる」という詩行から始まり、「きいろい壁の前でオレは眼をつぶつてゐる」で締めくくられる「八月の夜」は、まさに「黄瀛」を暗号化した作品と言える。「黄瀛」は、詩のマトリックスであったばかりでなく、絶えず身につきまとう厄介な問題、詩人としてのアイデンティティーを問い返す躓きの石でもあったに違いない。日本語でいかに勝れた詩を書こうとも、彼が中国人であることは名前から一目瞭然だ。しかも、一般の日本人は「瀛」の字を読むことも、書くことも、理解することもできない。彼は自分の詩に本名で署名するつど、「なぜ日本語で書くのか」という根本的な問いに直面せざるをえない立場にあったはずである。

しかし、天津路の一杯の蘭茶に味わった中国人たる喜びがまったく真実なものであったとしても、それを単純な中国回帰とすることを妨げる表現的特徴を複数指摘することができるのだ。「青島回想詩」という副題は、この感慨が現在のそれではなく、特定の過去のそれであることを明示している。書名の「瑞枝」は、日本の詩歌の原点である「万葉から一寸借用した」（「後記」）ものである。「中国人だといふことを誇りに思ふた」でなく、「中国人だといふことを光栄に思ふた」となっている点もニュアンスに富んでいる。「光栄」の思いとは、褒美や評価を上位の存在から贈与された場合に受け手が感ずる感情である（「われらのSouvenirs」に読まれる「歴史は光輝ある名誉」という表現とも通じる）。とすれば「中国人だといふことを光栄に思ふた」のは、中国人であることを評価しない窮屈な日常に彼が囲まれていたからばかりでなく、彼自身が完全には中国人ではなかったからだろう。

漢語ピンインで「guang rong」となる「光栄」が、漢語ピンインでは「Huang Ying」となる「黄瀛」と重なるのは、あくまで日本語の音読みにおいてであるという点に留意したい。中国語訳されたら「光栄」と「黄瀛」をつなぐ小径は消えてしまう。黄瀛の境界的アイデンティティーとは、「Kô Ei／Huag Ying」の境界が彼の一身に刻印されているあり方に相当する。

結局私は、「自分は中国人だといふことを無上の光栄に思ふた」が詩集全体の結句に選ばれたことを、日本と中国のあいだの境界的アンデンティティーを保ちつつ自分は激動の中国で生きる、という困難な決意の密かな表明として読む。

4 宮沢賢治とのリスポンス

陸軍士官学校による北海道への卒業旅行の帰路、宿泊のために立ち寄った花巻温泉から黄瀛が、結核により自宅で臥せっていた宮沢賢治を訪ねたのは、一九二九（昭和四）年六月である。黄の回想「南京から」によれば、賢治の父・宮沢政次郎から面会は五分だけと言われ黄が帰ろうとしたところ、「本人が是非とほせといふから」面会できた。五分を過ぎ、黄が辞去しようとすると、賢治が何度も引き止め、結局「半時間も」話したという。黄がわざわざ区隊長から特別許可をとって賢治を訪ねたのは、その文学を高く評価していたからである。賢治の歓待は、彼もまた黄の詩を評価していたことを暗に語っていよう。本稿を閉ざすにあたって、黄瀛と宮沢賢治の簡略な比較を試み、彼らの文学的交流を想像してみたい。

黄は賢治の詩集『春と修羅』（一九二四年）を早い時期に読み、感銘を受けていたという[3]。また興味深いことに、「銅鑼」誌上で黄の詩は、「心象スケッチ」と冠された賢治の詩としばしば隣り合って掲載されており、「窓を打つ氷雨」「ある夜の心象」「やろんぼうの唄」「作品八十三番」「ここまで来た時」などの黄の詩篇中には、「心象」「心象スケッチ」という賢治的語彙が記されている。確かに黄の心象スケッチは、眼前の風景の変化をたどりながら、同時に随伴する自己の意識の流れを記述しているという点で、賢治のそれに類似している。「ここまで来た時／五十八頁の心象スケッチが停止する」という詩行は、黄が原稿の執筆に先立って外界と内界の動きをリアルタイムで連続的にノートしたこと、つまり方法論のうえでも賢治に倣ったことを明かしている。

他方、賢治との差異も目立つ。そもそも詩「ここまで来た時」は、心象スケッチの流れがふいに途絶えてしまったあとの空虚な心境の方を主題とした詩である。賢治の心象スケッチが、精神の質的な変動を、変化する風景や、身体の移動との相関において、連続的・重層的に描出するという特質があるのに対して、黄が言う心象スケッチは、より一時的・静的・絵画的であり、抒情詩ないし叙景詩としての結構に重きを置いている。また賢治の自然がはらんでいる宗教性や宇宙論が、黄の人間主義的・叙情的な自然にはない。

ただし、私はここでは差異よりも、彼らの相互理解と交流を促しただろう基本的共通性を浮かび上がらせることに努めておきたい。先に言ってしまえば、それはまさに「書簡性と多言語性」である。

周知のように賢治の詩には、英語、ドイツ語、サンスクリット、エスペラント風の造語、外国語なまりの日本語、岩手の方言などが頻出する。賢治は外国旅行を経験していないが、海外に憧れ、洋書を渉猟し、コスモポリタン的な思想を抱いていた。また、東北弁を生活の言語とし、標準日本語で書いた賢治には、二言語併用者の相貌がある。彼は差別される東北弁に関する問題意識や、中央政権から植民地化された東北に関する問題意識を作中に書き込み、エスペラントに接近した。「宮沢賢治が日本における日本語で書かれた〈クレオール文学〉の特質を探求する上で最も重要な作家のひとりであることは、おそらく異論の余地がない」（西成彦「クレオール」、天沢退二郎編『宮沢賢治ハンドブック』）。

賢治文学の書簡性も異論の余地がない。「賢治文学は、ほとんど〈通信することの夢〉の変奏であった」（高橋世織「郵便・通信」、天沢退二郎編前掲書）。詩集『春と修羅』は、詩人を「郵便脚夫」に喩えた詩「屈折率」で始まり、童話集『注文の多い料理店』は、馬車の御者が代筆した山猫からの葉書（「どんぐりと山猫」）から始まる。病死した妹・トシからの「通信」を問題とした詩「青森挽歌」もある。大半の詩には日付がつけられ、しばしば親密な二人称の呼びかけや名前が記される。

黄瀛と宮沢賢治のあいだの書簡は未発見である。けれども、文通があったことを、黄は彼らしい観点から証言している。第一は「銅鑼」同人だった森荘已池《もりそういち》が黄から聞いたという間接的証言——「黄瀛とあて名をちゃんと一点一画も間違わず書く人は、二、三人しかいませんが、宮沢賢治さんは封筒いっぱいに大きく、チャンとあて名を書いておりました。封筒の文字ばかりではなく、中身の手紙の文字も大きくて、芸術的で、日本人の文字と思われないよい文字だと、みんなで言っていましたよ」（『ふれあいの人々　宮澤賢治』）。もう一つは、一九九六年に来日した黄の講演における直接的証言——「後に宮沢から一度手紙をもらいましたが、丁寧な口調で、宛名も間違いなく私の名前を書いてくれました」（「いよよ弥栄ゆる宮沢賢治」）。書簡的書法の詩人どうしならではのコミュニケーションを語る逸話と言うべきである。

黄瀛は宮沢賢治が会った数少ない中央の有名詩人であり、唯一の中国文人である。黄との交流の痕跡は、賢治文学のなかには刻まれていないのか。

「一九三一年度極東ビヂテリアン大会見聞録」というテクストは、一九二三年頃書かれた「ビヂテリアン大祭」という童話を、賢治が石灰岩抹肥料の訪問販売を始めた一九三一年頃、改作しかけて中断したものである。「ビヂテリアン大祭」では、日本人の語り手を含む各国の菜食主義者が北米大西洋沿岸のニューファンドランド島に集まって大祭を開催する。それが「大会見聞録」では、外国人たちが花巻温泉で菜食主義振興のための大会を開き、偶然同宿していた地元の人物がその見聞を書くという設定に変えられている。新設定のモデルとして、岩手県下陸軍特別大演習を参観する駐日本各国武官の花巻温泉宿泊（一九二八年）などの他に、黄瀛ら陸軍士官学校中華民国留学生の花巻温泉宿泊があった可能性が高いと私は見る。一九三一年九月四日という大会開催日は、満州事変（同年九月十八日勃発）の直前という含意があるようだ。しかも、「ビヂテリアン大祭」に登場する中国人は「陳」だったのに、「大会見聞録」原稿の推敲異文には、副司会者——「親交があつた」おかげで語り手が大会全体を見聞できたというキーパーソン——として「洪丁基」という中国人名が記されている。「洪丁基」（*KÔ TEIKI*）のうちには、黄瀛のフルネームが潜在しているではないか。

賢治が黄瀛を前に「お会いできて光栄です」と駄洒落を言ったという逸話を、佐藤竜一は晩年の黄から聞いたという(『ずっぱり岩手(新版) 岩手さはまるキーワード事典』の「黄瀛」の項)。「自分は中国人だといふことを無上の光栄に思ふた」という詩句は、この賢治のジョークに対する、私的なリスポンスという側面をもっていたのかもしれない。

一九九六年八月、宮沢賢治生誕百年祭に黄瀛は招待されて来日し、花巻と東京で「いよよ弥栄ゆる宮沢賢治」と題した講演をした。当時、私はその東京講演(先ほどの引用はこちらからである)を聴いたのだが、タイトルにいちばん驚いてしまった記憶がある。「弥栄主義」の残響を耳にしたからではない、タイトルがすでに詩だからだ。「いよいよ宮沢賢治が世界中に知れ渡る」という言祝ぎ、予祝の意味に劣らず、IYOYO-IYA-SAKA-YURU-MIYAといった音韻の吃音的反復が祝祭的である。そして「光栄」に通じる「栄」という文字の存在……。「いよよ弥栄ゆる宮沢賢治」とは、賢治の生前に応えそこねた賢治のジョークに対し、六七年のスパンを通したリスポンスだったのかもしれない。黄は東京講演の最後に語っていた――「私の話は尻切れとんぼで、「いよよ弥栄ゆる宮沢賢治」。この中には何でも入っていますよ。どうか題をご覧ください(笑い)。題から皆さんの考えを、その題から話してください。それでは終わりにします」。

本稿は、このとき黄瀛から科せられた課題に対する私のリスポンスにほかならない。

5 後記

以上は、「詩人黄瀛の光栄――書簡性と多言語性」(「言語と文化」法政大学言語・文化センター、二〇〇九年一月、第六号)を短縮したものである。

注

[1]「朝の展望」や「喫茶店金水」に見られるエキゾチックなルビは、これらの詩が『瑞枝』に収録される際に削除されている。エキゾチシズムを抑制したのかもしれないが、漢語の発音の選択肢を拡げることにもなる。

[2] 宋再新「黄瀛先生に聞き忘れたこと」、国際シンポジウム「詩人黄瀛と多文化間アイデンティティー」における二〇〇八年九月二十五日の口頭発表。

[3]「南京から」に「詩人としての交渉は雑誌「銅鑼」で彼と伍したが、もつと古く云へば日本詩人で佐藤惣之助氏が「春と修羅」批評以前に私は彼を知つてる」とある。一九二四年四月に刊行された『春と修羅』に対する佐藤の賞賛「十三年度の詩集」が掲載されたのは、「日本詩人」一九二四年十二月号である。

参考文献（黄瀛の詩の掲載誌については省略）

黄瀛『瑞枝』復刻版、蒼土舎、一九八二年。

黄瀛『景星』田村栄発行、一九三〇年。

佐藤竜一『黄瀛　その詩と数奇な生涯』日本地域社会研究所、一九九四年。

王敏『謝々！　宮沢賢治』河出書房新社、一九九六年。

奥野信太郎「詩人黄瀛のこと」『日時計のある風景』文藝春秋、一九四七年。

小野十三郎「黄君の日本語」『詩人黄瀛　回想篇・研究篇』蒼土舎、一九八二年。

黄瀛「南京から」、草野心平編『宮沢賢治追悼』次郎社、一九三五年。

山崎正男責任編集『陸軍士官学校』（第三版）秋元書房、一九七三年。

「花巻温泉ニュース」一九二九年七月号、一九三〇年七月号、花巻温泉株式会社。

天沢退二郎編『宮沢賢治ハンドブック』新書館、一九九六年。

森荘已池『ふれあいの人々　宮澤賢治』熊谷印刷出版部、一九八八年。

黄瀛「いよよ弥栄ゆる宮沢賢治」『世界に拡がる宮沢賢治　宮沢賢治国際研究大会記録集』vol. 1、宮沢賢治学会イーハトーブセンター、一九九七年。

宮沢賢治『新校本宮澤賢治全集』第十巻、筑摩書房、一九九五年。

佐藤竜一他『ずっぱり岩手（新版） 岩手さはまるキーワード事典』熊谷印刷出版部、二〇〇七年。

渡部芳紀編『宮沢賢治大事典』勉誠社、二〇〇七年。

安藤元雄他監修『現代詩大事典』三省堂、二〇〇八年。

Ⅲ　アジアの現代と日本の相関関係

文明・文化の新しい定義と東アジア

小倉　紀蔵

1　はじめに

東アジア（ここでは日本・中国・朝鮮）の関係において重要なのは、「文化の問題」という言葉が実際には「文明の問題」として認識されてしまっていることに気づくことである。これはもちろん「文化」と「文明」の定義に関わる問題だが、日本と朝鮮の関係においていえば、互いにどちらがより普遍的な文明に近いのか、ということを文化の序列の問題として競うということが多い。その傾向は朝鮮側に強いのだが、それは統一新羅以降、特に朝鮮王朝において長い間自己のアイデンティティを中国（普遍性の源泉）との距離の近さ、あるいは中国よりもさらに中国的な文明の担い手と規定してきた朝鮮の歴史に起因している。それに対して日本人は明治以降、新しい普遍性である西洋文明との距離の近さを誇って朝鮮を蔑視するようになる。またこれとは逆に、日本人は普遍性の源泉からの距離の遠さ（特殊性）を誇る、という別のベクトルも強く持っており、これは朝鮮人にとって不可解な側面であり、摩擦が生じる局面でもある。

文化的普遍性（文明的普遍性）という観点からの序列化（どの国・地域が最も文化的に優位なのか、という関心）が歴史認識問題やナショナリズムなどと結びつくと、相互に理解不可能な不信と憎悪の関係になってしまうのである。

ここでは、文化と文明の再定義をすることにより、東アジアの文化論的・文明論的関係に新しい解釈を加えてみたいと思う。

2 《文明》とは〈2〉である

《文明》に対する私の定義は、次の通りである。

《文明》とは、〈2〉である。

ここで〈2〉というのは、「世界の分節化」を意味する。

たとえば地球上のどこかに棲息していたサルA（あるいはヒトAといってもよいかもしれない）が、突然、火というものを「地」から分離した。その瞬間に、《文明》は始まったのだ。それまでもあらゆる動物が、山にときどき起こる火事を見ていたことであろう。しかし、サルAの出現以前は、その火は山という「地」とは分離されていなかった。つまり、分節化されていなかった。すなわち、世界は山も火も包含した形で、「地」であった。分節化されていないのだから、これを〈1〉といってよい。しかしひとつののっぺりとした「地」としての世界（〈1〉）から、突然、火だけが分離されて取り出されるようになる。それが世界の「分節化」である。この瞬間、世界は「火」と「火以外」に分離されたのだから、世界は〈2〉になったのである。

世界が「ふたつ」に分かれるからといって、これは二元論を指しているのではない。「ふたつ」というのは、「複数」という意味なのである。それまで「ひとつ」だと思っていた自然から、何らかの契機である特定の対象が分離される。

その瞬間、世界は「ふたつ」に、すなわち「複数」になったのである。

世界が「ふたつ」に分かれる瞬間を認識するとは、一体どのような驚きなのであろうか。われわれはその驚きの痕跡を、神話や宗教の言説に見出すことができる。これまで何の変哲もないのっぺりした〈ひとつ〉の「世界」（それは別の言葉でいえば「環境」である）に棲んでいたヒトが、あるとき突然、「世界」の異変を感じ、それが「ふたつ」に分かれる瞬間をまざまざと体験する。その驚きは、何らかの形で他者に伝達される。むしろこの驚きを伝達したいがために、コミュニケーションという手段が発達するのだといえるほどだ。

東アジアにおいては、その驚きをしばしば「開闢《かいびゃく》」という言葉で表現する。「ひらく」というのは、まさに〈ひとつ〉の世界に自足していた開闢以前の自己を「とじた」自己（すなわち〈1〉）であったと認識し、開闢によってその「閉鎖」が終了して今や「ふたつ」の世界に「ひらかれた」と体感した瞬間の驚きと喜びと戦《おのの》きを定着させた言葉にほかならない。だから「開闢」というのは、単に「世界」が開かれたという客観的な描写の言葉なのではなく、その〈ふたつ〉になった「世界」を認識する自己の意識も開かれたのだという二重性を帯びた表現なのである。

3　《文化》とは〈2〉から〈1〉への過程である

このような《文明》観から考えるとき、《文化》とは一体何であろうか。

私の考えでは、《文化》とは、〈2〉から〈1〉への過程である。

別の言葉でいえば、《文化》とは、《文明》の自己限定の過程である。

ごく簡単にいえば、以上が《文明》と《文化》の定義のすべてである。

世界が分節化して〈2〉となること、そのことを《文明》と定義する。そしてこの《文明》は普遍運動を展開し、自らの分節化を周囲に拡大してゆくのだが、やがてさまざまな理由によりこの普遍運動が休止ないし停止する場合がある。この「始原から停止への過程」が《文化》なのである。これは《文明》が自己を限定してゆく過程でもあるので、《文化》を「《文明》の自己限定」と定義するのである。自己限定された《文明》＝《文化》は普遍性を獲得できないことになるので、《文化》は必ず何らかの特殊性を帯びているのである。すなわち、

《文明》とは普遍運動である。
《文化》とは特殊化の過程である。

ということができる。

特殊化としての《文化》から再び《文明》が生じることもあるし、《文化》から《文明》でも《文化》でもないもの、つまり〈0〉が生じることもある〈2〉と〈1〉のほかに、〈0〉の世界観が存在する。つまり、後に述べるように〈2〉＝《文明》と〈1〉＝《文化》の角逐は激烈なものであるが、この世界観の闘争の坩堝から比較的に自由な場所というものも存在する。すなわち〈2〉と〈1〉の相克を相対化して眺めることのできる場所があるのだが、それが〈0〉である)。

このように考えて初めて、《文明》と《文化》の連続性を説明できるのであるし、また《文明》と《文化》の違いを明確に説明できないこれまでの諸定義を克服することもできるのである。

さらに、この定義によれば、どんな微細で「取るに足らない」〈2〉(分節化)も、《文明》の名に値するということがわかる。巨大で偉大な《文明》のみが《文明》なのではない。つまりヘゲモニーを掌握する分節化のみが《文明》な

のではない。強大な力（分節化の推進力）を持つ《文明》もあれば、そうでない《文明》もある。どちらも《文明》であることに変わりはない。巨大な《文明》といっても、その内実は強力なものから微力なものまで、無数の〈2〉（世界の分節の仕方）の混合態なのである。それらの無数で無名な《文明》ひとつひとつを価値あるものとして尊重することが、われわれの定義によって初めて可能になるのである。

4 civilization と culture

以上のような《文明》《文化》の定義は、英語の語彙においても当てはまるのであろうか。

まず、「civilization」というのは、「都市」に本源的な意味を置いている（civitas, civilitas）。都市とは、自然に対抗して築き上げられたものである。砂漠や灌木地帯に、その砂漠や灌木地帯とは画然と異なる空間を人力によって切り開き、障壁を築く。これが civilization の本源的なイメージである。つまり、これは自然から「自然でないもの」を浮かび上がらせ、切り取って隔離する作業なのであり、根本的な「異」化の作業なのであり、「地」から人工物を浮かび上がらせる〈2〉の作業なのである。civilization は同化の作業ではなく異化の作業である。この事情は漢字の「文明」という語にも現れている。「文明」は、「地」としての「暗」から「明」の部分を浮かび上がらせ、切り取る作業なのである。「暗」と「明」を区別し、〈2〉に分離する作業なのである。

これに対して「culture」は、「耕作（cultivate）」という本源的な意味を持っている。耕作は基本的に、「人為的に自然と一体化すること」である。作物を植え、耕し、収穫するという人為的な作業ではあるが、その基本は自然の摂理に忠実に、その摂理に則るように作為をする、ということである。すなわち自然と同化するという方向性が強い〈1〉の作業なのである。「文化」という漢字は変化を意味するので〈2〉の要素もはいっているが、その変化は根源的な世界の分節化なのではなく、同一性へ向けての変化なのである。すなわち「文化」という漢字語は、〈1・5〉（文への同化）および〈1〉（文への定着）を意味しているのである（〈1・5〉については後述）。

5　《文化》の静的な意味

《文明》と《文化》の関係を、さらに深く考えてみよう。

「文化」の指し示す内容は多様である。ここではごく一般的な意味として、日常的に使われるふつうの辞書における定義を挙げてみよう。それはたとえば次のようなものである。「社会を構成する人々によって習得・共有・伝達される行動様式ないし生活様式の総体」（『大辞林』、三省堂）。これを別の表現でいえば、「ある一定の地域や共同体や社会などに特有の様式一般」というふうに定義できるであろう。

これはもちろん、無数にあるといわれる「文化」の定義のうち最も静的なもののひとつであるということができる。「静的」であるというのは、この定義だと「文化」はあたかも所与のものとして社会構成員によって習得・共有・伝達されると認識されるからである。最も保守的な《文化》概念になれば、習得・共有・伝達という部分に変化・変形・加減は許されず、所与のまま、固定されたまま伝承されなければならないことになる。そこまで完全に保守的でないとしても、「所与」の「様式」を「習得・共有・伝達」することがすなわち文化的行為だという含意は、かなり静的なものである。

前述したように、《文化》の定義は多様であるから、このような静的な《文化》概念によってのみ「文化」という言葉の内実を代表させることはできない。しかし、どの辞書も上記のような静的な定義を「文化」に対する第一義のものとして掲げてあるのには、一定の意味があるのである。それは、辞書の作り手が意識しているか否かには関わりなく、《文明》と《文化》の関係性に着目した定義なのである。換言すれば、《文明》と《文化》の相違に関して最も敏感な定義だということができるのである。

それゆえここでは、「文化」に対する最も静的かつ保守的な定義についてまず考察してみることにしよう。

6 《文化》と固定化された《文明》

この定義における《文化》は所与のものとしてその地域や共同体などに属する人間の生活や世界観を支配する。すなわち、世界を見るまなざしをあらかじめ規定するのが《文化》であり、このまなざしは固定されているのだから、「《文化》の外部」は原理的には存在しないのである。これを私の言葉でいうと、この定義における《文化》とは世界があらかじめ分節化されている通りにそれを眺めることであり、ここにおいて「世界」は「環境」に逆戻りしたのであり、つまりそれは〈1〉なのである。そしてこの意味での《文化》には、《文明》の始原的な驚きはすでにない。すなわち、驚きの消滅こそが、この意味での《文化》なのである。

ふたつに分かれていた世界が、いつしかひとつに戻るときがある。それは、あるもの・ことが「地」から分節化されたた〈2〉の見え方がいつしか驚きとともに語られなくなり、自明なものとして前提化され、またさまざまな制度や儀礼や慣習などといったものによって固定化されるときなのである。そのようなとき以降、〈2〉の世界は閉じて〈1〉となる。つまりこれまで「地」と区別されていたもの・ことが「地」に戻る。このようなとき、これをわれわれは静的で即自的な意味での《文化》と呼ぶのである。

7　いろいろな《文化》

しかし、このような即自的な《文化》は、実は《文化》の全体ではない。すなわち、前述したように、これは最も静的かつ保守的な意味における《文化》なのであって、われわれが日常的に《文化》といっているものは、もっと多様なのである。

その多様性は、どこからやってくるのであろうか。

それは、〈2〉が〈1〉へと移行する間における変化と運動に淵源する。すなわち《文明》と《文化》の関係は、一瞬たりとも休むことのない変化と運動の関係である。あらかじめ「A文明」や「B文化」などというものが自足的・固定的に存在するのではない。つねに不安定に揺動しながら〈2〉が〈1〉へと収斂してゆく過程、それが《文明》の歴史なのであり、同時に《文化》の歴史なのである。

これを生態学の術語でいえば[1]、サクセッション（遷移）とクライマックス（極相）とが、われわれの〈2→1〉と〈1〉に相当する。つまり、ある植物の群落が、環境に適応しながら徐々に自己を変化させ（サクセッション＝〈2→1〉）、やがてある段階に至ると新しい群落として定着し固定化する（クライマックス＝〈1〉）のである。このクライマックスが前述した即自的な〈1〉としての《文化》に相当する。

科学史家・比較文明学者の伊東俊太郎は一九八〇年代にすでに「文明交流圏」という概念を唱えていた。文明は、それぞれ個別のものとしてアトム的に孤絶して存在するのではなく、複数の文明が交流する圏がまずあるのだというのである[2]。これは、個々の文明は別々の実体を持つものとして把えられる文明観に対抗するものとして提唱されたものである。

《文明》と《文化》の関係を〈2〉と〈1〉の関係で把えることにより、いわゆる文明実体主義と、伊東俊太郎流のいわば文明関係主義の双方を採り入れることができるのである。

また《文化》の側からいえば、「多元的な文化」とか「いくつもの文化」という場合、その《文化》がどのような様態にあるのか、つまりわれわれの表現でいえば〈2〉と〈1〉の間のどの位置にあるのか、という議論をしないまま、すべて〈1〉としての固定化された文化であると考えるとき、多文化主義の隘路に容易に陥ってしまうだろう。

8 《文明》と《文化》

「いろいろな《文化》」はどのようなあり方をしているのか。

《文明》はその始原的分節化の瞬間に〈2〉となる。しかしやがてその拡散の過程で〈2〉のアウラを失ってゆき、〈1〉の世界観に閉じてゆく。この〈2〉と〈1〉の間に、無数の「動態としての《文明》」「動態としての《文化》」が存在するわけである。《文明》と《文化》の辞書的な定義において、両者の外延に重複する部分があるのは、この〈2〉と〈1〉の間の動態におけるある位置を、《文明》の側面から語るか《文化》の側面から語るかという違いに起因するのである。同じ位置Pを、《文明》の側面から語れば〈文明P〉になるのだし、《文化》の側面から語れば〈文化P〉になるのである。

このような動態を、次のように表してみよう。

まず、《文明》の側からこの動態を表すと、次のようになる。

〈2〉＝《文明》
←　サクセッション
《文明2－x》
←　サクセッション
《文明1》＝《文化》＝〈1〉　クライマックス

次に《文化》の側面からこの動態を表すと、次のようになる。

〈2〉＝《文明》＝《文化2》
←　サクセッション
《文化2－x》
←　サクセッション
《文化1＋x》
←　サクセッション
《文化1》＝〈1〉　クライマックス

《文明1》および《文化2》は矛盾した概念なので、このような表現をすることはほとんどないであろう。しかし、何らかの理由によって即自的な《文化》を《文明1》と、始原的な《文明》を《文化2》と呼ぶことが皆無ではないともいえる。

《文明2－x》《文化2－x》《文化1＋x》はすべてサクセッションを指している。《文明》の側から記述するのか、《文化》の側から記述するのか、あるいは〈2〉の側から記述するのか、〈1〉の側から記述するのか、という違いがあるだけで、実質的には同じ過程を示している。

《文化》には動く《文化》と動かない《文化》がある。上記の〈1〉は動かない《文化》であり、《文化2－x》や《文化1＋x》は動く《文化》である。

これを、以下のようにも示すことにする。

〈2〉＝《文明》＝《文化2》
《文明1・5》＝運動
《文化1・5》＝運動
《文化1》＝静止＝〈文明1〉

ここで〈1・5〉というのは、〈2－x〉および〈1＋x〉を便宜上〈1・5〉という数値で表しているのであり、〈1・5〉＝1・5ではない。つまり、1・21も1・55も1・89もすべて便宜上、〈1・5〉という数値で表すということである。

9 〈2→1〉は直線的ではない

以上のように《文明》と《文化》を関係づけたとしても、実はまだ語りえていないことがある。ひとつは、〈2→1〉の運動が直線的であると考えてはならないという点である。〈2〉という何か種子のような実体があって、それが展開してサクセッションを行い、最終的にクライマックスに到達すると考えてはならないということである。このような思考の類型としては、インドの正統バラモン哲学がある。たとえばヴェーダーンタ学派においては、絶対者ブラフマンは「一切の可能力を有していて、自己を作り出す」。「ブラフマンの世界創造の活動はブラフマンの自己開展である」[3]と考える。われわれの〈2→1〉をこれと同じように考えると、一切は始原的な〈2〉の分節化によって決定されてしまうことになる。事実はそうではなく、根源的な〈2〉の分節化の力は、そのまま直線的にサクセッションを経て〈1〉に到達するのではなく、その過程で無数の他の〈2〉や〈1〉や〈0〉と混淆し、摩擦し、反発しあいつつ、一方向的な動きではなく四方八方に不規則的に動態的なリゾームを成しつつ変形してゆくのである。だからクライマックスに達した〈1〉を見ると、始原の〈2〉からは想像もできないようなキメラに変化していることも多い。それでも、その〈1〉の最終形に、始原の〈2〉という出自が書きこまれていないというわけでは決してない。〈2〉がなければ結局、〈1〉もないのだ。〈1〉は〈2〉の「開展」ではないが、根源であることはたしかなのである。

たとえば「印刷」という《文明》を考えてみよう。ヨーロッパと中国と朝鮮などで別々に始まった（「世界」を分節化した）この《文明》は、その後それぞれの土地の持つ複雑な《文明》・《文化》的要素を自らに採り入れ、あるいは反発しつつ、無数といってもよいサクセッションの過程を経ながら、あるものは戦前日本の円本ブームを支える活版印刷の技術となり、また別のものは戦後、さまざまなアーチストのポスターを制作する高度なスクリーン印刷の技術となった。「円本の印刷」「スクリーン印刷」というのはそれぞれ別個のクライマックスとしての〈1〉なのである。しかしそのどちらにも、始原的な〈2〉としての「印刷」という《文明》があったことはたしかなのである。

10 〈2・1・0〉の乱場

もうひとつ注意しておかねばならないことは、「円本の印刷」や「スクリーン印刷」などという〈1〉がクライマックスであることは認めるとして、そのクライマックスは固定的なものではなく、それ自体がつねに揺らぎながら「次」に向かって進んでいるということである。だから〈1〉が静止しているように見えるのは仮想であるし、虚構なのである（しかしこの虚構を否定してはならない。なぜなら〈1〉を虚構すること自体に共同体的な意味が宿っているからである）。

そして重要なのは、〈1〉は静止したまま（静止という虚構を維持したまま）持続する場合もあるが、〈1〉から突然再び「世界」の分節化が起こって〈2〉が開ける場合もあるのである。だから〈2→1〉という方向性だけでなく、〈1→2〉という方向性ももちろん存する。「円本の印刷」や「スクリーン印刷」などの〈1〉は、驚きのアウラを失った安定的・即自的な《文化》なのではなく、それ自体が〈2〉と呼ぶことができる驚きに満ちたクライマックスなのである。「動的なクライマックス」というのは矛盾であるが、ここにこそ新しい《文明》学の眼目がある。つまりこれは〈1〉＝〈2〉としての《文化》なのである。

またそれとは別に、〈1→0〉という方向性もある。〈1〉の静止状態（であると錯視すること）に倦怠した精神がニヒリズムに陥ることが、〈1→0〉の含意である。そして実はこのニヒリズムは、再び〈2〉を発現するために重要な契機なのである。すなわち〈2〉は〈0〉からも生まれるのだ。

このように考えると、《文明》と《文化》の関係は、〈2→1〉〈1→2〉〈1→0〉〈0→2〉などというようなばらばらな方向性を同時多発的に乱反射させながら瞬時の休みもなく動いてゆく関係だといえる。このような反秩序の関係性の場を朝鮮語で「乱場《ナンジャン》」というので、われわれは「《文明》と《文化》の場は何ら秩序を持たないカオスの場＝乱場である」といってよいであろう。

しかし、いくら〈1〉としての環境から分離してしまったヒトといえども、「世界」のすべてが乱場であるような状況にはおそらく耐えることができないであろう。そのために、ヒトは再帰的に乱場に〈1〉を構築する、あるいは無意識的な錯視という形で「世界」に〈1〉の部分を見るのである。そのようにして初めて、安定的で混乱の少ない「世界」に住むことができるようになるのである。

11　〈2・1・0〉と東アジア

おおよそ以上のような《文明》と《文化》の再定義のもとに、東アジアにおける《文明》観というものを考察してみたい。

結論を先に述べれば、東アジアの中国・朝鮮・日本の三国（あるいは三地域）は、《文明》論的な自己意識を〈2・1・0〉として把える強い傾向を持っていた。すなわち中国は〈2＝文明〉、朝鮮は〈1＝文化〉、日本は〈0＝《文明》でも《文化》でもない地平〉として考えるという傾向を持っていたのである。

つまり、中国は自らを〈2〉と規定し「世界の《文明》的中心＝中華」という自尊心の理念的支柱とした。これに対して朝鮮は自らを〈1〉と規定することによって安全保障上の戦略とし、また《文化》＝《文明》的自尊心の中核とした。また日本は自らを〈0〉と規定し、中華＝〈2〉から自由であるという点をもって「日本特殊論」の自尊的土台としたのである。もちろんいつの時代もそうだったわけではないし、この枠組みから逸脱する自己規定もいくらでもあった。しかし、《文明》・《文化》論的アイデンティティを形成する上で最も強く作用したのは、以上のような枠組みであったということができる。

すでに説明したように、〈2・1・0〉という規定は文化決定論ではないし、何らかの地政学的な本質主義でもない。また、中国＝〈2〉、朝鮮＝〈1〉、日本＝〈0〉と規定するにしても、不動で不変の価値を本質的に規定しようとしていたのでは無論ないはずだ。むしろ実態は逆であり、中国＝〈2〉、朝鮮＝〈1〉、日本＝〈0〉という等式は恣意的で誤謬であった。そのような固定的な《文明》《文化》観は、端的にいって間違いなのである。また中国人、朝鮮人、日本人の全員がそのような自己意識を持っているわけでも無論なかった。

換言すれば、このような三地域の規定は、主に権力者および支配的イデオローグによってなされたものであり、各地域の《文化》・《文明》的実態とは齟齬があった。ひとことでいえば自《文化》・自《文明》に対する強引な錯視だったのである。

すなわちこのような三地域の規定は、明らかに本質主義的であり、自己同一性の政治であり、かつ地政学的世界観に基づいていた。またこれは典型的な一国知であり一国史であり、かつ一国文化論であった。したがってこのような規定に対する批判は十分に意味がある。しかし同時に、このような本質主義・自己同一性志向・地政学的世界観にも大きな意味があったということを認識しなくては、東アジアというものは理解できないであろう。つまり一国知・一国史・一国文化論によって自国を《文明》論的・《文化》論的に解釈することにも、一定の意味があったのである。それは、安全保障の枠組みとして意味があったし、関係性を強く意識した認識であったし（つまり孤立主義ではなかった）、さらに重要なのは、このような本質主義的規定を三地域が強力に行った時期（十七世紀から十九世紀にかけて）こそ、東アジアが最も長い平和を享受した、という事実なのである。

すなわち、たとえ錯視であろうと、そのような自己規定によって安全保障上ないし理念上のアイデンティティを三地域が形成したことは事実なのである。またそれぞれの地域において力を持つ権力者ないしイデオローグが、そのような自己規定によってあるいは国民を統合し、あるいは自己の権力を強化し他者を排除する、ということが行われてきたのである。これをそれぞれの地域における「自己オリエンタリズム」と呼んでよいであろう。それゆえ、この三地域の《文明》論的自己意識を〈2・1・0〉という形で規定することの是非も含めて、われわれはこの枠組みを検討しなくてはならないのである。

これに関しては拙稿「〈2・1・0〉……東アジアの文化・文明論的構造」[4]において詳しく述べた。本稿では、紙数の関係で詳述することができなかったが、このことを主題にした単行本を現在準備している最中であるので、いずれ公表できると思う。

注

[1] サクセッションとクライマックスに関しては、梅棹忠夫『文明の生態史観　ほか』中央公論新社、二〇〇二年、参照。
[2] 伊東俊太郎「日本文明の形成と「文明交流圏」」『比較文明』第四号、一九八八年。
[3] 早島鏡正・高崎直道・原実・前田専学『インド思想史』東京大学出版会、一九八二年、一三四頁。
[4] 「比較文明」第二十二号、比較文明学会、二〇〇六年。

現代韓国における日本研究の変遷と動向

小針　進

1　はじめに

諸外国のなかでも韓国における日本のプレゼンスは大きなものがある。「すべての韓国人の家族史には何らかのかたちで日本との関係が刻まれており、またこの国の近代的と呼びうるありとあらゆる事物や事象には日本の影響がある」[1]と鄭大均が指摘するように、韓国には様々な日本論が存在する。メディアを通じて、あるいは人々の口から、反日主義的な常套句にも似た反発・蔑視・懐疑がある一方で、誘引・敬意・賞賛の日本評論も少なくない。韓国は諸外国のなかでも量的には最も多い日本論や日本イメージが作られてきた国と言ってよいであろう。

それでは、言論や人々の意識ではなく、学問対象や研究対象としての日本はどうであろうか。本稿では、現代韓国における日本研究の動向を学会や大学の変遷などから概観し、韓国にとっての日本研究の意味と課題を考察するものとする。

2　韓国における日本研究の変遷と学会

❖――――（1）日本研究の起点

韓国における日本研究の起点をどこに置くべきかの判断は難しい。

一八七六年に日朝修好条規（朝鮮が開国する契機となった不平等条約）を締結した当時の朝鮮政府は、一八八〇年初頭に視察団や留学生を派遣するようになった。朝鮮開化思想を体系化した人物で、啓蒙書『西遊見聞』を著したことで知られる兪吉濬（一八五六―一九一四）は、使節団の随行員からそのまま日本に滞留し、慶應義塾へ入学（のちに米国へも留学）した一人である。こうした人物は、日本の近代化を研究してこれを評価し、福沢諭吉の影響も大きく、朝鮮も近代世界に参入することによって清の宗主権から独立するよう主張した[2]。

東洋世界でいち早く近代西洋文明（科学技術を含む）を取り入れた日本を研究対象としたという意味においては、こうした時期の留学生が日本研究の走りだという見方も可能であろう。いわゆる開化期から日韓併合に至る時期、多数の留学生が日本へ派遣されている。尹正錫は「これによって韓国人の日本留学が始まったばかりでなく、日本の言語、政治、文化などの習得が始まったものと見られる」としている[3]。

つまり、近隣にある先進国としての「日本」を研究対象としようという意味である。

一方、韓国人にとっての日本研究は、早くからアンビバレンス（両面感情）の側面がはたらく対象であった。同じく開化思想派の一員で、一八八三年に陸軍戸山学校（東京）に留学した徐載弼（一八六四―一九五一）は、『独立新聞』を創刊（一八九六年）した。月脚達彦の研究によれば、同紙の論調は「日本に対する『東洋』盟主としての期待が高いものだった」という。さらには、「『東洋』盟主としての期待の対象である日本は朝鮮に対する侵略の志向性をもった存在であるのも事実であり、期待と表裏の関係にある批判の対象ともなった。近代朝鮮のナショナリズムにおいて、日本はアンビバレントな存在となるのである」ということだ[4]。

これは、その後の植民地統治（一九一〇—四五年）を経て、解放後の長い期間においても、新しい日本研究者を養成できなかった遠因と言ってもよいであろう。

❖———（2）植民地統治解放と日韓国交樹立・冷戦期

日韓併合によって、韓国人（朝鮮人）の日本研究も、日本人の朝鮮研究も、「外国研究」ではなくなった。同時に、植民地統治下の朝鮮半島では一般人も日本の言葉、歴史、地理、文化を学ぶことになったので、日本的素養を身につけた人材を生み出すことになった。

したがって、植民地統治から解放された一九四五年からのしばらくの間、日本的素養を身につけている学者や研究者といっても、日本を研究しているということではなかった。日本語の書籍や論文を資料にするも、それを手段として様々なディシプリンを学んでいたということである。一九四五年以降に日本へ留学した人も、多くがいわゆる日本研究者ではなかった。一九四五年から一九八七年にかけての日本留学経験者（人文社会科学分野二〇四名）を対象に、尹正錫が質問紙調査を行ったところ、回答者（五九名）の大部分が日本研究に携わっていなかったという[5]。韓国人研究者にとって、研究対象としての日本の存在感が出てくるのは、日韓国交樹立がなされた一九六五年以降である。

ソウル大国際地域院日本資料センター（後述する同大日本研究所の前身）が一九九八年から一九九九年にかけて行った調査によれば[6]、その時点で「日本研究者」を自認し、かつ博士の学位を保持している人二三五名のうち、取得時期が一九四五年から一九六五年の間は二名だけであった（以下、この時期を第一期とする）。ところが、一九六六—一九七〇年に五名、一九七一—一九七五年に一一名、一九七六—一九八〇年に一六名、一九八一—一九八五年に二〇名と推移し、徐々に増えていった（以下、この時期を第二期とする）。さらに、一九八六―一九九〇年は四二名、一九九一―一九九五年は七三名、一九九六―一九九八年は四九名と激増した（以下、この時期を第三期とする。残りの一七名は取得時期不明）。

日本研究の業績として、日本語・日本文学に関するもの（文学者・言語学者）、朝鮮半島をめぐる国際政治の文脈のなかで日本を論じたもの（政治学者）――この二つの分野に特化していたのが、ちょうどこの第二期である[7]。なぜこの二つの分野が、本格的な日本研究の嚆矢となったのであろうか。

前者は、一九六五年の日本との国交樹立をめぐって韓国では激しい反対世論があったものの、日本文学が国内に浸透してきた系譜があった点（いわゆる歌謡や映画などの大衆文化と異なり規制の対象外）、日本からの経済協力が急進展する過程で日本語学習の必要性が増した社会環境となった点などが考えられる。とくに、朴正熙政権は一九七四年から高校の第二外国語に日本語を加え、「日語日文学科」などの名称で日本語・日本文学関係の学科が大学で多数設置された。一九八〇年代末には、その数が四三学科（学生数一万四八一名）に及んだ（英語関係の学科は九〇）[8]。

後者は、米国留学で博士を取得した者の専攻に政治学が多く、国際関係論と地域研究の米国式の学際的方法を取った点[9]、冷戦期であったので朝鮮半島を取り巻く四大国としての日本がどう振る舞うかという安全保障上の関心が強かった点などが考えられる。

この時期の日本研究を、李鍾九は次のように総括している。

韓国の学界では一九九〇年代に入って、地域研究の視点を持った日本研究が本格的に始まった。もちろん、それ以前にも人文社会科学分野で日本を素材にした少数の研究業績が生産された。しかし、主な内容は文献調査に立脚した紹介や比較研究、韓日関係研究で構成されていた。日本史専攻者も希少な状態、韓国史専攻者が韓日関係史や侵略史を扱っていた。人類学と社会学では在日同砲調査が行われたが、日本社会自体に対する現地調査は本格化されなかった[10]。

つまり、政治学で言えば、日本政治そのものの政治過程論や選挙研究などは少なく、日韓関係の枠組みのなかでの議論に限定されていたということだ。また、歴史学において純粋な日本史研究が少ないのは、言うまでもなく韓国人の対日感情のためであろう。

❖――（3）国際学から地域学へ

第三期には、日本研究が量的にも質的にも厚みを飛躍的に増した。日本研究者でこの時期に博士を取得した者が急増したのは前述した通りだが、取得した大学等の所在国を日本と答えた者が急増したのもこの時期である。それだけ現地感覚が豊富な日本研究者が広がったことを意味する。先の調査での博士学位保持者二三五名のうち、取得した大学等の所在国は日本一一五名、韓国六〇名、米国五四名、その他六名であるが、日本の一一五名（取得時期不明九名含む）のうち第三期で得た者は八七名にも及ぶ。また、韓国や米国で博士号を得た者でも、日本での長期研究経験があり、日本語が流暢な学者も多数いる。

「以前の時期を『国際学の一部分としての日本研究期』と見做すならば、これ以降は『地域学としての日本研究』と言ってよい」という指摘が妥当である[11]。つまり、政治学者の研究テーマも、「朝鮮半島を取り巻く四大国としての日本」という論点だけでなく、日本の内政や社会構造に深く切り込むものが増えた。

たとえば、社会科学分野の日本研究者による有力な学会「現代日本学会」の学会誌『日本研究論叢』の第二八号（二〇〇八年）と第二九号（二〇〇九年）に書かれた論文の題目は、表の通りである。

表　『日本研究論叢』第 28 号と第 29 号に掲載された論文題目

・環東海地域における韓日地方政府間国際協力——停滞要因の探索を中心に——
・日本国会制度の改革—— 1990 年代行政監視および法案審議機能強化を中心に——
・日本の参議院選挙と首相の役割
・韓米日安保体制の歴史的展開と「国連の権能」——1950—70 年代における米国の対日及び国連軍司令部政策を中心にして——
・「中国の巨大国化」と日本の対応——関与、結束、危険分析——
・60 年代の日本のアジア地域政策——日米同盟と自主外交の間の合間——
・「神国日本」の政治思想——例外主義と保守主義の内面化を通した「国家」と「国民」の形成戦略——
・「平和ライン」と韓日漁業協定——李承晩政権期の海洋秩序をめぐる韓日間の摩擦——
・長期金融危機と日本金融政策の変化——ペイオフ凍結、解禁と「遅延」政策——
・日本企業の所有構造と小泉政権の親企業政策

（以上、28 号）

・日本地方独立行政法人制度に関する研究——制度分析と政策アイディアを中心に——
・ソフトパワーの政治——日本の相異なるアイデンティティ
・韓日関係形成における政治リーダーシップの役割
・日本の経済と安保、1945—1954——非冷戦型貿易統制体制の形成と国内政治
・日本の東アジア FTA 政策と韓国の対応に関する研究
・日本の審議会の参与民主主義的実現と限界——文化審議会部会議事録を中心に——
・政策パラダイムと政策変化に関する考察——日本女性政策を事例に——
・日本の「多民族、多文化化」と日本研究
・日本の外国人直接投資に関する研究——増加要因と今後の課題を中心に——
・Practical or Impractical: Some Notes on Koreans' Educational Priorities in Imperial Japan

（以上、29 号）

さらに他のバックナンバーも見ると、政治史、日本政治分析、政治過程論、選挙研究、行政学、比較政治、公共政策、国際関係論、外交史・国際関係史、対外政策論、安全保障論、国際政治経済論、国際協調論、トランスナショナル・イシュ、経済制度・体制理論、計量経済学、国際経済学、産業論、都市経済学、環境経済学、地域経済学、経済政策、社会保障、政策シミュレーション、財政学、公共経済学、金融論、経済史、経営史、産業史、企業経営、社会調査法、政治・権力・国家、地域社会・村落・都市、産業・労働・余暇、階級・階層・社会移動、文化・宗教・社会意識、コミュニケーション・情報・メディア、ジェンダー・世代、教育・学校、医療・福祉、社会問題・社会運動、差別・排除、環境・公害国際社会・エスニシティ、社会保障・社会福祉政策、貧困・社会的排除・差別、児童・家族・女性福祉、障害児・障害者福祉、高齢者福祉など[12]、テーマは多岐にわたっている。

こうしたことから、先の李鍾九は次のように言う。

政治的環境の変化、社会的需要、研究者集団の形成という要因が結合して、日本を素材とする研究と教育が画期的に進展した。それでも、現在も人文科学分野では語文学と文化研究、社会科学分野では政治学、経済学、経営学を中心に研究者集団が形成されている。もちろんこれは実用的知識に対する社会的需要を反映している。しかし、歴史学、地理学、社会学、人類学のような現地感覚が絶対的に必要な基礎学問分野の研究が蓄積されてこそ、実用的日本研究の自立化も期待できる[13]。

これは、研究テーマが深化し学際的な地域学になってきた点、ディシプリンごとの研究集団（学会）が形成されている点、基礎学問分野での一層の蓄積が望まれる点を、具体的には言っているのであろう。

❖———（４）日本研究の学会

それでは、日本研究に関連する学会にはどういったものがあるのだろうか。韓国にある日本研究に関する学会をまとめた文献には、［韓国］中央大学校地域研究所編『韓国内日本研究者に関する調査報告書』（中央大学校地域研究所、一九八八年）と韓国日本学会編『韓国日本学総覧』（時事日本語社、二〇〇三年）がある。

前者には、韓国日本学会（一九七三年、http://www.kaja.or.kr/）、韓国日語日文学会（一九七八年、http://www.hanilhak.or.kr/）、韓日経商学会（一九八三年、http://www.kjem.or.kr/）、韓・日「法と社会」研究会（一九七九年）、現代日本研究会（一九七八年。後に現代日本学会に改称、http://www.kacjs.org/）が掲載されている。

後者には、右の韓国日本学会と韓国日語日文学会のほか、檀国日本学研究会（一九九六年）、大韓日語日文学会（一九九一年、http://www.jalalika.org/）、同日語文学会、（一九八六年）、日本史学会（一九九四年、http://www.jhi.or.kr/）、日本語文学会（一九九二年、http://www.trijapan.co.kr/）、韓国日本文化学会（一九九六年、http://www.bunka.or.kr/）、韓国日本思想史学会（一九九七年、http://www.kajt.or.kr/）、韓国日本語教育学会（一九八四年、http://www.jpedu.or.kr/）、韓国日本語文学会（一九九五年、http://www.gobungaku.or.kr/）、韓国日本語学会（一九九九年、http://cafe.daum.net/jlak/）、韓日関係史学会（一九九二年、http://www.hanilhis.or.kr/）、韓日日語日文学会（一九九六年、http://mybox.happycampus.com/earticle/4454596）、漢陽日本学会（一九九三年）といった九〇年代にできた語学・文学系の学会が載っている[14]。

この二つの資料を見る限りでは、一九七〇年代から一九八〇年代にかけて誕生した学会もホームページが現存していることからもわかるように発展的に存続していること、一九九〇年代にたくさんの関係学会が発足したこと、社会科学系よりも語学・文学などの人文科学系が圧倒的に多いこと、などがわかる。

また、日本における韓国・朝鮮研究の関係学会よりも数が多いことも特徴的だ。日本での有力学会は、朝鮮学会（一九五〇年、http://www.tenri-u.ac.jp/soc/korea.html）、朝鮮史学会（一九五九年、http://www.zinbun.kyoto-u.ac.jp/~mizna/chosenshi/）、韓国・朝鮮文化研究会（二〇〇〇年、http://www007.upp.so-net.ne.jp/askc/index.html/）、現代韓国朝鮮学会（二〇〇〇年、http://www.meijigakuin.ac.jp/~ackj/front/）といったところである。韓国側の日本研究の学会数がたくさんあっても、それぞれの所属会員数が少ないかと言えばそうではない。最も古い歴史があるのは日本側が朝鮮学会であり、韓国側が韓国日本学会である。二〇〇九年十月現在でダウンロードしたそれぞれのホームページで公表しているところによれば、会員数は朝鮮学会が六〇〇名余りであり、韓国日本学会が一〇〇〇名を超える。

3　現代韓国の大学における日本学の教育と研究

(1) 大学における日本学の教育

韓国教育開発院の統計（二〇〇八年）によれば、韓国には一七四（国立二三、公立二、私立一四九）の四年制一般大学がある[15]。これらの大学には、日本関係の学科が多数あり、『教育統計年報二〇〇八』（教育科学技術部・韓国教育開発院）や各大学のホームページをもとに数えると総計七五に及ぶ。その名称（専攻学生から見た所属名）を羅列すると、日語日文学科、日本語専攻、日本語科、日語専攻、日語日文学専攻、日語日本学科、日本語・日本学科、観光日本語学科、日本学科、日本語文学科、日本言語・文学部、観光日語学科、ビジネス日本語学部、日本語学部、日本言語文化学科、日語日文学部、日語日本文化専攻、コミュニケーション日本語学部など多岐にわたる。

ここからわかることは、教育における日本関係学は、「地域学」としての日本学が主流ではなく、日本語・日本文学が中心になっている点である。とりわけ日本語関係が多く、「実用」としての日本学が強い印象を受ける。朴スチョルによれば、日本関係学の学科として、日韓国交樹立よりも前の一九六一年に韓国外国語大に「日本語学科」ができたのが最初で、だんだんと語学中心の学科等が各大学に誕生し、九〇年代に入ってから社会、文化、歴史など「地域学」も含んだものができてきたという[16]。教員の専攻と教える科目は必ずしも一致しないから、日本政治を専攻する研究者が日本語を教えているケースもあるだろうが、こうした場所で働く教員も多くは語学・文学の研究者であることが予想される。

一方、「日本学科」を最初に作ったのは大邱にある啓明大であり、同大同学科のホームページには「七〇年代中盤、すでに地域学研究の必要性を予測して、一九七七年に韓国では最初に日本学科を開設した。学部に続き、一九九五年三月には国際学大学院日本語通訳科が開設され、一九九八年には日本学科修士・博士課程が開設され、学部・一般大学院・国際学大学院が有機的に結びついた体制を持ち、名実共に韓国最初の日本地域学開設機関としての役割を果たしている」[17]と沿革が書かれている。

韓国日本学会が二〇〇三年に調査したところによれば、一般の大学院で日本関係学の博士課程を開設しているところは、二二に及ぶ。設置されている学科の名称は日語日文学科（一七）が圧倒的で、その他に日本学科（二）、日本地域学科（一）、日語日本学科（一）、日本語科（一）がある[18]。設置年別では八〇年代が二、九〇年代が一二、二〇〇〇年代が八である。それらの博士課程で審査・パスした博士論文の題目を見ると、語学・文学系がほとんどである。たとえば、最も古くに設置された韓国外国語大学（一九八〇年）の場合、二〇〇三年までに二四の博士号を輩出しているが、「正岡子規の写生に関する研究」、「韓日両国語の文法の対照研究」、「軍記物に表れた謀叛の構造研究」といったテーマだ。韓国の大学院の日本関係学の博士課程から輩出される研究者は語学・文学系が圧倒的だと言うことができる。

このように、韓国の大学では、学部であれ、大学院であれ、日本学教育は語学・文学が中心であった。それでも、前述したように「地域学としての日本研究」が発展してきたのと同様に、九〇年代以降は学部の学科名に語学・文学系(「日語日文学科」など)以外が増え出したのも事実である[19]。また、大学院の場合も政治学、社会学、経済学といったディシプリンを基盤とする博士課程で「地域学としての日本研究」を究めて博士号を得た者も増えているはずで、語学・文学以外の日本学も成長していると言ってよい。

❖——(2) 大学における日本学の研究所・センター

韓国の大学において、「日本」「日本文化」「韓日」「日本学」「日本問題」、あるいは「亜細亜」「東西問題」という名称が付され、日本学が行われている研究所やセンターは八〇年代から存在する。尹正錫が一九八八年に作成した調査報告書には一一カ所が掲載されている[20]。

この報告書には載っていないが、中央大(ソウル)の日本研究所は一九八〇年に設立された。初代所長の任東権の回顧によれば、ある日突然、同大の総長からトップダウン式に、日本研究所を作ってその責任者になるように要請された。任東権は韓国の民俗学を専攻していただけに、何度も固辞したところ、「わが大学は独立運動をした任永信理事長が設立されたのに、若い総長が日本研究所を設置したら、人によっては変節したと見ることもありえるので、そうでないということを見せるために、確固とした韓国学を専攻する人に任せるのだ」と総長から言われたという[21]。八〇年代初期の韓国における日本学研究をめぐる特殊な事情を物語るエピソードである。つまり歴史認識をめぐるわだかまりがあった点、八〇年代初期の段階では所長になるべくキャリアがある日本学研究者がいなかった点、日本学研究者でなくても日本語ができる世代が各学界で主流の時代であったため日本との交流に支障がなかった点などが、推察できる。

二〇〇九年十月現在、ソウル大日本研究所のホームページに記載されている、日本学が行われている研究所やセンターの数は一八である。大学名だけ記載すると、高麗、国民、檀国、東国、東西、明知、釜山、西江、西京、ソウル、世宗、亜洲、延世、蔚山、全南、中央、韓国外国語、翰林である。

このなかでも、特に近年アグレッシブに活動しているという印象を受けるのは、国民大日本学研究所（二〇〇二年、http://ijs.or.kr/index.php）、東西大日本研究センター（二〇〇三年、http://www.japancenter.or.kr/）、高麗大日本研究センター（二〇〇四年、http://www.kujc.kr/kor/main/）、ソウル大日本研究所（二〇〇四年、http://ijs.snu.ac.kr/）の四つである。いずれも、二〇〇〇年代に入ってからできている。各研究所・センターのホームページ、ニュースレター、紹介パンフレットなど見ると[22]、次のような特徴がある。

国民大日本学研究所は、日本学における「社会科学と人文科学の融合」などを設立背景としているが、とくに日韓関係に関する研究が盛んである。韓国学術振興財団（学振。二〇〇九年六月に韓国研究財団へ改編）から二〇〇五年より「重点研究所」に指定されており、「一九六五年韓日会談での条約締結以降、韓日関係に関連した外交文書の収集、刊行、研究」などがその課題テーマだ。「日本学の発信、日本との疎通」をサブタイトルとする年二回発行の研究誌『日本空間』を二〇〇七年から発行している（二〇〇九年十月現在で通巻五号まで）。同誌には日本学研究者の論文やジャーナリストの論考が掲載されているほか、日韓会談に関わった韓国側要人（朴泰俊元総理、呉在熙元駐日大使ら）のオーラルヒストリー、小沢一郎（民主党幹事長）インタビューも載っている。

東西大日本研究センターは、日本と最も近い都市である釜山にあるだけに、同大の大学院には比較的早い時期から日本地域学専攻の修士・博士課程が設置されていた。政治・経済・社会・文化に関して多角的な研究を通じた日本理解を目指すだけでなく、実際に日韓交流を主導するセンターとなっている。両国の大学院生を発表者とする「日韓次世代学術フォーラム」という研究大会を二〇〇四年より年一回開催する事務局機能を果たしており、これまで釜山（東西大）、京都（立命館大）、東京（城西大）、ソウル（ソウル大）、福岡（九州大）などで開催している。さらに、日韓の地方都市間の協力モデルを構築することを目標に、釜山と福岡の財界、言論界、学界の代表を集めた「釜山―福岡フォーラム」も主管している。

高麗大日本研究センターは、一九九九年に発足した日本学研究所を前身としており、「人文学に基づく、統合的な学際的研究を通じて、韓日関係の新しいパラダイムを構築」するとしているだけあって、他の三つの研究所・センターと比べ、高麗大の人文学研究の蓄積を活用した研究活動が目立つ。日本の研究者なども招く学術シンポジウムやワークショップを活発に開いている。在日韓国人実業家の支援もあり、地下二階・地上六階の独立した建物（青山・MK文化館）を持つ。学振から二〇〇七年より人文韓国（HK）支援事業の「海外地域研究分野事業団」に指定され、「世界的な日本研究拠点の確保」がその課題テーマとなっている。

ソウル大日本研究所は、同大の地域総合研究所日本研究室（一九九五年）→国際地域院日本資料センター（一九九六年）→国際大学院日本研究センター（二〇〇三年）と拡大改編しながら、二〇〇四年に設立された。「日本の過去よりも現在に比重を置きながら、歴史的なものと同時代的なものが連結できる研究、社会科学と人文科学が結合できる多学制的な研究、現場を重視する経験的研究を志向する」と、研究の方向性を定めている。現代日本に関する社会科学分野での有力な研究者を有しながら、国内や日本からの専門家講演・学術会議の開催、所属学者や院生の日本派遣など、日本との知的交流を盛んに行っている。前述の高麗大日本研究センターと同様に、学振から二〇〇七年より人文韓国（HK）支援事業の「海外地域研究分野」の研究所に指定され、「現代日本の生活世界研究の世界的拠点構築」が課題テーマである。

一方、大学ではないが、世宗研究所日本研究センター（http://www.sejongjapan.com/）も活発な活動を行っている。同研究所（一九八六年設立）は民間（世宗財団が母体）ではあるが、「唯一の民間国家戦略研究所」を自負する政府のシンクタンク的な性格を帯びた半ば公的な機関である。同センターを二〇〇二年に発足させた。「日本政治経済」、「日本政治」、「日本社会文化」の三チームで構成され、「東アジアの成長、危機、統合：二一世紀発展モデルの探索」といった課題のもとでの研究活動が展開されている。さらには、二〇〇五年から日韓両国の外務当局や研究者で構成する「日韓政策対話」も主催している。

このように、大学等に付設された日本学関係の研究所・センターの動向としては、「社会科学と人文科学の融合」を旗印にしつつも、かつてよりも社会科学系の日本学が活発化していることがわかる。これはこうした研究所・センターへ、学振などが日本学研究の世界的な拠点作りを課題としていることなどからも、韓国社会の時代的な要求と同時に、国策とも無関係ではないであろう。

4 結びにかえて

ソウル大日本研究所の開設が決まった時、『朝日新聞』はソウル特派員発で次のように報じた。

国立ソウル大学に三月二日、「日本研究所」が開設される。私立大で日本語や日本史、経済学研究が盛んになる一方で、政界や官僚の主流層が輩出してきたソウル大は根強い反日感情のため、体系的な研究機関がなかった。「戦後六〇年たって日本を純粋な学問対象として見られるようになった」と時代の流れを指摘する関係者もいる。ソウル大は二〇〇〇年以来、東京大と相互交流を深め、日本語講座を設けたことなどが施設開設に発展した。金容徳教授が所長に予定され、当面は大学院の教授陣ら約二〇人で出発する[23]。

韓国の「最高学府」とも言えるソウル大に、日本の植民地統治から六〇年を経て日本研究所がやっと設立された事実が、韓国における日本研究の特殊な位置付けを物語っている。「戦後六〇年たって日本を純粋な学問対象として見られるようになった」という関係者の声を伝えているが、逆に言えばそれまで学問対象として扱われなかった側面があるということである。同研究所が開設された後の『朝日新聞』は、金容徳所長（当時）を紹介する記事のなかで、「日本語は『学問の道具であって目的ではない』、日本研究は『日本に勝つための手段』としか見られなかった」と書いている[24]。

これまで見てきたように、国交正常化以降の韓国での教育における日本学はとりわけ日本語関係が多く、「実用」としての日本学が強かった。ところが、本文の最後で見たようにソウル大をはじめ二〇〇〇年以降に誕生した大学の日本学関係の研究所・センターでは、「地域研究」対象としての日本学、「理解」対象としての日本学が、社会科学系のディシプリンで現代的なテーマを中心に深みを増している。

モナシュ大学（豪メルボルン）日本研究部で長く主任教授を務めたJ・V・ネウストプニー（言語学・コミュニケーション論）は、「東洋学」の枠にある「ジャパノロジー型パラダイム」、第二次大戦後の構造主義的な「日本研究型パラダイム」、ポストモダンにおける「現代型パラダイム」と、日本研究のパラダイムを三つに区分している[25]。一九八八年に京都で開催された国際シンポジウムで、ネウストプニーは「現代型パラダイム」に関して、次のように述べている。

現代型パラダイムのテーマ範囲が、以前の二つのパラダイムより広いということである。ジャパノロジーの典型的な研究は、人文科学系統の歴史的研究であったのが、日本研究型では、それに社会科学的なテーマと、現代日本の研究が加わった。さらに、現代型になると、以前は「学問」と見なされなかった種々の研究テーマも、日本研究の枠内で扱われるようになった[26]。

韓国における日本研究は特殊な位置付けがあるとはいえ、前述したように韓国でも社会科学系のディシプリンによって現代的なテーマを中心に深みを増しており、これは約二〇年前に語られてきた世界的な日本研究の潮流とも符合すると言ってよい。

では、韓国における日本研究の今後の課題はどのようなところにあるのだろうか。第一は、韓国の政治・経済・社会において中国のプレゼンスが増す一方で日本のそれにやや翳りが見えるのであり、これによって日本学への関心が低下しないかという点である。第二は、これまで蓄積されてきた人文学系の研究成果が、社会科学系の新しい研究にもっと連携してもよいのではないかという点である。第三は、日韓間の学術分野での知的交流がまだまだ不十分ではないかという点である[27]。第四は、歴史認識や領土問題などを含めて、韓国の日本研究がさらに客観性を帯びてもよいのではないかという点である[28]。

ただ、いずれの点も活発化する有力大学の日本学関係の研究所・センターが課題として認識しており、これらの研究所・センターが日本学の核になることによって、こうした憂慮は克服できるのではないかと思われる。しかも、日本の有力大学にも韓国・朝鮮学に関する研究所・センターが誕生しており[29]、日韓双方の大学の相手国を対象とした研究機関同士の学術交流の行方にも注目する必要がある。

さらに、韓国人の周辺国に対する意識のうち、日本に対する社会的・文化的な関心がきわめて高いことも、様々に示唆するものがある。筆者らの研究チームが、二〇〇九年二月にソウル市に居住する一八歳以上六〇歳未満の男女六〇〇名（性別・年齢層別・地域別の人口比割り当て後に無作為抽出）を対象に量的調査をしたところ、「その国の社会と文化に興味がある」とした人の割合は、対米八二・三%、対日七六・三%、対中五五・八%、対北朝鮮三四・四%であった[30]。韓国の日本学の将来にとっては希望的な材料と言ってよい。

注

[1] 鄭大均『日本(イルボン)のイメージ』中央公論社、一九九八年、i―ii頁。
[2] 月脚達彦『朝鮮開化思想とナショナリズム――近代朝鮮の形成』東京大学出版会、二〇〇九年、二五―三六頁。
[3] 尹正錫「韓国における日本研究」国際交流基金編『韓国における日本研究』国際交流基金、一九八九年、二頁。
[4] 月脚、前掲、二三六頁。
[5] 尹正錫、前掲、二頁。
[6] 金容徳・宋柱明ほか「韓国の日本研究の動向と展望」ソウル大学校国際地域院日本資料センター編『一九九九年国内日本研究者調査』ソウル大学校国際地域院日本資料センター、一九九九年(ソウル)を参照。
[7] 尹正錫、前掲、九頁。
[8] 日韓二一世紀委員会『日韓交流の現状と課題』日韓二一世紀委員会、一九九一年、三九―四〇頁。
[9] 尹正錫、前掲、三頁。
[10] 李鍾九「日本研究と主人意識」『ソウル大学校日本研究所ニュースレター』第二三号、二〇〇九年、一五頁(ソウル)。
[11] 金容徳・宋柱明ほか、前掲、三頁。
[12] 便宜上、文部科学省が指定する「科学研究費補助金　系・分野・分科・細目表」の分類によって記述した。
[13] 李鍾九、前掲、一五頁。
[14] 各学会のホームページアドレスは二〇〇九年十月現在で筆者調べによる。ホームページの所在が確認できたもののみを記載した。また、各カッコ内の年は各学会の発足年であるが、『韓国日本学総覧』と各ホームページでの記述が一致しないものは、ホームページに書いてあるほうを優先した。
[15] 韓国には四年制の一般大学のほか、専門大学、産業大学、教育大学がある。http://std.kedi.re.kr/index.jsp〈韓国教育開発院ホームページ〉を参照。
[16] 朴スチョル「韓国日本学科の現況」ソウル大学校国際地域院日本資料センター編『二〇〇一年大学内日本教育現況』ソウル大学校国際地域院日本資料センター、二〇〇一年(ソウル)を参照。
[17] http://home.kmu.ac.kr/~nihon/〈啓明大日本学科ホームページ〉。
[18] 韓国日本学会編『韓国日本学総覧』時事日本語社、二〇〇三年、三五―五四頁(ソウル)。
[19] 李炳魯「韓国における日本学研究の現況と展望」『〈啓明大学校産業経営研究所〉経営経済』第三六巻一号、二〇〇三年(大邱)、方茂鎮「韓国の大学における日本学関連科目と『日流』」『〈韓国日本文化学会〉日本文化学報』第三六号、二〇〇八年(ソウル)を参照。
[20] 中央大学校地域研究所編『韓国内日本研究者に関する調査報告書』中央大学校地域研究所、一九八八年、八頁(ソウル)。

[21] 任東権「日本研究所の発足と回顧」『〈中央大学校日本研究所〉日本研究』第一六号、二〇〇一年（ソウル）を参照。

[22] パンフレット等の名称や掲載頁の記載は省略する。各ホームページアドレスは本文に記載のものである。

[23] 「朝日新聞」二〇〇五年二月八日付。

[24] 「朝日新聞」二〇〇五年三月四日付。

[25] J・V・ネウストプニー「日本研究のパラダイム――その多様性を理解するために――」国際日本文化研究センター編『世界の中の日本Ⅰ』国際日本文化研究センター、一九八九年を参照。

[26] 同右、九〇頁。

[27] かねてより指摘されてきたことである。鄭弘翼・孔裕植・石川晃弘『韓日間学術交流現況と活性化方案』集文堂、一九九八年（ソウル）を参照。

[28] 日本経済に対する研究についても、かねてより同様なことが言われてきた。たとえば、崔相龍は「過大評価による恐れや過小評価による妄想を一日も早く棄てて、日本経済のこれまでの成功の秘訣をあるがままに徹底的に研究しなければならない」と説いている（崔相龍「日本研究の動向と韓国」崔相龍ほか『日本・日本学――現代日本研究の争点と課題』図書出版オルム、一九九四年、三〇頁）。また、陳昌洙は「韓国で日本地域に関する研究および教育に制約を与える問題点」として、「日語日文学科中心の狭い範囲の日本学が拡大再生産しながら、一般的な日本学が発展するというよりは、特殊性に偏った文化論と韓日関係の研究が主軸を成している点」と、「民族主義・反日・排斥の論理が研究の領域へ間接的に投影され、客観的な研究が成し遂げられずにきた点」の二点を挙げている（陳昌洙「韓国日本学の現況と問題点」陳昌洙編『韓国日本学の現況と課題』図書出版ハンウル、二〇〇七年、一三―一四頁）。なお、『韓国日本学の現況と課題』は日本の国際交流基金が二〇〇五年に世宗研究所日本研究センターとの協力で実施した韓国における日本研究の現況に関する調査をまとめたものである。韓国語版のほか、英語版も出版されている（Jin Chang-soo ed. *Current State of Japanese Studies in Korea*, Seoul: Hanul Publishing Co.,2007.）（ソウル）。

[29] 九州大学韓国研究センター（一九九九年）、静岡県立大学現代韓国朝鮮研究センター（二〇〇三年）、立命館大学コリア研究センター（二〇〇五年）、早稲田大学アジア研究機構現代韓国研究所（二〇〇六年）、慶應義塾大学東アジア研究所現代韓国研究センター（二〇〇九年）などがある（カッコ内は設立年）。

[30] 渡邉聡・小針進編『〈静岡県立大学平成二〇年度教員特別研究推進費〉日韓大衆文化の相互受容と対外意識を含む社会意識調査結果報告』静岡県立大学グローバルスタディーズ研究センター、二〇〇九年を参照。

東アジア諸国の同質性と多様性

光田　明正

1　はじめに

東アジア共同体の設立について、論議がなされている。EUの成立とその進展に触発されての側面が強い。もう一つの要素は中国の経済発展である。中米の経済関係の密接化から見て、アジア、特に東アジア諸国間のより良き関係を構築すべきであるという着眼である。

その基層には「アジアは一つ」という発想がある。

「アジアは一つ」という発想に立てば、共同体の発足は難しくない。しかし、はたしてEUのような共同体設立が近い将来に可能か、そうでなければ東アジアの諸国間の世界の中における関係はどうあるべきかを考えるに当たり、まずは「アジアは一つ」か、東アジアの中国、日本、朝鮮半島の文明という視点から捉えた、同質性と相異点の検証が必要であろう。

2　EUメンバーの同質的要素

EUを語るとき、ヨーロッパ諸国が二十世紀に統合を果たしたと見るのが普通であろう。しかし歴史を振り返ると、それはヨーロッパの分裂期が過ぎ再び統合体に戻ったと見ることもできる。

民族国家の発足発展こそ、長いヨーロッパの歴史から見れば、特殊な現象であったとも言える。

第一に、**言語**について見よう。基本的にはヨーロッパ諸語は、逐語訳ができる近い関係であり、一つの言語と言ってよい。特に英独の間、仏伊西の間は、少し学べばすぐに習得できる程度の相異である。その基本に、ラテン語、ギリシャ語の共有の歴史がある。学校でラテン語を必修科目として学んだ世代は欧米社会ではまだ存命である。下って近代になり、フランス語を知識層の共有語として外交をしていた史実も記憶に新しい。言語は文化の中核であり、民族の識別の基本的要素である。そうするとヨーロッパ諸民族はもともと一つであったと見ることができる。

第二に、**創造的文化**の共有である。第二次大戦の間、イギリスのBBC放送は、ニュースを流す前にベートーベンの運命のメロディを使っていたと聞く。ベートーベンはドイツ人だから敵国文化だとは見ない。ドイツ軍がパリに侵攻したとき、撤退するとき、パリの都市を破壊しなかった。パリは敵対するフランスの都市という発想ではなく、ヨーロッパ共有の文明の華という見方である。

ハノーバーに生まれロンドンで活動したヘンデル、ワルシャワに生まれ、パリを活動舞台としたショパン、ボンで成人しウイーンに移ったベートーベンを「何国人」かと問うのは無意味である。

建築を見ても、それぞれ特色はあるが、ケルンの大聖堂もパリのノートルダムも、基本的には石造りの同一系統の建築である。

第三に、**宗教**という要素がある。ヨーロッパ諸国を通して、キリスト教を基盤としている。欧米人に「主の祈り」を唱えられない人はいないといえる。ユダヤ教徒でも、「主の祈り」に従いはしないがその存在は知っている。

第四に、**政治**上も、シーザーのローマ時代に始まり、神聖ローマ帝国、ナポレオンの征服などに見られるように、ヨーロッパを一つとして統治しようという発想は、きわめて自然であったと言える。局地的に見るとフランスの地名、ノーマンディー、ブルターニュが示すように、昔から現在のような国境の線引きがあったわけではない。

またかつて統治者であった王室を見ると、現イギリス王室の少し前の先祖はドイツのハノーバーにいた家であり、現スウェーデン王室はナポレオン軍の将軍の末裔である。

第五に、**社会生活**を見ると、スカンディナビアの人々の生活と地中海の人々の生活、衣食住は同じくパンを食べ、牛肉を食べ、テーブルを囲んでフォーク、ナイフを用いて食事をするなど、ほとんど変わりはない。「ヨーロッパ人」と一括して言える。

以上のように見てくると、ＥＵの成立は、むしろ必然とさえ言えよう。アジアはどうであろうか。

3　アジアの同質性と多様性

第一に、**言語**について見ると、アジア諸国では、ヨーロッパと異なり、言語学的に異なる言語が併存していることが指摘できる。

朝鮮半島の言葉と日本の言葉は同一系統の言葉である。しかしアジアで一番多くの人が用いている漢語は、朝鮮語と日本語とは全く異なる言語体系に属する。

英語とドイツ語は逐語訳が可能であるが、漢語と日本語とでは逐語訳は不可能であり、意味を把握した上で翻訳する必要がある。漢語と日本語両方を学んだ者なら分かるであろうが、翻訳ができない語彙もたくさんある。

言葉が違う、翻訳できない語彙がたくさんあるというのは、それぞれが異なる文明体系に属すると言ってよい。

第二に、**創造的文化**についてである。日本は中国から多大なる影響を受けている。しかし歴然と日本の物と識別できるものが多い。例を挙げよう。紫禁城は中華文明の誇る建造物と言えよう。日本では、京都の御所、伊勢神宮、京都や奈良の神社仏閣が代表的な建造物と言えよう。日本のものは、木造、質素であり、紫禁城と基本的に異なる。演歌を日本人は好む。京劇は中国の音楽である。両者は、発生からして異なる。『三国志演義』、『水滸』は中国の誇る文学である。日本人も好んで読む。しかし日本の代表的な文学を挙げるならば『源氏物語』となるであろう。前者は政治、社会の権謀術策が多く語られているが恋愛はほとんど取り上げられていないと言ってよい。後者は恋愛が中心と言ってもよい。

歌舞伎と京劇に相似点が多いという指摘もある。しかし能を中国人が自分のものと感ずるか。相撲や剣道を共有の文化と受け止めるか疑問である。

日本は中国の影響を受けているが、中国は日本の影響をほとんど受けていない。創造的文化を全般的に日中が共有しているとは言い難い。朝鮮半島を加えて議論すれば、なお各自の独自性のほうが同質性より強いということが浮き彫りになるであろう。

第三に、**宗教**についてはどうであろう。キリスト教が全ヨーロッパ文明の基盤の一つであるとすでに述べた。アジアを通してそのようなものはあるか。仏教が中国を通って、朝鮮半島へ渡り朝鮮半島から、また直接中国から日本へ伝来し、この東アジア三国で共有のものとなっていることは事実である。

重要なのは、その伝来の前の信仰が排除されたわけではない。中国では天を祭る古来の心、それを支える儒学がある。南の沿海地区の媽祖信仰のような土着信仰もある。朝鮮半島には「檀君神話」などがなお健在である。日本では仏教、儒学伝来以前、あるいはキリスト教に接する以前からある神道、民族の思考方式が今も生きている。相対的にアジアの人々が一つの宗教感情、儀礼を持っているとは言えない。

第四に、**政治**について見てみよう。中国史は極端に言えば政治史そのものである。度重なる易姓革命の叙述が中国史の主要部分となっている。易姓革命の根底には、政治がよいか悪いかを人々が自ら評価するという態度がある。それに対し日本では万世一系の皇室があり、根底から政府を覆すという発想がない。藤原に始まり、徳川まで基本的には歴史上の政権担当者の後裔は今もなお家系を保っていて、第二次大戦の敗戦まで華族として社会的に敬意を表する対象とされていたのである。全く違う政治に対する感性と言えよう。

中国では政治的成果あるいは失敗は個人名をもって評価される。「偉大なる指導者」という発想である。日本では政治上の業績を個人名を付して論ずることは最近まではほとんどなかった。

政治に対する態度を考えると、アジアが同一の態度を共有しているとは言い難い。

第五に、**社会生活**に目を向けてみよう。EUの人々はEUが形成されようがされまいが、皆、ベッドに寝、パンと牛肉を食べ、ズボンを穿いていたのである。アジアでは、最近でこそ西欧の文化の浸透により変化が生じているが、基本的には中国人はベッドに寝、豚肉をたくさん摂取し、華北の人は米食ではなく麺食であったのに対し、日本人は畳の上に寝、魚肉を主とし、麺食ではなく米食であった。今でも、中国の多くの人は日本でのお座敷での歓待を「腰が痛くなる」とあまり喜ばない傾向があることをどれだけの日本人が気づいていることか。日本人にとって「お座り」は苦痛ではないからである。

相手の非を決して明確に述べない日本社会の雰囲気、是々非々を重んずる中国、同じ文明を共有しているか判断しにくい。

中国では家族関係をことのほか重んずる。親戚の呼称が一人ずつ異なる。「伯父」「叔父」「舅父」「姑丈」「姨丈」と漢語では区別するものを日本語では一括的に「おじ」とする。漢文明にとって、この親族関係は「孝」の延長線上にあり、区別はなくてはならないものである。日本人には不可解な人間関係の細分化と映る。同じ人間関係のあり方を共有しているとは言い難い。

4 アジアの共通項

以上、EU諸国間の同質性を見た。またアジア、主として日中の関係を、その言語、創造的文化、宗教、政治、社会生活を検証し、EU諸国間と異なり、同質性より相異点の方が目立つことを指摘した。

ではなぜ、「アジアは一つ」という感覚をアジア地域の人々は持つのであろうか。

まずは中国に留意しよう。歴史的に中国は文明の中心であった。少なくとも十九世紀半ばのアヘン戦争までは、「天下」として世界を把握していた。朝鮮、琉球、安南、暹羅、緬甸すべて漢文明の恩に浴する朝貢国として認識されていた。一つの天下であった。

日本は、朝貢国と自らを位置づけずに政治的独自性を保持してきたが、漢文明の影響は文物百般に及んでいる。特に早くから四書五経を学問の淵源とし、江戸時代には漢学を官学昌平坂学問所の中心に置いた。漢字抜きには日本文化はあり得ない。第二次大戦敗戦まで、漢文は知識人必須の教養であった。論語を諳んじ、唐詩の二つ三つは朗々と吟ずるのを善しとした。全て和風化してはいるが、衣食住のうち、衣食文化は中国大陸からの伝来のものとさえ言える。現実に、二十一世紀の今日でも、伝統的着物を買う所は「呉服店」と呼ばれている。太古、呉の地より伝来した着物が今の和服である。米食は華南との共有文明である。

朝鮮半島でも日本でも、食事には、中国と同じように箸を使う。このように見れば、同質的共同体と言えないこともない。

実際に、十九世紀の西欧列強の力が波及するまでは、中国を中心とし、右に挙げた朝鮮、琉球、安南等々、知識人の使っていた社会政治上の言語は漢文であった。日本も昭和に入っても、碑文など漢文で書く習慣が残っていた。一般庶民の日常生活とは別に、統治階級は一つの言語を共有していた。また日本は微妙な位置づけであるが、朝貢貿易を勘案すると、アジアは一つの秩序の下にあったのである。

国際連合よりはるか前に、ＥＵより早くから「アジア共同体」が存在したのである。

このように見ると、「東アジア共同体」の設立も必然的と言える。ではなぜ論議はされるが、実際には進展しないのか。

5　現代のアジアの実像

以上述べたように、歴史的に十九世紀半ばまでは、一つの共同体であったと言えるアジアであるが、西欧の力と遭遇した後、アジア各国の西欧文明との接触の仕方の違いが、この秩序、共同体を分解したと言えよう。

日本の西欧文明への接し方が大きな要素である。もともと日本は基本的には自らを朝貢体制の外に置いた。特に清朝成立後、中国の清朝政府とは外交関係を持たなかった。琉球を通しての来往はあった。長崎への中国船の渡来を認めての貿易はあった。しかし、漢文をコミュニケーションの手段として用い、頼山陽の『日本外史』、水戸の『大日本史』に見られるように漢文で著述をするのが通常でありながら、清朝とは距離を保っていた。それが西欧列強の力が日本列島に波及してきたとき、いち早く「文明開化」の道を選ぶことを可能にしたと言えよう。政治体制も西欧流の選挙制度、三権分立などを自らのものとした。西欧風の法律を整備し、法治を基本とした。その真意はいろいろと解釈があるが「脱亜入欧」という言葉さえ出てきた。社会生活も、洋服が通常の衣服となり、学校で教える音楽、絵画、スポーツに至るまで西欧のものが主流となった。その傾向に対し「和魂洋才」という伝統保持の動きもあったが、大勢は「文明開化」という西欧文明の摂取であった。

中国では「中体西用」と言い、西欧文明を用いようという動きはあった。しかし基本的には、伝統を重んずる姿勢を保っている。中華の伝統は変容していないし、中国人がそれを全面的に変容させるべきと考えるかというと、そうではない。

中華文明では、家が何より重要である。この観念は変わらない。したがってそれより生ずる人間関係も変わらない。辛亥革命は、専制王朝清朝を打倒したが、普通選挙を日程には入れていなかった。現在の中国でも党の指導は重要な要素であり、国家主席は普通選挙による選出ではなく、西欧流民主主義とは異なる要素が大きい。日本は西欧思想を受け入れ、家より個人を重視する。また西欧流民主主義を当然のこととし、国政はもとより地方政治も全て選挙を基本としている。政治体制で言うと現在の日中は同質性より、相異点の方が強いと結論づけざるを得ない。

政治は同質ではなくとも最近の中国の経済発展は資本主義社会と違いはなく、巨大なマーケットという観点からも、高度に工業化した日本とは相補完するなり、共同歩調を取ることができるのではないかという見方もできる。しかし経済についても、意思決定の仕方などが異なる。企業に対する個人の態度も日中では相当に異なる。この場合、日本の経済運営は西欧流という要素に加え、日本独自の伝統的要素が加わる。平等主義とボトムアップ、皆で相談して決定する風潮がある。これに対し、中国では個人の責任で物事は決定される。トップダウンが通常である。どちらが良いかの問題ではなく、異なるということが重要である。現段階では、お互いにその違いを具体的に合弁事業などで接触し共同作業を試みるまで、なかなか理解し合えないようである。

6　将来への展望

以上、歴史的な同質性と基本的相異点を見てきた。また現実に現代において共同作業をするときに齟齬を生ずる相互理解の不足を見てきた。

しかし、かつては漢文をコミュニケーション手段とし、中国古典を共有の教養としてきた世界である。日本が西欧文明を全面的に受け入れるとしても、やはり独自の伝統、中国と共有する儒学の伝統があり、西欧にはなりきれない。そうするとやはり「アジアは一つ」と感じ、その連帯を進めるのが必然であろう。

そのためにはかつて共有していた中国古典、それを基礎にした倫理について再度思いをいたす必要がある。強大な西欧文明の前に、何をもってアジアとするか、どのようなアジア世界を構築するかを考える必要があると思う。中国は二〇〇四年に世界に向かって、孔子学院の構想を発表した。孔子の思想の再認識を訴え、多様性のある世界文明、調和ある世界を築くことを呼びかけた。これに対し、日本でも韓国でもその他のアジア諸国でも同調を呼び、瞬く間に多くの孔子学院が設立された。このような試みは大変意義深い。

アジア各国民は潜在的には西欧文明とは異なるアジア共有の思想、世界があると感じている。しかし現実には相当異なる要素がある。これを克服するために何が重要かと言うと、何よりも大事なのは相互理解である。アジア諸国間、お互いに見た目には顔つき体つきは同じである。しかし人間関係、意思決定の仕方、社会生活の風習などは異なる。その違いを認識し、どのように調和を図るかを考えなければならない。

すでに日中間の経済関係は不可分の関係にあると言えるほど深まっている。それは個々の場面における関係者の相互理解促進の努力と忍耐の賜物と言えよう。留学生交流も相互理解に大きな貢献をなしてきている。

今後もこのような努力を忍耐強く重ねていくことが重要である。そうすれば自然に一つの共同体が形成されるであろう。

日本化された台湾？　中国化された台湾？　あるいは日本化され中国化された台湾？

——文化マッピングと文化政策の弁証法的関係——（上）

王　向華
邱　愷欣
（翻訳：鈴村　裕輔）

1　序論

二〇〇二年九月に著者の一人が初めて台北に到着したとき、彼女は当時の蒋介石空港で中年の夫婦に道を尋ねた。最初、夫婦は標準中国語で彼女に答えたが、その破調の標準中国語によって彼女が台湾の人間ではないということが分かると、日本語に切り換えた。彼女は、自分を助けるためにやって来た別な人のおかげでをことなきを得たが、彼らの「流暢な」日本語にも衝撃を受けた。

同様に、台北到着後の最初の週に店頭で名刺を注文したとき、彼女は中年の男性と意思の疎通を図ることが難しいことを経験した。彼が流暢な標準中国語を話すことができないだけでなく、その閩南話にも閉口したのである。互いに筆談で意思の疎通を図ろうとしたとき、一人の老女が現れて「日本語」で話しかけ、彼女の窮地を救ってくれた。彼女には流暢な日本語で話しかけ店主には流暢な閩南話で話した、二カ国語を操る台湾の老女のおかげで、彼女の要望は実行されたのである。

台北で行った現地調査の間中、著者たちは、台湾には日本の香りが強く残っているという感覚にしばしば見舞われた。家でもブラジャーを着用するのが当たり前であった香港の中国人社会で育ったため、台湾南部のいくつかの家庭には家族で入浴する習慣があると聞いた時、われわれは驚かされた。最も驚いたのは、父親たちが、娘が大体中学校に入学するまで、一緒に入浴しようとすることであった。実際、われわれの情報提供者を含む多くの台湾の人々は、彼らが一緒に公共の「温泉」に行くときに、他人の面前で自らの体をさらすことを気にしない。これらの全てはわれわれにとってカルチャーショックであった。そして、情報提供者のおかげで、われわれは彼らの「日本式」の生活形態が日本の植民地時代から消えずに残る遺産であると確信している。なぜなら、彼らは、自分たちの両親や祖父母たちも全く同じやり方をしていたと教えてくれたからである。

これと同様に驚くべきことは、あらゆる人々の間で日本語が口語標準中国語と台湾語に幅広く応用されているということである。例えば、台湾の中年の人々は、中国語の対語である shshu（叔叔）と ayi（阿姨）の代わりに、普通、"oujisang"（歐吉桑、日本語の「おじさん」ojisan に由来）、"oubasang"（歐巴桑、日本語の「おばさん」obasan に由来）と呼ばれるということを知って、われわれは驚いた。

日本の文化的な支配は、この土地の食文化においても同様に明らかである。うどん、そば、味噌、コロッケ、ホットポット、刺身、すき焼き、焼き肉などは、いずれも現代の台湾の食卓でよく見られるものである[1]。

同様に、日本の習慣（温泉）、家具（布団、畳、日本式の居間）、そして建築様式は、台湾のここかしこで見られる[2]。娯楽も、これらに劣らず一般的である。NHKのテレビ番組、映画、カラオケ、漫画、野球、そして、「演ずる音楽」（伝統的で芝居がかった日本のポピュラー音楽の形式である演歌）は、現地の人々が、しばしばそれらが日本に由来するということに気づかないというほどに、台湾の生活の不可欠な部分を構成している。例えば、台湾の「演ずる音楽」は、(日本語で発音されるような)「演歌」ではなく、台湾語の yange (「演歌」の標準中国語による発音)であり、いわゆる閩南話ポピュラー音楽の基礎となっている[3]。

しかし、日本の強力な文化的な遺薫が台湾の文化的な光景の全てを表していると見なすことは間違いであろう。なぜなら、中国文化は台湾におけるもう一つの大いなる存在であり、その存在感は、家族や倫理、そして対人関係において顕著だからだ。

台北における著者たちの重要な情報提供者の一人であるフィオナは、九歳と七歳の二人の女の子と、二歳の男の子の母親である。彼女の夫は、淡水にある小さな離村の農家の出身である。結婚後、三階建ての小さな家で義理の両親と一緒に住むため、フィオナは淡水に引っ越した。義理の親との生活について尋ねたとき、フィオナは、義母との対立が主要な問題であると答えた。実際、義母とフィオナの対立は、結婚初日から始まった。披露宴の後に寝室に戻ると、おそらく義母によって自分の所持品が元の場所から動かされたということに、彼女は気付いた。唯一の「領域」が危険にさらされたために、彼女はたちまち激怒した。フィオナは、すぐに生家に帰るとすごんだ。夫は、夫婦の寝室で、彼女の前にひざまずいてしきりに謝った。しかし、夫は、彼女が自分の母に耐えることを願った。すなわち、彼は、妻に対する忠誠を宣言することで、フィオナが母と対立しないように説得しようと試みたのである。彼の論理は、義理の娘として、彼女はいかない、いかなる状況においても自らの義母に公然と立ち向かってはならない、というものであった。他の中国の社会と並行して台湾の社会的・文化的な生のあり方と性的志向を調べるという、われわれが現在進めている研究によれば、フィオナの話は、現代の台湾における女性の最も典型的な生活のあり方の一つを表している。

台湾の人々はまた、友人が失望しないように努める。彼らは、友情関係が持つ道徳的な義務を慎重に観察しているように見える。著者らの同僚でもある友人の一人は台湾の研究機関に所属しており、著者が共同住宅を見学する際の同行を依頼すると、ただちに協力を申し出た。著者は、彼女と一度一緒に行けば、台湾における共同住宅の賃貸の仕組みが分かるものと思っていたが、彼女はこの後五回にわたって著者と同行することを申し出てくれたのである。著者が感謝のしるしとして夕食に招待すると、彼女は辞退し、こう答えた「「家では、あなたは両親を頼りにされます。家の外では、あなたは友人を頼りにされるのです」。私たちは、あなたのためにここにいるのです!」。

これらの民族誌的な逸話は全て、日本の遺産が台湾の人たちの日常生活の中に描かれ、中国の影響が家の観念やジェンダー倫理、対人関係の面で明らかに表れていることを証明している。われわれは、日本の遺産と中国の影響が当地の社会生活の異なる範囲に描かれていることが分かる。現在の大きな問題は第一に、なぜこのような図化が可能であったのか、ということであり、われわれはそれをどのように理解すべきか、ということである。われわれは、このような特殊な文化的な光景が、台湾における複雑なアイデンティティ政治の結果であると主張する。

最近の共同論文(近刊予定)の中で王と邱は、中日関係の論争中の問題に対する李登輝の「親日」的な政策と姿勢を裏切りの兆候として非難することは、過去数十年間に彼が台湾で行ってきたことに内在する複雑な意味を無視することである、と主張した。なぜなら、李は裏切り者などではなく、彼自身の国造りの構想において、中国から台湾が文化的な距離を保つために日本を操ってきた、政治的な分離主義者だからだ。李の国造りは、方向性こそ逆であるが、一九四九年に台湾で自らの国家(中華民国)を建国した国民党政権が採用したのと同じ論理に支配されている。共同論文で指摘したように、中国の国民国家の概念は、国の人為的な文化の起源との歴史的・文化的・言語的・人種的関係を踏まえて築かれている。これらの関係を証明できるいかなる中国の国家も、中国の合法な政府として自らの「正統性」を主張できる。国民党政権は、台湾における国造りの中で、まさにこの論理を適用したのである。脱日本化と中国化という旗の下で、五〇年間の日本の植民地化の結果として高度に日本化された当地の生活を考慮し、国民党はとりわけ日本語の使用を禁止しただけでなく、台湾の人々に標準化された中国文化と国家のアイデンティティを強制したのだった。

われわれは、台湾におけるアイデンティティの政治が、実は文化の政治を意味することを理解する。「国家」についての中国の考えと過去五〇年の日本の植民地主義に大きく影響されたため、台湾のアイデンティティ政治は、右に述べたように固有のアイデンティティを話すために異なる文化を操るようになったのである。本論文は、以下のことを議論する。すなわち、まさに日本の植民地主義と並行してこれらの文化の政治（主として二十世紀の台湾における三つの政権の文化政策）が、右に概観されたような文化マッピングを引き起こした、ということを議論する。これは全て、より野心的な計画の背景をなすのみである。すなわち、このようにして創造された文化マッピングが、今度はいかにして一九八〇年代に権力を持つようになった李登輝の文化政策を制約したかを示す、という計画の背景をなすのである。ここでの試みは、いかにしてこうした文化マッピングが文化政策によって整えられたかを示すだけではなく、その過程において、いかにして文化政策が文化マッピングによって再び整えられるかを示すことである。本論文の結論は、台湾の文化政策と文化マッピングの関係は一方的ではなく弁証法的であるというものである。

2　文化政策から文化マッピングへ

日清戦争の敗戦の結果として結ばれた下関条約で、清朝が澎湖諸島に並行した台湾を日本に永久に割譲した結果、一八九八年に台湾は日本の植民地となった。台湾における日本の植民地統治の初期には、安定と円滑な経営を維持する本能が強調された。その結果、特に一九〇〇年代初頭からの当地の何百もの騒動を受けて、当地の習慣の極度な変更や地元住民の徹底した日本化は好まれなかった[4]。これら全ては、「古い習慣の尊重」（尊重舊慣）という標語から理解できる[5]。その結果、日本の植民地支配はアヘン吸引、辮髪、纏足に賛同しなかったものの、それらを禁止せず、許容した[6]。

しかし、この初期の寛容さは、もはや台湾を単なる植民地ではなく「日本の支配の拡張」[7]としてみなした、「同化」という一九一八年の新しい標語に取って代わられた。注目すべき政策としては、一九二二年に出された日本人と台湾人の共学と、日本の民法、商法、治安立法の大部分を台湾に応用するという一九二二年の施策が含まれる[8]。これらの方法はどちらかと言えば寛大であるように思われるが、背後にある論理的根拠が意味するのは、より徹底した帝国化の過程、すなわち、「帝国主義を隠すための新しい衣装」[9]と言いうる過程に台湾の人々を慣らすということであった。

一九三〇年代後半の中国における日本の軍事的関与の拡大によって、「皇民化」として知られる包括的な日本化の過程への融合に取って代わるために、台湾における植民地統治が推し進められた。「皇民化」政策は、「国語家庭」、「土着の風俗と日常生活の様式の変更」、「改姓名」、「神道の振興」、「帝国道徳による教化」、「新兵募集運動」[10]などを含む手段とともに、人々の非日本的な要素を根絶して絶対の忠誠を教え込むことによって「植民地の臣民を天皇の臣民に変える」ための全体構想であった。政策の強化と、各種の政策が現地住民に与えた影響の深さは、皇民化について、論者をして「台湾文化革命」と呼ばしめた[11]。

日本の植民地時代の台湾の人々の間では、植民地化の過程を記録する取り組みは、日常生活から始まるはずである。しかし、なぜ日常生活なのか。ジョン・コマロフとジーン・コマロフが既に主張しているように、他者を植民地化するということは、特定の見方やあり方による「［他者の］意識の植民地化」であり、それは、政治力や経済力ばかりでなく、文化的・象徴的な支配にも依存するのである[12]。そして、そのような文化的・象徴的な支配は、日常生活において、最もよく機能する。ブルデュー[13]は、コマロフ夫妻[14]に共鳴するように、「［脱文化化」と「再文化化」の過程を通して新しい人間を生み出そうと模索［する］」全体主義の制度の大部分は、「衣服や身のこなし、身体的・言語的態度という最も取るに足りないように見える些細なこと」[15]を重んじる傾向にある、と主張する。こうした理由から、身体は「記憶」、すなわち、「記憶を助ける形で、包括的な文脈という組織だった行動原理を蓄積する」[16]ものとして考えられている。したがって、身体に蓄積された行動原理は、しばしば言語に絶し、模倣できず、伝えることのできないような一連の価値を伴い、そのために意識と意図的な変形の把握を超えるのである[17]。ブルデューが主張するように、全ての企みはこの方法で欺くので取るに足らないことを要求しているように思われるものの、身体の脱／再文化化は必要不可欠なことを強要しているのである。「形式の尊重」と「尊重の形式」を得ることによって、必要不可欠なことは最も明瞭なことを構成し、同時に、確立された秩序への屈服という最も巧みに隠された兆候をも構成する[18]。そのため、もし身体を形成する結果が、その結果の一部である「完全な宇宙論、倫理、形而上学、政治哲学を浸透させる」ことができるとしても、不思議ではないのである[19]。

「家」ないし日本の様式で現地の習慣を改めることを目的としたため、日本の植民地支配の同化政策と皇民化政策はいずれも、日常生活と関係していた[20]。現地の人々のほとんどはこのような家の形式を順守するように強制されたものの、日本の支配は現地の人々の意識を完全に植民地化することをためらった。われわれは、ここで日常生活についてのすべての変化を述べることはできない。その代わり、われわれは現地民の意識の植民地化が明瞭である、二つの重要な記録簿を調べよう。目下の目的のために、われわれはそれらの記録簿を、（i）公衆衛生の政治と（ii）結婚と葬儀の政治、と呼ぶ。

3　公衆衛生の政治

社会衛生学と医学は、明治中期から大正時代の終わりまでに、オランダとドイツから日本に大量にもたらされた[21]。

ドイツの様式に従い、日本は、健康と衛生の問題を、単に個人の健康管理の問題としてだけではなく、重要な国家政策の問題として考えた[22]。十九世紀後半までに、健康管理と公衆衛生の概念は日本に根付いたのである[23]。

日本の植民地経営の一行が初めて台湾に到着したとき、彼らは台湾社会の伝統的な仕組み、法律、習慣について広範な調査を実施した[24]。これらの調査は、台湾の社会生活と公衆衛生生活について予備的な報告も含んでいた。この報告は次のような結論を下した。すなわち、適切な公衆衛生を欠くとともに、亜熱帯地方特有の気候のため、台湾は日本の市民が住むには不適切であると考えられたのである[25]。一八九四年以来、日本の統治は台湾の公衆衛生上の慣習を改善し始めた。現地住民たちの反発を引き起こしたものの、一八九六年に台湾で疫病が流行したことは、植民地支配に、衛生学的手法の強制的な実施を余儀なくさせた[26]。

そのような方法の中の最初期のものの一つが、現地の生活環境の改善である。日本人は伝統的な台湾の住居を、狭く汚いだけではなく、換気も採光も不十分だと考えた。そのため、日本の規則は、全ての家庭に、窓の数を増やし、窓枠を大きくすることを求めた。同様に、これらの伝統的な住居の多くが浴室と洗面設備を備えていなかったため、しばしば蝿や蚊などを引き寄せる尿瓶を屋内で使うことは、現地の住人にとってはごく一般的であった。そのため、日本の統治は屋内で尿瓶を利用することを禁止し、屋内の浴室の普及を促進させるとともに、尿瓶に蓋をするよう、現地民に要求した[27]。

生活環境のさらなる改善のため、日本の入植者たちは、低地や沼沢地を埋め立て、排水管を修繕し、竹林を切り開き、農場の害虫を駆除することなどを目的として、自発的な地域の作業という形で現地住民を定期的に動員した[28]。

日本の統治は個人衛生と公衆衛生に関係していた。例えば、台湾の地元民は、鼻水の垂れている鼻を手でぬぐってはいけないと教えられた[29]。同様に、道に唾を吐くという現地のほとんど無意識的な習慣も、厳しく罰せられた[30]。公共施設については、井戸が維持され、排水路が修理され、屋外の手洗いが作られた。さらに、助産婦と妊婦の設備が現地の病院で全面的に利用された。日本の植民地支配はまた、現地民にさまざまなワクチンの接種を要求し、政府の要求にしっかりと従った人には褒美を出した[31]。住民の健康と公共衛生をさらに維持するため、植民地支配は公共の屠殺場と墓地を設立した[32]。

中山が指摘したように、西洋の植民地主義は、「文明化された者」と「文明化されていない者」の間の二元的な相違を引き起こすために、「健康と衛生」の問題に長らく依存していた[33]。被植民者の衛生状態の悪さを文明化されていない者と結び付けることで、植民者は自らを文明化された者として位置付け、それによって、慈しみ深い、文明化された帝国主義の名の下に、文明化されていない者を征服し、改良することを正当化した[34]。言うなれば、健康と衛生の問題は、文明化された者たちが他の地域を植民地化することを正当化するための手段なのである[35]。日本の植民者は、ここでも同様に、さまざまな覇権的な行動を正当化するために、健康や衛生についての日本と台湾との間の相違を利用した。それゆえ、もし日本の植民地支配の方法が現地の反発を引き起こしたとしても、驚くべきではない。しかし、方法それ自体ではなく、そうした方法が強制された際の野蛮な方法に対して、人々は非常に憤慨したのである。すなわち、もしこれらの方法がより寛大な手法で実施されたなら、現地民はそれほど抵抗することはなかっただろう。実際、日本の植民地支配によって教えられた健康管理と公衆衛生は、後になって、その健康と衛生の基準が古色蒼然となっていた中国本土の人たちと接触したときに、現地民たちが依拠した基盤になったのである。例えば、現地民たちは、待望の国民党軍の装備が貧弱であり、無秩序な群衆と変わらず、調理器具をぶらさげ、裸足で行進し、既に自分たちが慣れていた衛生上の基準が全く見られなかったことに、失望せざるを得なかった[36]。今や、「文明化されていない」本土の人たちとの比較から自分たちが「文明化されている」と理解したことで、在来の台湾の人々は、本土の人に対する抵抗を正当化し、当然のこととできたのである。この例からも分かるように、在来の台湾の人々は、最初は自分たちが服従していた文明化された者と文明化されていない者という日本のイデオロギーに既に取り込まれていたのである。われわれは、衛生基準の優劣を理解することで日本の「様式」を徐々に内面化し、それらの基準を文明化された者と文明化されていない者とに結び付けられることを理解するのである。

4 葬儀と結婚式の政治

現地の公衆衛生の基準に対する否定的な態度と同じく、日本の植民地支配はさまざまな在来の、あるいは民間の習慣を、「劣った習慣にして望ましくない決まりごと」として拒み、そして、それらの習慣を改良することを試みた[37]。

植民地支配と関わる主要な習慣の一つが、葬礼である。伝統的な台湾の葬儀は一つの洗練された過程だが、その豪華な行列と長く続く儀式は、植民地当局の目には時間と金銭の浪費と映った。さらに重要なのは、日本の植民地支配は、親族の祈りのために亡骸を家の内外に置くことと、火葬に代わる土葬の利用とを深く結び付けた。したがって、火葬を促進し、棺桶と亡骸の公の置き方を規制した[38]。皇民化の時代を通して、会葬者の悲嘆や号泣、大規模な儀仗兵や長い行列、花輪の献呈などの習慣は推奨されないか、禁止された[39]。葬儀の最中に巫女、道教の道士、僧侶、霊媒師などを用いることも禁止された[40]。これら全て、とりわけ会葬者の悲嘆と号泣、巫女や道士の行う騒がしい儀式は、そうした感情の過度の表現が「非衛生的」で「文明化されておらず」、(周囲の者と揉めごとを起こすという意味で)「公共的でない」ために、退けられた[41]。つまり、日本式の葬式と火葬が強く勧められたのである。一九四〇年代初頭まで、日本帝国の完全な構成員となるために、全ての現地民は日本式の葬儀に従うことを要求されたのである[42]。

同様に、現地の派手な結婚式も、国の規制の下にあった。長い歴史と多数の地理的な相違にもかかわらず、台湾には、基本的に六つの儀式がある。すなわち、結婚の申し込み、生年月日の比較、持参金の送り届け、結婚の贈り物の交換、結婚式の手配、そして、結婚式の六つである。したがって、日本の植民地支配は、こうした儀式が大幅に短縮、簡素化されることを要求した[43]。高額な結婚持参金、精緻な装飾品、花火の使用さえも禁止された[44]。その代わり、神道ないし日本仏教の様式による結婚が強く推奨された[45]。

死と結婚の儀式という、台湾における中国文化を表す二つの主要な要素を根本的に改めることを通して、日本の植民地支配は、現地の生活のまさに基盤を変えようと試みたと言えよう。多くの高齢者は伝統的な方法を強く主張したかも知れないが、より若い世代の台湾の人たちは、日本式の方法を選択し始めた。例えば林は、当時の近代台湾文学において、若い世代の間で近代的な日本の方法と伝統的な在来の方法との間の格闘がいかにして広まったか、そして、若年層が、いかにして旧来の方法を次第に多大の時間を要する滑稽なものであると考えるようになったのかを記録した[46]。さらに重要なことには、現代の台湾の人々が伝統的な結婚式や葬儀の多くの細々とした内容を維持しているとしても、彼らは、既に日本の形式や行動様式と一体化していたのである[47]。例えば、現代の台湾における葬儀は“zangli”(葬礼)ではなく、“gaobieshi”(告別式)と称されているが、告別式という日本語は植民地時代に台湾に入り、徐々に“zangli”という語に取って代わったのである[48]。同様に、従来の土葬は一般的でなくなり、一時的な安置所に棺桶を置く期間も、台湾では大幅に短縮された[49]。結婚式とそれに関連する生活過程では、“huajia”(花嫁)、“anzhan”(安産)、“zhanpo”(占い)などの日本語が現代の台湾で流行している。

台湾の植民地化は、日本の植民地統治の側からのイデオロギー上の猛攻から始まったことが分かる。植民地支配は、「文明化された」日本民族の優秀性を納得させ、さらに日常的な世界を再構築することによってより一層、台湾の現地民を「改良」することを試みた。日本のイデオロギー的な説明の中に含意される西洋の文明は、十九世紀における日本の西洋化と、世界の中での地位の向上の結果である。したがって、この説明は二十世紀初頭の台湾の人々にはほとんど意味がなかった。しかし、この説明が浸透し、関係する方法の実行の過程で、台湾の現地民は日本に由来する数多くの事物と一体化した。

植民地化に関する日常的な説明は実に効果的であった。なぜなら、そのような説明は、台湾の現地民を日本の様式、すなわち、衛生基準の感じ方と結婚式と葬儀の催し方についての様式の中に取り込んだからである。したがって、公衆衛生の政治と結婚と葬儀の政治はいずれも同じ話なのである。文明化した帝国主義とその実質的な意図の内容は台湾の現地民の間で討議され、拒まれ、変更され妥協されたが、それら全過程の中で、現地民が議論などに従事する瞬間の相互作用の構造によって、さまざまな様式がもたらされた。そのため、結婚式や葬儀の伝統的な方法を守り、あるいは議論するために、台湾の現地民は、本来は欠いていた近代化、文明化、自由主義といったイデオロギー上の概念に関する日本語の術語を理解する必要があった。日本の公衆衛生の基準を受け入れることは、究極的には、現地民たちが、最初に臣従させられた文明化による差別という論理と一体化することであった。さまざまな様式のいずれにおいても、そのような説明が前提されており、こうして、台湾の現地民に特定の生き方や物事の見方を教え込んだ。

したがって、五〇年間の日本の植民地支配の重要な結果の一つは、「台湾人」とされる数十万の現地民を、流暢な日本語を話し、日本の文化を楽しみ、日本の生活様式と癖を維持し、そして、より重要なことに、自らの社会生活の中で日本的な様式やイデオロギーと一体化している、準日本人に変えたということである。台湾の現地民は日本式の強制に抵抗し、議論し、あるいは拒否したか知れないが、既に見たように、日本の事物との相互作用の過程で、彼らは究極的には、衛生基準の様式と結婚式と葬儀の開催形式と一体化したのである。右で述べたように、ひとたび身体に取り込まれると、こうした日本の様式は全ての宇宙論と全体の倫理を呼び戻すことができる。現地の社会生活の他の相についても、同様のことが当てはまる。そのため、現代の台湾の日常語、語彙、食事、習慣、生活環境、娯楽、家具、集合住宅や建築で、大部分の現地民が「無」意識のうちに日本の遺産が顕著となっていることに、われわれは驚くべきではない。言い換えるなら、日本的な要素は既に「台湾の」文化の必須な部分として取り込まれているのである。

しかしながら、日本の植民地支配が台湾の人々の日々の生活の中に日本の生活様式を移植することに成功している一方で、台湾の人々の家族、倫理、（特に親族との）対人関係に触れることはできなかった。既に言及したように日本の民法は一九二二年に台湾で実施された。しかし、「親族関係」と「相続」に関係する法律は、同年に不適用となった[50]。なぜなら、「将来の嫁として若い女の子を養子にする」、「同姓の者同士の結婚の禁止」、「現地民の分割可能な相続物件と遺産の廉売」といった、家族イデオロギーと現地の倫理にかかわる複雑で根強い習慣を根本的に改めることは、日本の当局に対する猛烈な反発を引き起こすと考えられたからである[51]。同様に、大家と店子の関係と宗教上のしきたりはほとんど変更なく継続することが許されたが、これはやはり日本の当局が現地の反発を引き起こしたくなかったためである[52]。ヒル・ゲイツは、日本の当局の寛容さは、当時は時間の経過とともに衰退することが予想されたさまざまな伝統的な在来の文化の多くを、化石のように保存するのに役立ったと主張している[53]。結果として、在来の文化の中のこうした部分は、日本化の政策の下でさえも存続し続けたことが証明された。

現地の文化のそのような側面に触れることに日本の植民地支配が失敗したことは、現地の社会に興味深い影響を与えた。すなわち、人々は日々の習慣においてはどちらかといえば「日本人」そのものであったが、家族イデオロギーと倫理的側面は無傷のまま保持することができたのである。換言すれば、日本の遺産と中国の影響は現地の社会生活の異なる面に位置付けられたのである。エドウィン・ウィンクラーが適切に観察したように、「[日本は]選良たちに日本語と日本の文化を教えたが、大衆の社会組織と宗教的信仰は主として中国の要素を残したままであった」のである[54]。さらに重要なのは、そうした位置付けは国民党政権時代にもまだ補強されていたのである。なぜなら、国民党政権の文化政策は、日本の植民地支配が除外した家族・倫理と社会的・文化的な性差、対人関係といった側面を利用したからである。

訳注

[i] 本論文は、Wong Heung-wah and Yau Hoi-yan, *A Japanized, Or Sinicized Taiwan, Or Both?: The Dialectic Relationship between Cultural Mapping and Cultural Policies*, 2009. の前半部分の全訳である。

[ii] 翻訳に際しては、原文のイタリック体で表記された個所に傍点を付した。

[iii] 本文における［ ］は原著者による補足を示す。

[iv] 本文の最後に掲載された文献表の翻訳について、陳毅立氏（法政大学）の協力を得た。

注

[1] 戴美慧「戰後台灣文化政策與文化發展關係之研究——以文化多元主義為觀點」碩士論文、國立臺灣師範大學、二〇〇三年、七一頁。

[2] 同右。

[3] Sylvia Li-chun Lin, "Toward a new identity: Nativism and popular music in Taiwan," *China Information* 17（2003）: 88.

[4] 陳大元「日治時期臺灣教化輔助團體之研究」碩士論文、東海大學、一九九九年、二四頁。

[5] 廖楮彬「多階層殖民下台灣文化實體之考察」碩士論文、國立台灣大學、二〇〇三年、五二頁。

[6] 陳、前掲論文、二四—五頁。

[7] 賴建國「台灣主體意識發展與對兩岸關係的影響」碩士論文、國立政治大學、一九九七年、五八頁。

[8] 黃正治「日據五十年統治對光復後臺灣之影響」碩士論文、中國文化大學、二〇〇二年。一五—一七頁。何義麟「皇民化政策之研究——日據時代末期日本對台灣的教育政策與教化運動」碩士論文、中國文化大學、一九八六年、二四頁。

[9] 何、前掲論文、二四頁。

[10] Chou, Wan-yao. "Remaining Oneself a True Japanese: one aspect of the Kominka Movement, 1940-1945," in『日據時代台灣史國際學術研討會論文集』台北：國立台灣大學、一九九三年、一五六頁。林雅鈴「日本皇民化政策與台灣文學的反動精神」碩士論文、國立東華大學、二〇〇三年、九—一〇頁。

[11] 王曉波『走出台灣歷史的陰影』台北：帕米爾、一九八六年、一五頁。

[12] John Comaroff and Jean Comaroff, *Ethnography and the Historical Imagination* (Boulder, San Francisco and Oxford: Westview Press, 1992), 235.
[13] Pierre Bourdieu, *Outline of a Theory of Practice* (Cambridge, Cambridge University Press, 1977), 94.
[14] Comaroff and Comaroff, *Ethnography and the Historical Imagination*, 70.
[15] Bourdieu, *Outline of a Theory of Practice*, 94, original italics.
[16] Comaroff and Comaroff, *Ethnography and the Historical Imagination*, 70.
[17] Bourdieu, *Outline of a Theory of Practice*, 94.
[18] Ibid.
[19] Ibid.
[20] 江智浩「日治末期（一九三七—一九四五）台灣的戰時動員組織——從國民精神總動員到皇民奉公會」碩士論文、國立中央大學、一九九七年。また、林の前掲論文と何の前掲論文も参照せよ。
[21] 滝沢利行「近代日本における社会衛生学の展開とその特質」『日本医史学雑誌』第四〇巻第二号、一九九四年、一一一—一三二頁。
[22] 林雅鈴、前掲論文、三八頁。
[23] 同右。
[24] 胎中千鶴『葬儀の植民地社会史——帝国日本と台湾の〈近代〉』風響社、二〇〇八年、八八頁。Hui-yu Caroline Tsai, "One Kind of Control: the *Hokō* system in Taiwan under Japanese Rule, 1895-1945," (PhD diss., Columbia University, 1990), 51.
[25] 林雅鈴、前掲論文、三六頁。
[26] 胎中、前掲書、五五頁。中山善史「日治初期臺灣地方衛生行政：以衛生組合為中心探討」碩士論文、淡江大學、二〇〇七年、四五頁。
[27] 林雅鈴、前掲論文、三八頁。
[28] 同右。
[29] 同右。
[30] Hill Gates, *Chinese working-class lives: getting by in Taiwan* (Ithaca, N.Y.: Cornell University Press, 1987), 43.
[31] 江、前掲論文、二九頁。
[32] 同右。
[33] 中山、前掲論文、二頁。
[34] 同右、二—三頁。
[35] 同右、二頁。

[36] Gates, *Chinese working-class lives*, 45.
[37] 林雅鈴、前掲論文、四二頁。
[38] 胎中、前掲書、四六—六六頁、七七頁。
[39] 同右、一六〇頁。
[40] 同右、一六〇頁。
[41] 同右、一六一頁。
[42] 何、前掲論文、一〇八頁。
[43] 何、前掲論文、一〇八頁。Tsai "One Kind of Control," 311.
[44] 何、前掲論文、一〇八頁。
[45] 同右。
[46] 林雅鈴、前掲論文、四五頁。
[47] 胎中、前掲書、二五二頁。
[48] 同右、九三頁。
[49] 同右、二四九頁。
[50] 何、前掲論文、二四頁。
[51] 同右、一〇八—一〇九頁。
[52] Gates, *Chinese working-class lives*, 41.
[53] Ibid., 42.
[54] Edwin A. Winckler, "Cultural Policy on Postwar Taiwan," in *Cultural Change in Postwar Taiwan*, eds. S. Harrell and C.C. Huang (Boulder, Colorado: Westview Press, 1994), 29. また、次の文献を参照せよ。戴、前掲論文、七〇—七二頁。戴論文は、中国の影響は親族関係や宗教において明瞭であったのに対し、日本の遺産は日常生活の底層に留まるような、台湾文化の棲み分けを同様に表明している。

参考文献

・Bourdieu, Pierre. *Outline of a Theory of Practice*. Cambridge, Cambridge University Press, 1977.
・中華文化復興運動推行委員會「中華文化復興運動的實踐與展望」台北：中華文化復興運動推行委員會、一九七七年。
・張宏銘「有線電視成人頻道經營探討」碩士論文、國立中山大學、二〇〇四年。
・張憲杉「從中美兩有線電視制度之制定——探討對成人節目之規範與管理」碩士論文、中國文化大學、一九九九年。
・Chang, Parris H. "The Changing Nature of Taiwan's Politics", in *Taiwan: beyond the economic miracle*, eds. D.F. Simon and M.Y.M. Kau, 25-42, London: M.E. Sharpe, Inc, 1992.
・陳大元「日治時期臺灣教化輔助團體之研究」碩士論文、東海大學、一九九九年。
・遲恒昌「從殖民城市到「哈日之城」：台北西門町的消費地景」碩士論文、國立台灣大學、二〇〇一年。
・江智浩「日治末期（一九三七—一九四五）台灣的戰時動員組織——從國民精神總動員到皇民奉公會」碩士論文、國立中央大學、一九九七年。
・Chou, Wan-yao. "Remaining Oneself a True Japanese: one aspect of the Kominka Movement, 1940-1945", in『日據時代台灣史國際學術研討會論文集』台北：國立台灣大學、一九九三年。
・Chun, Allen. "Democracy as Hegemony, Globalization as Indigenization, or the "Culture" in Taiwanese National Politics". *African and Asian Studies* XXXV, no. 1 (2000) : 7-27.
・——. "From Nationalism to Nationalizing: cultural imagination and state formation in Postwar Taiwan". *Australian Journal of Chinese Affairs* 31 (1994) : 46-69.
・Comaroff, John and Jean Comaroff. *Ethnography and the Historical Imagination*. Boulder, San Francisco and Oxford: Westview Press, 1992.
・Gates, Hill. *Chinese Working-class Lives: getting by in Taiwan*. Ithaca, N.Y.: Cornell University Press, 1987.
・Gold, Thomas. "Civil Society and Taiwan's Quest for Identity", in *Cultural Change in Postwar Taiwan*, eds. S. Harrell and C.C. Huang, 47-68, Boulder, Colorado: Westview Press, 1994.
・何義麟「皇民化政策之研究—日據時代末期日本對台灣的教育政策與教化運動」碩士論文、中國文化大學、一九八六年。
・謝鑁倫「誰的婦女政策？　我國婦女政策中的「婦女」論述分析（一九四九—二〇〇〇）」碩士論文、台灣大學、二〇〇〇年。
・徐淵濤『日本浪人岩里政男：再替李登輝卸妝』台北：衛視中文台、二〇〇一年。
・黃邦如「前総統李登輝の対日観についての研究」碩士論文、長榮大學、二〇〇四年。
・黃正治「日據五十年統治對光復後臺灣之影響」碩士論文、中國文化大學、二〇〇二年。

・黄秀如「台語片的興衰起落」碩士論文、國立台灣大學、一九九一年。
・黄大受『台灣史綱』台北：三民、一九九三年。
・Kagan, Richard, C. *Taiwan's statesman: Lee Teng-Hui and democracy in Asia.* Annapolis, Md.: Naval Institute Press, 2007.
・賴建國「台灣主體意識發展與對兩岸關係的影響」碩士論文、國立政治大學、一九九七年。
・雷鳴『李登輝是日本人嗎?　七年總統內幕大公開』台北：漢斯出版、一九九五年。
・廖楮彬「多階層殖民下台灣文化實體之考察」碩士論文、國立台灣大學、二〇〇三年。
・Lin, Sylvia Li-chun. "Toward a new identity: Nativism and popular music in Taiwan," *China Information* 17（2003）: 83-107.
・林果顯「「中華文化復興運動推行委員會」之研究（一九六六―一九七五）」碩士論文、國立政治大學、二〇〇一年。
・林雅鈴「日本皇民化政策與台灣文學的反動精神」碩士論文、國立東華大學、二〇〇三年。
・羅慧雯「台灣進口日本影視產品之歷史分析」碩士論文、國立政治大學、一九九六年。
・Makehman, John. "Introduction", In *Cultural, Ethnic, and Political Nationalism in Contemporary Taiwan: Bentuhua*, eds. John Makeham and Hsiau, 1-16, New York: Palgrave Macmillan, 2005.
・Myers, Ramon. "A New Chinese Civilization: the evolution of the Republic of China on Taiwan", *China Quarterly* 148（Special issue: contemporary Taiwan, 1996）: 1072-1090.
・中山善史「日治初期臺灣地方衛生行政：以衛生組合為中心探討」碩士論文、淡江大學、二〇〇七年。
・蘇顯星「戰後台灣文化政策變遷歷程研究――歷史結構分析」碩士論文、國立臺南師範學院、二〇〇二年。
・菅野敦志「中華文化復興運動と「方言」問題（一九六六―七六年）――マスメディアの「方言番組制限」に至る過程を中心として――」『台湾学会報告』第五号、二〇〇三年、一―二〇頁。
・戴美慧「戰後台灣文化政策與文化發展關係之研究――以文化多元主義為觀點」碩士論文、國立臺灣師範大學、二〇〇三年。
・滝沢利行「近代日本における社会衛生学の展開とその特質」『日本医史学雑誌』第四〇巻第二号、一九九四年、二一一―二三二頁。
・胎中千鶴『葬儀の植民地社会史――帝国日本と台湾の〈近代〉』風響社、二〇〇八年。
・Tozer, Warren. "Taiwan's 'Cultural Renaissance': a preliminary view". *China Quarterly* 43（1970）: 81-99.
・Tsai, Hui-yu Caroline. "One Kind of Control: the *Hokō* system in Taiwan under Japanese Rule, 1895-1945." PhD dissertation, Columbia University, 1990.
・Tu, Weiming. "Cultural Identity and the Politics of Recognition in contemporary Taiwan". *China Quarterly* 148（1996）: 1115-1140.
・王致堯「中國意識在台灣社會政治發展過程中之角色分析（一九八八―二〇〇〇）」碩士論文、中國文化大學、二〇〇二年。

・Wang, Fu-chang. "Why Bother about School Textbooks?: an analysis of the origin of the disputes over renshi Taiwan textbooks in 1997", in *Cultural, Ethnic, and Political Nationalism in Contemporary Taiwan: Bentuhua*, eds. John Makeham and Hsiau, 55-102, New York: Palgrave Macmillan, 2005.

・王曉波『走出台灣歷史的陰影』台北：帕米爾、一九八六年。

・Winckler, Edwin A. "Cultural Policy on Postwar Taiwan", in *Cultural Change in Postwar Taiwan*, eds. S. Harrell and C.C. Huang, 22-46, Boulder, Colorado: Westview Press, 1994.

・吳介弘「民進黨執政後之台日關係——延續與變遷之探究（二〇〇〇―二〇〇五）」碩士論文、國立台灣大學、二〇〇六年。

・楊聰榮「文化建構與國民認同：戰後台灣的中國化」碩士論文、國立清華大學、一九九二年。

・Zhuang, Huining, Haixia, Huang. "World News Connection *Hoping for an Early Completion of the Great Cause of National Reunification*". *China's NPC Deputies, CPPCC Members on Cross-Strait Reunification Viewed* (March 19, 2001).

植民地的「和解」のゆくえ

──戦後から七〇年代までの日本社会における霧社事件文学をめぐる一考察──

李　文茹

一九三〇年十月二十七日、霧社小学校で運動会開催の当日、台湾原住民族による大規模な反抗運動、霧社事件が発生した。それから七〇年以上が経った現在でも、事件は様々な形で語り継がれている。事件そのものを記号とするならば、長い年月のなかでその指示内容は時代の変遷に伴い多様な様相を呈しているのである。事件の発生当初、反抗運動を鎮圧するため、警察隊のほか軍隊も出動した。当時、当局では「台湾島内の治安、朝鮮の独立運動、中国大陸での反日運動への波及、さらに日本の政界に与える波紋」などが危惧されたという[1]。反抗運動は結局、完全に鎮圧された。模範蕃社とされた原住民たちによる反抗運動であったからこそ、それは植民地政策の破たんを意味したものと考えられる。その後、原住民族からなる高砂義勇隊にまつわる愛国美談が流布されるなか、霧社事件は帝国の権力を裏付けるものとなった。だが、霧社事件へのイメージは、事件の収束や植民地時期の終了とともにピリオドを打っていないどころか、現在でも様々な媒体を通して語り継がれている。

語られる過程において歴史事件には意味が派生するが、語られる内容は各時代を反映するため、決して一枚岩にはならない。この論文では、一九三〇年代の台湾を記念する集団的記憶としての霧社事件が、終戦から一九七〇年代までにいかに語られたのかを、文学作品を通して考察したうえで、植民地的記憶に関する語り方について論述を試みたい。具体例として旧植民地体験者である坂口䙥子と、未体験者の稲垣真美による霧社事件関連作品を取り上げて分析し、新たな霧社事件関連作品の読みを呈示していくことにする。

坂口と稲垣の作品を選んだ理由は、世代、経験、立場などが異なっている二人の作家が、同じモチーフを異なる時期に描いたからだ。それらの作品の共通点は、植民地的構造における支配者／被支配者といった、単純な二項対立に還元されえない複雑な人間関係を描写することによって、コロニアル的「和解」の可能性を呈示しようとすることなのだ。その「和解」というモチーフは、植民地政策が生みだした歴史的悲劇との、これからの向かい方を意味するものである。

1 「謝罪」を語る霧社事件

> **タイヤルを識ること**にしたがつて、私は、霧社事件に興味をもつた。（中略）その単純素朴な彼らに、それほどの虚しい激烈な抵抗をさせたものが何であつたか。おそらく、**だれにも真実を語ることはできないだろう。私が、わずかな資料をたよりに、事件を描くのは、全くの冒険。的は、常にはずれているにちがいない。それでも尚、私は書く。書かずにいら《ママ》れない。**（中略）事件をひきおこすには、それだけの必然がなければならず、ではその必然を、どう発見すればよいのか。**私には、十ケ月間の蕃地生活がある。それをたよりに、タイヤルを描き、帰納的に発見する他に途方はない**[2]。

坂口は一九三八年から台湾の台中に在住し、終戦とともに日本に引き揚げたが、その間に空襲から逃れるため、一時的に能高郡蕃地中原で一〇カ月くらい生活した。戦前の台湾文壇で、台湾人家庭における皇民化政策の問題や、日本人農業移民が多くの坂口作品の題材となるが、戦後の日本文壇では、中原での体験や見聞を積極的に描き、同時代には「蕃地作家」とも呼ばれていた。

坂口のいわゆる蕃地作品は、五、六〇年代に集中して発表された。最初の作品は「ビッキの話」(「文学者」一九五三年七月)である。それに引き続く二作目の「蕃地」(「新潮」一九五三年十月)は、第三回新潮文学賞の受賞作品となる。その後、「蕃界の女　ルピの話」(「小説新潮」一九五六年七月)、「蕃婦ロポウの話」(「詩と真実」一九六〇年十一月)、「蟷螂の歌」(「日本談義」一九六〇年一月—一九六一年三月)などのほか、霧社事件を正面から扱う作品は「霧社」(『蕃地』所収、一九五四年三月、書き下ろし小説)と「タダオ・ルーダオの死」(『蕃婦ロポウの話』大和出版、一九六一年四月、書き下ろし小説)がある。

中原は霧社事件の際、日本人警察側の鎮圧活動に協力した「いわゆる味方蕃だったパーラン社の集団移住」の地である。中原に滞在するあいだ、坂口はよく霧社事件と関係深いバイバラ、中原、川中島の三社へ「遠足のように」出かけて行った。だが、事件関連者との接触体験があるものの、のちに作品で展開される霧社事件への想像は、実は意思疎通の断片的な言葉や見聞によって紡がれていったものである。その一端は「蕃地作者のメモ」から窺えよう。「川中島社が、反抗蕃の生存者で、中原が味方蕃だったが、彼らのどちらも、霧社事件のことについては、語ろうとしな」く、また「中原には、桜台で、背中の赤ん坊ごと蕃刀で切られ、命びろいをした石川警部補の夫人もいた。(中略)蕃地にそれからも十余年暮している。「蕃通」の夫君とともに、おだやかな地味な夫人は、事件のことについてふれることを、余り好まなかった」[3]。

この節では事件を正面から扱った「霧社」、「タダオ・モーナの死」を取り上げる。二つの作品の発表時期は八年間の開きがあり、また主要な登場人物も異なっている。だが、その共通点は、政治的な権力関係にもたらされる当事者たちの心理的葛藤、もしくは日常的な一面を描写することによって事件の全体像を描出する点にあると思われる。ここでは、作中人物像を分析することによって戦後初期の事件と関連した物語の特徴について試論を行う。

まずは、「霧社事件殉職者へ捧げる」ための「霧社」についてみてみよう。この作品を収録する『蕃社』が出版された際、「台湾の真実を描く女流畢生の名作」として紹介された[4]。主要な登場人物は、蕃童教育の模範とされる花岡一郎、二郎、日本人巡査の佐塚愛祐と、モーナ・ルーダオの息子・タダオ・モーナである。階級と種族が異なる人たちが互いに抱く感情、また事件に対するそれぞれの態度をめぐる描写が、この作品の特色となっている。

五十三歳の佐塚は「三十年間、蕃地に暮らし、妻も亦、蕃婦をめとり、蕃地のなかの一本の木と化したつもり」でいる人物であるが、彼と原住民との関係は親子関係を通して描出されている。例えば事件の前に、余命は二年もないと山地のシャーマンに宣告されたとき、彼が頭に思い浮かべるのは、原住民の妻との間に儲けたまだ女学生の娘の将来なのである。「父親をなくした後、どうのように、女一人の命を生かしていくか。蕃婦を妻に持つことは、子供に母を与えぬのと、同様な結果であることを、佐塚は身にしみて思うのだ。佐和子の将来に、何の支えにもならぬオビンを考えると、佐塚は娘に手をついて**謝罪**したくなる」[5]。佐塚は政策結婚で、頭目の父を持つオビンと結婚し、二人の間には子供が三人いた。女学校に通う佐和子をもつ、母親としてのオビンが否定されるのは、子供を「立派」な「日本人」や「タイヤル」族に育てられないという理由にあるのだろう。親子に準えられた佐塚と花岡「兄弟」との関係は、上の母親不在の言説と呼応しているように思われる。

親子のレトリックは「蕃童」たちの憧れのエリートである花岡一郎・二郎との関係にもみられる。佐塚は花岡二郎に「**私は、花岡の兄弟の父親だったな。忘れないだろうな**」、「お前達二人を、立派な日本人に仕立てるのが、私の務めだと思い、喜んでやってきた。**立派な日本人ということは、立派なタイヤル**ということだね」[6]という。佐塚と花岡「兄弟」との関係の親密さは、佐塚が絶命する前に花岡一郎と交わした無言の会話によって、余すところなく表現される。

襲撃され倒れそうになった時、佐塚は暴行を「両手を広げて制止している一郎」をみて、「わかっとる。一郎、お前の気持ちはわかっとる」と「微笑み」ながら、息を引きとる。佐塚の最期をみとる一郎は、「はじめて、自分たちが、どれだけ、**この人に愛してもらったかと、その重さがわかった**」という。事件後、花岡「兄弟」は家族全員とともに首吊り自殺したが、その時の花岡一郎の心境は次のように表現される、「佐塚さんは、殺された。自分達は、日本人に反抗しなかったが、したと同様だ（中略）。佐塚さんには、二郎も大変**恩を受けた**。少しでも早く、追いついて、おわびをしなければならぬ。一緒に、皆、死んでくれ」[7]。ここでは、花岡「兄弟」を「立派な日本人、立派なタイヤル」に育てる親としての佐塚と、愛される子である花岡「兄弟」、その両者の最期は、感動的な物語を成している。だが、巡査として政治的人種的な差異をもたらす力関係は、親から子への「謝罪」や儒教的な義理人情によって希薄化されてしまう。

「霧社」は時間順で、事件が発生するに至るまでの様々な出来事から、第二次霧社事件のあとの和解式まで、霧社事件の全体像を作り上げていく。それに対しモーナ・ルーダオの息子である、タダオ・モーナに特定しながら事件を描写する「タダオ・モーナの死」では、回想式の手法が採用される。事件が発生した後の四十四日目、タダオ・モーナの縊死体が発見される。物語はその情報を聞いた樺沢巡査部長の、タダオを偲ぶ心情から、次第に時間をさかのぼりながら、事件の全体像を構築していく。「霧社」では佐塚と花岡「兄弟」の関係は人情物語風に構成されていたが、「タダオ・モーナの死」では、タダオを十一歳の時から知っている樺沢巡査部長や、同族であるエリート花岡「兄弟」との心理的葛藤によって、公文書には反映されえない事件の主要人物の心境を描出し、事件の全体像を構築していく。

タダオをめぐる描写では「日本」や近代的な生活に対する憧憬が多くみられる。例えば、タダオは樺沢に向かって、「樺沢さん。オレ、どうしてマヘボにうまれたのですか。なぜ、おれは、タダオ・モーナですか」、「なぜ、オレ、マヘボのタダオ・モーナですか。**どうして、日本内地の子供でないですか**」[8]と聞く。一方、台中師範学校に通う時の花岡一郎の経験を聞くときのタダオの心境は次のように語られる。「台中公園だの、映画館、喫茶店、美しい店々、着飾った内地人の女、汽車、自動車、人力車、自転車。埔里で、タダオは、自動車も人力車もみた。それが、台中という華やかな街では、特別な光をもつているように思えた。（中略）そういう美しく光るものと、彼が無縁であることに、たまらない**かなしさ**があつた」[9]。プリミティブなタダオの造形は、「序」に表された原住民の「全く低い知能しかもた」ない「単純素朴」さと呼応するように思われるし、その台中市内にある「特別な光」への憧憬は、好奇心が豊富な子供に準えられるレトリックとして捉えられよう。

反抗に加わって「凶蕃」と呼ばれるようになったタダオについて、樺沢は「彼は、決して凶藩ではなかつた。日本側にとつて、最もおそれられた、果敢勇猛な青年リーダーだつたが、樺沢巡査部長にとつて、**吾子のように慈しんだ、唯一の、愛すべき若者**だつた」[10]という。だが、樺沢と佐塚の慈愛が、結局「野生の狼」のような血が流れる原住民族を変えなかった。それでも、二人はともに「反日」運動に参加した原住民たちを理解する。その理解のなかに作者が強調する「蕃地」への「謝罪」の意味合いがあるのだろう。換言すれば、反日運動参加者への理解自体に植民地批判が含まれているものの、原住民をプリミティブに造形し、そのうえで無償の親子の愛を表す父子のレトリックで語ることは、支配と被支配の政治的な構造を批判するどころか、曖昧化してしまう。そこに坂口の霧社事件創作の矛盾があると思われる。坂口は、反抗運動の参加者は、コンゴ独立運動のルムンバより「もつと稚く、もつと単純、もつと低い男ではあつた」が、「やはり、一人のルムンバであつた」[11]という。坂口の霧社事件の創作が語る「謝罪」には、人種主義の観点が欠如していることはそこからも窺える。河原功は旧植民地体験者による霧社事件の創作は、体験者ならではの書き方の特色があるとはいえ、原体験に固執するあまり、理蕃政策や植民地主義への批判意識は希薄だと指摘している[12]。そこに旧植民地体験者の限界があることは否めないが、逆に矛盾をはらんだ植民地批判という点こそ、坂口の霧社事件作品の時代性を意味するのである。

2 七〇年代の大学闘争を語る霧社事件

霧社の山に入って、かつての〝セイダッカ・ダヤの反乱〟のあとを歩いた歴史学徒の谷村は私の分身である。この分身は、私の想像や人間的関心が、いたずらに事実を離れて放恣にわたらぬよう、事実関係の点では、あくまで正確に、手綱をひきしめる役割を果たした。しかし、人間としての、事件のころの山地人の人々や、また現在の山地人の人人の把握やその表現は、別の分身である作家としての私自身のものである[13]。

坂口以外で六〇年代までに霧社事件を題材にした作品には、ほかに、『マヘボ社日誌――台湾霧社蕃事件秘録――』（宮村堅弥、洋々社、一九六五年）、『戦争と人間3』（五味川純平、三一書房、一九六五年）などがある[14]。六〇年代後半から七〇年代にかけての作品なら、『霧社の血桜』（江川博通、自費出版、一九七〇年）、『セイダッカ・ダヤの反乱』（稲垣真美、講談社、一九七五年）が取り上げられる。この節では七〇年代前半に発表される『セイダッカ・ダヤの反乱』が、いかに個人の社会的体験を通して霧社事件を描いているかについて論じていく。

出版当時、作品は次のように紹介された。霧社事件は「かつて、セイダッカ（最も高い地に住む）と称した、誇り高き台湾山地人を、日本の官憲、軍部は狡猾に征服し、利用しようとはかった。その征服をめぐる、加害者と被害者の実体をとらえた典型」であり、その「歴史の力学がもたらす悲劇を、著者は五年がかりで歴史小説化し」たという[15]。著者の稲垣真美は一九二六年生まれで、東京大学で美術を専攻し、『兵役を拒否した日本人』（岩波書店、一九七二年）、『仏陀を背負いて街頭へ』（岩波書店、一九七四年）などを発表した、社会問題に関わるルポルタージュの作家・評論家である。

『セイダッカ・ダヤの反乱』は霧社事件について、事件の発生経緯、事件関係者およびその後代である現在を、史料を挿入しながら過去と現在の時間を交錯させて物語る。主人公の谷村典生は三十三歳で、大学の現代史の講師である。彼は旅行先の埔里にある日本料理店でタイヤル族の女性・林麗美とともに「謎多い霧社事件」の歴史を探っていくが、作中ではそれぞれの事件に対する意見の違いも描かれる。作品全体は一〇章からなる[16]。最初の部分では、林の家庭内における複雑な言語の使用状況[17]および、複数の異なる言語の名前[18]を通して、旧植民地の時代が紹介される。霧社事件が発生してから四〇年、戦後二〇年が経つ七〇年代半ばといえば、戦争体験者から戦後世代へ、という世代交代の時代でもある。一方、旧植民地にまつわる社会的記憶が風化されていく時代でもある。「謎多い霧社事件」を歴史小説化する際、『セイダッカ・ダヤの反乱』が旧植民地の歴史や台湾原住民を詳細に紹介する理由は、七〇年代という時点での、日本社会における旧植民問題への関心や認識の希薄さにあると考えられよう。同じことは台湾についてもいえる。戦後、国民党的史観や教育のもとで成長した、タイヤル族の林にとって、谷村と出会うまで、霧社事件への記憶は空白に近い状態だったと設定される。したがって、谷村にとっての五日間の旅は、コロニアルに連鎖する二人の若者による旧植民地の記憶を掘りだす作業となるのだ。この節では、過去と現在がいかに連繫するのか、という観点から霧社事件の語られ方を検討していこう。

空白や断片的な歴史的記憶を構築していく過程では、不可避的に当事者自身の身体に刻まれた社会的な体験も同時に喚起される。『セイダッカ・ダヤの反乱』は谷村を大学闘争の体験者、林を日本料理店でセックスワーカーを兼業する人物として設定する。その意味で、霧社事件を描くこの作品は歴史的記憶への想像に付きまとう、同時代の出来事や個人の身体体験の翳を浮き上がらせた作品としても読み取れる。

「付記」にあるように、同時代の出来事、「事実関係」と作家による創作から、作品が制作されるのである。なかでは、例えば植民地初期に発生した、漢民族による武力抵抗事件・西来庵事件（一九一五年）は次のように叙述される。

（前略）西来庵事件では、弾圧後台南に臨時法院が設けられて、一九一五年九月ごろ関係者八百六十六人に死刑の判決が下され、首領余清芳以下九十五人がまず死刑を執行されたのち、大正天皇の即位の大礼による恩赦ということで、ようやくのこりの死刑判決者は無期懲役に減刑されている。これらの極刑の受刑者は、いずれも彼らの生地である台湾を愛するゆえの内心の必然の要求を、勇敢に突きつけようとした人々なのである。それを考えれば、こうした裁判は、**幸徳秋水らのいわゆる大逆事件の裁判以上の苛刻**なものであったといわねばならないと、谷村は思った[19]。

「事実を離れて放恣にわたらぬ」というように、『セイダッカ・ダヤの反乱』は『台湾匪乱小史』（台湾総督府法務部編纂、一九二〇年）と「一九三三年台湾民主党革命運動宣言」などを引用しながら、領台初期における反抗運動の歴史を紹介する。前者は支配者側の立場から、弾圧経緯、運動の指導者の経歴や思想、襲撃を受けた日本人警官の家族の犠牲の様相などを記録するものであり、後者はいわゆる「暴動」を起こした側による記録である。谷村は両方の記述の相違を分析したうえで、台湾総督府への反抗事件が「幸徳秋水らのいわゆる大逆事件の裁判以上の苛刻なものであった」という。また谷村は「台湾独立運動の資料のなかに見出したとき、**なにかベトナムのソンミ村の米軍指揮者による村民の惨殺事件**を思い起こさずにはいられなかった」という[20]。植民地台湾における「抗日」抵抗運動を、日本近代史やほかの同時代の事件と並べて語る背後には、植民地をめぐる記憶が薄れている日本人読者に、台湾との関係をより実感させる意図が含まれるといえよう。要するに、戦後七〇年代の日本と三〇年代の台湾、その両者の間に横たわる時間と空間の空白を埋めるために、読者たちがもつ実感的体験を喚起するレトリックが使われるのである。

また谷村にとって、大学闘争の経験は霧社事件の歴史的時間と自分の身体の時間を繋げるものでもある。

霧社事件が起こったのは、敗戦で日本統治が終ったのよりずっと以前のことで、満州事変のまだ一年前だ。谷村が生まれたのは一九四二年だから、それより十三年前に起こっている。彼自身はどこまでさかのぼっても行きあわない時間のできごとである。しかし、谷村は**霧社事件の資料に出あったとき、彼の大学の研究室が半年以上も学生たちによって封鎖される闘争が起こったとき、自分自身の内心の深いところが刺されるようでありながら、ある衝動に駆られるのを覚えたが**、それとおなじようなときめきをふと感じた。なぜか**不思議にみえない時間をつなぐものがあった**のだという[21]。

霧社事件関連の資料は、谷村の学生時代から内心の奥に潜む刺されるような「痛み」を喚起し、その身体感覚によって、今の谷村は生まれる前の事件と連繫するのである。作品では、谷村が時空間を隔てた霧社事件への想像を、学生闘争時代で実感した「痛み」を通して語る部分がところどころにみられる。例えば、事件を鎮圧する際に毒ガスが使用されたのを聞くと、それを「大変非人道行為」だといいながら、学生闘争の経験を回想しはじめる。

谷村はかつて東大の安田講堂の封鎖の後、**一九六九年の一月十八日、十九日**機動隊がガス弾を射ちこんで次々と講堂周辺の教室や講堂にこもった学生を逮捕したとき、自分自身大学院の学生でその渦中にいた。**機動隊と学生の攻防のあった両日は、谷村は学内にはいなかった**が、封鎖解除後数日は講堂や教室内に長くとどまれないほどの**激しい刺戟臭**がのこっていた。じかにガス弾やヘリコプターからの**催涙液を浴びた学生たちが、皮膚に炎症を起こし、ひどいただれの症状に苦しんだ**のも、**彼自身現場をのぞき、入院した学生を見舞ったりして知っている**。（中略）かつての毒ガス弾にくらべれば、威力は劣ると思われる機動隊の催涙弾ですらこれぐらいなのだから、ましてほんもののガス弾となれば、いかに強靭な裸足で俊敏に渓谷の要害を跋扈した山地人でも、科学的な防備の集団を持たぬ身に、**どんな被害をこうむったかは想像にあまりある**[22]。

前に触れた「(大逆事件の)裁判以上」という表現や、「想像にあまりある」、「思い起こさずにはいられなかった」などといった語りには、相対化のトリックを駆使して霧社事件の悲惨さを表現するという意図が孕まれているのであろう。つまり、「どこまでさかのぼっても行きあわない時間のできごと」としての霧社事件は、日本近代史の「内部問題」である幸徳秋水の大逆事件(一九一〇年)と、日本近代史を超えるベトナム戦争中に起きたソンミ村事件(一九六八年)、および社会運動を象徴する、のちの「学生革命」の発端になった東大闘争(一九六九年)などといった、同時代の出来事や日本人読者が容易に喚起しうる歴史への想像力を伴いながら描かれる。

だが、なぜ「どこまでさかのぼっても行きあわない」出来事と、現在の時空間との間の空白を埋めなければならないのか。その問題は、反復記号としての学生闘争が、霧社事件にいかなる意味付けをしているのかという問題につながる。もっとも顕著な例は、原住民族社会における飲酒問題に言及する部分である。谷村はアイヌ族が酒におぼれて堕落した暮らしをするのは、生計手段となる「武器を取り上げられたからだ。あらゆる武器をとり上げられたからだ。生きる手だての武器をね。それで、いまでは生命がけで、酒を飲んでる」からだという。一方、アイヌ族と違い、タイヤル族たちが楽しく酒を飲む理由について次のように語る。「酒が楽しいのは武器があるうちだ。自立できるうちだ、むかし、モーナが武器をとりかえしたからだ」という。ここでもまた、谷村には、大学闘争の経験が蘇ってくる。

まだ意識ははっきりとしていたが、大学の塀に放尿しようとジッパーの奥をさぐると、とり出せないほど、男の部分がちぢんでいて、そのくせ、変に甘いアルコール臭の液体ばかりが長々とだらしなく、足もとに淀みをつくった――。／**あれは、わからなくなるまでのんだんじゃない。わかりすぎていたから、身体にきた。**打算、自分の役回り、将来の見通し……そういうものが頭のなかにとぐろを巻いているから、ほんとうは**酔えずに、昇華しないアルコールが、末端の神経ばかりを混乱させ、消耗させた。**もっとわからなくなりたい、倒れるまで飲むというのが、そういう意味なら、おれも……[23]。

その日、教室に籠城した闘争運動の学生たちは、機動隊に催涙ガスや催涙液で鎮圧され、何百人もが逮捕された。右の引用はその夜、谷村が逮捕された学生たちへの差し入れについて悩み、大学付近のスナックで深夜まで飲んだあとの出来事だ。同じく酒を飲む描写であるが、ここでいう失禁の原因は、霧社事件の抵抗運動に参加したタイヤル族の部分と対照化されながら、意味づけられる。「**死んだのは日本だ。制服、制帽、機械じかけの武装をした日本で、モーナじゃない。モーナ・ルダオは死なかった、生きているよ、生き返ったよ、タイヤルを甦らせたよ、なぜって、戦ったからね。だから、いまタイヤル、お酒、ぶっ倒れるまでのまなくてすむ**――。**楽しいとき飲める**」[24]とあるように、タイヤル族が楽しく倒れるまで酒を飲む理由は戦ったからだ。それとは違い、昇華されないアルコールで神経が消耗される自分がいる。

モーナは戦って死んだが、象徴的な意味で、現在の山地の人たちにどう生きるかを考えさせるための人物となることで「生きている」。だが興味深いのは、谷村のその話の聞き手となる麗美が、霧社事件の時に反抗運動に参加しなかった者の子孫として設定され、要するに「死んだ者の子どもたち」となっている点だ。それらの共通点をもつ二人にとって霧社事件がもつ意味合いは、象徴的な意味で将来への期待があるがゆえに派生してくるものだ。それについては谷村の次のような話から窺えよう。「自分もまた生きたいと思っていることだ。霧社事件もあながち山地人の他人事《ひとごと》ではない。**自分の生き、あるいは死ぬ手だてをそのなかにみつけるため**かもしれぬ」[25]。

霧社事件が帝国主義体制への抵抗運動だとすれば、それは権威主義的体制から帝国主義体制への批判にまで発展した、一九七〇年前後の大学闘争と共通点をもつこととなる。だが、「戦わなかった」、「武器が取り上げられた」という谷村にとっての象徴的な敵としては、帝国主義体制のほかアメリカも考えられるのだ。安保条約が自動継続された一九七〇年六月には全国各地の大学で授業放棄や大規模な街頭闘争が行われた。『セイダッカ・ダヤの反乱』におけるベトナム戦争の部分は、アメリカへの批判と容易に連想される。例えば前述した、ソンミ村虐殺事件を用いて植民地初期の武力反抗運動を語るほか、敗戦後の台湾からの引き揚げを、「アメリカのベトナムでのやり口に似て、もう少しわりの合わない、ドン・キホーテ的やり方」だという。その意味で、帝国主義の鎮圧運動に加担し、霧社事件の反抗に参加しなかった麗美の設定には、一九七〇年、安保条約の継続に対する日本の政治体制への批判の意図が込められていると捉えられよう。したがって、「霧社事件もあながち山地人の他人事《ひとごと》ではない」とは、旧日本時代の台湾の歴史への関心から発した所感としても読み取れるが、その根底にあるのは、日米関係における日本という、「自分の生き、あるいは死ぬ手だて」への探索があると考えられる。要するに『セイダッカ・ダヤの反乱』が語る霧社事件は、七〇年代の時代性を象徴的に意味づけるものとなるのだ。一方、対内的には、旧植民地的歴史によってつながりあうもの同士が向かっていく未来に対する見通しも、同時に呈示される。

3　「和解」への希求から資本主義に基づく和解不可能なポスト植民地的な関係へ

五、六〇年の坂口䙥子の作品が語る霧社事件は、「罪」を償う「謝罪」の物語である[26]。親子の愛という無償の家族愛に相似したレトリックで「レジスタンス」の霧社事件を描くことは、坂口の言葉では象徴的な意味で旧植民地への

「謝罪」となる。だが、謝罪の目的が「許し」を乞うことであるなら、最終的には「和解」が求められるのだろう。その延長線のうえで、「霧社」と「タダオ・モーナの死」に描かれた霧社事件がもつ意味は、植民地政策の「罪」を償う一方、将来に向かうための「和解」ともいえる。たとえ人種主義的な差別などといった矛盾が、その植民地政策の批判に内包されていたとしても。しいていえば、その混沌とした矛盾を孕んでいるために、無償の、儒教的な父子関係のレトリックが使われることになる。ひとまず、それを五、六〇年代の霧社事件物語の特徴だとしよう。

一方、『セイダッカ・ダヤの反乱』は、男女の身体関係を通して霧社事件の歴史的な意味の「和解」を求めようとする。「和解」への期待は、事件に対する歴史的認識が深まってゆく過程において、谷村が麗美に、日本人としての自分を、「山地人」としての麗美がどう考えるかを何度も聞く描写から窺える。例えば次のような対話が描写される。出会ってから二日目、谷村は麗美と次のようなことを確認し合う。谷村「霧社事件のとき日本人、山地人に殺されたね。しかしほんとうはそのまえに山地人たくさん日本人に殺されてる。――まあそのことは別にするとしても。事件のあと山地人千人も死んだ。**きみは、そのことで、日本人のぼくをどう思う**」／麗美「わからない。昨日、あなたのこと、わるい人でなさそう、好きかもしれないと思ったけど、そうきかれるとわからない」／谷村「**何があってもむかしのことだ。握手しようってぼくが手を出したらどうする**」／（省略）少女は首をふった。麗美「**あなたがただ握手しようといったら、そうするわ。でも、何かあったことを、それでごまかすつもりなら、いやです**」[27]。事件後の「十数年ののちに生まれた」谷村と、「二十五、六年も後」に生まれた麗美の二人にとっては、他者同士としていかに霧社事件と向かい合うのか、といった問題に直面する。無論、それは七〇年代に生きる日本と台湾の戦後世代にとっての課題としても捉えられる。

三日目の夜、谷村は麗美にまた次のように確認する。「ひとつ、あなたにきいておきたいことがある。ぼくは、こんなぼくは、あなたにとって何なのですか。ぼくは何ものですか」／「旅人よ。でも」／「でも?」／「そんなことが問題になりますか。いまわたしはこうしたいのですよ」と、その夜、二人は体の関係をもち、「生きるということについて、議論でなしに、ちがった肌の二人が互いに確かめ合うことをした」[28]。だが、旅の終わりにつれて二人の関係にもピリオドが打たれる。霧社事件への認識が深まったとはいえ、日本人としての谷村は、五日間の旅行の間では、山地人と「和解」を得られないまま帰途に向かう。

二人の結末は、旅の初日、日本料理屋で谷村が買春目的の日本人観光客だとみられたときから、すでに予告される。高度経済成長期に、旧植民地で「死んだはずの武装した制服」は、「いま姿をかえて高雄の加工区（工場地区）に無数の工場を進出させ、日本製の車を走らせ」[29]る。それが象徴するのは、政治的な旧植民地関係が、今度は資本主義のもとで経済的な植民地関係にとって代わったことである。それに伴って出現してくる社会現象の一つとして、七〇年代の日本人買春ツアーが思い出される。その意味で麗美の身体に烙印されるのは、忘却された植民地の歴史のみならず、新たな経済的植民地関係の暴力でもある。したがって、谷村は「彼と麗美の間に**ただの人間同士としての次元で何が起こったか、起こらなかったか、もう誰も知らない**。ただ一ついま**あらためて思い知らされたこと**は、**自分はここでは旅人だ**ということ、また**かつて旅人であったはずのものの血をひく一人だ**ということ、それだけであった」[30]という。谷村と麗美との身体関係によって象徴される霧社事件は、資本主義に基づく和解不可能なポスト植民地的な関係である。それは七〇年代における霧社事件言説の新たな意味合いの一つなのである[31]。

七〇年代、戴国煇たちは「「学術政治」（日本における台湾学の辺境化）と「現実の」政治（最も恵まれない人々の反乱）」という意図のもとで台湾学の研究を開始したが、その際、霧社事件が選択された理由は、事件自体に内包される「思考不可能性」とサバルターン的な性格にある、とレオ・チンは指摘する[32]。沈黙を強いられるサバルターンを代弁するため、事件発生から今日に至るまでの七〇年の間に、二〇〇点以上の事件関連出版物が世に送り出された。なぜ代弁せずにはいられないのか。代弁の行為に付随した政治性を解読する作業は、各時代における霧社事件がもつ意味を解読する作業でもある。換言すれば、史実とは異なった次元、要するに史実から滲みだしてくる事件への想像、テクストの物語性への着目にこそ、新たな霧社事件関連作品の読みの可能性が含まれるのである。

今回、七〇年代までのテクストのなかに散在する断片的で瑣末的な登場人物の心境描写を通して、「和解」物語としての霧社事件がもつ、時代的な連続性と断続性について考察した。八〇年代半ば以降、証言に基づいた書籍が数多く出版されている。一方、日台国交断絶後、霧社事件記念公園が次第に整備されており、事件はある意味で可視化されつつある。新たな歴史的手法の導入や、史的空間の再構築に伴って、新たな表象の仕方が誕生しながら、七〇年代以前のものとの間には、また新しい変容が生じてきてもいる。それについての検討は、なお今後の課題としたい。

※本稿は「日本台湾学会設立十周年記念学術研究大会」の発表原稿「集団的記憶の連続と断絶——戦後の霧社事件の関連作品をめぐって」をもとに加筆・修正を施したものである。

注

[1] 河原功『台湾新文学運動の展開　日本文学との接点』研文出版、一九九七年、一〇七頁。

[2]「タダオ・モーナの死」『蕃婦ロポウの話』大和出版、一九六一年、一八八—一八九頁。

[3] 同右、九四頁。

[4] 本の帯は次のような内容である。「著者は、台湾での生活体験をいかして、戦時下における台湾を、高山族や中国系台湾人の民族的な運命の視点から描き続けている。そこには深い人間的共感と、感傷に溺れることのない視線がある。歴史が落としてきた日本の歴史的傷痕を、作品によって提示した貴重な作品集」（「読売ブッククラブ」紙評）、「どの作品も、悲しい立場に置かれた人々の姿を、女性らしい暖かい目で、しかも抑えた、歯切れのよい文

体でとらえている」（「西日本新聞」書評）。

[5] 坂口䙥子「蕃社」『霧社』新潮社、一九五四年、六三頁。太字は引用者より、以下同じ。

[6] 同右書、九二頁。

[7] 同右書、二〇一頁。

[8] 「タダオ・モーナの死」『蕃婦ロポウの話』大和出版、一九六一年四月、一三〇頁。

[9] 同右書、二六七頁。

[10] 同右書、一九七頁。

[11] 同右書、一九〇頁。

[12] 河原、前掲書、九七—九八頁。

[13] 稲垣真美「付記」『セイダッカ・ダヤの反乱』講談社、一九七五年、二三七—二三八頁。

[14] 河原、前掲書、七二—七三頁。

[15] 『セイダッカ・ダヤの反乱』の帯にある紹介より。

[16] 章立ては次のようである。1．三つの言葉のある家、2．霧社事件と呼ばれた反乱、3．事件のなかの人、4．反乱者たちは死んだ、5．差別のなかの山地人、6．モーナ・ルダオはどこへ行ったか、7．生きのこった二人、8．なっとくの行かぬこと、9．モーナののこしたもの、10．再開と別れと。

[17] 三つの世代でそれぞれの日常生活言語が異なっている。祖父母はタイヤル語で、親は中国語と日本語が半々で、現代の若者は中国語以外、あまり理解できない。

[18] 日本時代を経験した原住民族の多くは、政策上の理由で日本語名、中国語名、タイヤル語名を同時にもつのである。

[19] 稲垣、前掲書、一二三頁。

[20] 同右書、一二一—一二二頁。

[21] 同右書、四九—五〇頁。

[22] 同右書、六三頁。

[23] 同右書、二〇九—二一〇頁。

[24] 同右書、二〇八頁。

[25] 同右書、二一〇頁。

[26] 「私は、彼らに、故郷の人々に抱くと同じような愛情を持っている。そしてまた、それよりも深く罪を意識している。理蕃政策は間違っていたとは言えないけれども、末端にあった、彼らとのふれあいのまずさと、征服者の優越感と、功利的利己的な、彼らへの姿勢について、私は、多くの謝罪すべき

ものを感じるからだ」(「蕃地作者のメモ」前掲書、九四頁)、「私は、大げさに言つてみれば、タイヤルを描くことによつて、彼らへの私の謝罪としたいのだ」(「タダオ・モーナの死」前掲書、一八九頁)。

[27] 稲垣、前掲書、一一四―一一五頁。

[28] 同右書、二一二頁。

[29] 同右書、二〇八頁。

[30] 同右書、二三一頁。

[31] 作品の最後に、「味方蕃」の子孫である麗美と、「反乱側の証言者」であるモーナ・ルダオの長女・マホンとのすれ違いが描出されている。そのすれ違いは、霧社事件に関与した原住民同士、もしくはその子孫のあいだの対話不可能性を暗示するものとして読み取れよう。

[32] レオ・チン「思考不可能性としての霧社事件」『記憶する台湾　帝国との相剋』呉密察等編、東京大学出版会、二〇〇五年、一一五―一一六頁。

この論文集は、学術交流の実践者のふだんの積み重ねがあってはじめて出来上がった。その知的探求は大きく広い。その一部の成果を法政大学国際日本学研究所が預かって、同研究所のチーフリーダー王敏の責任編集で国際日本学研究論文集としてまとめた。研究の果てしない道のりをかみしめつつ、関係者のみなさん及び法政大学国際日本学研究所所長・安孫子信先生、三和書籍の社長高橋考氏に深甚の感謝をいたしたい。

王　敏

責任編集者略歴

王　敏（わん・みん）
法政大学国際日本学研究所専任所員・教授、同済大学（上海）客員教授
主要著書『日本と中国――相互誤解の構造』中公新書、二〇〇八年。『日中2000年の不理解』朝日新書、二〇〇六年。『謝々！　宮沢賢治』朝日文庫、二〇〇六年。『中国人の愛国心』PHP新書、二〇〇五年。『〈意〉の文化と〈情〉の文化』（共著）中央公論新社、二〇〇四年。『宮沢賢治と中国』国際言語文化振興財団、二〇〇二年。『宮沢賢治、中国に翔る想い』岩波書店、二〇〇一年。『花が語る中国の心』中公新書、一九九八年ほか

筆者略歴（掲載順）

植木　雅俊（うえき・まさとし）
人文科学博士（お茶の水女子大学）
主要著書『仏教のなかの男女観』岩波書店、二〇〇四年。『釈尊と日蓮の女性観』論創社、二〇〇五年。『梵漢和対照・現代語訳法華経』（上・下）岩波書店、二〇〇八年ほか

王　虹（おう・こう）
中国・厦門大学日本研究所長・教授。NHK国際放送局アナウンサー・キャスター担当、目白大学助教授を経て、二〇〇三年四月より現職
主要著書『ポストオリエンタリズムと中国文化復興』「第十一章日中両国文化の認識と発展」黒竜江人民出版社、二〇〇九年。『日中放送通訳』寧夏人民出版社、二〇〇八年。『日中比較文学研究』厦門大学出版社、二〇〇八年ほか

周　程（しゅう・てい）
中国北京大学哲学部副教授
主要著書・論文『福澤諭吉と陳独秀：東アジア近代科学啓蒙思想の黎明』東京大学出版会、二〇一〇年。「福沢諭吉の科学概念」（『科学史研究』第三八巻第二一一号、一九九九年九月、『福澤諭吉年鑑』第二七号再録、二〇〇〇年十二月）。「陳独秀における「民主」と「科学」」（『思想』第九〇五号、一九九九年十一月）。「福澤諭吉における科学啓蒙思想の展開」（『哲学・科学史論叢』第二号、二〇〇〇年一月）。「一九二〇年代中国における「科学と衒学論争」」（『UTCP BULLETIN』Vol.6　二〇〇六年）ほか

王　秀文（おう・しゅうぶん）
大連民族学院外国言語文化学院教授
主要著書『桃の民俗誌』朋友書店、二〇〇三年。『伝統と現代――日本社会文化』世界知識出版社、二〇〇四年。『日本の言語、文化とコミュニケーション』外語教学与研究出版社。『二宮尊徳思想と実践研究』吉林大学出版社、二〇〇八年ほか

大藪　敏宏（おおやぶ・としひろ）
富山国際大学子ども育成学部准教授
主要論文「無限性と時間――ヘーゲルの時間論の形成――」日本哲学会「哲学」第四七号、法政大学出版局、一九九六年。
翻訳（共訳）R・ブラント『哲学　ひとつの入門』理想社、二〇〇六年ほか

張　石（ちょう・せき）
中国語週刊中文導報副編集長、編集局局長
主要著書『荘子とモダニズム』中国河北人民出版社。『川端康成と東洋古典』上海古籍出版社。『桜雪鴻泥』中国中央編訳局。『東京傷逝』中文導報出版社。『雲蝶無心』中文導報出版社ほか

魏　大海（ぎ・たいかい）
中国社会科学院外国文学研究所研究員（教授）。中国日本文学研究会秘書長・副会長
主要著書『私小説——二十世紀日本文学の様式神話』山東文芸出版社、二〇〇二年。『当代日本文学考察』青島出版社、二〇〇五年ほか。訳書『日本の文化ナショナリズム』（著者：鈴木貞美）武漢大学出版社、二〇〇八年ほか多数

加藤　周一（かとう・しゅういち）
評論家（二〇〇八年十二月没）
主要著書『羊の歌』正続、岩波新書、一九六八年。『日本文学史序説』上下、筑摩書房、一九七五・一九八〇年ほか

田中　優子（たなか・ゆうこ）
法政大学社会学部教授、国際日本学インスティテュート教授
主要著書『江戸の想像力——十八世紀のメディアと表徴』筑摩書房、ちくま学芸文庫、一九八六・一九九二年。『江戸百夢——近世図像学の楽しみ』朝日新聞社、二〇〇〇年ほか

楊　偉（やん・うぇい）
四川外語学院日本学研究所所長
主要著書『少女漫画・女作家・日本人』寧夏人民出版社、二〇〇五年。『日本文化論』重慶出版社、二〇〇八年ほか

陶　徳民（とう・とくみん）
関西大学文学部教授、文化交渉学教育研究拠点リーダー
主要著書『懐徳堂朱子学の研究』大阪大学出版会、一九九四年。『明治の漢学者と中国』関西大学出版部、二〇〇七年ほか

趙　仲明（ちょう・ちゅうめい）
南京大学外国語学院日本語学科准教授
主要論文「日本平安時代の漢文学と白楽天文学」『佛学研究』二〇〇〇年。「兼明親王文学における隠逸思想と白楽天の影響」『東北亜フォーラム』二〇〇四年十二月号。「耽美主義：谷崎潤一郎の文学の世界」『福建フォーラム』人文社会科学版、二〇〇六年九号ほか

李　国棟（り・こくとう）
広島大学外国語教育研究センター教授
主要著書『夏目漱石文学主脈研究』北京大学出版社、一九九〇年。『魯迅と漱石の比較文学的研究――小説の様式と思想を軸にして』明治書院、二〇〇一年。『「邪馬臺」は「やまたい」と読まず』白帝社、二〇〇五年。『第四版日本見聞録――こんなにちがう日本と中国』白帝社、二〇〇七年ほか

岡村　民夫（おかむら・たみお）
法政大学国際文化学部教授
主要著書『旅するニーチェ　リゾートの哲学』白水社、二〇〇四年。『イーハトーブ温泉学』みすず書房、二〇〇八年ほか

小倉　紀蔵（おぐら・きぞう）
京都大学大学院人間・環境学研究科准教授
主要著書『韓国は一個の哲学である』講談社、一九九八年。『韓国、ひき裂かれるコスモス』平凡社、二〇〇一年ほか

小針　進（こはり・すすむ）
静岡県立大学国際関係学部教授
主要著書『日韓交流スクランブル』大修館書店、二〇〇八年。『韓流ハンドブック』（小倉紀蔵との共編著）新書館、二〇〇七年。『韓国人は、こう考えている』新潮社、二〇〇四年ほか

光田　明正（みつた・あきまさ）
桜美林大学孔子学院学院長。国際教養大学客員教授
主要著書『中華の発想と日本人』講談社、一九九三年。『「国際化」とは何か』玉川大学出版部、一九九八年。"Higher Education in the 21st Century: Global Challenge and National Response"（共著）IIE and the Boston College Center for International Higher Education, 1999. "Transnational Competence; Rethinking the U.S. -Japan Educational Relationship"（共著）State University of New York Press, 2000.『東アジア共同体の可能性——日中関係の再検討』（共著）お茶の水書房、二〇〇六年ほか

王　向華（おう・こうか）
香港大学副教授。専攻は社会人類学。Ph.D.（オクスフォード大学）
主要著書 "Japanese Bosses,Chinese Workers:Power and Control in a Hong Kong Megastore," Curzon Press, 1999. ほか

邱　愷欣（きゅう・がいきん）
ロンドン大学ユニバーシティーカレッジ人類学部博士研究生
主要論文 "Translating Japanese Adult Movies in Taiwan: Transcending the Production-Consumption Opposition"（Asian Studies Review, 34(1):19-39, 2010）ほか

李　文茹（り・うえんる）
慈済大学アシスタント・プロフェッサー
主要著書（論文）『帝国女性と植民地支配——1930～1945年における日本人女性作家の台湾表象』（名古屋大学博士論文）二〇〇五年。「台湾原住民女性の「声」として語ること」『社会文学』二七号、二〇〇八年二月。「殖民地・戰爭・女性——探討戰時真杉靜枝台灣作品」『台灣文學學報』12、二〇〇八年六月ほか

訳者一覧（掲載順）

王　童童（わん・とんとん）
東海大学大学院理学研究科（物理学専攻）

中野　英夫（なかの・ひでお）
南京大学社会理論研究センター特別研究員

鈴村　裕輔（すずむら・ゆうすけ）
法政大学国際日本学研究所客員学術研究員、博士（学術）

国際日本学とは何か？

東アジアの日本観

——文学・信仰・神話などの文化比較を中心に——

2010年 10月 20日　　第1版第1刷発行

編　者　王　　敏

発行者　高　橋　考
発行所　三　和　書　籍

〒112-0013　東京都文京区音羽2-2-2
TEL 03-5395-4630　FAX 03-5395-4632
sanwa@sanwa-co.com
http://www.sanwa-co.com/
印刷所／製本　日本ハイコム株式会社

ISBN978-4-86251-092-1 C3036